보편주의

새로운 세계를 위한 정치사상사적 성찰

보편주의

새로운 세계를 위한 정치사상사적 성찰

양승태 외 지음

책세상

정치사상의 길을 학문적 소임으로 알고 실천해오신

양승태 교수님의 정년퇴임을 기념하며

차례

정치에서 보편과 특수의 문제

최상용

일반적으로 보편주의는 특수주의와 대립되는 개념으로 특정의 지역, 개인, 집단을 초월하여 보편성을 가지는 사상과 운동을 가리킨다.

인간은 누구나 특수한 상황에서 태어나 나름대로 보편성을 지향하면서 살다가 유한한 생명을 마감한다. 우리는 특정의 시간과 장소 그리고 무지의 상태에서 삶을 시작하지만 배움의 과정에서 언젠가는 신과 자연, 이성과 감성, 자유와 평등, 정의와 평화 등 보편적인 가치에 대한 앎을 추구하기 마련이다. 그런데 우리가 일상 속에서 공기처럼 받아들이는 보편적인 가치도 그것을 체계적으로 인식하기 위해서는 어떤 형태로든 대상을 한정하고 분류하고 개념화하는 지적 작업을 수반한다. 그 과정에서 다양한 관점이나 획일적인 주장도 나올 수 있지만 우리에게 비교적 익숙한, 그러나 결코 이해하기 쉽지 않은 접근 방법이 바로 이원론이다. 특히 정치 영역에서 보편과 특수의 문제는 끝없는 물음으로서 전체와 부분, 이론과 실천, 이상과 현실, 원칙과 상황 등의 이원론과 함께 그 양자 간의 공존, 분극分極 융합의 현상을 인식하고 판단하는 것은 참으로 어렵다. 따라서 정치적 보편주의는 우리가 정치철학의 역사에서 제기되어온 보편의 사상과 운동을 특수와의 내면적 관계에서 어떻게 파악할 것인가 하는 인식론적 문제로부터 자유로울 수 없다. 우리가 살고 있는 21세기의 시대정신에 걸맞은 정치적 보편성을 탐구하기 위해서는 우선 고대 이래 정치적 보편주의의 획을 그은 사상과 운동에 대한 성찰적 판단reflective judgment이 필요하다.

서양철학사에서 보편주의의 단초는 플라톤의 이데아이며 그의 이데아와 현상이 이원론의 출발이란 점을 받아들이는 사람도 그리스철학이 폴리스를 넘어 보편성의 논리를 구상하는 데까지는 이르지 못했다고 본다. 그러나 정치 영역에서 보면 보편과 특수의 형식 논리적 이분법으로 플라톤의 철학을 이해한다는 것은 무미건조하다. 왜냐하면 플라톤의 철학은 원천적으로 폴리스 철학, 즉 정치철학이며 이데아의 보편사상도 정치공동체인 폴리스를 떠나서 생각할 수 없기 때문이다. 플라톤에게는 소규모의 특수한 정치 공간인 폴리스가 바로 정치적 보편주의의 도장道場이었다. 그래서 보편적 이데아의 체현에 가장 가까운 특수한 인간, 즉 철인왕에게 폴리스를 통치할 수 있는 권력과 권위는 물론, 고상한 거짓말gennaion pseudos까지 허용했던 것이다. 따라서 플라톤의 정치적 보편주의는 보편을 위한 보편이 아니라 보편의 특수화인 동시에 특수의 보편화로서 폴리스 철학의 철저화의 산물이라 할 수 있다.

그리스에서 시작하여 로마로 이어지는 스토아사상의 전개 과정에서도 우리는 자연법과 세계시민주의cosmopolitanism, 거기서 파생된 인류와 세계의 이미지에서 보편주의의 풍부한 자원을 찾을 수 있다. 스토아의 보편주의는 그 전 단계의 에피쿠로스 사상과 함께 폴리스 공동체의 멸망에 따른 허탈감, 오랜 기간 폴리스에 의존했던 인간 개인의 해방감과 같은 특수한 상황에서 태어났다. 스토아학파의 창시자인 키프로스의 제논은 우주는 로고스, 즉 이성에 의해 지배되고 인간도 자연 본성적으로 이성적이라 생각하여 이성을 보편성의 원리로 보았다. 스토아철학의 체계화를 추진한 크리시포스Chrysippos는 인간을 '공동체적 동물zoon koinonikon'로 규정하고 있는데, 이때의 공동체는 이미 아리스토텔레스적인 소규모의 자족적인 폴리스가 아니라 세계적 규모로 확대된 코스모폴리스였다. 이처럼 스토아사상은 인간이 특정의 국가나 집단에서 생활하는 것이 아니라 전 인류를 구성원으로 하는 세계 속에 존재한다고 보았다.

스토아의 정치적 보편주의야말로 인류, 세계, 지구의 이미지를 만들어낸 산실이다. 정치의 이론 및 실천에서 스토아의 보편주의를 끈질기게 추구한 사람이 바로 로마의 철인정치가 키케로Marcus Tullius Cicero였다. 그는 스토아의 자연법 사상을 세속화함으로써 보편적 원리로서의 스토아사상이 현실의 로마정치권력과 결합하는 계기를 마련했다. 여기서 비로소 스토아의 정치적 보편주의가 보편주의적 체제 이데올로기로서의 역할을 다하게 된다.

보편종교인 기독교가 제기한 "신 앞의 평등"은 보편주의의 종교적 선언이라고 말할 수 있다. 아우구스티누스는 인류를 원죄로부터 구제한다는 관점에서 기독교적인 역사철학을 구상하여 보편주의의 이론적 근거를 제공했다. 그리고 중세 스콜라철학을 집대성한 토마스 아퀴나스의 자연법은 신의 세계지배의 이념인 '영원법lex aeterna'이 인간 이성에 각인된 것으로 그 이성이 인간에게는 실천이성으로 나타나며 그 실천이성의 보편적 원리가 바로 "선을 행하고 악을 피하라"는 것이다. 그 실천이성의 보편성은 훗날 스피노자의 도덕적 확실성moral certitude과 칸트의 정언명령kategorischer Imperativ으로 자리 잡게 된다. 우리가 중세사회를 일원적 기독교 정신과 다원적 봉건제를 결합한 정치체제로 파악한다면, 기독교의 보편주의야말로 중세 신분사회를 정당화하는 보편주의적 체제 이데올로기의 역할을 다한 것이다.

18세기 말 근대에 들어와 칸트는 입법자의 의지인 실정법과는 달리 자연법을 보편적 원리에 따라 각자의 이성이 인식하는 법이라 규정하고 그것을 근거로 국내법, 국제법 나아가 세계시민법이 마련돼야 한다고 했다. 칸트의 세계시민정치체제의 구상이야말로 칸트의 정치적 보편주의의 핵심이다. 특히 칸트의 정치적 보편주의는 보댕이나 홉스의 국가주권사상이 주류였던 시대에 계몽의 등불로 보편주의적인 개혁의 길을 열었다는 점에서 주목할 만하다. 그리고 19세기 후 국민국가시대에 등장한 마르크스주의와 인터내셔널운동은 보편주의 사상과 운동의 또 하나의 축을 형성하기 시작했다.

이처럼 근대 국민국가의 전개과정에서 칸트와 마르크스로부터 정치적 보편주의의 사상과 운동이 잉태했다는 것은 정치사상의 역사에서 획기적인 의미를 가진다. 그 후 역사의 진행과 함께 전자로부터는 자유주의와 평화, 후자로부터는 사회주의와 혁명이라는 사상과 운동이 세계적 규모로 퍼져나갔던 것이다. 혁명과 전쟁의 시대, 극단의 시대로 불리는 20세기에 들어와 이 두 정치사상은 각기 보편주의적 정치 이데올로기로 조직화하기 시작했고 제2차 세계대전 때는 이른바 연합국을 형성하여 독일 나치즘, 이탈리아 파시즘, 일본의 천황제 파시즘을 축으로 하는 세력과 인류사상 최대 규모의 전면전을 치렀던 것이다.

제2차 세계대전 이후에는 미국과 소련이 각기 자본주의와 공산주의, 자유주의와 사회주의라는 보편주의적 이데올로기로 무장하여 세계적 수준에서 양극화함으로써 동서 냉전체제가 본격화되었다. 특히 한반도의 냉전은 미소국제냉전과 좌우국내냉전의 이중 구조를 이루면서 국가, 국토, 민족의 분단은 물론 개인의 내면세계에까지 자기분열의 그림자가 드리워졌다. 1947년 트루먼독트린으로 공식화된 미소냉전은 1989년 소련사회주의체제의 붕괴로 막을 내렸다. 그 후 이어진 동유럽 공산주의체제의 붕괴, 중국과 베트남 등 아시아 공산주의국가의 시장경제 체제로의 이행 등으로 한반도를 제외한 세계 모든 지역이 탈냉전시대로 진입하게 되었다. 냉전의 붕괴에 따른 세계정치의 구조적인 변동으로 인하여 보편주의적 이데올로기에 의한 극단주의나 원리주의는 크게 약화되었다. 그러나 탈냉전기에 접어들면서 민족과 문화의 특수성에서 파생된 각종 원리주의와 그 폭력적 형태인 테러리즘, 그리고 지구 규모의 환경오염과 격차의 심화 등의 구조폭력이 또다시 인류의 평화롭고 정의로운 삶을 크게 위협하고 있다.

바야흐로 우리는 정치 영역에서 보편적인 가치인 자유와 평등, 정의와 평화를 어떻게 학문적으로 재정의하고 그 목표 가치를 개별국가 및 지역에서 어떻게 실현할 것인가 하는 엄청난 도전에 직면해 있다.

우리는 공허한 보편실재론이나 맹목적인 가치상대주의에 안주할 수 없다. 프로타고라스가 '만물의 척도'로 본 인간이 전지전능하지는 않지만 '만물의 영장靈長'임에는 틀림없다. 그렇기 때문에 현실에 존재하는 윤리적인 규범들은 특정의 인간사회의 사회적 구성물social construction이며, 더욱이 인간 주체의 능동성이 강조되는 정치 영역에서 추구하는 보편성과 보편주의의 관념은 특정의 창조적 인간에 의해 만들어지는 구성물이다. 그런 점에서 실제론과 상대주의의 양극이 아니라 인간의 창의를 바탕으로 하는 구성주의constructivism적 사고는 정치적 상상력을 풍요롭게 한다. 이것이 바로 우리가 칸트에서 롤즈로 이어지는 정치적 구성주의에 주목하는 이유다. 이를테면 칸트가 제기한 자유주의적 평화론의 핵심인 공화제평화, 세계시민상태, 나아가 민주평화사상의 한계를 극복하고 그 효용을 어떻게 재구성할 것인가. 칸트의 세계시민상태의 연장선에서 국가주권을 넘어선, 정치적 보편주의의 조직화로 볼 수 있는 지역통합을 어떻게 확충할 것인가. 지역통합이 전쟁의 주체인 개별국가의 틀을 극복하고 지속적으로 세계평화에 기여할 수 있을까. 동북아시아에서 그 가능성과 한계는 무엇인가. 그리고 중국, 베트남 등 아시아 공산국가들이 채용하고 있는 사회주의적 시장경제의 전망을 어떻게 평가할 것인가 등 이들은 세계정치에서 정치적 보편주의의 조직화를 둘러싸고 제기된 주요 쟁점들이다.

그리고 20세기 정의론의 백미를 장식한 롤즈는 평등 문제에 대해 나름의 대답을 하고 있는데, 그 핵심이 바로 '차등원리difference principle'이다. 롤즈의 방법론에 대한 치열한 찬반논쟁에도 불구하고 광범위한 합의를 얻고 있는 이 차등원리를 특정의 개별국가와 사회에서 어떻게 실현할 수 있을까. 우리가 차등원리의 보편성을 받아들인다 해도 그 실현을 위한 구체적인 정책을 만들기 위해서는 개별국가나 사회의 특수한 상황과 조건을 고려하지 않을 수 없다. 롤즈가 정의론의 연장선에서 내놓은 〈만민법〉은 정치적 보편주의로서의 자유주의를 바탕으로 칸트가 그의 영구평화론에서 제기한 평화연합foedus pacificum사상과 현대의 민주평화사상을 거의 전면적으로 계승하고 있다. 여기서 롤즈는 개별국가나 국민이 아닌, 세계 수준의 민중peoples이 공유할 수 있는 정의와 평화의 일반원칙을 열거하면서 민주적이고 양식 있는 세계 각국의 민중이 하나의 정의로운 세계에서 평화롭게 살 수 있는, 현실주의적 유토피아realistic utopia의 구상을 제시하고 있다.

이상에서 나는 정치 영역에서 보편성, 보편주의의 사상사적 흐름을 간략히 스케치해보았다. 예나 지금이나 우리가 보편적인 것과 특수한 것, 이를테면 자연과 인간, 하늘天과 사람人을 인식하는 과정에서 서양의 이데아와 현상, 정신과 육체에 해당하는 동아시아의 이理와 기氣, 마음心과 몸身, 그 이원론의 의미를 성찰적으로 판단하는 것은 철학사의 영원한 숙제일지 모른다. 그런데 다양한 영역에서 이원론을 파악하는 유력한 방법의 하나로 서양에서는 변증법적인 사고와 동아시아에서는 음양陰陽사상이 있다는 것이 자못 흥미롭다. 일찍이 베냐민 슈월츠가 서양변증법의 동양적 표현이 음양사상이라 하여 의미 있는 단순화를 시도한 적이 있지만, 오래전부터 나는 이 두 사상을 꿰뚫는 핵심적 개념으로 동·서양이 공유하는 '중용the mean'을 제시해왔다.

물론 변증법적인 종합Synthese과 음양의 조화harmony는 그 전개 과정이나 설명 방법이 다르긴 하나 우리는 다양한 이원론과 이분법을, 독단론이나 환원주의의 양극이 아닌 성찰적 균형reflective equilibrium으로 파악하는 방법으로 동양과 서양에 중용의 보편성이 존재한다는 것을 확인할 수 있다. 고대 이래 동·서양의 정치철학과 윤리학에서 중용은 규범적가치인 동시에 사고와 판단의 방법이었다. 그리고 졸저《중용의 정치사상》에서 밝혔듯이 중용 개념의 내포와 외연에서 동서양의 정의定義가 동일하고 특히 정치적 사고와 판단의 방법에서 일관된 보편성을 가지고 있다는 점이 나에겐 아직도 놀라움으로 남아 있다.

우리는 지금 냉전의 절대화 시대를 지나 냉전 후의 상대화 시대에 살고 있다. 그렇다면 이 상대화 시대에 걸맞은 정치적 보편성과 보편주의는 무엇이며 그것을 인식하고 판단하는 방법은 어떤 것이며 그 판단의 주체는 누구인가. 모든 궁극적인 물음이 인간자신에게로 돌아오듯이 칸트는 근본악das radikale Böse과 비사회적 사회성ungesellige Geselligkeit을 가진 인간의 정체성을 지력知力과 의무와 희망, 세 가지로 나누어 묻고 있다. 이 물음에 대해서는 다양한 대답이 가능하지만 나는 정치 영역에서 하나의 대답으로 중용의 보편성을 제시하고자 한다.

첫째, 인간은 무엇을 알 수 있는가. 이것은 인간의 인식 능력을 묻는 것인데, 중용적 인간관에서 보면 인간의 존재론적 상대성ontological relativity이 하나의 기준이 된다. 즉 인간 이성의 가능성과 한계에 대한 깊은 자각을 바탕으로 유한한 인간이 범할 수 있는 오류를 최소화하려는 치열한 노력과 능력이 바로 그것이다. 앎에 대한 인간의 능력도 그 범주를 벗어나지 않는다.

둘째, 인간은 무엇을 해야 할 것인가. 이 물음에 대한 답은 인간이 무엇을 하지 말아야 할 것인가에 대한 답으로부터 출발할 수 있다. 즉 다양한 영역에서 원리주의, 극단주의, 패권주의로의 질주를 피하고 실천이성으로서의 중용을 견지하는 것이다. 많은 사람들이 정치는 정의의 실현이라는 명제를 받아들이면서도 정의正義의 정의定義에 따라 다양한 대답이 가능한데 나는 《중용의 정치사상》에서 '중용으로서의 정의justice as mean'로 대답한 바 있다.

셋째, 인간은 무엇을 바랄 수 있는가. 정치 영역에서 보면 우리가 바라는 정치공동체 즉 세계적으로 광범한 합의를 얻고 있는 정치적 보편주의의 체제가 무엇인가에 대한 물음이다. 이 물음에 답하려면 지구상의 대부분의 나라가 민주주의 이념을 선호하고 있는 미증유의 현실에 착안하여, 그렇다면 어떤 민주주의가 바람직한가에 대한 성찰이 필요하다.

《중용의 정치사상》에서 제시한 나의 대답은 정의와 평화와 법치를 바탕으로 하는 중용민주주의meanocracy이다. 이 경우 정의는 곧 중용이고 평화는 중용으로서의 정의의 결과이며 법치는 중용의 제도화에 다름 아니다.

지난날의 배움의 여정을 되돌아보면 나에게도 우연적 필연zufäl-lige Notwendigkeit이라고 할 수 있는 여러 계기들이 있었던 것 같다. 중용은 어릴 적부터 가정교육의 연장선에서 귀에 익숙한 말이었고 지난 반세기 동안 "사려phronesis의 학문"이라 할 수 있는 정치학, 특히 서양정치사상을 공부하면서 정치적 사고와 판단의 방법으로서의 중용에 관심을 모으게 되었다. 이제 고희를 훌쩍 넘기면서 어릴때 뜻도 모르고 외웠던 불유구不踰矩의 의미를 다시 생각해본다. 널리 알려져 있듯이《논어》에는 마흔에 불혹不惑, 쉰에 지천명知天命, 예순에 이순耳順 마지막으로 일흔에 불유구라 하여 중용을 일탈하지 말 것을 권고하고 있다.

그리고 중용과 함께, 아니 그 이상으로 나의 대학시절을 즐겁게 했던 테마가 바로 변증법이다. 1961년 박종홍 교수의 헤겔 변증법 강의에서 맛본 지적 희열은 지금도 잊을 수 없다. 당시는 일부학생들이 변증법을 변혁의 철학, 혁명의 이론적 무기로 받아들이기도 했지만 그때나 지금이나 나에게 있어 변증법은 다양한 이원론이나 역설의 진리를 파악하는 논리이면서, 특히 복합적인 정치현상을 인식하고 판단하는 방법이기도 하다.

중용과 변증법은 전자를 윤리적 규범, 후자를 논리적 분석의 방법으로 볼 수도 있고 각기 세계관과 역사관을 달리할 수 있으나 상호작용, 상호삼투, 상호인정을 통한 혼합, 절충, 타협, 통합, 종합, 융합 등의 사고와 판단의 방법에는 많은 유사성이 있다. 특히 형식논리적인 모순율과 이분법만으로는 복잡하고 복합적인 정치 현상을 판단하기 어렵기 때문에 모순의 변증법과 역설의 중용이 정치적 사고와 판단을 위해 유력한 방법이 될 수 있다.

우연의 일치일지 모르나 이 책의 출간을 통해 정년퇴임을 기념하고자 하는 양승태 교수와의 첫 만남은 1986년 그가 아리스토텔레스의 변증법에 관한 연구논문을 발표할 때였다. 그 후 그가 발표한 연구논문들을 읽어보면, 논리 전개의 기저에 변증법적 사고가 깔려 있음을 쉽게 짐작할 수 있다. 그리고 학문적 대화를 하는 과정에서 중용 담론에 대한 관심을 공유하게 되었고 특히 시중時中을 정치적 판단의 요체로 보는 관점에 대해서도 공감하고 있다.

우리가 정치적 인식과 판단의 방법으로서 중용과 변증법의 유효성을 인정한다면, 정치적 보편주의는 보편과 특수의 중용, 또는 보편과 특수의 변증법으로 보편적 원리와 가치를 실현하는 사상과 운동이 될 것이다.

2016년 1월

보편주의의 개념과
고대적 기원

보편주의, 무엇을 어떻게 연구할 것인가

양승태

보편주의란 말은 영어 universalism의 번역어로서, 한자어 전통에 존재했던 '보편普遍'이란 말과 '주의主義'의 결합어이다. 한자어 전통에서는 그 말이 영어의 universalism과 같이 구체적인 이념이나 개념을 지칭하는 용어로 사용되지는 않았다. 따라서 그 개념에 대한 검토나 이해는 서구 정신사의 전통에서 universalism이라는 용어가 어떻게 탄생하게 되었고, 비록 그 용어가 실제로 사용되기 전이라도 그것에 함축된 개념세계의 정신사적 또는 사상사적 기원은 어디에서 찾을 수 있으며, 그것의 개념사적 변천과정은 어떠했는지 검토할 필요가 있다.

앞으로 좀 더 구체적인 사실 확인이 필요하지만, 일단 서구 학계에서 universalism이란 말이 학술 용어로 보편화된 결정적인 계기는 프랑스의 저명한 중세철학 연구가인 에티엔느 질송Etienne Gilson의 저작《중세 보편주의와 현대적 가치*Medieval Universalism and its Pre-*

sent Value》(1947)의 출간인 것으로 보인다. 다만 그 이전 해당 용어의 최초의 사용은 미국에서 기독교 분파의 통합운동의 하나를 주도한 러셀 스트리터Russell Streeter가 한 잡지에 기고한 글에서 발견된다.[1] 전문 학자는 아닌 것으로 보이는 스트리터의 사고에도 어느 정도 반영되어 있지만, 질송에게 universalism은 물론 중세 사회 및 사상을 관류하는 가장 '보편적인' 이념을 의미한다. 이 세계는 기독교적 유일신이라는 단일하고 궁극적인 주체가 있고, 그 주체의 의사를 대변하는 가톨릭교회라는 하나의 위계질서를 통해 운영됨이 존재론적 당위이자 현실이라는 관념이 그것이다. 물론 서양 중세의 철학 및 정치사상에 대한 이해는 그러한 관념의 사상사적 기원은 무엇이었고, 중세시대의 지식인들은 그것의 철학적 근거에 대해 어떻게 탐색하면서 이념으로 체계화했으며, 그와 같이 체계화된 이념이 또한 어떠한 사상사적 변용을 겪게 되었으며, 그와 같은 변용이 궁극적으로 어떻게 중세사상의 부정이나 수정 속에서 근대사상으로 이어지게 되었고, 현대의 사상 또는 현대인들이 세계와 사물을 보는 관점에 중세의 universalism 이념에 상응하는 요소는 없는

---

1   이와 관련된 사실은 Wikipedia에 다음과 같이 제시되어 있다. Christian Universalism is a school of Christian theology which includes the belief in the doctrine of universal reconciliation, the view that all human beings and all fallen creatures will ultimately be restored to right relationship with God in Heaven. The term "Christian Universalism" was used in the 1820s by Russell Streeter of the *Christian Intelligencer* of Portland – a descendant of Adams Streeter who had founded one of the first Universalist Churches in September 14, 1785. Christian Universalists believe this was the most common interpretation of Christianity in Early Christianity, prior to the 6th century Christians from a diversity of denominations and traditions believe in the tenets of this belief system, such as the reality of an afterlife without the possibility of eternal presence in hell.

지 등등의 문제들을 해명하는 데 있을 것이다. 그러한 문제들은 결국 중세 보편주의의 고대적 기원 문제, 그리고 그것과 근·현대 사상과의 사상사적 연속과 단절의 문제로 귀착될 것이다. 그러한 문제들에 직면하여 universalism이라는 말 자체에 대한 의미부터 검토할 필요성이 발생한다. 왜냐하면 특정의 이념을 표상하는 말 자체의 의미에 대한 파악은 그 이념과 관련된 선입견이나 고정관념이 그 실체를 왜곡시킬 수 있는 가능성을 감소시킬 수 있기 때문이다.

영어 universalism의 어간에 해당하는 형용사 'universal'은 라틴어의 형용사 'universalis'에서 파생한 말이며, 이 라틴어 형용사는 '전체에 속하는belonging to the whole'을 의미한다. 이 형용사는 또한 '전체whole'를 뜻하는 명사 'universum'에서 파생했는데, 이 명사는 'universus'의 중성형으로서 '하나'를 뜻하는 라틴어 'uni'와 '돌다turn'를 뜻하는 동사 'vertere'의 과거분사 'versus'의 결합어로서 '하나로 돌아가 있는turned into one'을 의미한다. 결국 그 말은 그리스어 형용사 'katholikos(그리스어 전치사 'kata'와 'holos'의 결합어로서 '전체적' 또는 '보편적'을 의미한다)'의 번역어라고 볼 수 있으며, 따라서 대표적으로 테르툴리아누스Tertullianus를 통해 바로 서양 중세시대의 통일된 질서를 상징하는 로마 가톨릭교회의 존재를 정당화하는 이념을 표현하는 말로 그리스어를 그대로 차용하여 사용되던 'catholicus'라는 말의 순수 라틴어에 해당하는 것이다.

그런데 중세시대 자체에서는 universalism이란 말이 학문적인 개념어로서 명시적으로 사용되지는 않은 것 같다. 다만 대표적으로 질송의 중세철학사 연구에서 분석 개념으로 사용된 사실에 암시되어 있듯이, 그것에 내포된 관념이 중세의 지식인들이나 일반 사람들의 기본적인 세계관으로 작동하면서 그들의 정신세계를 지배하고 중세의 여러 사상들을 관통하는 지배적인 이념이었음은 분명하다. 여기서 정치사상 연구가에게 여러 가지 문제들이 제기될 수 있다.

가장 근본적인 문제로서 먼저 '하나의 세계' 또는 '하나의 통일된 질서로 운행되는 세계'라는 관념이 과연 서양의 중세시대에만 국한해서 발현했던 이념 또는 세계관인가 하는 의문이 제기될 수 있다. 그러한 의문에 대한 답은 결코 그렇지 않다는 것이다. 언어발생론 차원에서 앞으로 사실 확인이 필요하지만, 한국어에서 '하늘'이나 '누리'의 출현에서부터, 고대 중국에서 '보편'이라는 추상적인 개념어의 출현 이전에 '천하天下', '우주宇宙', '세계世界' 등 언어의 출현, 그리고 고대 그리스에서 'ouranos', 'physis', 'kosmos', 그리고 이에 상응한 라틴어 'caelum', 'natura', 'orbis' 등 말의 출현 자체에 이미 인간들이 보고 느끼는 외부의 사물들이 어떠한 질서를 이루면서 '하나로 돌아가고 있다'는 관념의 출현을 의미하는 것이다. 그러한 말들은 분명히 구체적이고 개별적인 사물들을 넘어서 사물들 전체에 대한 총칭의 성격을 갖고 있으며, 그와 같이 사물을 총칭하는 언어의 출현은 바로 사물들을 총체적인 연관 속에서 파악하는 정신활동이 본격적으로 시작되고 있음의 징표인 것이다. 그것은 인간의 인지능력의 발달이라는 바로 구체적이고 감각적인 사물들을 얼마나 총체적인 연관 속에서 파악하는 데 있다는 명제, 즉 지적 능력의 성장 과정이라는 일반론의 관점에서도 확인될 수 있다.

그런데 위에서 언급된 언어들은 비슷하지만 그것들 사이에는 분명히 세세하고 미묘한 의미의 차이가 존재한다. 그 이유는 기본적으로 언어 발생론적 차이에 기인하며, 그러한 차이의 존재는 바로 각각의 인간 집단이 살아가는 특정한 환경의 차이가 그들로 하여금 외부의 사물을 보는 태도나 감정이나 시각에서 차이가 있다는 데서 연유할 것이다. 이에 따라 그 '하나로 돌아가는' 질서의 구체적인 내용이나 성격 자체도 당연히 다르게 나타나는 것이다. 구체적으로 왜, 그리고 어떠한 환경의 차이가 사물을 보는 총체적인 관점의 성격에서 차이가 나는지의 문제 자체가 개별 문명들이 발생하고 원초적으로 형성되는 신화 및 구술시대의 정신세계를 이해하기 위해서도 필수적으로 연구되어야 한다. 물론 그러한 성격의 연구로 '보편주의'의 문제가 충분히 구명되지는 않는다. 인류 지성사 또는 철학사란 한편으로 사물들이 어떻게 '하나로 돌아가는지' 그 '하나 됨' 또는 총체적인 질서 자체의 근원이 무엇인지에 대한 탐구의 역사이며, 다른 한편으로 '하나로 돌아가지 않는다면' 그 원인이 사물 자체의 필연성의 표현인지 아니면 인간들의 잘못된 앎이나 모자라고 어리석은 행동 때문인지 여부에 대한 탐구의 역사인 것이다. 전자의 탐구가 바로 그리스 자연철학에서는 사물의 근본 요소stocheion나 원리archē에 대한 탐구나 중국의 경우 〈주역周易〉으로 대표되는 변화의 원리에 대한 탐구를 지칭한다면, 후자의 탐구는 고대 그리스의 경우 소피스트 운동 및 소크라테스를 거쳐 플라톤에 의해, 그리고 중국의 경우에는 공자와 노자에 의해 시도되고 이루어지는 정치철학의 탄생을 의미할 것이다. 보편주의 문제가 고대에서 현대에 이르는 인류지성사와 역사 전체를 총괄하는 지극히 방대하고 포괄적인 논의를 함축하면서 동시에 인류지성사와 역사 전체를 바로 총체적이면서 일관되게 관통하여 파악할 수 있는 개념 체계가 될 수 있는 이유가 그 점에 있다. 왜 그러한지 좀 더 구체적인 설명이 필요할 것이다.

그리스 정치사상사에서 보편주의 문제는 일단 국가나 정치권력의 근본적인 속성이 무엇인가의 문제와 관련된 'nomos-physis' 논쟁을 통해 구체적으로 발현된다. 그러한 논쟁은 소크라테스-플라톤-아리스토텔레스에 이르는 그리스 정통 정치사상의 확립, 즉 국가를 자연적인 존재로 보는 관점의 정립을 의미한다. 다시 말해 국가를 인간과 자연을 통합하여 '하나로 움직이는' 세계질서의 필수적인 부분으로 파악하는 세계관의 확립을 의미한다는 것이다. 물론 그 '하나 됨'의 근본 원리나 개념은 개별 철학자나 정치사상가들에 따라 달라질 수 있다. 대표적으로 플라톤과 아리스토텔레스의 '선agathos', 에피쿠로스의 '쾌락hedonē', 스토아학파의 '합의synka-tathesis' 등은 그 예들이다. 문제는 그러한 세계관적 이념 자체로 그 세계가 제대로 설명될 수는 없다는 점에 있다. 그러한 문제는 플라톤의 'one and many(hen kai polla)' 원리에 이미 체계적으로 제시되어 있다. 다만 플라톤의 그 원리에 의거하지 않아도 그들 개념들 사이의 조화나 모순 또는 긴장관계에 대한 해명은 한 시대의 정신세계를 그 근본에서 이해하는 데 필수적이다. 왜냐하면 한 개념의 개념 내용은 바로 다른 개념들을 전제로 하기 때문이다.

그런데 보편주의에 대한 이해는 그러한 문제들에 대한 해명으로 그치지 않는다. 그 이유는 기본적으로 이념과 현실 사이의 관계, 즉 이념과 현실 사이의 조화, 모순이나 대립, 긴장의 변증법적 관계에 대한 해명을 요구하기 때문이다. 위에서 예시한 세계관적 이념들과 당대 현실과의 관계는 무엇인가의 문제는 바로 그러한 차원에서 접근되어야 한다. 예를 들어 그리스 정통 정치사상으로 체계화된 고대적 보편주의는 개별 도시국가들의 독자성을 기초로 전개되었기 때문에 도시국가들 사이의 대립과 갈등에 따른 전체 세계의 현실적 비통일성, 즉 세계 전체가 진정으로 하나가 되어 움직이지 못하는 현실을 제대로 설명하지 못하는 한계에 직면하게 된다. 그것은 곧 그리스 정통 정치사상 형태의 보편주의에 근본적인 한계와 자기모순이 내재함을 의미한다. 스토아철학의 등장과 발전은 그러한 한계 및 자기모순에 대한 극복 노력을 의미한다. 그것에 의해 본격적이고 명시적으로 표방되는 '하나의 세계'의 이념, 즉 도시국가를 초월한 '세계국가kosmopolis' 및 '세계시민kosmopolitēs'의 개념들에 기초한 통합된 세계질서 및 만민평등의 이념은 지중해 연안과 근동 지방을 중심으로 이미 경제 및 문화 교류를 통해 하나의 질서로 통합하여 가는 현실세계의 양상이 정치사상으로 투영된 결과인 것이다.

그럼에도 스토아철학은 사유 내용의 체계성이나 포괄성이나 심원함 면에서 플라톤-아리스토텔레스의 정통 철학에는 미치지 못한다. 그것은 무엇보다 실천성 차원에서 결함이 있다. 도시국가들을 하나의 세계국가로 통합하기 위한 구체적인 전략이나 정책의 문제, 세계국가를 실제로 운영하기 위한 다양한 제도의 창안 문제, 만민평등의 이념은 표방했지만 그들 스스로 인정한 인간들 사이에 엄연히 존재하는 정신적 능력상의 불평등을 해소하는 방안과 관련된 교육의 문제, 통합된 세계의 정신적 지도자들일 수밖에 없는—스토아 철학자들 스스로가 일반 민중들에 대한 일종의 구원자로 자처하기기도 하지만—철학자들과 실제 정치 권력자와의 관계 문제 등등에 대해 스토아철학은 구체적으로 해명하지 못하는 근본적인 한계를 갖고 있었던 것이다. 그렇지만 스토아철학이 알렉산더 제국과 로마제국이 등장하는 당시의 역사적 현실과 이념적으로 도시국가 중심의 정통철학보다 더 큰 친밀성affinity을 갖고 있음은 분명하며, 그것이 또한 스토아철학이 로마제국에서 일종의 국가 이데올로기 역할을 수행한 이유이기도 하다. 아울러 스토아철학의 이데올로기를 통해 구축된 하나의 세계라는 관념이 여러 우여곡절 속에서 기독교가 로마제국, 나아가 중세시대의 지배적인 세계관이자 통치 이데올로기가 될 수 있었던 정신사적 배경이기도 한 것이다.

결국 고대 세계나 중세시대의 보편주의에 대한 정치사상 차원 연구의 내용은 기본적으로 다음과 같을 것이다. 그 '하나의 세계'라는 관념이 태동하는 역사적 및 정신사적 과정에 대한 연구, 각 시대에서 '하나의 세계'를 표상하는 이념 및 그것과 다른 이념들과의 관계에 대한 연구, 그러한 이념을 표방하는 여러 사상들의 태동이나 발전의 양상 및 그들 사이의 영향력 관계의 연구, '하나의 세계'라는 세계관이나 이데올로기 속에서 엄연히 실존하는 하나가 아닌,

분열된 현실 사이의 변증법적 관계에 대한 연구 등이 그것이다. 자연이나 인간세계에서 '하나의 세계'가 암세포 덩어리와 같이 균일하고 균질적인 요소들의 집합체는 결코 될 수 없으므로, 다양한 존재자들을 포괄하는 '하나 됨' 자체의 의미가 무엇이고, 그 문제에 대해 각 시대의 철학자들이나 사상가들이 어떻게 접근했느냐의 문제가 보편주의와 관련된 철학사나 사상사 연구의 핵심적인 쟁점이 된다는 것이다.

서양의 경우 특히 중세시대 후기에 성직서임권 논쟁the investiture controversy을 통해 본격적으로 전개되는 황제권과 교황권, 또는 세속권력과 영적 권력 사이의 대립을 전후하여 전개된 민족국가의 등장 및 발전은 중세세계 및 중세 정치사상을 근대세계 및 근대정치사상으로 변환시키는 결정적인 계기로 작동한 점은 잘 알려져 있다. 하지만 그러한 점 이외에도 그러한 사실들 자체가 앞서 언급한 이념과 현실 사이의 변증법적 관계 차원의 연구에 풍부한 재료를 제공한다는 점이 중요하다. 보편주의에 대한 그러한 차원의 연구는 일반적으로 보편주의와 대립되는 특수주의particularism가 지배하는 것으로 이해되는 근대세계의 이해에도 변함없이 적용될 수 있는 것이다.

일반적으로 근대세계는 '중세라는 하나의 세계'를 허물면서 개별적이고 독립적인 주권을 가진 민족국가 및 민족주의의 등장을 기본적인 성격을 갖는 것으로 이해되고 있다. 개인주의적 자연권 이념의 발달도 그러한 특수주의 세계관 발전의 또 다른 외연이기도 하다. 이에 따라 '하나의 세계'라는 중세적 관념 자체가 바로 중세적 이데올로기이자 허구로 간주함이 당연시되었다. 그런데 별도의 방대한 설명이 필요하지만 간단히 말해 그러한 근대적 세계관 자체에도 이데올로기적 허구성이 있다. 그리고 그 허구성의 실체를 밝히는 작업이 보편주의 개념에 대한 연구의 핵심을 구성한다.

베스트팔리아 체제로 대변되는 개별국가 주권의 신성화는 분명히 외양상 중세적 보편주의와는 대척적이지만 그 자체에 또 다른 '하나의 세계'에 대한 관념이 있다는 사실을 주목해야 한다. 즉, 근대세계의 특수주의에 의거할 경우 인간세계란 개별적이고 독립적인 국가로 구성되어 있으며, 이에 따라 인간세계 전체 위에 개별국가를 초월한 특정한 국가나 조직이 군림하거나 특정한 위계질서를 구축하여 그것을 단일한 지배 체제로 만들려는 시도 자체가 세계관적으로 잘못되었거나 비현실적인 것으로 간주된다. 문제는 그와 같은 근대의 특수주의 세계관 자체에 또 다른 형태의 '하나의 세계' 관념이 있다는 것이다. 일단 '개별적이고 독립적인 국가로 구성되어 있는 세계'라는 관념 자체에 이미 '세계'라는 하나의 존재가 상정되어 있다. 그리고 개별국가들이란 어쨌든 그 세계 내적인 존재들이므로 그 세계로부터 절대적인 독립성이나 절대적인 독자성을 가질 수는 없다. 그것들은 세계라는 존재를 유지하기 위해 어떠한 성격의 것이든 그 행동의 한계가 있을 수밖에 없는 것이다.

실제로 베스트팔리아 체제 성립을 전후해서 전개된 정치사상사 자체가 그 존재를 유지하기 위한 한계가 무엇인지에 대한 지적 모색의 과정이라고 볼 수 있다. 바로 그로티우스의 국제사회 및 국제법 이념, 칸트의 평화 사상, 나아가 프랑스혁명이 표방한 '자유-

평등-형제애' 이념이란 그 표명 자체에 하나의 세계라는 이념이 전제되어 있는 것이다. 그로티우스의 국제법이란 바로 국가들 간의 관계에서 유지되어야 할 정의ius의—국내법의 경우와 마찬가지로 법과 정의의 이름 속에 실제로 존재하는 불의의 문제를 떠나—문제라면,[2] 그러한 정의 이념의 상정 자체가 분열되어 대립하는 국가들 사이 및 그것들을 초월하여 존재하는 하나의 질서를 상정하고 있는 것이다. 평화의 이념 역시 평화라는 하나의 질서의 이상에 대한 다른 이름이라고 할 수 있으며, 프랑스혁명의 이념이란 또한 비록 그 이념 내용이 추상적이긴 하지만 국가와 민족의 차이를 떠나 '인류는 하나'라는—실러Friedrich Schiller의 '환희의 송가An die Freude'에 상징적으로 압축되어 있듯이—이념, 바로 '하나의 세계'라는 이상에 대한 직접적이고 명시적인 표명인 것이다.

분열과 대립을 조정하기 위한 국제법 질서 자체에 역설적으로 '하나의 세계'라는 이념이 내포되어 있다는 사실은 그 분열과 대립의 절정이자 그것의 '세계화' 과정이라고도 말할 수 있는 서구 제국주의의 팽창에서도 확인된다. 19세기 중반 이후부터 본격적으로 전개된 제국주의적 팽창이란 전 지구 차원으로 확대된 '하나의 인간세계'를 어느 주권국가가 주도하여 하나의 지배질서를 이루느냐

---

2 이 점은 그로티우스가 그의 주저인《전쟁과 평화에 관한 법 De Iure Belli ac Pacis》의 헌사에서 헌정 대상인 프랑스 왕 루이 13세에 대해 모든 면에서 '정의의 화신'이라고 규정한 것을 최상의 찬사라는 점의 강조, 그리고 서론 the Preliminary Discourse에서 국가나 민족 사이의 정의의 문제는 그때까지 거의 아무도 논의한 적이 없는 주제라는 사실을 압축하여 강조하고 있다. Hugo Grotius, *The Rights of War and Peace*, in 3 vols. edited and with an Introduction by Richard Tuck, Indianapolis: Liberty Fund, 2005, pp.71-73 참조.

차원의 경쟁으로 파악될 수 있는 것이다. 실제로 제1차 세계대전이 끝난 후 설립된 국제연맹은 그 주도권 쟁패에서 영국과 프랑스가 승리했음을 의미하며, 제2차 세계대전 이후 국제연합 또한 비슷한 경우에 해당한다. 그리고 그 이후 출현한 GATT체제, WTO체제 등이라는 국제연합체의 강화 및 그 영향력의 확대 과정이며, 그러한 확대 과정 속에서 등장한 '세계화'라는 명시적인 구호란 바로 '하나의 세계'라는 이념, 즉 보편주의 이념의 언어적 변용에 불과한 것이다. 물론 그와 같은 '세계화 물결'에 상응하여 전개되는 다문화주의 운동의 존재는 바로 근대 초기 지배적이었던 중세적 보편주의에 대한 부정 논리 자체가 또 다른 형태의 보편주의라는 것임을 증언한다. 그것은 문화적 다원주의의 표방이면서 동시에 인권이라는 '보편적인' 이념을 통해 '하나의 세계'를 만들려는 시도의 다른 표현인 것이다.

결국 '하나의 세계'라는 이념 자체가 역사적으로 사라진 경우는 없다. 그것은 동서양과 고금을 막론하고 어떠한 형태나 내용이든 자연세계나 인간세계에 대한 이해 노력이 있고, 그러한 이해 노력의 기초 위에서 인간세계의 질서를 모색하는 노력, 즉 정치세계를 총체적으로 파악하려는 정치철학적 사유가 모색되고 있는 곳에서는 어디서나 존재한다. 다만 그 형태나 내용에 무한한 변용이 있을 뿐인 것이다. 이 점과 관련하여 서세동점 전후의 동아시아 질서의 이해와 관련된 국제정치 교과서의 설명에 대해서 언급할 필요가 있다.

국제정치 교과서에서 서세동점 전후의 동아시아 국제정치는 천하질서라는 중국 중심의 보편주의가 개별적인 주권 국가 중심의 서양의 만국공법 질서로 대체되는 과정에 따른 대립과 혼란으로 설명된다. 그러한 설명이 물론 전적으로 잘못된 것은 아니다. 그러나 그것은 표면적인 양상을 사태의 전부로 파악하는 오류이자, 더욱 근본적으로는 사태 자체에 대한 개념적 이해의 오류이다. 즉 그것은 근대 서양의 세계관에 기초한 보편주의와 유교적 세계관에 기초한 보편주의와의 대립을 특수주의와 보편주의의 대립으로 잘못 개념화한 오류인 것이다. 물론 보편적인 예의질서를 표방하는 중국 중심의 천하질서 자체의 이해에도 당연히 앞에서 논급된 서양 중세의 보편주의에 대한 이해의 경우와 같은 접근이 요구된다. 천하질서라는 보편주의 자체의 이데올로기적 성격이나 그 허구성 또는 불완전성에 대한 깊은 통찰과 더불어, 그것이 시대에 따라 역사적 및 이데올로기적으로 어떠한 변용을 보이는지의 문제와 관련된 사실史實 구명 차원의 연구가 필요한 것이다. 아울러 중국의 국내 및 대외 정책, 특히 중국과 한국이나 일본, 베트남과의 관계에 대한 근본적이면서 총체적인 이해는 바로 동아시아 보편주의의 역사적 발생과 전개, 그것과 서양적 보편주의와 충돌과 그에 따른 역사적 변용에 대한 철저한 구명을 통해 가능한 것이다.

결국 정치학적 분석 개념으로서 보편주의는 지극히 포괄적이고 방대한 개념세계를 내포하고 있기 때문에 그 개념 자체에 대한 이해가 결코 쉽지 않다. 그러나 그것은 사물을 총체적이고 역사적이며 세계관적 시각에서 이해하는 유일한 학문인 정치학 고유의 개념임에 분명하다. 결국 정치학의 여러 경험적이고 이론적인 연구들을 비롯하여, 정치사상에 대한 문헌학적, 개념사적, 사상사적 연구들이 궁극적으로 지향할 목표가 바로 보편주의에 대한 해명이라고 말할 수 있을 것이다.

플라톤 정치철학 연구에 있어서 비非역사주의적 접근과 새로운 "플라톤 읽기"를 위한 예비적 고찰*

박성우

1. 서론 : 비역사주의적 접근의 필요성과 가능성

오늘날 플라톤 정치철학 연구는 크게 두 가지 방식으로 전개되고 있다. 첫째, 서양철학사史의 전통에서 플라톤이 어떻게 수용되고 계승되어왔는가를 검토하는 연구이다. 서양 정치철학사에서 플라톤이 기여한 바를 확인하고 그 위상을 자리매김하는 것이다.[1] 둘째, 플라톤을 고대 그리스라는 특수한 역사적 맥락에 귀속시키고, 그의 정치철학을 당시의 정치사회적 변화와 연관시키는 연구이다.[2] 두 연구 방식이 모두 나름의 학문적 의의를 지닌다는 것은 부

---

* 4절을 제외한 이 논문 전체는 《한국정치연구》 제24집 1호 (2015)에 게재된 것이다.

1 이러한 연구방식은 가장 전통적인 플라톤 연구 방식으로서 그 절정은 헤겔과 하이데거에서 발견된다(Hegel 1995). 하이데거의 플라톤 연구에 대한 대표적인 안내서로는 쩌커트(Zuckert 1996)의 연구 이외에 다수가 있다(ex. Gonzalez 2011; Partenie & Rockmore 2005).

인하기 어렵다. 문제는 이 두 연구 방식이 모두 플라톤 정치철학의 보편성 혹은 보편적 교훈을 탐구하는 작업과 상당한 거리를 두고 있다는 것이다. 물론 이러한 연구들도 플라톤 정치철학의 보편적 교훈에 어느 정도 관심을 기울인다. 그러나 이들이 파악하는 보편적 교훈이란 플라톤이 의도한, 그의 정치철학에 내재해 있는 진정한 의미의 보편적 교훈이라기보다 연구자의 관점에서 '재구성한' 교훈이다.[3] 오늘날 플라톤 정치철학 연구가 이 같은 수준의 보편성에 머물게 된 가장 큰 이유는 역사주의의 만연 때문이다. 역사주의를 통해 얻을 수 있는 교훈이 무조건 무의미하다는 것은 아니다. 문제는 플라톤 정치철학이 과연 이런 종류의 교훈, 이런 수준의 보편성을 전제하고 있느냐는 것이다. 본 논문은 이런 문제의식으로부터 플라톤 정치철학 연구에 있어서 비非역사주의적 접근의 가능성을 타진하고, 이를 통해 플라톤 정치철학 연구가 도달할 수 있는 보편성의 새로운 지평을 열어보고자 한다.

역사주의는 기본적으로 인간의 모든 가치와 이념은 역사적 시공간으로 환원되어야 하며, 어떤 사상이나 철학도 보편적이거나 절대적일 수 없다고 가정한다. 이런 가정에 기초하여 역사주의는 정치철학자들이 결코 자신이 속한 역사적 맥락을 초월하는 보편성

---

2 대표적으로 예거(Jaeger 1944)를 들 수 있다. 고전학자들은 대부분 이런 방식으로 플라톤 연구를 진행하고 있다(ex. Mara 2008; 1997; Balot 2001, Ch. 7; Monoson 2000, Part 2; Euben 1997, Chs 8, 9; Yunis 1996; Saxonhouse 1992, Part 2).

3 쏘어슨이 편집한 책(Thorson 1963)은 플라톤 연구가 사실상 현재의 관점에서 재구성되고 있음을 시사한다. 같은 맥락에서 비교적 최근 래인과 쩌커트는 포스트모던의 관점에서 플라톤 연구가 진행되고 있음을 주목하고 있다(Lane 2001, 특히 Ch. 4; Zuckert 1996).

을 가질 수 없다고 주장한다. 또한 어떤 정치철학자가 역사적 맥락을 초월하는 보편성을 지향했다고 하더라도 다른 역사적 맥락에 속해 있는 해석자가 그의 의도를 완벽하게 재현하는 것은 불가능하다고 주장한다(ex. Skinner 2002, vol.1). 이런 관점에 따르면, 특정 정치철학자로부터 보편적 교훈을 구하는 것은 애초부터 불가능하고 무의미한 작업이다. 결국 역사주의적 접근만이 최선의 선택이다.

역사주의적 관점에서 플라톤 정치철학은 고대 그리스라는 특수한 역사적 맥락에서만 유효할 뿐 보편적인 의의를 지닐 수는 없다. 플라톤 정치철학의 현대적 의의도 기껏해야 우연적으로 발견되는 현대정치의 맹아적 요소 정도로 치부된다. 역사주의적 접근이 플라톤 정치철학 연구에 있어서 얼마나 정당한 것인가를 판단하기에 앞서, 적어도 일반적인 정치철학 연구에 있어서 역사주의의 적용이 불가피한 선택은 아니라는 것을 지적할 필요가 있다. 역사주의가 주장하는 바와 같이 모든 사상이나 이념이 역사적으로 환원되어야 한다면, 역사주의 역시 모든 시대에 적용될 수 있는 절대적인 것이 아니라 그것이 태동한 역사적 맥락으로 환원되어야 한다. 따라서 역사주의적 접근을 정치철학 연구에 있어서 절대적인 것으로 간주하는 것은 적어도 논리적으로 모순이다. 사실 역사주의는 근대적 산물이다.[4] 따라서 역사주의가 탄생하기 이전의 정치철학자에게 역사주의를 적용하기 위해서는 상당한 변호가 필요하다. 그럼에도 불구하고 지금까지 플라톤 정치철학 연구는 역사

---

4 역사주의의 근대적 기원에 대해서는 이거스(Iggers 1968; 1995)를 참조.

주의적 접근을 당연한 것으로 받아들이고, 비역사주의적 접근을 배제해온 경향이 있다. 특정 정치철학자에 대해서 어떤 접근을 시도해야 하는가를 단적으로 결론내리기는 어렵다.[5] 그러나 적어도 플라톤 정치철학 연구에 있어서 역사주의적 접근이 필연적 선택은 아니며, 비역사주의적 접근의 가능성이 열려 있음을 주목할 필요가 있다.

　비역사주의적 접근은 플라톤 정치철학이 초역사적이고 보편적인 교훈을 포함하고 있으며, 플라톤 자신도 이러한 교훈을 전달할 의도를 갖고 있었다는 가정에서 출발한다. 또한 후대의 연구자들이 플라톤 정치철학의 보편성에 접근할 수 있는 능력을 갖추었다는 것도 가정한다. 물론 역사주의적 접근을 통한 플라톤 연구도 어느 정도 플라톤의 보편적 교훈을 추구한다. 그러나 전술한 바와 같이 이들이 추구하는 '보편적' 교훈이란 플라톤이 의도한 것이 아니라 연구자가 자신의 역사의식을 반영해 재구성한 것이다. 만일 플라톤 정치철학이 이러한 수준의 보편성을 갖는다면, 다른 정치철학자들에 비해 플라톤의 수월성을 주장할 근거는 미약해진다. 정치철학사에 등장하는 어느 인물이나, 심지어 현실 정치의 변화를 모색하는 어떤 이론가에게서도 이런 정도의 교훈은 발견될 수 있기 때문이다. 더구나 플라톤과 우리가 2500년 이상의 시차를 두고 있다는 점을 감안하면, 플라톤 정치철학은 근대 정치철학에 비

5　이 문제는 매우 중요하지만 이 글에서 다룰 수 있는 범위를 벗어난다. 역사주의의 출현이 정치철학 연구 전반에 어떤 영향을 미쳤는가를 비판적으로 설명한 연구로 스트라우스 (Strauss 1950, Ch. 1; Strauss 1959 Chs. 1, 2)를 참조.

해 오히려 열등하다고 여겨질 수 있다. 이에 반해 비역사주의적 플라톤 정치철학 연구는 플라톤의 텍스트 안에서 보다 근본적이고 초역사적인 보편적 교훈이 발견될 수 있다고 가정한다.

플라톤 정치철학이 이와 같은 초역사적 보편성을 띠고 있다는 것은 플라톤 정치철학의 내용을 구체적으로 밝히기 전에는 받아들이기 어려운 주장이다. 즉 비역사주의적 연구의 타당성은 결국 플라톤 정치철학의 내용이 얼마나 보편성을 띠는가를 해명함으로써 증명된다는 것이다. 그런데 플라톤 정치철학의 보편성 여부는 그의 텍스트에서 단편적으로 발견되는 '보편적' 교훈에 의해서가 아니라 플라톤 정치철학 전체의 성격을 규명할 때 비로소 판단될 수 있다. 따라서 플라톤 정치철학의 보편성 여부를 확인하기 위해서는 플라톤 정치철학 전체에 대한 이해에 도달해야 한다. 플라톤 정치철학 전체에 대한 이해는 플라톤 정치철학의 "중심주제" 논쟁으로 귀결된다(ex. Schofield 2006). 문제는 이 중심주제에 관한 기존의 논쟁 역시 상당 정도 역사주의에 경도되어 있다는 것이다. 어찌 보면 플라톤 정치철학 연구는 역사주의적 순환의 덫에 갇혀 있다. 역사주의를 전제로 한 중심주제 논쟁은 플라톤 정치철학이 갖고 있는 초역사적 보편성을 주목하기 어렵고, 초역사적 보편성이 규명되지 않는 한, 플라톤 정치철학 연구는 역사주의의 영향력에서 벗어날 수 없기 때문이다. 이런 역사주의적 순환의 덫에서 벗어나는 길은 플라톤 정치철학의 중심주제를 확인하기 전에 비역사주의적 접근의 가능성을 열어놓고, 플라톤 정치철학을 새롭게 해석하는 방법을 모색하는 것이다. 그러기 위해서는 기존의 플라톤 읽기와 구별되는 새로운 플라톤 읽기가 요구된다. 비역사주의적 플라톤 정치철학 연구의 가능성을 모색한다는 것과 새로운 플라톤 읽기는 동전의 양면과 같다.

이런 맥락에서 논문은 기왕의 플라톤 정치철학 연구가 기본적으로 역사주의적 접근의 한계에 놓여 있음을 지적하고, 비역사주의적 플라톤 정치철학 연구를 시도하기 위한 새로운 플라톤 읽기, 즉 새로운 대화편 읽기를 제시하고자 한다. 2절은 기왕의 플라톤 정치철학 연구가 대체로 발전론적 해석에 기초해 있음을 지적하고, 이러한 발전론적 해석이 바로 역사주의의 영향력을 가장 잘 드러내고 있음을 지적할 것이다. 3절은 새로운 플라톤 읽기의 가능성을 찾기 위해서 대화편의 철학적 내용뿐 아니라, 그 형식에 주목해야 할 필요성을 지적할 것이다. 4절은 이러한 새로운 대화편 읽기를 시도한 비교적 최근의 가장 주목할 만한 연구로서 쩌커트의 논의를 소개할 것이다. 마지막으로 5절은 새로운 대화편 읽기를 통해 얻을 수 있는 플라톤 정치철학의 보편성을 정리하며, 비역사주적 접근의 의의를 재조명할 것이다.

2. 역사주의적 접근의 문제: 발전론적 해석에 대한 비판을 중심으로

플라톤 정치철학 해석에 있어서 가장 확실하고도 중요한 사실은 플라톤이 소크라테스의 제자였으며, 소크라테스가 아테네 법정에 의해 사형을 당했다는 것이다. 플라톤이 소크라테스의 철학을 어떻게 수용하고, 그의 죽음을 어떻게 해석했는가에 대해서는 의견이 분분하지만, 적어도 플라톤이 소크라테스의 제자로서 그의 사상을 계승, 변형, 혹은 비판했다고 보는 것은 무리가 아니다. 따라서 플라톤을 이해하기 위해서는 소크라테스에 대한 이해가 선행되어야 한다. 그러나 소크라테스에 대한 이해에는 근본적인 장애가 있다. 주지하는 바와 같이, 소크라테스는 어떤 저작도 남기지 않았다.[6] 소크라테스의 사상을 객관적으로 입증할 만한 사료도 희소하다. 소크라테스의 삶과 죽음에 대한 이야기는 끊임없이 반복, 재생되어왔지만, 소크라테스에 대한 이해는 늘 사실적이라기보다 상징적이다.[7] 그럼에도 불구하고, 소크라테스와 동시대인으로서 소크라테스의 사상을 가장 잘 대표할 만한 사람이 플라톤이고, 플라톤의 대화편에 등장하는 소크라테스가 역사적 소크라테스를 가장 잘 대변한다는 데에는 전통적으로 이견이 없다(ex. Strauss 1989, Ch. 7).

소크라테스의 사상을 확인하기 위해서도, 그의 사상을 계승한 플라톤의 사상을 확인하기 위해서도 플라톤의 저술을 해석하는 것이 관건이다. 문제는 주지하는 바와 같이 플라톤의 저술이 대화편

---

6   역사적 인물로서의 소크라테스가 자신의 저작물을 남기지 않아서 그의 사상을 정확히 입증할 길이 없다는 것을 근대의 학자들은 소위 '소크라테스 문제Problem of Socrates'라고 칭한다. 예컨대 니체는 "우상의 황혼"에서 '소크라테스 문제'를 독립적으로 다루고 있다(Nietzsche 1977, 473-479). '소크라테스 문제'는 곧바로 플라톤 해석과 연결되는데, 월러치(Wallach 1997)는 이에 대한 기존의 연구를 잘 요약하고 있다. '소크라테스 문제'를 고전 정치철학의 근원적 문제로 재해석하고 있는 연구로 스트라우스(Strauss 1989, Ch. 7)를 참조.

7   코프만(Kofman 1998)은 소크라테스의 이미지가 어떻게 근대 철학자에게 허구적으로 투영됐는가를 보여준다.

이라는 독특한 형식을 띠고 있다는 사실이다.[8] 논문과 달리 대화편은 기본적으로 허구적 요소를 포함한다. 대화편을 저술한 플라톤은 처음부터 대화편에 등장하는 소크라테스가 역사적 인물로서의 소크라테스와 완전히 일치해야 한다는 부담으로부터 어느 정도 자유롭다. 그렇다고 대화편에 등장하는 소크라테스가 완전히 허구적인 인물이라고 보기는 어렵다. 따라서 대화편의 소크라테스가 어느 정도까지 역사적 인물과 일치하고, 어느 정도까지 작자인 플라톤의 입장을 대변하는 가공의 인물인가는 해석의 대상이다. 이 해석에 따라 플라톤과 소크라테스의 관계가 이해될 수 있고, 플라톤 정치철학의 본질이 규명될 수 있다.

플라톤 대화편의 속성상, 등장인물 소크라테스는 한편으론 역사적 소크라테스를 대변해야 하고, 다른 한편으론 플라톤의 입장을 대변해야 한다. 어떻게 동일한 등장인물이 동시에 두 입장을 대변할 수 있는가? 전통적인 플라톤 연구는 이러한 문제를 풀기 위해 명시적으로, 혹은 암묵적으로 플라톤 정치철학에 '발전'이라는 개

---

8 플라톤이 왜 대화편이라는 독특한 저술 형식을 택했는가의 문제는 간단히 해명하기 어렵다. 일반적으로 학자들은 〈파이드로스〉에서 소크라테스가 철학적 논증의 수단으로서 글쓰기보다 대화가 적절하다고 지적한 것에 주목한다(〈파이드로스〉, 274b-277a, 이후부터 플라톤 저술의 인용은 대화편의 제목을 〈 〉안에 넣고, 스테파노스 페이지를 기술하는 방식을 취한다). 대화편은 실제의 대화에 가장 근접한 글쓰기 형식이고, "말하기"보다 "글쓰기"에 의해 초래되는 결함을 최소화할 수 있다. 그러나 이런 이유 때문에 플라톤이 대화편이라는 형식을 채택했다고 단정하기는 어렵다. 최근 알렌은 왜 플라톤이 소크라테스의 글쓰기 금지의 "규율"을 어기고 저술 활동을 시작했는가라는 문제를 당시의 정치사회적 맥락에서 재검토한다(Allen 2010). 알렌의 연구는 대화편이라는 저술 형식에 주목했다는 측면에서 참신하다. 그러나 그녀의 연구는 플라톤의 의도를 당시의 사회에 정치적 영향력을 행사하고자 했던 정치이론가로서의 역할에 한정함으로써 역사주의의 한계를 벗어나지 못했다.

념을 적용시켰다. 즉 플라톤 정치철학은 상당한 시간을 두고 전개된 것이므로, 처음부터 동일하게 유지된 것이 아니라, 특정한 계기에 의해서 발전 내지 진화했다는 것이다. 이러한 가정을 전제로 학자들은 플라톤의 대화편들이 초기에는 역사적 소크라테스의 입장을 대변하다가 플라톤 정치철학의 '발전'에 따라 차츰 플라톤의 독자적인 시각을 대표하게 됐다고 본다.

이런 발전론적 해석은 플라톤 대화편을 전기, 중기, 후기의 세 그룹으로 분류한다. 전기의 대화편은 다시 두 그룹으로 나뉘는데, 역사적 소크라테스의 모습을 그대로 담은 〈변론〉, 〈카르미데스〉, 〈크리톤〉, 〈에우티프론〉, 〈고르기아스〉, 〈히피아스 II〉, 〈이온〉, 〈라케스〉, 〈프로타고라스〉, 〈국가 1권〉 그리고 역사적 소크라테스의 모습이 아직 남아 있지만 조금씩 플라톤적으로 전환되어 가고 있는 〈에우티데무스〉, 〈히피아스 I〉, 〈뤼시스〉, 〈메넥세노스〉, 〈메논〉이 있다. 중기의 대화편은 플라톤이 역사적 소크라테스로부터 독립하여 본격적으로 자신의 입장을 드러내는 것으로서 〈크라튈로스〉, 〈파이돈〉, 〈향연〉, 〈국가 2-10권〉, 〈파이드로스〉, 〈파르메니데스〉, 〈테아이테토스〉가 이에 해당한다. 마지막으로 후기의 대화편은 플라톤 철학의 성숙 단계로서 플라톤의 자기비판과 반성의 특성을 갖는다. 〈티마이오스〉, 〈크리티아스〉, 〈소피스트〉, 〈정치가〉, 〈필레보스〉, 〈법률〉이 여기에 속한다.

사실 이러한 플라톤 대화편의 분류는 19세기 말, 20세기 초반에 이르러 독일 문헌학자 리터(Ritter 1910)와 저명한 영국학자 콘포드(Cornford 1927)의 추인으로 이뤄진 것으로서 장구한 플라톤 연구학사에 비하면 비교적 최근의 일이라고 할 수 있다. 그러나 플라톤 정치철학에 대한 발전론적 해석, 그리고 이에 입각한 플라톤 대화편의 분류는 미세한 차이를 제외하면 20세기 대부분의 플라톤 연구자들에 의해 당연한 것으로 받아들여졌으며, 사실상 20세기 플라톤 정치철학 연구의 패러다임을 구성했다고 해도 과언이 아니다.[9] 이와 같이 플라톤 정치철학에 대한 발전론적 접근은 전형적으로 역사주의의 영향력하에서 이뤄졌다고 할 수 있다. 문제는 이러한 역사주의적 접근이 플라톤 연구에 있어서 몇 가지 심각한 요소를 간과하고 있다는 것이다.

첫째, 왜 플라톤 정치철학이 소크라테스 정치철학과 구분되어야 하는가에 대해 명쾌한 해답을 제시하지 못한다. 대화편을 전기, 중기, 후기로 분류하는 것은 등장인물로서의 소크라테스가 대화편에 따라 다른 모습을 보인다는 사실에 기초한다. 여러 모습 중 어느 것은 역사적 소크라테스의 입장을 그대로 드러낸 것이고, 어느 것은 이와 구별되는 플라톤의 입장이라고 주장하는 것은 플라톤 정치철학이 소크라테스로부터 '발전'했다는 가정을 의심 없이 받아들이지 않는 한, 동의하기 어렵다. '발전'의 가정을 받아들이지 않는 한, 전기 대화편의 소크라테스는 역사적 소크라테스이고, 중기

---

9 발전주의적 시각을 대표하는 고전적인 학자들로 그로트(Grote 1853), 프리들랜더 (Friedländer 1979), 거스리(Guthrie 1975; 1978; 1981), 클로스코(Klosko 1986) 등을 들 수 있다. 테일러는 이러한 발전론적 해석의 시작이 슐라이어마허Friedlich Daniel Ernst Schleiermacher를 필두로 19세기 초반 독일의 독특한 지적 전통으로부터 유래됐다고 파악한다. 테일러에 따르면 이러한 전통은 독일 낭만주의와 헤겔의 역사주의로까지 거슬러 올라간다고 한다(Taylor 2002). 플라톤 저작 연대에 대한 비교적 최근의 연구인 쎄슬레프도 상당 정도 이 기본틀을 유지하고 있다(Thesleff 1982; 1989).

대화편의 소크라테스는 플라톤이라는 주장은 자의적인 해석에 불과하다.

둘째, 역사주의적 접근은 중기 대화편과 후기 대화편 구분의 근거로 삼는 플라톤 정치철학의 내적 발전이라는 가정에 대해서도 확실한 근거를 제시하지 못한다. 일반적으로 플라톤 정치철학의 내적 발전의 가정은 플라톤의 형상이론(혹은 이데아론)을 기준으로 이에 대한 확고한 신념을 드러내는 것을 중기 대화편으로, 비판적 입장을 표명하는 것을 후기 대화편으로 간주한다. 역사주의적 접근은 이러한 구분을 소크라테스가 대화편에서 주도적인 역할을 하는가와 연결시킨다. 예컨대 〈파르메니데스〉와 〈티마이오스〉에서 소크라테스는 지적 능력의 한계를 노정시킨 젊은이로 등장하며, 〈정치가〉와 〈법률〉에서는 아예 소크라테스가 등장하지 않는다. 등장인물로서 소크라테스가 차지하는 비중의 차이가 플라톤 정치철학의 진화를 암시한다는 것이다. 그러나 이것이 곧바로 플라톤 정치철학의 발전이나 변형을 의미한다고 단정하기는 어렵다. 애초부터 중기 대화편에 등장하는 소크라테스만이 플라톤의 견고한 입장이라고 가정하는 것부터 의심스럽기 때문이다. 예컨대, 〈필레보스〉는 대부분의 학자들이 플라톤의 견고한 입장이 후퇴한 후기 대화편의 특징을 갖는다고 판단하지만, 여전히 대화편에서 소크라테스는 주도적인 역할을 담당하고 있다. 또 중기와 후기 대화편의 구분을 의심 없이 플라톤 정치철학의 발전으로 해석하는 입장은 플라톤이 무슨 의도로 소크라테스가 아닌 파르메니데스, 티마이오스(〈티마이오스〉에서), 엘리아의 이방인(〈소피스트〉, 〈정치가〉에서), 아테네 이방인(〈법률〉에서) 등을 주도적인 화자로 삼았는가를 설명하지 못한다.

셋째, 역사주의적 접근의 가장 치명적인 오류는 플라톤 대화편을 전기, 중기, 후기로 분류하면서, 이 분류를 마치 실제로 플라톤이 각 대화편을 저술한 시점과 동일시한다는 것이다. 즉 플라톤 정치철학이 처음에는 역사적 소크라테스와 분리되는 '발전'을 그리고 이후에는 내부적 자기성장을 통한 '발전'을 이뤘다고 주장하는 것은 그 발전의 과정이 저술의 선후관계와 일치한다고 보는 것이다. 그런데 전기·중기·후기의 분류를 저술 시점과 동일시하는 것은 사실 문헌학적 근거에 의해 뒷받침된 것이 아니라, 발전론적 시각에 입각한 사변적 추정에 불과하다. 저술 연대를 추정할 수 있는 객관적 사료의 부족으로 불가피하게 대화편의 내용을 바탕으로 전기·중기·후기로 대화편을 분류한 것인데, 이를 근거로 다시 저술 연대를 추정하는 것은 순환논리의 오류를 범하는 것이다.[10]

요약하자면, 대화편이라는 플라톤 저술의 특이성, 그리고 플라톤과 소크라테스의 사상을 객관적으로 입증할 만한 사료의 부족으로 인해 플라톤 정치철학 연구는 자연스럽게 발전주의적 해석을 취하게 됐다. 이로 인해 역사주의의 영향력하에 놓이게 됐지만, 역사주의적 접근은 다분히 플라톤 정치철학을 왜곡할 소지가 있다는 것이다. 그럼에도 불구하고 대부분의 학자들은 발전주의적 해석을 비판 없이 수용해왔다.[11] 따라서 이와 같은 발전론적 해석이 특히

---

10 저술 연대와 관련된 논란에 대해서는 하울랜드(Howland 1991)와 쎄슬레프(Thesleff 1982; 1989)를 참조.

20세기 플라톤 정치철학 연구에 어떤 영향을 미쳐 왔는가를 비판적으로 검토할 필요가 있다.

우선, 플라톤의 입장과 구분되는 역사적 소크라테스의 정체성에 대해서 논해보자. 역사적 소크라테스의 정체성이 플라톤 정치철학 해석에 있어서 핵심적인 문제 중 하나라는 점은 대부분의 플라톤 연구자들이 시인한다. 문제는 전술한 바와 같이 역사적 소크라테스의 정체성을 확실히 주장할 만한 소크라테스 자신의 저작이 없다는 것이다. 그럼에도 불구하고, 소크라테스의 행적을 추정할 만한 자료가 전무한 것은 아니다. 주지하다시피 기원전 399년 아테네 시민들에 의해 기소됐을 때, 소크라테스는 〈변론〉에서 자신의 삶 전체를 회고한 바 있다. 학자들은 이를 바탕으로 역사적 소크라테스의 정치철학적 특성을 규명하곤 한다(cf. 박성우 2014: 29-49). 이에 따르면, 역사적 소크라테스의 가장 큰 특징은 시민들 특히 젊은이들이 갖고 있는 의견을 논박(엘렌코스, elenchus)함으로써 이들을 당혹감(아포리아, aporia)에 이르게 하는 것이다. 이러한 소크라테스의 행위가 젊은이들을 도덕적 붕괴 상태에 빠뜨려서 도시의 건강성을 해쳤다는 것이 소크라테스가 기소된 근거이기도 하다. 기소자들이 주장하는 바와 같이 소크라테스의 철학적 활동이 아테네에 진정으로 부정적 영향을 미쳤는가는 역사적 검토의 대상이다.

---

11 발전론적 시각에 입각한 저술 시기의 사변적 추정에 대해서 플라톤 연구자들은 대체로 공감한다(Sedley 2003, 6; Kahn 2002, 93-127). 한편, 컴퓨터를 활용한 소위 "문체 메트릭스" 연구도 발전론적 시각에 일조했다고 볼 수 있다(ex. Branwood 1990). 반면, 네일스는 사실상 대화편의 순서에 관해 학자들이 합의한 바가 없다고 선언한다(Nails 1995, 55-68).

그러나 학자들이 보다 주목하는 것은 〈변론〉에 나타난 역사적 소크라테스의 활동이 갖는 일반적인 특징이다. 이에 따르면, 소크라테스는 기왕에 시민들이 믿고 있었던 도덕적 확신을 논박함으로써 '무지에 대한 지知'를 일깨우지만, 어떤 절대적인 지식이나 도덕적 기준을 제시하지는 않았다는 것이다. 따라서 학자들은 플라톤의 대화편 중에 만일 어떤 절대적 의미의 형이상학이나 정치 이념을 제시한 것이 있다면, 그것은 적어도 역사적 소크라테스의 입장과 구별된다고 가정한다.

20세기 학자들이 역사적 소크라테스와 등장인물 소크라테스의 관계를 이해하는 방식은 크게 세 가지로 분류될 수 있다. 첫 번째는 버넷(Burnet 1928), 테일러(Taylor 1963)와 같은 학자들이 내세운 견해로, 등장인물 소크라테스는 역사적 소크라테스와 차별성을 갖지 않는다는 것이다. 이들은 기본적으로 플라톤의 대화편을 역사적 소크라테스의 행적을 기록한 것으로 이해한다. 두 번째 견해는 바커(Barker 1906), 예거(Jaeger 1944) 등에 의해 대변되는 것으로서 역사적 소크라테스가 적어도 플라톤 정치철학의 맹아를 제공했고, 플라톤은 이를 바탕으로 자신의 정치철학을 발전시켰다는 입장이다. 이런 견해에 따르면, 등장인물 소크라테스는 플라톤의 사상이 발전함에 따라 차츰 역사적 소크라테스와 거리를 두게 되지만, 결코 그 정체성을 부정하지는 않는다. 세 번째 견해는 포퍼(Popper 1966)와 블라스토스(Vlastos 1991)에 의한 것으로서 철학적 입장 변화를 경험한 플라톤이 자신의 철학적 대용물로서 역사적 소크라테스를 활용했다고 보는 것이다. 이러한 견해에 따르면, 초기 대화편에 등장하는 소크라테스는 철학적으로 역사적 소크라테스와 일치하지만, 이후의 대화편들에 등장하는 소크라테스는 역사적 소크라테스와는 완전히 결별한 플라톤의 정치철학이 구성한 새로운 정체성을 가진 소크라테스라는 것이다.

첫 번째 견해의 한계는 곧바로 발견된다. 역사적 소크라테스의 정체성에 대한 최소한의 합의는 그가 엘렌코스를 통해 대화 상대자로 하여금 아포리아를 유발한다는 것인데, 이런 특징은 초기 대화편을 벗어나면 거의 나타나지 않는다. 따라서 첫 번째 견해는 역사적 소크라테스와 플라톤의 관계를 대화편 전체에 걸쳐 해명할 수 없다는 한계를 갖는다. 역사적 소크라테스의 특징을 플라톤 정치철학의 맹아로 간주하는 두 번째 견해는 첫 번째 견해보다는 양자의 관계를 포괄적으로 설명할 수 있다. 그러나 역사적 소크라테스의 맹아적 요소가 어떤 계기로, 혹은 왜 플라톤 정치철학 안에서 변형 내지 진화하게 되었는가가 설명되어야 한다. 이와 관련해서는 두 가지 해석이 가능하다. 하나는 플라톤이 경험한 철학 외적인 요인으로 인해 소크라테스의 철학을 변형할 수밖에 없었다는 것이다. 〈제7편지〉를 통해 알려진 플라톤의 행적이 이에 대한 자료가 될 수 있다. 다른 하나는 플라톤이 소크라테스 철학의 내적 한계를 극복하기 위해서 소크라테스 철학의 변형을 시도했다고 보는 것이다. 즉 플라톤 정치철학은 소크라테스 철학의 한계를 파악한 플라톤이 소크라테스 철학을 자신의 것으로 승화시켜 점진적으로 발전시킨 과정이었다는 것이다. 이에 따르면, 대화편에 등장하는 소크라테스의 지위 변화는 플라톤이 자신의 정치철학의 진화를 나타내기 위한 의도적인 조치라고 할 수 있다. 그러나 전술한 바와 같이 대화편 안에서 소크라테스의 지위 변화와 플라톤 정치철학의 진화를 연계시키기 위해서는 정치철학 연구에 있어서 역사주의의 우위를 맹목적으로 수용해야만 한다.

세 번째 견해는 기본적으로 역사적 소크라테스의 철학적 입장과 플라톤의 입장을 별개의 것으로 구분한다. 전기의 대화편에서 역사적 소크라테스와 등장인물 소크라테스의 모습이 일치하지만, 여기에는 플라톤의 입장이 개입되어 있지 않다는 것이다. 이런 맥락에서 포퍼는 플라톤이 "평등주의적이고, 개인주의적이며, 민주주의에 비판적인 공감을 표했던" 역사적 소크라테스로부터 완전히 벗어나 사실상 "소크라테스를 배신"했다고 평가한다(Popper 1966, 189-194). 비슷하게 블라스토스도 초기 대화편의 소크라테스는 역사적 소크라테스의 입장을 대변하지만, 그 이후의 대화편에 등장하는 소크라테스는 역사적 소크라테스와 완전히 결별하고 플라톤의 입장만을 대변한다고 해석한다(Vlastos 1991, 46-47). 포퍼와 블라스토스의 해석은 현대 플라톤 해석에 있어서 역사주의적 접근을 적용한 대표적인 연구이므로 이에 대해서 좀 더 상술할 필요가 있다.

블라스토스의 가장 큰 문제는 플라톤이 어떤 계기로 역사적 소크라테스로부터 독립하여 독자적인 정치철학을 구성하게 됐는가에 대해 매우 빈약한 근거를 제시한다는 점이다. 블라스토스는 플라톤이 역사적 소크라테스의 영향력에서 벗어나 독자적으로 자신의 철학을 구성할 수 있었던 것은, 우리에게 잘 알려진 바와 같은 소크라테스의 재판이나 그의 죽음이 아니라, 기원전 387년 시라쿠스의 방문을 통해 플라톤이 접하게 된 피타고라스학파 때문이었다고 주장한다(Vlastos 1994, 87-108; Vlastos 1983). 소크라테스는 '탁월성은 곧 지식'이라고 주장했지만, 이를 충분히 확신할 수 없었던 플라톤은 피타고라스학파와의 조우를 통해 탁월성에 대한 인식론적 불확실성을 제거할 수 있었다는 것이다. 기본적으로 블라스토스는 역사적 소크라테스도, 플라톤도 정치철학자로 간주하지 않는다. 소크라테스와 플라톤은 기껏해야 윤리 철학자라는 공통점을 갖고, 그중 플라톤은 지극히 비정치적이라는 측면에서 소크라테스와도 구분된다는 것이다(Vlastos 1994, 101-103; Vlastos 1991, 18). 블라스토스에 의하면, 플라톤은 소크라테스와 달리 수학적인 확신을 통해 윤리적 문제를 해결하고자 시도했다는 것이다. 블라스토스는 플라톤이 이런 수학적 확신을 바탕으로 〈국가〉에서 이성에 의한 철학의 절대적 지배력을 주장했다고 해석한다.

블라스토스의 플라톤 해석은 자신의 연구를 통해서 뿐 아니라, 그의 학풍을 이어 받은 제자들에 의해서 영미학계에서 어마어마한 영향력을 행사했다. 어윈(Irwin 1995), 크라우트(Kraut 1992; 1997), 니하마스(Nehamas 1998), 너스바움(Nussbaum 1986), 브릭하우스와 스미스(Brickhouse & Smith 1999) 등이 블라스토에게 영향을 받은 학자들이다. 그러나 이들이 역사적 소크라테스와 플라톤의 관계를 적절하게 해석하고 있는가는 의문이다. 이들은 둘의 관계를 결정적으로 규정할 만한 요소를 의도적으로 배제하고 있기 때문이다. 이들은 소크라테스의 처형과 그 대응으로서의 플라톤 정치철학의 형성이라는 요소를 사실상 외면한다. 이들이 이런 태도를 취하는 이유는 기본적으로 플라톤 철학을 정치철학으로 규정하기를 꺼렸던 블라스토스의 입장을 추종했기 때문이다. 블라스토스는 플라톤에게 역사적 소크라테스의 그림자가 남아 있다면, 그것은 순수하게 철학적 요소에만 한정된다는 입장을 견지한다. 이러한 태도는 이들이 취하고 있는 분석철학적 방법이 되도록 정치적 문제를 배제해야 한다는 규범적인 판단을 전제하고 있기 때문으로 보인다. 그러나 소크라테스의 철학적 활동이 정치적 핍박에 이르게 할 정도로 정치적 문제를 수반하고 있으며, 이러한 문제를 의식한 플라톤이 정치와 철학의 관계를 재설정하는 정치철학의 요소를 핵심적으로 다루고 있다는 것은 부인하기 어렵다(박성우 2014: 22-24).

블라스토스와는 정반대로 포퍼(Popper 1966)는 소크라테스의 죽음과 플라톤의 반응을 지나치게 부각시켰다. 포퍼는 플라톤 정치철학의 기획을 전적으로 철학에 대한 정치적 핍박을 방어하기 위한 수단으로만 간주한다. 이러한 포퍼의 플라톤 해석이 20세기 중반 플라톤 연구자들에게 강력한 영향력을 행사했음은 주지의 사실이다. 양차 대전 후 냉전기의 서구는 근대 합리주의에 기초한 문명 세계가 전체주의로 타락하게 된 정치철학적 근거를 찾아야 했고, 이러한 맥락에서 포퍼의 플라톤 해석은 역사주의적 관점에서 서구의 문제의식에 대한 적절한 해답을 제공했다(Thorson 1963). 재미있는 것은 블라스토스가 표면적으로는 소크라테스와 플라톤에게서 정치적 색채를 제거한 것으로 보이지만, 결과적으로는 포퍼와 마찬가지로 "자유주의적인 소크라테스 vs 전체주의적인 플라톤"이라는 기본 틀을 유지하면서 적어도 암묵적으로 플라톤에 대해 정치적 비판을 가하고 있다는 것이다.[12] 양자 모두 플라톤 정치철학을 플라톤이 속한 역사적 맥락에 한정시켰을 뿐 아니라, 연구자가 처한 시대적 요구에 (의식적으로든 무의식적으로든) 부응하여 플라톤 정치철학을 해석한 것이다. 이러한 태도가 플라톤 정치철학 해석에 왜곡을 초래할 위험이 있다는 것은 자명하다.

요컨대, 역사주의적 접근은 플라톤 정치철학 해석에 있어서 야기되는 제 문제를 의식조차 하지 않거나, 너무 쉽게 해소된 것으로 간주한다. 또한 역사주의적 접근은 플라톤 정치철학의 중심주제를 당시의 "덜 계몽된" 시대의 부산물로 여기거나 플라톤의 정치철학의 의의는 어차피 그의 시대에만 귀속된다고 가정한다. 역사주의에는 우리의 시각으로 플라톤을 평가하고, 우리의 입장에서 그의 정치철학적 유용성을 찾아야 한다는 암묵적인 가정이 깔려 있다. 이러한 방식은 사실상 플라톤이 보편적 교훈을 전달할 의도를 갖고 있었다는 가정에 정면으로 반한다. 앞서 지적한 바와 같이 플라톤 정치철학이 초역사적·보편적 의의를 가질 가능성은 여전히 열려 있고, 플라톤 정치철학에 대한 역사주의적 접근은 필연적 선택이 아니다. 물론 플라톤이 오늘날 우리가 경험하고 있는 전대미문의 과학 기술의 발전 속도와 지구화의 속도를 예견했다고 보기 어렵다. 그렇다면 플라톤 정치철학이 오늘날에도 보편성을 견지하고 있다는 것은 무엇을 뜻하는가? 단적으로 답하기 어렵다. 그러나 이러

---

12 흥미로운 사실은 블라스토스의 플라톤 해석은 1980년대 신냉전 시대가 시작되는 시점에 학계의 주목을 받았다는 점이다. 이후 1989년 냉전이 끝나면서 블라스토스의 주장은 차츰 그 의의를 상실했다(Press 1993; Lane 2002).

한 문제에 답하기 위해서는 적어도 근대적 관점에서 플라톤을 읽는 방식으로부터 벗어나는 비역사주의적 태도를 가질 필요가 있다.

비역사주의적 접근도 플라톤이 자신의 역사적 맥락에서 당시의 사람들에게 어떤 정치철학적 메시지를 전달하고자 했는가에 관심을 기울인다. 그러나 비역사주의적 접근은 플라톤의 의도가 당시의 정치사회적 변화에 머물러 있는 것이 아니라, 궁극적으로는 정치철학의 보편적 의의를 전달하는 데 있었다고 가정하는 데에서 차이를 보인다. 이런 의미에서 비역사주의적 접근은 플라톤 정치철학에 관한 역사적 탐구를 배제하지 않는다. 다만, 역사주의적 가정에 따라 플라톤 정치철학을 해석하는 것에 반대하는 것이다. 텍스트의 역사성을 인정하면서 초역사적이며 보편적인 의의를 주장하는 것은 결국 텍스트를 어떻게 해석하느냐에 달려 있다. 텍스트가 온전히 해석될 때, 플라톤은 당시의 역사적 맥락에 속해 있으면서도 그의 의도와 메시지는 보편성을 띨 수 있다. 이제 다음 절에서 이른바 비역사주의적 플라톤 정치철학 해석의 기초를 마련하기 위해, 기왕의 역사주의적 접근법에서 행했던 방식과는 구분되는 새로운 대화편 읽기를 제시하고자 한다.

3. 새로운 "대화편 읽기": 내용에서 형식으로의 전환

역사주의적 접근은 대체로 플라톤 정치철학의 중심주제 파악에만 몰두한 나머지 플라톤 텍스트가 갖는 풍부한 의미를 포착하지 못하고 중심주제의 가정들을 확인하는 수준에서 텍스트를 해석한다는 한계를 지닌다. 가장 큰 문제는 플라톤의 저술이 대화편이라는 독특한 형식을 띠고 있다는 사실을 간과한다는 점이다. 물론 역사주의적 접근도 플라톤의 저술이 대화편이라는 것을 알고 있다. 역사주의적 접근도 등장인물 소크라테스의 비중 그리고 소크라테스의 존재 여부를 플라톤 정치철학 진화進化의 결정적 근거로 활용한다. 그러나 대화편의 형식적 요소를 온전히 파악하기 위해서는 대화편의 주인공이 누구인가라는 문제를 넘어 대화편이 설정한 극적劇的 요소를 좀 더 면밀히 살펴야 한다. 이 절에서는 역사주의적 접근이 간과해온 대화편의 여러 형식적 요소에 주의를 기울이면서 새로운 "대화편 읽기"의 가능성을 타진하고자 한다. 대화편의 형식적 요소에는 ①등장인물의 특성 ②극적 시점 ③극적 무대의 배경 ④대화의 효과 ⑤대화편 서술의 형식 등이 포함되어 있다. ①~④가 대화가 행해진 방식과 관련된 것이라면, ⑤는 대화의 전달 방식과 관련된 것이라고 할 수 있다.[13]

등장인물의 성격

대화의 주도자가 소크라테스인가 여부는 역사주의적 플라톤 연구

---

[13] 비교적 최근에는 이와 같이 대화편의 형식적 요소를 주목하며 형식과 내용의 관계를 해명하고자 하는 연구들이 나타나고 있다(Zuckert 2009; Blondell 2002; Nails 2002; Thayer 1993; Press 1993; Griswold ed. 1988). 일찍이 스트라우스는 플라톤 대화편을 내용sub-stance과 형식form으로 구분하고, 형식의 틀 안에서 내용을 이해해야 한다는 주장을 내놓았으나(Strauss 1978), 이에 대한 기존 학계, 특히 역사주의와 분석철학의 영향력 안에 들어 있는 플라톤 연구자들의 반응은 매우 부정적이었다(ex. Burnyeat 1985).

자들도 중심주제 파악의 관점에서 주목하고 있는 형식적 요소이다. 그러나 등장인물의 극적 형식을 온전히 고려하기 위해서는 대화의 주도자가 누구인가뿐만 아니라, 그 상대자가 누구인가도 파악해야 한다. 소크라테스가 대화의 주도자인 경우, 그 상대자는 대체로 소피스트, 수사학자 등을 포함한 지식인이거나, 군인을 포함한 정치인, 소크라테스의 친구, 젊은이 등이다. 따라서 이와 같은 구체적인 인물이 등장하는 경우, 이들 인물이 갖는 극적 요소를 고려해 대화편을 해석할 필요가 있다. 예컨대, 〈프로타고라스〉, 〈메논〉, 〈고르기아스〉는 대표적으로 소크라테스가 소피스트와 나눈 대화편이다. 이러한 대화편은 소크라테스의 대화 상대자인 소피스트나 수사학자가 어느 지역 출신이며, 어떤 기술에 대해 명성을 갖고 있는가에 대한 사전 지식을 전제로 해석되어야 한다. 아울러 소피스트와의 대화에서 반드시 상기해야 할 사항은 소크라테스가 자신은 소피스트와 구별되는 활동을 했음을 법정에서 주장했다는 사실이다(〈변론〉, 19c~e). 따라서 소크라테스와 특정 소피스트와의 대화로 구성된 대화편은 이러한 소크라테스의 진술이 사실인가를 확인해줄 것을 요청한다고 볼 수 있다.

소크라테스와 젊은이의 대화로 구성된 대화편도 소크라테스의 재판을 전제로 해석될 필요가 있다. 주지하는 바와 같이 소크라테스에 대한 기소 내용에는 소크라테스가 젊은이들을 타락시켰다는 죄목이 포함되어 있다. 따라서 소크라테스와 젊은이의 대화를 담은 대화편은 그 대화의 주제를 파악하는 것과 별도로 소크라테스의 태도나 대화법이 젊은이를 타락시킬 만한 것이었는가를 확인해줄 것을 요청한다고 할 수 있다. 특히 소크라테스의 대화 상대자로 특정한 젊은이가 설정되어 있다면, 이 구체적인 인물의 행적을 바탕으로 소크라테스에 대한 기소가 정당한 것이었는가를 판단해야 한다. 예컨대, 알키비아데스가 대화편에 등장했다면, 우리는 그가 한때 소크라테스의 제자였고 세간의 이목을 끌만한 외모와 재주를 지녔으며 펠로폰네소스 전쟁에서 장군을 지냈지만, 아테네를 배신한 경력이 있다는 것을 전제로 대화편을 해석해야 한다(ex. 〈향연〉, 〈알키비아데스〉). 소크라테스와의 대화는 알키비아데스의 타락에 대해 소크라테스에게 책임을 물을 수 있는가를 가늠해볼 수 있는 근거가 되기 때문이다.[14]

극적 시점dramatic date

대화편의 극적 형식을 구성하는 두 번째 요소는 대화가 벌어진 시점과 관련된 것이다. 플라톤의 대화편은 종종 역사적 인물이나 역사적 사건 등을 언급함으로써 대화가 행해진 시점을 암시한다. 〈고르기아스〉에서 페리클레스의 죽음을 비교적 최근의 일로 언급하고 있는 것이나(〈고르기아스〉, 503c), 〈카르미데스〉에서 소크라테스가 포티다이아전투에서 곧 돌아왔음을 언급하는 것 등은 대화가 진행된 시점을 나타내기 위함이다(〈카르미데스〉, 153a). 이처럼 극적 시기를 암시하는 것은 일반적으로 대화가 행해진 시점의 정치사회

---

14 비슷한 맥락에서 〈메넥세노스〉 역시 대화의 구체적인 주제의 파악과는 별도로 아테네 젊은이의 한 사람인 메넥세노스가 소크라테스와의 대화를 통해 어떤 전환을 겪게 됐을까를 염두에 두면서 대화편을 읽어야 한다(박성우 2007).

적 배경을 알리기 위함일 수도 있지만, 다른 한편 소크라테스의 대화가 대화 상대자에게 어떤 영향을 미쳤는가를 드러내기 위함일 수도 있다. 전통적인 학자들도 대화편의 극적 시점을 비중 있게 다루는 경우가 있다.[15] 그러나 이들에게 극적 시기는 대화편의 배경 이상의 의미는 없다. 따라서 이들은 비교적 넓게 극적 시기를 설정하거나, 더러는 사실상 불가능한 극적 시점이 설정되어 있어도 크게 문제 삼지 않는다. 플라톤의 착각 내지 오류로 간주하는 것이다. 그러나 플라톤이 대화편의 형식 안에 굳이 대화가 이뤄진 연대를 추정할 만한 역사적 사건을 삽입하면서 그 역사성에 주의를 기울이지 않았다고 가정하는 것은 플라톤에 대한 너무 느슨한 해석이다. 이보다는 이러한 비현실적인 극적 시점의 설정이 대화편의 주제나 대화 상대자에게 어떤 의미가 있는가를 고려해서 대화편을 해석하는 것이 적절하다. 예컨대, 비현실적인 극적 시점의 설정은 만약 그런 대화가 실제로 있었다면, 대화 상대자에게 어떤 영향을 미쳤을지 고려해볼 것을 요청하는 것이라고 봐야 한다. 일종의 반사실주의적counter-factual 검증의 필요성을 암시한다는 것이다.

극적 시기와 관련해서 고려해야 할 또 다른 사항은 대화편 간의 선후 관계를 설정하는 극적 시기가 있다는 점이다. 역사적 인물과 사건을 준거점으로 극적 시기를 암시하는 것과 달리 다른 대화편에서의 사건을 명시적으로 언급함으로써 두 대화편 간의 선후 관계를 밝히는 것이다. 예컨대, 〈티마이오스〉의 시작은 그 전날 〈국

---

15 특히 거스리는 모든 대화편의 극적 시기를 인물과 역사적 사건에 대한 언급을 기준으로 추정한다(Guthrie 1975; Guthrie 1978).

가〉에서 행했을 법한 대화가 있었음을 강하게 암시한다(〈티마이오스〉, 17a~20c). 두 대화편이 다루고 있는 주제의 현저한 차이에도 불구하고 이와 같이 대화편의 선후 관계를 밝히고 있는 것은 간단히 넘길 수 없는 형식적 요소이다. 대화편 간의 선후 관계 설정의 이유를 온전히 해명하긴 어렵지만 적어도 플라톤이 각 대화편을 독립적인 것으로 이해하지 않았다는 것을 지적할 필요가 있다.

극적 배경(장소 및 참관자)

극적 시기와 더불어 대화가 행해지는 장소나 배경, 특히 대화에 직접 참가하진 않지만, 현장에 있었던 것으로 여겨지는 참관자들의 존재 역시 대화편의 중요한 형식적 요소 중 하나이다. 소크라테스는 〈변론〉에서 자신은 전투에 참여한 경우를 제외하고는 먼 외국을 방문한 적이 없다고 진술한 바 있다. 이를 뒷받침하듯 소크라테스가 주도하는 대화편은 모두 아테네의 시 경계 안에서 행해진 대화의 기록이다. 기껏해야 〈국가〉의 무대가 아테네의 도심에서 벗어난 피라이우스라는 항구 지역에서 행해진 대화이고(〈국가〉, 327a), 〈파이드로스〉에서 소크라테스의 연설문이 암송되는 무대가 시의 외곽 경계인 것이 예외적인 상황이다(〈파이드로스〉, 227a). 반면, 소크라테스가 등장하지 않는 〈법률〉은 분명 아테네와 꽤 거리를 두고 있는 크레타 섬에서 행해진 연설의 기록이다(〈법률〉, 625b). 대화가 행해지는 장소가 어디인가가 어떤 의미를 갖는가? 우선, 아테네에서 행해졌다는 것은 그 대화의 내용이 아테네의 동료 시민들에게 영향을 미칠 가능성이 높다는 것을 의미한다. 공개적인 장소에서 행해진 대화라면 두말할 나위 없겠지만, 그렇지 않은 사적인 장소에서 벌어진 대화의 경우에도 먼 외국에서 대화가 행해진 것보다 그 내용이 전달될 개연성이 높다. 따라서 대화편에서 행해진 대화가 이를 지켜본 참관자들이나, 이를 전해들을 동료 시민들에게 어떤 영향을 미칠 것인가를 고려하면서 대화편을 해석해야 한다.

예컨대, 〈법률〉의 대화는 크레타 섬의 매우 외딴 길에서 세 노인이 대화를 하는 극적 배경을 갖는다. 여기에는 이들의 대화를 경청하는 어떤 다른 참관자도 존재하지 않는다. 오히려 대화편에는 이런 대화의 내용이 절대 젊은이들에게 공개되지 말아야 한다고 경계하는 대목이 나온다(〈법률〉, 634e). 따라서 이 대화의 내용은 나중에라도 세 노인의 출신 지역(아테네, 스파르타, 크레타)에 공개되지 않을 가능성이 높다. 반면, 〈국가〉, 〈프로타고라스〉, 〈고르기아스〉 등은 사적인 공간에서 행해진 대화이지만, 비교적 많은 사람들이 운집해 있던 장소에서 행해진 것이다. 이를테면 〈고르기아스〉는 칼리클레스의 집에서 행해졌는데, 여기에는 고르기아스의 연설 솜씨를 보기 위해 모여든 사람과, 소크라테스와 거리에서 문답을 하다가 따라온 일군의 무리가 운집해 있었다. 소크라테스는 고르기아스, 폴로스, 칼리클레스와 대화를 나누지만, 대화편의 극적 배경은 독자로 하여금 이 대화 과정이 참관자들에게 어떤 영향을 미치는가를 고려할 것을 요청한다. 〈국가〉도 케팔로스 집에 모여 있던 다양한 종류의 참관자들(적어도 향연을 즐기기 위해 소크라테스가 도착하기 이전부터 있었던 사람들과, 소크라테스 일행) 앞에서 행해진 대화이다. 〈국가〉의 1권 말미는 트라시마코스와 소크라테스의 대화로 이어지고, 소크라테스는 적어도 이론적으로 트라시마코스를 완벽하게 논박했다. 그러나 소크라테스는 논의를 다시 시작해야 할 필요성을 지적한다(〈국가〉, 354b~c). 이는 트라시마코스를 위한 것이라기보다 이 논의를 듣고 있던 아테네 시민들 특히 아테네의 젊은 이들을 위한 것이라고 볼 수 있다.

대화 참가자들의 반응과 변화

극적 배경과 관련된 형식적 요소 중 하나는 참관자에게 미치는 영향력이지만, 대화편에서 이것이 확실히 드러나는 경우는 드물다. 그러나 대화에 참여한 이들이 소크라테스와의 대화를 통해서 어떤 변화를 경험했는가는 종종 드러난다. 대화 상대자는 크게 보면 세 종류의 반응을 보인다고 할 수 있다. 첫째 부류는 소크라테스에게 완벽하게 논박당해 아포리아에 이르게 된 대화자이다. 이들은 대부분 젊은이들로 소크라테스와의 대화 이후, 자신이 믿고 있던 가치를 근본적으로 재검토할 것을 다짐한다(ex. 에우티프론, 알키비아데스, 메넥세노스). 두 번째 부류는 소크라테스에게 논박 당했으나, 자신의 입장을 고수하는 이들이다. 이들은 주로 소피스트들로, 소크라테스와의 대화를 통해 자신의 입장이 일관성을 결여하고 있음을 확인했음도 불구하고, 자신의 세계관을 고집하는 이들이다(ex. 고르기아스, 폴로스, 프로타고라스). 마지막으로 세 번째 부류 역시 소피스트들인데, 두 번째 부류와 마찬가지로 이들은 소크라테스에게 논박 당했으면서도 설복하지 않을 뿐만 아니라 동시에 감정적인 반응을 드러낸다. 이들은 소크라테스와 대화를 통해 자신의 입장을 유지할 수 없음을 깨닫고 분노나 수치심을 표출한다(ex. 칼리클레스, 트라시마코스).

대화자들의 반응을 형식적 요소의 하나로 고려하는 것은 플라톤의 대화편이 단순히 논증의 과정을 기록한 것이 아니라, 대화를 통해 나타나는 대화 참가자들의 일종의 내적 변화의 과정을 기록한 것이라는 점을 주목하기 위함이다. 이런 관점에서 보면 〈국가〉해석에 있어서 반드시 고려해야 할 사항 중 하나는 2권 초두에 정의에 관한 문제를 제기한 글라우콘이 9권 마지막에 어떤 변화를 겪었는가이다. 마찬가지로 〈크리톤〉의 해석은 소크라테스가 왜 탈옥 권유에 응하지 않았는가에 대해서뿐만 아니라, 소크라테스를 설득하러 온 크리톤이 소크라테스와 대화를 나눈 후, 어떤 변화를 겪게 됐는가를 파악해야 한다. 이러한 해석은 정의의 실현을 위한 이상국가의 성사 여부와 그 방법을 〈국가〉의 중심주제로 보거나, 법의 지배에 대한 소크라테스의 입장을 〈크리톤〉의 중심주제로 보는 전통적인 해석과는 구별된다.

대화의 전달 형식

마지막으로 고려해야 할 대화편의 형식은 대화가 서술되는 방식이다. 가장 주목해야 할 점은 화자話者의 존재 여부이다. 화자가 존재하는 대화편은 플라톤의 35개의 대화편 중에서 9개로 비교적 적다. 이 중에서 소크라테스가 직접 화자인 경우가 6개이고, 나머지 3개에는 소크라테스가 아닌 다른 화자가 존재한다. 또 이 9개의 대화편 중에서 2개는 특정인을, 2개는 무명의 동료를, 나머지 5개는 불특정의 청중을 대상으로 서술된 것이다(Strauss 1978, p.58). 누구를 대상으로 대화가 진행되고 있는가도 중요하지만, 대화가 특정한 화자에 의해서 서술되고 있다면, 이 서술이 누구에게 전달되고 있는가는 대화의 내용 못지않게 중요하다.

일반적으로 화자를 둔 대화편은 일일이 "그는 말했다", "나는 말했다" 등과 같은 말을 끊임없이 반복해야 하는 불편함이 있지만, 특히 소크라테스를 화자로 둔 경우에는 소크라테스가 대화 상대자에게 직접 하지 못하는 말을 독자에게는 언급할 가능성이 있다. 예컨대, 소크라테스가 왜 대화의 방향을 바꿨는지, 그리고 소크라테스가 대화 상대자에 대해서 어떻게 생각하는지 등을 드러낼 수 있다. 이런 경우는 매우 제한적인 상황이지만, 만일 화자인 소크라테스가 대화 상대자에 대한 인상을 언급하는 부분이 나온다면, 어떤 맥락에서 이런 언급이 있는가에 대해서 매우 주의 깊게 검토할 필요가 있다(ex. 〈국가〉, 336b).

4. 새로운 대화편 읽기로서의 쩌커트의 플라톤 읽기

비교적 최근의 플라톤 연구는 대화편의 형식적 요소를 주목하며 형식과 내용의 관계를 해명하려는 노력을 보이고 있다(Zuckert 2009; Blondell 2002; Nails 2002; Kahn 1998; Thayer 1993; Press 1993, Griswold ed. 1988). 이중 쩌커트Catherin Zuckert는 플라톤의 극적 요소,

특히 극적 시점에 주목하며 매우 독창적인 주장을 내놓았다. 그녀의 연구는 대화편의 형식에 주목함으로써 어떻게 비역사주의적 방식으로 플라톤 정치철학을 해석할 수 있는가를 보여주는 좋은 예로 활용될 수 있으므로 간략히 그녀의 연구를 소개하고자 한다.

쩌커트는 기본적으로 저술 시기에 따른 플라톤 사상의 발전이라는 역사주의적 가정을 신뢰할 근거가 없다고 본다. 그녀는 전통적인 연구들이 배열한 플라톤 대화편의 전기, 중기, 후기의 구분을 부정하는 대신 대화편에 가장 확실히 드러나 있는 형식적 요소, 즉 대화편의 극적 시점을 주목한다. 사실 플라톤 대화편의 극적 시점에 주목하는 것은 고대로부터 이어져오는 전통 중 하나이다. 예컨대 최초로 고대 그리스 철학사를 집필한 라에르티우스Diogenes Laertius는 소크라테스의 재판과 죽음을 극적 시점으로 간주하여 네 개의 대화편을 시간적으로 배열하고 해석한다. 즉 〈에우티프론〉, 〈변론〉, 〈크리톤〉, 〈파이돈〉 이 네 개의 대화편은 소크라테스가 아테네 법정으로부터 소환을 당해 출두하는 시점부터, 재판 중 변론 과정, 재판 후 감옥에서 친구로부터 탈옥을 권유받는 사건, 그리고 급기야 사형이 집행되는 일련의 사건이 극적 시점에 따라 배열된 4부작으로 해석할 수 있다는 것이다.[16] 쩌커트 논의에서 가장 두드러진 특징은 라에르티우스와 같이 일부 사건을 중심으로 한 극적 시점만 주목하는 것이 아니라, 플라톤 저작 전체를 일련의 연속적 드라마로 간주한다는 것이다. 이를 바탕으로 그녀는 각 대화편의 극적

---

16 네 대화편의 수준을 넘어 극적 시점으로 대화편의 관계를 가장 포괄적으로 설정한 비교적 최근의 연구서로 Nails(2002)를 참조.

시점을 대화편 간의 상호 관계를 파악할 수 있는 근거로 삼을 뿐 아니라, 플라톤 정치철학의 주제를 통일성 있게 재구성할 수 있는 요인으로 간주한다.

쩌커트는 우선 플라톤이 가장 늦게 저술한 것으로 알려져 있는 〈법률〉이 그 극적 시점에 있어서는 가장 이르다는 것에 주목한다 (Zuckert 2009, 11). 그녀에 따르면, 〈법률〉에는 페르시아 전쟁(기원전 490~480년)에 대한 수많은 언급이 있는 것과 대조적으로 펠로폰네소스 전쟁(기원전 431~403년)에 대한 언급은 전혀 없는데, 이것이 바로 플라톤이 〈법률〉의 극적 시점을 암시하는 요소라는 것이다. 펠로폰네소스 전쟁 이전 시기는 역사적 소크라테스가 아직 본격적으로 대중에게 모습을 드러내기 이전이다. 소크라테스는 대략 40세를 전후로 대중적 인물이 됐다고 추정되는데, 소크라테스 자신의 진술처럼 그에 대한 대중적 혐오가 시작된 것이 아리스토파네스의 〈구름〉의 상연 시점인 기원전 422년 즈음이라고 본다면, 〈법률〉의 극적 시점을 소크라테스가 대중적 인물로 부상하기 훨씬 이전으로 보는 쩌커트의 해석은 일리가 있다. 따라서 〈법률〉에 소크라테스가 등장하지 않고, 한 사람의 아테네 무명 노인과 두 사람의 도리아인들(크레타 출신의 크리니아스와 스파르타 출신의 메길로스)이 등장하는 것은 전통적인 해석처럼 플라톤 정치철학의 내적 진화, 혹은 저술 시점에서 그 근거를 찾기보다—적어도 그 판단은 유보되어야 한다—플라톤이 설정한 극적 시점에서 그 근거를 찾는 것이 타당하다는 것이다.

쩌커트는 〈법률〉의 표면적인 주제는 마그네시아라는 크레타의 식민지에서 이상 국가를 실현하는 것이지만, 이를 위해서 세 노인이 내린 결론은 '고상함과 훌륭함kalokagathia'에 대한 탐구와 함께 탁월성arete의 단일성에 대한 탐구가 동시에 진행되어야 한다는 것이었음에 주목한다(〈법률〉 950c, 965d). 아테네인들에게 전통적인 의미의 탁월성은 국가의 공동선에 기여할 수 있는 고상함과 훌륭함이었다. 〈법률〉은 한편으론 이와 같은 시민적 차원의 고상함과 훌륭함의 필요성을 인정하면서도 다른 한편으론 인간의 탁월성에 대한 보다 근본적인 탐구의 필요성을 지적했다는 것이다. 쩌커트에 따르면, 플라톤의 대화편 중 소위 전기 대화편에서 소크라테스가 인간의 탁월성에 대한 근본적인 문제를 제기한 이유는 바로 〈법률〉에서 아테네의 이방인이 제기한 문제의식을 계승했기 때문이라는 것이다(ex. 〈프로타고라스〉). 이와 같이 〈법률〉과 소위 플라톤의 전기 대화편의 관계를 이해하는 것은 전통적인 해석과는 매우 거리가 있다. 또한 이상국가의 실현을 위해서, 시민적 차원을 초월하는 탁월성에 대한 근본적인 탐구가 병행되어야 한다는 것은 〈법률〉에 대한 전통적인 해석과도 배치된다. 전통적으로 〈법률〉은 플라톤이 〈국가〉에서 밝힌 이상 국가의 실천성을 고려해 정치적 이상을 완화시킨 차선책으로 해석되어 왔다(ex. Klosko 1986). 이에 반해 쩌커트는 〈법률〉의 문제의식을 오히려 소크라테스의 출현 이전으로 옮겨놓았다. 〈법률〉의 저술 시점이 언제이건 간에 이 대화편의 목적은 플라톤의 정치적 이상을 실현하기 위해서 현실적 타협책이 필요하다는 것을 밝히는 것이 아니라, 일상적인 정치 생활에 있어서 전형적인 소크라테스 철학(즉, 탁월성의 본질을 밝히기 위해서

사람들을 논박하고, 아포리아에 이르게 하는 철학적 활동)이 필요하다는 것을 강조했다는 것이다.[17]

쩌커트에 따르면 소크라테스는 이와 같은 〈법률〉의 문제의식을 계승하여 탁월성의 본질을 묻는 독특한 의미의 철학적 활동을 개시했고, 이러한 활동을 묘사한 대화편인 〈프로타고라스〉, 〈알키비아데스〉의 극적 시점이 기원전 430년 전후로 설정됐다. 극적 시점으로만 파악한다면, 〈법률〉 다음 곧바로 이어지는 대화편은 〈파르메니데스〉다. 이 대화편에서 소크라테스는 20세 전후의 나이로 등장하므로 대화편이 상정하는 극적 시점은 대략 기원전 450년 전후로 보는 것이 타당하다. 여기서 소크라테스는 소위 플라톤의 "형상이론(이데아론)"이 감각으로 파악될 수 있는 존재와 지성으로 파악될 수 있는 존재에 동시에 적용될 수 있는가에 대해 혼란을 겪는다. 쩌커트는 이렇게 형상론에 경도되어 있던 소크라테스가 언제부터 사람들의 의견을 캐물으며, 아포리아를 일으키는 전형적인 소크라테스 철학으로 전환하게 됐는지를 문제 삼는다. 쩌커트는 〈향연〉과 〈변론〉에서 그 실마리를 찾는다.[18] 즉 소크라테스는 디오티마로부터 배우고, 델피 신전 이야기를 접함으로써 형상에 대한 탐구에서 벗어나 고상함과 훌륭함에 대한 "억견doxa"에 대한 탐구

---

17 블란델도 플라톤의 소크라테스가 중기 이후에도 논박적 요소에서 벗어난 것이 아니라, 논박적 요소와 구성적 요소를 동시에 지니고 있었다고 주장한다(Blondell 2002, 11).

18 〈향연〉에서 소크라테스는 디오티마에게서 "존재"와 "비존재"의 대립으로부터 고상함과 훌륭함의 의견에 대한 탐구로 전환했다고 전하고 있으며, 〈변론〉에서 소크라테스는 델피 신탁에 대한 이야기를 전해 듣고, 이후 훌륭하다고 여겨지는 사람들의 의견을 탐구하기 시작했다고 진술한다.

로 전환할 필요성을 받아들였다는 것이다.

이와 같은 극적 시점을 기준으로 소크라테스의 입장 변화에 따라 플라톤의 대화편 전체를 주시하면서 쩌커트는 네 개의 국면을 확인할 수 있다고 주장하고 이를 바탕으로 플라톤 대화편을 해석한다(Zuckert 2009, 13-19). 첫 번째 극적 국면에서 소크라테스는 탁월성arete과 훌륭함kalokagathia에 관한 기존 아테네인들의 입장을 검토한다. 시기적으로 펠로폰네소스 전쟁 1기에 해당하는 시칠리 원정 이전(기원전 415년)까지가 이 국면에 해당한다고 한다. 이 국면의 대화편들에서 소크라테스는 아테네인들이 갖고 있는 기존의 의견들에 결함이 있다는 것을 지적하는 데 주력한다. 특히 무엇이 고상함과 훌륭함인가에 대한 철학적 탐구를 계속할 것을 제안한다.[19] 쩌커트는 공교롭게도 이 시기의 소크라테스의 제안이 그 대화 상대자들에게 대부분 무시당함으로써 소크라테스와의 대화가 아무 효과를 거두지 못하는 것으로 드러난다고 해석한다. 예컨대, 프로타고라스와 히피아스는 아테네의 야심찬 젊은이들에게 정치에서 성공하는 방법을 가르칠 수 있다고 공언했지만, 소크라테스와의 문답을 통해 아포리아에 이르게 된다. 그럼에도 불구하고 이들이 이후 소크라테스와 철학적 탐구를 수행했다는 기록은 없다는 것이다. 알키비아데스와 크리티아스는 주지하는 바와 같이 소크라테스와 철학적 탐구를 하는 대신 정치에 가담했고, 니키아스와 라케스

---

19 〈프로타고라스〉,〈알키비아데스〉,〈카르미데스〉,〈라케스〉,〈히피아스I〉,〈히피아스II〉가 여기에 속한다. 크세노폰 역시 소크라테스가 이 시기 무엇이 진정한 훌륭함kalokagathia인가에 대한 탐구에 몰두했음을 확인해주고 있다(Xenophon,〈Memorabilia〉, I.2. 24).

역시 장군으로서 철학적 탐구를 할 만한 여력을 가지진 못했다.

두 번째 단계는 소크라테스가 무지에 대한 지식만을 선언한 이전 시기와는 달리 자신의 가르침을 긍정적인 방식으로 개진하는 시기이다. 극적 시기로는 펠로폰네소스 전쟁 2기에 해당한다(기원전 416~411년). 이 단계에서 소크라테스는 소피스트나 시민들의 의견이 일관성을 결여하고 있다는 것을 지적하는 대신, 자신의 의견을 보다 본격적으로 구성하기 시작한다. 〈향연〉, 〈파이드로스〉, 〈국가〉가 이러한 작업에 해당한다. 이때 소크라테스는 시인들과 함께 전통적인 의미의 고상함과 훌륭함kalokagathia의 의미를 논파하는데, 과거처럼 이들의 의견을 논박하는 데 그치지 않고 이에 대한 지식을 전달하고자 노력한다. 그런데 이 지식은 문답을 통한 철학적 탐구에 의한 것이 아니라, 이미지와 신화의 형태를 띠는 경향이 있다. 따라서 이 단계에서 소크라테스가 추구하는 지식은 전체로서의 지식, 예컨대 우주 전체에 대한 지식이 아니라는 한계를 갖는다. 소크라테스가 제공하는 지식은 티마이오스의 지식에 비하면 매우 제한적인 것이다. 티마이오스에 의하면, 철학자는 코스모스 질서를 이해할 뿐 아니라 이 질서를 자신의 영혼에 복제할 수 있을 만큼의 능력이 있어야 한다고 한다. 그러나 소크라테스는 이런 능력을 갖고 있지 못하다. 전체에 대한 지식도 결여되어 있다. 이 때문에 소크라테스는 자신이 이러한 지식을 갖고 있진 못하지만 여전히 이에 대한 애정을 갖고 있다고 선언한다. 이런 의미에서 소크라테스에게는 전체에 대한 지식보다 그러한 지식에 대한 사랑, 즉 에로스가 더 중요하다. 이런 맥락에서 소크라테스에게 철학은 에로스적인 활동으로 간주되며, 이 단계의 소크라테스가 갖고 있는 긍정적인 지식 중에는 에로스에 대한 지식이 포함되어 있다. 이러한 내용은 〈향연〉에 고스란히 담겨져 있으므로 이러한 단계의 소크라테스를 〈향연〉의 극적 시점인 기원전 416년 전후로 보는 것이 타당하다.

세 번째 단계는 5세기의 마지막 10년, 즉 기원전 410년대의 시기이다. 이 시기의 극적 시점을 갖고 있는 대화편들은 초기 대화편들이라는 이름으로 전쟁의 첫 번째 단계(기원전 432~416년)에 있었던 대화편들과 같이 분류될 수 있다. 그러나 이 세 번째 부류의 대화편들은 앞의 첫 번째 대화편들과는 다르며, 〈테아게스〉, 〈에우티데모스〉, 〈뤼시스〉, 〈고르기아스〉, 〈메논〉이 그 기준을 충족시킨다. 여기서는 이미 소크라테스가 어떤 평판을 받고 있는가가 드러나 있다. 또 소크라테스는 자신이 전체에 대한 일관된 지식을 결여하고 있다는 것을 알고 있으며, 대화 상대자를 설득시켜 철학적 탐구에 동참시키지 못한다는 사실도 알고 있다. 따라서 이 대화편에서는 대화 상대자에 대한 철학적 결과물을 드러내기보다 오히려 인물들에 대한 세밀한 묘사가 두드러진다. 이를 통해 이들이 어떤 이유에서 소크라테스의 설득을 받아들이지 못하는가를 드러내는 것이다. 아울러 소크라테스의 입장에서는 자신의 대화 방식에 어떤 문제가 있기에 지식에의 탐구를 설득하는 데 실패했는가를 반성할 수 있는 요소를 포함하고 있다.[20]

마지막으로 소크라테스의 재판과 죽음과 관련된 극적 시점이

---

20 예컨대 〈고르기아스〉에서 소크라테스는 대화 상대자의 수치심aidos을 주목하고 있음을 발견할 수 있다. 이에 대해서는 타르노폴스키(Tarnopolsky 2010) 참조.

있다. 여기에는 다시 세 부류가 있는데, 첫 번째는 소크라테스가 자신은 '무지에 대한 지식knowledge of ignorance'밖에 없다고 선언한 것에 대한 증명이다. 〈테아이테토스〉, 〈에우티프론〉, 〈크라튈로스〉가 이에 해당한다. 두 번째는 소크라테스의 재판과 죽음에 직접적으로 연관된 대화편들이다. 〈변론〉, 〈크리톤〉, 〈파이돈〉이 그것이다. 마지막으로 소크라테스에 대한 기소가 있기 바로 전의 대화편으로 〈정치가〉와 〈소피스트〉가 있다. 따라서 이 대화편들은 표면적으로 드러나는 주제와 달리 소크라테스의 재판과 직접적으로 관련이 있다는 것이다.[21]

쩌커트의 플라톤 해석은 많은 부분 기존의 플라톤 해석의 가정들을 깨뜨린다. 앞서 개략적으로 살펴본 바와 같이 〈법률〉과 소크라테스의 논박적 문답법과의 관계, 형상이론과 영혼론이 플라톤 정치철학에서 차지하는 위상, 소크라테스의 재판과 소위 후기 삼부작 〈테아이테토스〉, 〈소피스트〉, 〈정치가〉의 관계 등에 대해서 전통적인 이해와는 전혀 다른 새로운 해석을 내놓았다. 쩌커트의 해석은 논쟁의 여지가 있다. 그러나 그녀의 시도는 역사주의적 접근에 경도되어 있던 기왕의 플라톤 정치철학 연구에서 대화편의 형식적 요소의 재발견을 통한 비역사주의적 플라톤 정치철학 해석의 준거로 삼을 만하다.

---

21 크랍시(Cropsey 1995)는 일찍이 이런 취지에서 그의 저서를 구성한 바 있다. 그는 여덟 개의 대화편을 극적 시점에 따라 배열하고, 이 순서에 따라 코멘터리를 적고 있다. 특히 〈소피스트〉와 〈정치가〉를 〈변론〉 바로 앞에 배열함으로써 두 대화편과 재판과의 관계를 시각적으로 부각시키고 있다.

5. 맺음말

플라톤 정치철학 해석에 있어서 비역사주의적 접근이 필요한 가장 큰 이유는 기왕의 역사주의적 접근이 초래할 수 있는 플라톤 정치철학에 대한 왜곡을 배제하기 위함이다. 역사주의적 접근은 플라톤 대화편의 저술 시점에 대한 역사적 근거가 미약함에도 불구하고, 플라톤 정치철학의 진화進化라는 사변적 가정을 통해 플라톤 정치철학에 대한 편견을 만들어냈다. 여기에 영미의 분석철학적 기법은 텍스트 분석의 정치精緻함을 가장하여 이러한 편견을 고착시키는 데 가세했다. 역사주의는 또한 플라톤 정치철학을 현재의 시점에서 자유롭게 재해석하는 것을 허용함으로써 플라톤 정치철학의 보편성을 왜곡된 형태로 이해하게 하는 데 일조했다. 플라톤 정치철학의 보편성은 현재적 유용성에 의해서 판단되는 것이 아니라, 플라톤 정치철학의 내용적 본질에 근거해야 한다. 비역사주의적 접근의 목표는 이러한 왜곡으로부터 벗어나 플라톤 정치철학이 갖는 보편적 의의를 되살리는 데 있다. 그러기 위해서 우선 플라톤의 의도가 가장 확실히 드러날 수 있는 대화편의 형식적 요소를 주목할 필요가 있다. 대화편의 형식적 요소를 주목함으로써 근거가 희박한 중심주제 가정이나, 저술 연대 가정을 받아들이지 않으면서도 플라톤 대화편 전체를 통일성 있게 이해할 수 있는 토대를 마련할 수 있고, 이를 근거로 플라톤이 의도한 보편적 교훈에 접근할 수 있다는 것이다.

플라톤이 설정한 형식적 요소들을 고려할 때, 가장 중심에 있는 사건은 역시 소크라테스의 재판과 죽음이다. 이런 관점에서 플라톤 정치철학에서 소크라테스 철학과 정치의 관계가 가장 핵심적인 요소라는 것은 부인할 수 없다. 그러나 단순히 철학에 대한 정치적 핍박을 플라톤 정치철학의 동기로 이해하는 것은 전형적인 플라톤 정치철학에 대한 역사주의적 접근이다. 역사주의적 접근은 플라톤 정치철학을 아테네 정치와 소크라테스 철학 간의 갈등의 결과로 해석한다. 이러한 역사주의적 접근은 서로 상반된 두 가지 방식으로 플라톤 정치철학이 갖고 있는 보편적 교훈을 발견하는 데 방해 요소로 작용했다. 하나는 정치와 철학의 갈등을 과장하여 플라톤 정치철학을 정치에 대한 철학의 보복으로만 파악하는 것이다(ex. Popper 1966). 다른 하나는 정치와 철학의 거리를 완전히 벌려 놓음으로써 정치와 철학의 갈등의 단초를 처음부터 배제하는 것이 플라톤의 목적이었다고 해석하는 것이다(ex. Vlastos 1983). 이러한 해석은 모두 플라톤 정치철학이 기껏해야 당시의 아테네 정치에 국한되어 있다는 역사주의적 가정에 기초해 있다. 그러나 이러한 해석이 타당성을 얻기 위해서는 플라톤이 소크라테스의 죽음에 대한 철학적 반격을 준비하고 있었다거나, 플라톤이 정치에 환멸을 느껴 정치로부터 완전히 이탈하려 했다는 무리한 가정을 설정해야 한다. 형식적 요소를 주목하는 대화편 읽기는 이러한 역사주의의 무리한 가정 없이 플라톤의 대화편을 있는 그대로 받아들일 수 있다는 이점이 있다.

플라톤이 현실정치에 개입하지 않았던 것은 주지의 사실이다. 그러나 플라톤이 정치적 주제 자체를 멀리한 것은 아니다. 만일 그

랬다면, 플라톤은 처음부터 소크라테스의 재판과 죽음이 암시되어 있는 모든 극적 요소들을 배제했어야 한다. 아니, 소크라테스라는 인물을 등장인물로 설정하지도 말았어야 한다. 플라톤은 분명히 소크라테스를 중심에 두고 정치와 철학의 갈등을 직·간접적으로 암시하고 있다. 그러나 역사주의적 접근이 이해하고 있는 바와 달리 플라톤은 정치와 철학의 갈등을 역사적 개연성의 문제(소크라테스라는 특수 인물과 아테네라는 특수 정치의 관계)로 보거나, 이에 대한 역사적 해결책(철인왕의 출현)이 있다고 보지 않았다.[22] 정치와 철학의 갈등을 섣불리 봉합하거나 해결하고자 하지 않았다는 것이다. 그렇다면 플라톤이 의도한 보편적 메시지는 무엇인가? 여러 차원이 있겠지만, 그중 하나는 정치와 철학의 갈등은 근원적이며 불가피하다고 지적하는 것이다. 또한 이런 맥락에서 정치철학의 역할이 무엇인가를 밝히는 것이 플라톤이 상정하고 있는 보편적 교훈의 하나라고 할 수 있다. 플라톤에게 정치철학은 갈등의 해소라기보다 갈등의 직면, 혹은 자각이다. 따라서 플라톤 정치철학을 정치와 철학 간의 갈등의 일괄타결로 이해하는 것은 오류이다. 물론, 플라톤 정치철학의 보편적 교훈이 어느 것이라고 단정할 수는 없다. 비역사주의적 접근 안에서도 플라톤 정치철학의 보편적 교훈이 무엇인가에 대한 다양한 결론에 이를 수 있다. 이런 의미에서 이 글은

---

22 이러한 주장은 논증을 요하는 것이나 이 논문의 성격과 지면의 제약으로 본격적으로 다루기는 어렵다. 정치와 철학의 갈등과 역사적 개연성 문제에 관한 필자의 견해는 박성우(2014, 282, fn. 11)를, 철인왕의 출현에 대한 플라톤의 역설적 입장에 대해서는 박성우(2014, 230-249)를 참조.

비역사주의적 플라톤 정치철학 해석의 예비적 단계라고 할 수 있다. 다만 이 글은 플라톤 정치철학 해석에 있어서 비역사주의적 접근을 통해 얻어질 수 있는 새로운 차원의 보편성이 존재한다는 것을 밝히고, 이 과정에서 새로운 플라톤 읽기를 제시했다는 의의를 갖는다.

박성우. 2007. 〈플라톤의 〈메네크세노스〉와 아테네 제국의 정체성 그리고 플라톤적
정치적 삶,〉《한국정치학회보》41집 4호.

박성우. 2011. 〈플라톤: 영혼의 정치를 위한 정치철학적 여정〉,《서양고대중세정치사
상》서울: 책세상.

박성우. 2014.《영혼 돌봄의 정치: 플라톤 정치철학의 기원과 전개》서울: 인간사랑.

양승태. 2013.《소크라테스의 앎과 잘남: 대화, 아이러니, 시민적 삶 그리고 정치철학
의 태동》서울: 이화여대출판사.

Allen, Danielle. 2010. *Why Plato Wrote*. Oxford: Wiley-Blackwell.

Balot, Ryan. 2001. *Greed and Injustice in Classical Athens*. Princeton: Princeton Univer-
sity Press.

Barker, Ernst. 1906. *The Political Thought of Plato and Aristotle*. NY: Putnam's Sons.

Brandwood, Leonard. 1990. *The Chronology of Plato's Dialogues*. Cambridge: Cambridge
University Press.

Brickhouse, Thomas C., Smith, Nicholas D. 1999. *The Philosophy of Socrates*. Boulder:
Westview Press.

Blondell, Ruby. 2002. *The Play of Character in Plato's Dialogues*. Cambridge: Cambridge
University Press.

Burnet, John. 1928. *Platonism*. Oakland: University of California Press.

Burnyeat, Myles. F. 1985. "Sphinx without a Secret," *New York Review of Books*, May.
30.

Cornford, Francis M. 1927. *Cambridge Ancient History*, Vol. 6. Cambridge: Cambridge
University Press.

Cooper, John M., ed. 1997. *Plato: The Complete Works*. Indianapolis: Hackett.

Cropsey, Joseph. 1995. *Plato's World*. Chicago: University of Chicago Press.

Euben, J. Peter. 1997. *Corrupting Youth: Political Education, Democratic Culture, and Po-
litical Theory*. Princeton: Princeton University Press.

Friedländer, Paul. 1979. *Plato: Dialogues Seond and Third Period. vol.3* trans. Hans Meyerhoff. 2nd ed. Princeton: Princeton University Press.

Gonzalez, Francisco J. 2011. *Plato and Heidegger: A Question of Dialogue.* University Park: Pennsylvania State University Press.

Griswold Jr, Charles L. 1988. "Plato's Metaphilosophy: Why Plato Wrote Dialogues," in Charles L. Griswold Jr. ed. *Platonic Writing/Platonic Reading,* 143‒169. University Park: Pennsylvania State University Press.

Grote, George. 1853. *History of Greece.* New York: Harper & Brothers.

Guthrie, W. K. C. 1975. *A History of Greek Philosophy. Vol. 3.* Cambridge: Cambridge University Press.

Guthrie, W. K. C. 1978. *A History of Greek Philosophy. Vol. 4.* Cambridge: Cambridge University Press.

Guthrie, W. K. C. 1981. *A History of Greek Philosophy. Vol. 5.* Cambridge: Cambridge University Press.

Hegel, Georg Wilhelm Friedrich. 1995. *Lectures on the History of Philosophy: Greek Philosophy to Plato.* Lincoln: Nebraska Press.

Howland, Jacob. 1991. "Re‒Reading Plato: The Problem of Platonic Chronology." *Phoenix* 45, 189‒214.

Iggers, Georg. 1968. *The German Conception of History.* Middletown: Wesleyan.

. 1995. "Historicism: The History and Meaning of the Term." *Journal of the History of Ideas* 56(1), 129‒152.

Irwin, Terence. 1995. *Plato's Ethics.* New York: Oxford University Press.

Jaeger, Werner. 1944. *Paideia: The Ideals of Greek Culture.* Oxford: Oxford University Press.

Kahn, Charles H. 1998. *Plato and the Socratic Dialogue: The Philosophical Use of a Literary Form.* Cambridge: Cambridge University Press.

Kahn, Charles H. 2002. "On Platonic Chronology," Julia Annas and Christopher Rowe eds. *New Perspectives on Plato, Modern and Ancient,* 93‒127. Cambridge: Harvard University Press.

Klosko, George. 1986. *The Development of Plato's Political Theory*. New York: Methuen.

Kofman, Sarah. 1998. *Socrates: Fictions of a Philosopher*. Ithaca: Cornell University Press.

Kraut, Richard, ed. 1992. *Cambridge Companion to Plato*. Cambridge: Cambridge University press.

Kraut, Richard, ed. 1997. *Plato's Republic: Critical Essays*. Lanham: Lowman & Littlefield.

Lane, Melissa S. 2001. *Plato's Progeny: How Plato and Socrates Still Captivate the Modern Mind*. London: Duckworth.

Lane, Melissa S. 2002. "Why History of Ideas At All?," in *History of European Ideas* 28, 38–41.

Mara, Gerald M. 1997. *Socrates' Discursive Democracy: Logos and Ergon in Platonic Political Philosophy*. Albany: SUNY Press.

Mara, Gerald M. 2008. *The Civic Conversations of Thucydides and Plato: Classical Political Philosophy and the Limits of Democracy*. Albany: SUNY Press.

Monoson, S. Sara. 2000. *Plato's Democratic Entanglements: Athenian Politics and the Practice of Philosophy*. Princeton: Princeton University Press.

Nails, Debra. 1995. *Agora, Academy, and the Conduct of Philosophy*. Dordrecht: Kluwer Academic Publishers.

Nails, Debra. 2002. *The People of Plato: A Prosopography of Plato and Other Socratics*. Indianapolis: Hackett.

Nehamas, Alexander. 1998. *The Art of Living: Socratic Reflections from Plato to Foucault*. Oakland: University of California Press.

Nietzsche, Friedrich. 1977. *The Portable Nietzsche*. New York: Viking Penguin Inc.

Nussbaum, Martha. 1986. *The Fragility of Goodness: Luck and Ethics in Greek Tragedy and Philosophy*. Cambridge: Cambridge University Press.

Partenie, Catalin, and Tom Rockmore eds. 2005. *Heidegger and Plato: Toward Dialogue*. Evanstaon: Northwestern University Press.

Popper, Karl R. 1966. *The Open Society and Its Enemies: The Spell of Plato*. Princeton: Princeton University Press.

Press, Gerald Alan, ed. 1993. *Plato's Dialogues: New Studies and Interpretations*. Lanham: Rowman & Littlefield.

Ritter, Constantin. 1910. *Platon: Sein Leben, Seine Schriften, Seine Lehre*. Muenchen: Beck'sche Verlagsbuchhandlung.

Saxonhouse, Arlene W. 1992. *Fear of Diversity: The Birth of Political Science in Ancient Greek Thought*. Chicago: University of Chicago Press.

Schofield, Malcome. 2006. *Plato: Political Philosophy*. Oxford: Oxford University Press.

Sedley, David. 2003. *Plato's "Cratylus."* Cambridge: Cambridge University Press.

Skinner, Quentin. 2002. *Visions of Politics. Vol. 1*. Cambridge: Cambridge University Press.

Strauss, Leo. 1950. *On Tyranny: An Interpretation of Xenophon's Hiero*. Glenco: Free Press.

Strauss, Leo. 1959. *What is Political Philosophy? and Other Studies*. Glencoe: Free Press.

Strauss, Leo. 1978. *City and Man*. Chicago: University of Chicago.

Strauss, Leo. 1989. *The Rebirth of Classical Political Rationalism: An introduction to the thought of Leo Strauss*. Chicago: University of Chicago Press.

Tarnopolsky, Christina. 2010. Prudes, Perverts and Tyrants: Plato's Gorgias and Politics of Shame. Princeton: Princeton University Press.

Taylor, Alfred Edward. 1963. *Platonism and Its Influence*. New York: Cooper Square Publisher.

Taylor, C. C. W. 2002. "The Origins of Our Present Paradigms," in Julias Annas and Chritopher Rowe eds. *New Perspectives on Plato, Modern and Ancient*, 73-84. Cambridge, MA: Harvard University Press.

Thayer, H. S. 1993. "Meaning and Dramatic Interpretation," in Gerald A. Press ed. *Plato's Dialogues: New Studies and Interpretations*, 47-60. Lanham: Rowan and Littlefield.

Thesleff, Holger. 1982. *Studies in Platonic Chronology*. Hellsinki: Societas Scientiarum Fennica.

Thesleff, Holger. 1989. "Platonic Chronology," *Phronesis* 34, 1-26.

Thorson, Thomas Landon. 1963. *Plato: Totalitarian or Democrat?*. Upper Saddle Reiver:
   Prentice-Hall.

Vlastos, Gregory. 1983. "The Historical Socrates and Athenian Democracy." *Political
   Theory* II(4), 495-516.

Vlastos, Gregory. 1991. *Socrates, Ironist and Moral Philosopher*. Ithaca: Cornell Univer-
   sity Press.

Vlastos, Gregory. 1994. *Socratic Studies*. Cambridge: Cambridge University Press.

Wallach, John R. 1997. "Plato's Socratic Problem, and Ours." *History of Political Thought*
   18, 377-98.

Xenophon. 1992. *Xenophon: Memorabilia; Oeconomicus; Symposium; Apology*. Harvard
   University Press.

Yunis, Harvey. 1996. *Taming Democracy: Models of Political Rhetoric in Classical Athens*.
   Ithaca: Cornell University Press.

Zuckert, Catherine H. 1996. *Postmodern Platos: Nietzsche, Heidegger, Gadamer, Strauss,
   Derrida*. Chicago: University of Chicago Press.

Zuckert, Catherine H. 2009. *Plato's Philosophers: The Coherence of the Dialogues*. Chicago:
   University of Chicago Press.

중국에서 천天·천하天下 관념의 형성과 보편화 및 그 한계

장현근

1. 서론

중국 저우커우뎬周口店에서 발굴된 50만 년 전의 베이징원인이 살았던 시절은 황하가 범람으로 요동치지 않았었다. 이들이 오늘날 중국인의 조상인지에 대해서는 이견이 있지만 이들이 보았던 하늘〔天〕과 지금 보는 하늘은 같은 하늘일 것이고 모두 그 하늘 아래, 즉 천하天下에 살았을 것이다. 그리고 인간으로서 비슷한 욕망을 갖고 살았을 테지만, 베이징원인이 현대인처럼 중국 또는 중국문화를 천하의 중심에 놓고 생각하는 중화中華, Sino-centrism 관념은 없었을 것임에 틀림없다.

정신을 가진 존재로서 사람의 삶은 모두 독자적인 세계관과 연결되어 있다. '세계'라는 말은 불교가 중국에 들어온 후의 이야기이며 세계라는 말이 보편화된 것은 훨씬 후대이므로, 그전까지 중국인의 세계를 뜻하는 가장 근접한 용어는 '천하天下'였다. 천하는 필경 天과 더불어 시작된 관념일 것이다. 이 글은 중국인의 천 관념이 어떻게 시작되었으며 어떻게 변천되어 왔는지, 그 과정에서 중국인의 천하 의식은 또 어떻게 형성되었으며 어떻게 보편화되었는지 알아보려는 시도이다.

천하를 글자 의미대로 보면 일반적인 '하늘의 아래'이므로 특정한 지역이나 민중들을 이야기하는 것이 아니라 조금 모호한 범위를 상정한다. 그러나 은나라 때부터 이미 하늘의 아들이란 의미의 '천자天子'와 함께 사용되었기 때문에 정치적 의미를 띠게 되었다. 천자가 하늘을 대신하여 만사를 주재하는, 보편적 질서가 통하는 세계를 천하라 불렀다. 즉 천자가 다스리는 지역을 화하華夏 지역이라 하여 사방四方, 또는 보다 먼 곳의 이夷 지역과 구분시켰으며, 천자의 정치적 영향력이 직접 미치는 중국(또는 중토中土, 중원中原)과 천자의 교화가 간접적으로 영향을 주는 모든 이민족 지역을 통틀어 '천하'라고 부른 것이다. 그래서 천하는 천자의 교화가 미치는 범위로서의 중국과 그 주변 변방 국가들을 함께 지칭하는 개념이 되었다. 이렇게 중심과 주변이 분열되고 중화주의라는 독특한 아이디어가 중국인들의 뇌를 지배하게 되었다. 이 글은 그러한 중국 중심의 천하관념, 또는 중화주의에 대한 비판적 탐색이다.

천하관념과 중화주의가 중국만의 산물은 아니다. 우리나라에서도 삼국시대부터 천하란 말이 사용되었고 조선시대는 소중화의식(또는 조선중화주의)이 존재했다. 일본에서도 5세기 고분 출토물에서 천하란 말을 찾아볼 수 있는데, 그들 역시 중화의식이 있었던 것으로 보인다. 시기는 늦지만 베트남과 몽골 등에서도 천하 관념과 중심주의적 사유가 없던 것은 아니다. 하지만 이런 관념들은 시기적으로 다른 지역들보다 중국에서 훨씬 일찍부터 존재했다. 따라서 다른 문화적 성분과 더불어 중국의 관념이 주위 국가들의 관련 관념의 형성에 영향을 주었을 확률이 높다. 거꾸로 중국 주위 국가들에 존재하던 관념이 다른 나라나 중국 본토의 천 또는 천하관념을 변화시키는데 절대적인 영향을 준 것 같지는 않다. 이 글은 중국 주변국들이 천하의식을 형성하기 이전에 중국에서의 천 관념과 천하의식을 범위로 하며, 따라서 천 또는 천하와 관련된 중국적 특질을 살펴보고 그 한계도 짚어보고자 한다.[1]

2. 天 관념의 변천

天의 어원

우리나라나 중국이나 일본이나 한자문화권에서 天은 날짜day와 신God, 하느님Heaven, 자연nature, 하늘sky, 날씨weather 등 다양한 의미로 쓰이고 있다. 크게 보면 자연물로서의 천과 종교적 관념으로서 천으로 대별할 수 있다. 주지하다시피 처음 한자가 형성되었을 때는

---

1 이 글의 일부는 장현근, 〈중국 天下思想과 儒家의 大同論〉(한국 유럽학회《유럽연구》통권 3호(1995년 겨울호), 1995.12.) 231~260쪽 및 장현근, 〈중국 고대정치사상에서 천명天命 관념의 등장과 군권의 정당화〉(중국학연구회《중국학》73호, 2015. 08.) 503~527쪽의 몇 몇 구절을 수정하여 반영했음.

만물의 모양을 본뜬 상형문자였을 텐데,[2] 天자는 자연물인 '저 푸른 하늘'의 상형이었을까? 아니면 특정한 대상을 보고 관념적인 '상상'을 하면서 그 형상을 그림으로 표현한 것일까?

⟨天자의 변천⟩

초기갑골문　후기갑골문　금문　전서(설문해자)

　지사문자인 天은 아주 초기의 갑골문에 등장한다. 곽약우郭若愚의 《은허문자철합殷虛文字綴合》(1955)의 182번 '㽮'자는 사람 위에 텅 빈 공간을 뜻하는 부호 'ㅁ'를 올렸고, 나진옥羅振玉의 《은허서계전편殷虛書契前編》(1913)의 8·9·2번의 후기 갑골문 '禿'자는 위를 뜻하는 '二'를 사람 위에 얹어 역시 사람의 머리 위를 표현했다. 금문 禿과 전서 仧의 글자는 오늘의 天자와 비슷하여 쉽게 알아볼 수 있다. 이것만 보아서는 우리 머리 위의 텅 빈 창공을 가리키는 것인지 아득하고 신비한 저 높은 곳을 가리키는 것인지 역시 알 수가 없다. 다만 그 아래 사람을 가리키는 글자를 보면 갑골문 人자는 '仄'으로 허리를 굽히고 노동하는 사람의 형상인데, 天자의 사람 형상은 팔

2　육서법六書法에 의하면 天, 上, 下와 같이 관념적 형상을 나타낸 것을 지사指事문자라고 하지만 이 또한 그렇게 된 형상을 그림으로 나타냈다는 점에서 넓은 의미의 상형象形문자의 일종이라 할 수도 있다. 이런 견해는 일본의 학자 시라카와 시즈카가 대표적이다. 시라카와 시즈카 지음, 윤철규 옮김, 《한자의 기원》(서울: 이다미디어, 2009) 참조.

다리를 쭉 편 큰 대大자의 형태인 것을 보아 특수한 사람, 어쩌면 종교적 행사를 집전하는 사람이었을 수도 있다.

동한의 허신許慎은《설문해자說文解字》에서 "천天은 전顚이다. 지고무상을 뜻한다. 자형은 一자와 大자를 따랐다. 他(Ta)와 前(Qian)의 반절이다."[3] 전顚은 정수리, 꼭대기, 정상 등을 일컫는 말이다. 天은 처음부터 현대 중국어 발음과 같은 '티앤Tian'으로 읽혔다는 이야기다. 청나라 단옥재段玉裁는《설문해자주說文解字注》에서 天을 으뜸으로 크다(丕大)는 뜻이고 첫 시작(元始)을 의미하며 신하에게 있어서 군주, 자식에게 있어서 아버지, 아내에게 있어서 남편, 백성에게 있어서 음식을 모두 天이라 한다고 주장한다.[4]

天의 출현 시기를 특정할 수는 없지만, 아주 초기부터 존재했던 개념임에는 틀림없다. 제帝를 숭상하긴 했으나, 은나라 때도 天에 대한 다양한 의미 부여가 있었다.[5] 앞에서 갑골문 복사를 통해 살펴보았듯이 天은 처음부터 가장 크고 높은 존재를 비정했다. 따라서 신정神政 일체의 시대인 은나라에서 '최고의 존재' 즉 지상신을 뜻하는 개념으로 천을 사용했을 것이라 추측해볼 수 있다. 하지만 현존 갑골문 속에서는 그에 대한 정확한 정보를 찾아볼 수 없다. 곽말약은 "복사에서 칭하는 지상신은 제帝이고 상제上帝이다. 결코 천天이라고 부른 적이 없다"고 결론을 내린다.[6]

---

3 顚也. 至高無上, 從一大. 他前切.

4 顚也. …… 凡言元始也, 天顚也, 丕大也, …… 臣於君, 子於父, 妻於夫, 民於食, 皆曰天是也.

5 이에 대해서는 歐陽禎人, 〈先秦儒家文献中的"天"—兼论蒙文通先生对这一问题的思考〉(http://www.confucius2000.com/admin/list.asp?id=2201) 참조.

6 곽말약郭沫若,《청동시대青銅時代-선진 천도관의 진전先秦天道觀之進展》(人民出版社,

서중서徐中舒는 갑골문에 보이는 天의 용례를 다음 네 가지 의미로 구분한다.[7] ① 사람의 정수리, ② 크다는 뜻, ③ 지명이나 방국方國의 이름, ④ 사람의 이름 등이다. 갑골문 근거자료들을 보면 큰 대大자와 함께 사용되었을 것으로 추정된다. 예컨대 '천우天雨'는 '대우大雨' 즉 '큰 비가 내렸다'는 등으로 많이 사용되었다. 갑골문 용례에 등장하는 초기의 天자는 아직 주재자나 계시자와 같은 추상적 의미를 발견하기 어렵다. 문자의 성립은 보편적으로 인체로부터 비정한다. 고대 중국에서도 땅 위의 공간에서 가장 높고 큰 관념적인 공간을 인체의 정수리를 비정하여 天이라고 쓴 듯하다.

현존하는 아주 오래된 문헌들 가운데서도 天자는 가장 많이 등장하는 용어 가운데 하나이다. 경전문헌만 보더라도 《시경》에 天자는 170회[8] 등장하고, 《서경》에 279회[9] 《주역》에 214회[10] 등장할 정도이다. 천자, 천하 등 용어와 함께 쓴 경우가 많지만, 《논어》에도 마흔아홉 차례[11] 天자가 보이고, 5,000자로 비교적 짧은 책인 노자 《도덕경》에도 天자는 93회[12]나 등장한다. 天에 대해 가장 많이 다

1954), 5~6쪽 참조. 진몽가陳夢家 또한 그의 《은허복사종술殷墟卜辭綜》(中華書局, 1992), 581쪽에서 복사의 天은 상천上天 관념이 없으며 그런 관념은 주나라에서 생겼다고 주장한다.

7 徐中舒 主編, 《甲骨文字典》(成都: 四川辭書出版社, 2006), 3~4쪽 참조. 인터넷 사이트 http://images.gg-art.com/dictionary/oracledict.php? 에서도 검색이 가능하다.

8 朱熹의 《詩集傳》(臺北: 藝文印書館, 民國 63年)을 저본으로 한 《中國哲學書電子化計劃》(ctext.org)에 의함.

9 《武英殿十三經注疏》본 《尚書正義》를 저본으로 한 《中國哲學書電子化計劃》(ctext.org)에 의함.

10 《武英殿十三經注疏》본 《周易正義》를 저본으로 한 《中國哲學書電子化計劃》(ctext.org)에 의함.

11 《武英殿十三經注疏》본 《論語注疏》를 저본으로 한 《中國哲學書電子化計劃》(ctext.org)에 의함.

12 《正統道藏》본 王弼 註 《道德真經》을 저본으로 한 《中國哲學書電子化計劃》(ctext.org)에 의함.

루고 있는 책은 아마도《묵자》일 것이다. 무려 943회나 출현하는 《묵자》에서의 天은 상당히 관념적이며 종교적이기까지 하다. 天과 관련된 후대의 용례들은 거의 대부분 초기 의미와 다르지 않다. 후대의 수많은 전적들과 현대 중국에서 사용되고 있는 天이 여전히 초기 갑골문적 의미를 지니고 있다는 점에서 天의 어원적 의미는 통시대적 공통성을 지니고 있다고 할 수 있다. 다만 후대로 갈수록 천명天命, 천도天道, 천지天志, 천시天時, 천인天人, 천자天子, 천하天下 등 실질적인 의미보다 관념적인 의미로 더 자주 사용되고 있음을 알 수 있다.

天 관념의 변천

천하 관념의 등장과 보편화 과정을 알아보기 위해서는 天관념이 어떻게 변화되었는지부터 살펴보는 것이 옳을 것이다. '天下'의 천 은 '자연의 天'일 수도 있고, '관념의 天'일 수도 있다. 한나라 유향劉向의《설원說苑》〈건본建本〉편에는 다음과 같은 이야기가 실려 있다.

제 환공이 관중에게 물었다.
"왕이라면 무엇을 소중하게 여겨야 합니까?"
관중이 대답했다.
"天을 소중히 여겨야 합니다."
환공이 고개를 들어 天을 쳐다보자 관중이 말했다.
"天이라고 하는 것은 저 푸르고 아득한 天을 말하는 것이 아닙니다. 군주 되는 사람은 백성을 天으로 여겨야 합니다. 백성들이 그의 정책에 동조하면 안정이 오고, 그를 적극적으로 도우면 강한 나라가 되고, 그의 정책을 비난하면 위태로워지고, 그를 배반하면 망하게 됩니다."

이 짧은 글에서 자연물로서의 天과 왕자의 규범인 이념으로서의 天을 구분하고 있다. 같은 天이지만 환공이 올려다본 天은 자연물로서의 天이고, 관중이 백성으로 비정한 天은 이념으로서 天이다. 춘추오패의 첫 인물인 제 환공과 관중이 실제로 이런 대화를 했는지는 알 수 없다. 하지만 적어도 天에 대한 다양한 견해가 출현했던 한대漢代 사람들의 의식 속에서 자연물로서의 天보다 종교적 이념적인 天을 더 중요하게 생각한 것은 사실인 듯하다.

중국인 마음속의 天에 대하여 풍우란馮友蘭은 주재主宰의 천, 물질物質의 천, 운명運命의 천, 자연自然의 천, 의리義理의 천으로 구분한다.[14] 부패영傅佩榮은 중국문화의 유장한 흐름을 유가儒家적 질서로 파악하고 그 속의 천은 통치자統治者, Dominator, 계시자啓示者, Revealer, 심판자審判者, Judge, 조생자造生者, Creator, 재행자載行者, Sustainer 등 다섯 가지 성격을 지니고 있다고 말한다.[15]

天 관념의 확산 과정을 확인해줄 가장 오래된 문헌적 근거는 《서경》을 통해 상상할 수밖에 없다. 은나라 말기 유품인《서경》의 〈반경盤庚〉상, 중, 하 3편과 주공周公의 섭정 시기에 직접 지어진 것

---

13 齊桓公問管仲曰: "王者何貴?"曰 : "貴天." 桓公仰而視天, 管仲曰 : "所謂天者, 非謂蒼蒼莽莽之天也 ; 君人者以百姓爲天, 百姓與之則安, 輔之則彊, 非之則危, 背之則亡."
14 馮友蘭,《中國哲學史新編上》(北京: 人民出版社, 2004), 103쪽 참조.
15 傅佩榮,《儒道天论发微》(臺北: 臺灣學生書局, 1985), 27쪽 이하 참조.

으로 인정받고 있는 〈강고康誥〉편을 통해 천 관념의 변천을 알아볼 수 있다. 반경은 은殷으로 수도를 옮기고 새로운 나라로 거듭나게 한 은나라 20대 임금이며, 기원전 14세기 말부터 기원전 13세기 후반까지 재위한 인물이다. 그는 자신의 정치를 천명天命을 통해 증명하려 했다. 〈반경〉 중편에서 그는 다음과 같이 말한다.

오호라! 옛날 우리 앞 뒤 임금들이 백성들을 이어받아 보호하지 않은 경우가 없었다. 후后들이 함께 불쌍히 여기니 천시天時의 어려움을 이겨내지 못한 경우가 드물었다. …(중략)… 내 천天으로부터 받은 명命을 너희에게 영속시켜 주려고 하는데 내 어찌 너를 위협하는 것이겠는가. 너희 무리를 받들어 기르려는 것이다.[16]

분명히 의지가 있고 만사를 주재하는 의미로 天이 사용되고 있다. 주나라 때 사용된 '天'은 도덕윤리의 궁극적 주재자로써 의지가 분명한 인격적 상징이었다. 진래陳來는 "은나라 사람은 자연종교적 신앙을 가진 데 비해 주나라 사람은 윤리 종교적 품격을 지녔다"고 한다.[17] 하지만 어떤 관념의 등장과 변천은 하루아침에 이루어지지 않는다. 은나라 문화가 여전히 존재하던 주나라 초엽에 쓰인 《서경》 〈강고〉편의 내용을 보자.

---

16 嗚呼! 古我前后, 罔不惟民之承保. 后胥慼鮮以不浮于天時. …… 予迓續乃命于天, 予豈汝威, 用奉畜汝眾.
17 陳來, 《古代宗教與倫理−儒家思想的根源》(北京: 生活·讀書·新知三聯書店, 1996), 168쪽 참조.

때맞추어 두터운 덕을 쌓고, 이것이 상제上帝에게 알려지니 제帝께서 아름다이 여기시고 天은 문왕에게 대명大命을 내리시었다.[18]

여기서의 天은 상제上帝와 비교되고 있다. 〈반경〉편 시대에 보이지 않던 일이다. 天은 덕을 쌓은 사람을 아름다이 여기시는 친절한 감정을 가진 분으로 등장한다. 그리고 은나라의 帝처럼 절대적 명령을 하달하여 정권을 부여해준다. 〈반경〉 상, 중, 하편과 〈강고〉편에 등장하는 天 관념을 통해 이미 도덕적, 윤리적 내용이 풍부한 의리義理의 天 관념이 일관되게 유지되고 있음을 알 수 있다. 은나라 중기 이후 天 관념은 중요한 변화를 겪는다.

《시경》〈대아·탕湯〉편을 보면 은나라 중기 이후 天이 양면성을 지닌 존재로 인식되고 있었음을 알 수 있다.

교만방자하신 상제上帝여 / 아래 백성들의 임금이시라
탐욕포악하신 상제여 / 그 명命이 너무도 잘못되었으니
천이 뭇 백성을 낳아 기르시더니 / 그 명은 믿을 수 없는 거짓이로다
무엇이든 좋게 시작하지 않는 것은 없으나 / 끝이 좋은 것은 극히 드물지니[19]

상제와 천을 동일시하고 있다. 자연물로서의 天일 수도 있으나 만물을 창조하시는 창조주이기도 하다. 그런데 통치자이기도 한

18 惟時怙冒, 聞于上帝, 帝休, 天乃大命文王.
19 蕩蕩上帝 / 下民之辟, 疾威上帝 / 其命多辟, 天生烝民 / 其命匪諶, 靡不有初 / 鮮克有終.

天이나 상제上帝는 백성을 억압하는 존재이기도 하다. 이렇게 天을 인격적으로 생각했다는 사실은 《시경》이 성립된 은나라 후반부터 주나라 초에 天관념이 변화하고 있었다는 반증이다. 天은 인문 질서 속에서 권력의 중심과 통했으며, 상대적으로 최고의 권력자는 최고의 신이 되는 구조이다.

지배계급들에게 天은 윤리적인 신이었다. 즉 天은 인간에게 도덕적 권한을 부여하거나 정치적 안정과 민생의 보장을 가져다주는 절대적인 존재였다. 자연물로서의 천 관념이 주나라의 등장과 더불어 변화했다. 천명을 통한 정권의 정당화라는 정치적 필요성 때문에 천은 인간사를 결정하는 중요한 명령을 내리는 추상적이고 신적인 존재로 철저히 바뀌게 된 것이다. 그러한 天과 인간을 연결시키는 주재자가 천자天子이고, 天이 덮고 있는 광대한 공간이 천하天下이다.

《서경》〈주고酒誥〉편은 은나라를 망하게 한 술에 대한 훈계이다. 여기에 "天이 잔학한 것이 아니라 오직 백성들 스스로가 죄인 처벌을 재촉했다"[20]는 기록이 있다. 세상의 문제는 천의 문제라기보다 인간의 문제라는 관념의 변천은 주나라가 성립하고 정치상황이 복잡해지면서 자연스럽게 이루어졌을 것이다. 권력을 잡은 사람은 하늘의 아들, 즉 천자天子로서 그 천을 대신해 징벌을 내릴 수 있는 존재로 인식되었을 것이다. 《서경》〈목서〉에 "이제 나 발發은 그저 공손하게 천의 벌을 대행하고자 한다"[21]고 한 것은 인간인 주

---

20 天非虐, 惟民自速辜.
21 今予發惟恭行天之罰.

나라 무왕이 천을 대신해 벌을 내린다는 이야기이다.

이렇게 정복자에 의해 복잡한 의미를 지니게 된 天은 세월이 흘러가며 사람들의 마음에 내면화되었고, 그것은 춘추전국시대에 보편적인 신앙으로 자리 잡을 수 있었다. 天 관념은 광범한 지방풍속과도 밀착하여 변화했다. 별에 대한 관념처럼 天에 대한 외경의 관념은 자연스레 조상과 연결되고, 시조를 의미하는 은나라 제帝 신앙의 연속 형태로 신앙화했다. 이는 인간중심적 논의가 확장되어가는 춘추시대에 이르러 종교적 관념의 天과 자연물로서 원래 관념의 天을 구분지어 사상적 논의를 달리하는 사상가의 출현을 가져왔다. 그리하여 춘추시대 天은 냉정한 법칙으로 변하고, 숭고함과 신성함을 차츰 잃게 되었다. 자연의 질서도 좋고 싫음이 있듯이 天도 항상성과 자의성을 공유한 존재로 인식되었다.

천에 대해 불편한 관념을 갖게 된 것은 권력의 변동과 관련이 있으며 춘추시대라는 정치적 혼란의 분위기는 사람들로 하여금 저 보이지 않는 천보다 사람의 일에 더 관심을 가졌다. 철기의 도래에 물질적 환경의 변화와 넓은 영역에서 벌어지는 다양한 정치세력의 충돌은 사람들로 하여금 하늘보다는 인간 세상 자체의 문제에 더 깊은 관심을 가지게 만들었다. 허탁운許卓雲은 〈선진 제자의 천에 대한 견해先秦諸子對天的看法〉에서 天 관련 20여 조에 이르는《좌전》기록을 상세하게 분석하고 있다.[22] 그리고 그는 다음과 같은 결론을 내린다. "춘추시대에 크게 두 가지 다른 태도가 있었음을 알 수

---

22 특히《좌전》의 天 관념에 대한 분석은 許卓雲,《求古編》(臺北: 聯經出版事業公司, 1982), 423~428쪽 참조.

있다. 하나는 인간사가 천명에 의해 결정된다는 외천론畏天論이고, 하나는 천명이 인간사에 기인한다는 수덕론修德論이다."《국어》에도 인간처럼 자의적인 의지를 갖는 신적 의미의 天이 여러 차례 등장하고,《좌전》에는 국가의 흥망을 지배하는 天(〈희공 22년〉), 선한 사람의 편에 서고 악을 징벌하는 등 도의의 표준으로서 천 등이 자주 등장한다.《좌전》〈소공 18년〉에 이런 기사가 있다. 정나라에 큰 불이 나서 민심이 흉흉할 때 자산子産은 이런 말을 했다.

"하늘의 길은 멀고 사람의 길은 가깝다. 하늘의 길은 어떻게 거기에 미칠 수 없어 사람의 길과 아무 상관이 없는데 어떻게 천도를 통해 인도를 알 수 있단 말인가?"[23]

자산은 천도나 천명 운운을 말 많은 사람들의 궤변으로 취급했다. 정나라 정치개혁을 이끌었던 자산은 천보다 인간의 법칙을 강조했던 것이다. 공자는 전통회귀라는 보수성을 견지했으나 춘추시대 당시의 일반적 흐름에 따르고 있다. 그는 가장 아끼던 제자 안연顔淵이 젊어서 죽어버리자《논어》〈선진〉편에서 이렇게 말했다. "아아! 天이 나를 버리는구나! 天이 나를 버리는구나!"[24] 〈팔일〉편에서는 "天에 죄를 지으면 용서를 빌 곳이 없다"고 한다. 天을 보는 종교적 정서가 농후한 대목이다. 하늘을 두려워하는 공자의 외천론은《논어》〈계씨〉편에 "군자는 세 가지를 두려워한다. 천명天命을 두려

23 天道遠, 人道邇, 非所及也. 何以知之.
24 噫! 天喪予! 天喪予!

워하고 대인大人을 두려워하고 성인의 말씀을 두려워한다"[25]가 대
표적이다.

하지만《논어》에 수십 차례 등장하는 '天'자와 '命'자의 의미를
보면 대체로 인간의 삶의 문제에 대한 고뇌가 훨씬 많다. 〈선진〉편
에서 귀신 문제에 답하면서 "삶도 아직 모르는데 죽음을 어찌 안단
말인가?"[26]라고 했을 때처럼 공자는 비근한 일상의 문제에 관심이
있었다. 〈헌문〉편은 이렇게 말한다.

> 공자가 말했다. "天을 원망하거나 사람을 탓하지 않는다. 인간으로서
> 할 수 있는 노력을 다하여 위로 나아갈 따름이다. 나를 알아줄 이는
> 天뿐이리라!"[27]

공자는 천보다 인간의 노력을 강조한 사람이다. 사회가 혼란
하고 인명이 초개와 같았던 시대에, 살아 있는 생명을 중시하는 공
자의 위대성이 잘 드러나 있다. 천 관념은 공자의 문하에게 공부한
적이 있는 묵자에 이르러 그 의미가 풍부하고 다양하게 변화했다.
《묵자》〈천지天志 상〉편에는 이렇게 말한다.

> 위로는 天을 존중하고 가운데로는 귀신을 섬기며 아래로는 사람을
> 사랑한다. 그래서 천의天意는 '이것이 내가 사랑하는 바이니 두루 서

---

25 君子有三畏, 畏天命, 畏大人, 畏聖人之言.
26 季路問事鬼神. 子曰:「未能事人, 焉能事鬼?」敢問死. 曰:「未知生, 焉知死?」
27 子曰: "不怨天, 不尤人. 下學而上達. 知我者其天乎!"

로를 사랑할 것이며, 내가 이롭게 하는 바이니 두루 서로를 이롭게 하라. 사람을 사랑하는 자는 넓어질 것이며 사람을 이롭게 하는 자는 두터워질 것이다'라고 말한다.[28]

묵자 사상의 핵심은 겸애兼愛와 겸리兼利, 즉 차별 없는 사랑을 통해 모든 세상이 두루 이롭게 되는 사회를 건설하는 것이다. 묵자는 이를 하늘의 생각 즉 '천의'로 표현하고 있다. 천 관념에 대하여 공자가 내재하는 도덕적 당위성을 중시했다면 묵자는 초월적인 천으로서 인간의 의무를 강조했다고 할 수 있다.[29]

춘추전국시대 천 관념의 변화에 결정적 역할을 한 사상은 도가였다. 유가, 묵가와 대척점에 서서 天에게 부여된 인위적이고 종교적인 정서를 탈피하려고 했다. 도가 계열의 사상가들은 天을 자연물로 파악하고, 이념을 지향하며 인위적으로 天에 의미를 부여하는 데 반대했다. 예를 들면《장자》에는 〈천운天運〉, 〈천지天地〉, 〈천도天道〉 등 天이 포함된 편명도 여럿이지만 거의 다 자연물로서 저 높은 하늘을 이야기하는 것이다. 장자는 당시의 천 관념을 벗어나 더 원초적인 자연 의미로 밀고 올라갔다고 할 수 있다.

노자는 천명을 거의 언급하지 않는다. 그가 말한 命은 천명이나 운명의 의미가 아니라 생명의 의미다.《도덕경》16장에서는 이

---

28 其事上尊天, 中事鬼神, 下愛人, 故天意曰 : "此之我所愛, 兼而愛之 ; 我所利, 兼而利之. 愛人者此爲博焉, 利人者此爲厚焉."

29 상세한 내용은 최문형, 〈공자와 묵자의 천 개념 비교〉,《동양철학연구》제68집, (2011), 112~130쪽 참조.

렇게 말한다.

"만물이 무성하지만 결국은 각자 제 뿌리로 되돌아가게 된다. 뿌리로 되돌아감을 고요함이라 일컬으니 이를 가리켜 '복명復命'이라고 말한다. 복명은 불변의 현상이니 그 불변의 현상을 아는 것을 명철하다고 말한다. 불변의 현상을 이해하지 못하고 제멋대로 행동하면 재앙이 생긴다. 불변의 현상을 잘 알면 포용력이 커지고, 포용력이 커지면 공을 중시하게 되고, 공을 중시하게 되면 왕이 되고, 왕이 되면 天이 되고, 天이 되면 도를 이루고, 도를 이루면 영원하여 몸이 다하는 그날까지 위태로울 일이 없다."[30]

여기서 '복명'은 운명의 긍정이 아니라 최초의 자연 상태로의 회귀를 말한다. '왕 다운 왕이 되면 天이 된다'는 말 또한 추상적 의미의 천도에 이른다는 뜻이 아니라 진정한 왕은 자연 상태 그대로의 통치를 행한다는 의미이다. 노자는 그 天을 탁약橐籥, 즉 불 피울 때 바람을 밀어넣는 풀무로 설명한다. "天과 地 사이는 탁약과 같지 않은가? 텅 비어 있되 사그라지지 않고 움직일수록 더 생겨난다."[31](《도덕경》 5장) 天은 고정된 것이 아니라 풀무질할 때 공간의 확장과 축약이 자유자재이듯, 풍선처럼 텅 빈 상태로 보았다.

공자를 계승했다고 자임한 맹자는 도가를 신랄하게 비난하면

---

[30] 夫物芸芸, 各復歸其根. 歸根曰靜. 是謂復命. 復命曰常. 知常曰明. 不知常, 妄作凶. 知常容, 容乃公, 公乃王, 王乃天, 天乃道, 道乃久, 沒身不殆.

[31] 天地不仁, 以萬物爲芻狗 ; 聖人不仁, 以百姓爲芻狗. 天地之間, 其猶橐籥乎?虛而不屈, 動而愈出.

서 매우 적극적인 천명관을 피력한다. 그는《맹자》에 나오는 天 가운데 자연으로서 '하늘'을 이야기하는 곳은 몇 군데 없으며 주로 의지가 있는 天, 의지의 주재자로서의 天의 의미가 많다. 〈양혜왕 하〉편에서 맹자는 "내가 노나라 군주를 만나지 못한 것은 天 때문이다"고 말한다. 天은 간접적으로 인간의 의지와 생각을 주재하여 행하게도 멈추게도 한다는 것이다. 〈만장 상〉편은 더욱 구체적이다.

> 天이 현인에게 왕위를 주려고 하면 현인에게 주는 것이고, 天이 아들에게 주려고 하면 아들에게 주는 것이다. …… 순·우·익이 주군을 보필한 세월의 길고 짧음과 그 아들의 현명함과 불초함은 모두 天의 뜻이다. 사람의 힘으로 어떻게 할 수 있는 것이 아니다. 아무도 그렇게 하라고 시키지 않았는데도 그렇게 되는 것이 天의 뜻이고, 아무도 오라고 하지 않았는데도 그렇게 오는 것이 命이다.[32]

인간 사회의 구제라는 분명한 의지를 갖춘 天이 주로 정치적으로 그 의지를 구현한다고 본 것이다. 맹자의 사유 속에서 천은 의지를 지닌 인간사회의 주재자이다. 하늘은 못된 권력자에게 죄를 묻는 소극적 역할뿐만 아니라, 유덕한 현인에게 정치권력을 이양시켜주는 적극적 역할을 하기도 한다.

순자는 도가를 비판했지만 제자백가의 집대성자로서 절충을 시도했다. 그는 天을 일종의 자연체로 보았다. 자연체이되 영구불

---

32 天與賢, 則與賢 ; 天與子, 則與子. ……舜˙禹˙益相去久遠, 其子之賢不肖, 皆天也, 非人之所能爲也. 莫之爲而爲者, 天也 ; 莫之致而至者, 命也.

변하며 변하지 않는 운행질서를 갖고 있는 것으로 보았다. 순자는 불구지천不求知天, 즉 '하늘을 이해하려고 노력하지 말라'고 한다. 순자의 관심은 '天'에 있지 않고 '사람'에 있었다. 특히 인간 사회의 정치야말로 순자가 중점을 둔 문제였다. 순자는 "天은 만물을 낳을 수 있지만 만물을 변별하여 다스릴 수는 없다"고 말한다. 《순자》〈예론〉편을 보자.

> 하늘과 땅이 합하여 만물이 생기고, 음과 양이 만나서 변화가 일며, 본성과 인위가 합하여 천하가 다스려진다. 하늘은 만물을 낳을 수 있으나 만물을 다스릴 수는 없으며, 땅은 사람을 실을 수 있으나 사람을 다스릴 수는 없다. 우주 속 만물이나 살아 있는 사람의 무리는 모두 성인을 기다린 뒤에야 적절히 구분되었다.[33]

순자는 인간의 일을 중시했고 인문주의로 일관했다. 순자는 자연을 이용하고 통제하는 데 관심이 있었다. 그는 정치가 잘되고 안되고는 하늘과 무관하며 사람에게 달려 있을 뿐이라고 한다. 〈천론〉편은 선명한 선언을 한다.

> 치세와 난세는 天 때문인가? 가로되, 해·달·별과 천문기상은 우임금 때나 걸임금 때나 똑같은 것이었다. 그런데 우임금은 치세였고 걸임

---

33 天地合而萬物生, 陰陽接而變化起, 性偽合而天下治. 天能生物, 不能辨物也, 地能載人, 不能治人也；宇中萬物生人之屬, 待聖人然後分也.

금은 난세였으니 치와 난은 天 때문이 아니다.[34]

순자가 하늘과 사람을 구분한 목적은 크게 두 가지로 생각할
수 있다. 하나는 자연숭배에 대한 미신을 깨뜨리고자 함이요, 다른
하나는 인간의 주관적 능력을 확장시키고자 함이었다. 공자나 맹
자에게 보인 종교적 사유를 탈피하고 인간을 중심에 놓고 天을 객
관화시키고자 한 것이다. 유가 천명관념은 긴 터널을 지나 순자에
이르러 天의 객관화가 이루어지고 운명은 인간의 일이지 하늘의
일이 아니라는 관념의 전환에 이르게 된 것이다.

유방劉邦을 도와 한 제국 성립에 공헌한 육가陸賈는 그의《신어
新語》〈도기道基〉편에서 다음과 같은 말을 한다.

> 《전傳》에는 '天이 만물을 낳고 땅으로써 이를 기르며 성인이 그것을
> 완성시킨다'고 말한다. 공덕이 섞여 합하니 도술이 생겨났다.[35]

천생인성天生人成이라는 순자의 天 관념을 그대로 끌어다 쓰고
있다. 한대 초기 유학은 순자학의 영향이 매우 컸던 시기라 천 관념
에도 변천이 이루어졌다고 보기 어렵다. 다만 육가의 〈도기〉편에
천이 사회에 대하여 "기강紀綱으로 그것을 망라하고, 재변災變으로
그것을 고쳐주며, 상서로운 징조로 그것을 알려준다"[36]고 말할 때

---

34 治亂, 天邪?曰 : 日月星辰瑞歷, 是禹桀之所同也, 禹以治, 桀以亂 ; 治亂非天也.
35 傳曰: '天生萬物, 以地養之, 聖人成之.' 功德參合, 而道術生焉.

天은 신비주의적이고 천인감응론적인 색채가 있다. 이는 동중서董
仲舒 천인합일론 및 천견론天譴論의 원류 중 하나로 볼 수 있다.[37]

순자의 영향을 받은 동중서의 《춘추번로》는 그의 천명관념을
압축하고 있다. 〈위인자천爲人者天〉편에서는 이렇게 말한다.

> 사람의 혈기는 천지天志가 변화한 것이라서 어질고, 사람의 덕행은 천
> 리天理가 변화한 것이라서 의롭다. 사람의 좋아함과 미워함은 천의 따
> 뜻함과 맑음이 변화한 것이고, 사람의 기쁨과 분노는 천의 추위와 더
> 위가 변화한 것이며, 사람이 목숨을 부여받음은 천의 사시四時가 변화
> 한 것이다.[38]

여기서 제기한 천지, 천리 등 관념에서 보듯이 동중서는 천인
합일이라는 관점에서 신비주의적으로 천을 인격화시킨다. 선진 유
가들 또한 천에 대한 신비주의적 태도를 갖고 있었지만, 대체로 '천
을 공경하되 멀리한다'는 공자와 같은 입장을 견지했었다. 하지만
동중서는 아예 사람을 천의 피조물인 것처럼, 인간은 천의天意나 천
명에 그저 복종하며 살아야 할 존재로 만들어버렸다. 천이 인간의
주재자가 된 것이다.

이렇게 자연의 뿌리로 보는 天 관념과 동중서에 의해 인격적

---

36 羅之以紀綱, 改之以災變, 告之以楨祥.
37 劉澤華主編, 《中國政治思想史》(秦漢魏晉南北朝卷, 浙江人民出版社, 1996), 제2장 제1절 참조.
38 人之血氣, 化天志而仁; 人之德行, 化天理而義; 人之好惡, 化天之暖淸; 人之喜怒, 化天之寒暑; 人
之受命, 化天之四時.

의미와 정치 이데올로기로 변한 천 관념은 한나라와 당나라, 그리고 송나라로 이어지며 더욱 풍성한 의미를 지니게 되었다. 특히 한당 이래 天에 대한 관념 또한 불교에서 온 우주의 구조와 전통적인 인간의 윤리를 관통하는 형이상학으로 발전했다.《주역》과《중용》의 기초하에 노장과 불가의 영향을 흡수한 것이다. 주희는《주자어류》〈이기 하理氣 下·천지 하天地 下〉편에서 다음과 같이 말한다.

> "굴원의 〈이소離騷〉편에 구천九天설이 있는데, 주석가들은 이를 망령되게 해석하여 아홉 개의 天이 있는 것이라고 말한다. 내 그것을 깊이 관찰해보니 그저 구중九重, 즉 수없는 중첩을 뜻하는 것일 뿐이다. 天의 운행은 수없이 많은 중첩성과 다양성을 지닌다."39

天에 대한 주희의 관념은 동중서를 크게 벗어나지 않았지만, 불교적 우주관과 인간 내부의 윤리적 가치를 충분히 결합시켜 독특한 천리天理론을 개진했다. 그에게 있어 천 관념은 '우주의 정연한 법칙은 인간세계의 계층성이자 인간에 내재하는 도덕률'로 정의해볼 수 있다.40 한편 주자는 기氣가 모이면 생하고 흩어지면 죽는다는 장자적 사유를 하기도 했으며, 天은 리理이고, 귀신은 기氣이며, 죽음은 멸망이라고도 했다. 청나라 때 편찬된《강희자전》〈대부大部〉에는 天자를 설명하면서 송나라 소옹邵雍의 말을 인용해 "자연自然 그 밖에 다른 天은 없다"고 한다. 결과적으로 한대 이래

---

39 離騷有九天之說, 注家妄解, 云有九天. 據某觀之, 只是九重. 蓋天運行有許多重數.
40 야마다 케이지 저, 김석근 역,《주자의 자연학》(서울: 통나무, 1998) 참조.

천 관념은 자연적 의미와 윤리적 의미가 중첩되면서 상황과 시대에 따라, 혹자는 천의 자연성을 강조하고 혹자는 천의 주재성을 강조하면서 오늘에 이르고 있다고 생각된다.

3. 天下 관념의 기원과 보편화

天下 관념의 출현

《신자愼子》〈위덕威德〉편에는 이런 말이 있다.

> 옛날 천자天子를 옹립하여 그를 존귀하게 여기도록 한 것은 그 한 사람을 이롭게 하려고 그런 것이 아니다. 말하자면, 天下에 한 사람의 고귀한 존재가 없다면 리理, 즉 다스리는 이치가 통할 길이 없게 된다. 이치가 통하도록 함은 天下를 위한 것이다. 그래서 천자를 세움은 천하를 위한 것이지 천하를 세워서 천자 한 사람에게 봉사하라는 것이 아니다. 국군國君을 세움은 나라를 위한 것이지 국을 세워서 군주 한 사람에게 봉사하라는 것이 아니다. 관장官長을 세움은 관직을 잘 수행하라는 것이지 관직을 세워서 장관 한 사람에게 봉사하라는 것이 아니다.[41]

중국의 제자백가는 정치적으로 인류 공동의 이상사회를 건설

---

41 古者立天子而貴之者, 非以利一人也. 曰 : 天下無一貴, 則理無由通, 通理以為天下也. 故立天子以為天下, 非立天下以為天子也 ; 立國君以為國, 非立國以為君也 ; 立官長以為官, 非立官以為長也.

함으로써 보다 나은 인간적 삶이 가능하다고 생각했으며, 그들의 논리는 하나같이 위에 언급한 신도愼到의 경우처럼 '天下를 위한다' 는 것이었다. 天下는 고대 중국인들의 의식 속에서 가장 광범위한 영역을 지칭하는 말이었다. 그 천하를 다스리는 사람은 천자이며, 國은 그 하위 단위였다. 천하의 모든 땅과 존재는 천자 즉 왕에 속한다고 생각했다. 중국 천하사상을 다루면서 가장 대표적으로 인용되는 《시경》〈소아 · 북산北山〉의 다음 구절을 보자.

> "하늘 아래 모든 땅은 왕의 땅이 아닌 곳이 없으며, 땅 위에 모든 존재는 왕의 신하가 아닌 것이 없다."[42]

천하란 말은 위의 인용문에서처럼 '天之下'의 약칭이다. 그 天下를 왕토王土로 보는 것은 하늘과 땅이 어우러져 만물을 생성한다는 우주생성적 의미의 天地 개념[43]과 관련이 있다. 왕신王臣으로 보는 건 天이라는 덮개가 씌워진 제한된 공간영역을 상정하고 '하늘 아래 살아 가는 모든 존재all things under the Heaven'를 가리키는 것이다. 天下는 우리가 일반적으로 쓰는 세상, 우주, 세계와 같은 보통명사로 삼라만상이 삶을 꾸려 가는 보편적인 세계를 가리키는 말이다.

天下란 오늘날 일반적으로 쓰이는 '우주宇宙' 또는 '세계世界'와 유사한 개념이다. 〈시자尸子〉에는 "하늘, 땅 및 사방을 宇라하고 과

---

42 溥天之下, 莫非王土; 率土之濱, 莫非王臣.
43 《周易》咸卦,彖辭: 天地感而萬物化生, 《尙書大傳》: 萬物非天不生, 非地不載.

거와 현재의 흐름을 宙라 한다"[44]고 하여 공간 개념인 '宇'와 시간 개념인 '宙'의 합성어를 우주라 불렀다. 즉 우주는 동탕하는 무궁무진한 시간을 함장하며 하늘과 땅이 어우러져 만물을 생성하는 거대한 공간을 말한다. 그 공간은 무한 확장이 가능한 직선적인 것이 아니다. 바로 우리가 살고 있는 제한된 영역이 계속 확대되어가는 형태이다. 예컨대 방을 넘어 집으로, 집을 넘어 마을로, 그리고 국가로 天下로 확대되는 것이다.[45]

세계世界란 한자어는 중국 고대에 없었다. 《상형자전象形字典》에 따르면 예서 '세世'자는 금문 저초문詛楚文[46]에 世자가 전서에서 世자로 발전한 것이다. 원래 뜻은 휴식을 뜻하는 '지止'자 계열에 속하며 세월이 흘러 생명이 영원히 휴식에 들어간다는 의미이고 《설문해자》에서는 30년을 '1세世'라 한다고 풀이한다. 예서 '계界'자는 금문엔 없고 전서 界자는 강역, 변경을 뜻하는 '전田'자와 둘의 사이를 뜻하는 '개介'자가 결합된 글자로 제후국 사이의 경계선을 의미한다. 한漢나라 때까지 이 둘을 결합하여 쓴 용례는 없다. 불교에서 범어 'lokadh(a-)tu'의 loka를 번역해서 '세世'자를 끌어오고 Dh(a-)tu를 번역해서 '계界'자를 끌어와 합친 것이다.[47] 불경 번역이 중국어로 이루어진 남북조시대에 출현했을 것이다. 이전의 중국에 세상

---

44 《尸子》: 天地四方日宇, 往古來今日宙. 《莊子》《庚桑楚》편에도 이와 유사한 정의가 있다: 有實而無乎處者宇也, 有長而無乎本剽者宙也. 모두 전국시대 중후반의 인물이다.

45 동양 宇宙觀의 특징에 대해서는 김충렬, 〈21세기와 東洋哲學〉, 《孔子思想과 21세기》(서울: 동아일보사, 1994), 22~34쪽 참조.

46 전국시대 후기 진(秦)나라가 다투던 초나라가 멸망하기를 저주하는 문장으로 구성된 석각으로 송나라 대 발견되었다. 역사서에 기록이 없으며 어느 시대 작품인지 논란이 많다.

47 《維基百科: 自由的百科全書》(http://zh.wikipedia.org/wiki/) '世界' 참조.

世上, 또는 세상世相이란 개념은 있었다. 하지만 세상은 세대를 중첩해가며 자연계와 구분되는 생명계의 유한성과 분별을 뜻했을 뿐이다. 즉 시간변화를 바탕으로 하는 현실사회속의 단순한 공간의식일 뿐이었다. 그러던 것이《능엄경楞嚴經》의 이야기처럼 "世란 시간적 흐름이고 界란 공간적 방위이다 …(중략)… 동서남북이나 위아래를 界라하고 과거, 미래와 현재를 世라 한다"[48]는 의미의 '세계'가 되었다. 시간을 내포하는 공간적 의미의 '우주'가 다소 관념적인 것과는 달리 '세계'는 불교의 여러 '계(界, 공간층)' 가운데 여타의 界와 막혀 구분되는 세속적 지배질서 속의 국가, 국토 또는 세간世間의 의미를 지닌다. 이 점에서 중국 전통적인 관념이었던 '天下'와 불교에서 유래한 '世界'는 접점을 찾을 수 있다.

앞 장에서 밝혔듯이 천하는 은나라 때부터 천자가 직간접적으로 지배하는 세속적 질서라는 의미를 내포하는 정치성을 띠고 있다. 관념적 의미의 우주와는 다르며 일반명사로서 세상과도 다르다. 정치적 의미로서 세계질서 또는 세계공동체와 관련된 개념이다. 김충렬 선생의 이야기처럼 이렇게 "'天下'를 쓸 경우, 이는 철학적 의미와 아울러 국제정치질서가 통용되고, 또는 통용되어야 한다고 보는 그러한 국제성을 깔고 있는 정치 영역을 가리키는 것으로 보아야"[49] 하며, "도덕실현의 영역이요, 인간 삶의 전반을 역사役事할 수 있는 정치행위의 유일한 현장"[50]으로 인식해야 한다.

---

48 世爲遷流, 界爲方位,……東南西北上下爲界, 過去未來現在爲世.
49 김충렬, 〈中國〈天下思想〉의 基調와 歷史傳統의 形成〉,《中國의 天下思想》(서울: 민음사, 1988), 107쪽.

천하 관념의 출발은 필경 天 관념의 등장과 깊은 관련이 있을 것이다. 관념적이고 종교적인 天이 등장하면서 天下는 이러한 "天이라는 신의 주재 아래 있는 모든 영역과 그 안에 있는 모든 것을 포괄한 개념"[51]으로 생각된 것이다. 따라서 천하란 용어의 출현은 天子의 출현시기와 많이 차이나지 않을 것이지만 그 의미와 관념의 범위에서 변화가 있었을 것이다. 앞 장에 언급했듯이 기원전 14세기 말 은나라 반경 시기 벌써 천명을 운운하며 자신의 정치를 정당화했던 기록으로 본다면, 은나라 후반 의지를 가진 주재자로서 天 관념이 있고 천하는 일종의 천신이 지배하는 광대한 모든 영역을 가리키는 말이었을 것이다. 그러다가 천의 아들, 즉 천자로서 중원을 정복하고 정치적 지배를 정당화한 기원전 11세기 주나라의 등장으로 천하는 주 천자의 영향력, 혹은 교화가 미치는 범위까지를 상상하는 관념이었다. 그런데 주 민족이 天을 자신들이 수호신으로 생각하여 그들이 정복한 은 민족의 수호신인 제帝를 무너뜨렸다고 생각했는지, 주나라 사람들의 '天'이 은나라 사람들의 '帝'와 유사한 종교적 절대자의 의미를 지니고 있었는지는 의심스럽다.[52]

주나라의 경천敬天사상은 농경을 했던 은나라 이래의 조상숭배 전통과 관련이 있다. 주나라는 초기 은나라 유민들로 하여금 그들

---

50 김충렬, 위의 글, 113쪽.
51 예를 들면 윤내현, 〈天下思想의 始源〉, 《中國의 天下思想》, 11쪽.
52 윤내현, 위의 글, 25쪽과 전해종, 〈中國의 天下觀과 그 名實〉(전해종 外, 《中國의 天下思想》, 위의 책), 186-187쪽은 모두 商代의 帝와 周代의 天을 연결시키고 있다. 그러나 周代의 天을 알 수 있는 직접적 근거는 《詩經》《書經》 및 鼎文인데 이는 周의 정치적 지배를 정당화하고 예찬하는 周代의 작품들이며, 周왕실의 정치 이데올로기를 선전하는 것이어서 그것을 통해 周族이 원래 가지고 있는 신앙을 알기는 매우 어렵다.

의 조상신을 제사할 수 있도록 하는 한편 주 왕실의 정치적 지배를 정당화하는 이데올로기 창출에 주력했는데, 보민保民의 명분을 앞세워 덕과 예를 강조했으며 이를 천명天命으로 정당화했다. 주재자인 天의 뜻을 받들어 탄생한 天子이므로 하늘에 대한 공경은 곧 천자에 대한 공경으로 이어져야 한다는 것이다. 이를《서경》〈채중지명蔡仲之命〉편에서는 "황천皇天은 친한 사람이 없고 오로지 덕이 있는 사람이면 돕는다"[53]고 표현한다. 초기 중국인들의 천하 관념은 종가 중의 종가인 주 왕실 천자에 대한 존중과 일정한 관련이 있었던 것이다.

주 왕실의 정치적 지배가 정당화되면서 은나라 사람들의 숭배 대상인 帝는 天으로 대체된다.《시경》〈소아 · 천보天保〉편에는 "天이 당신을 보우하시니. 당신에게 복록을 누리게 하옵시고. 모두가 합당하지 않음이 없으니. 天으로부터 백록百祿을 하사 받는다"[54]고 한다. 이 天은 이제 더 이상 종교적 숭배의식 속의 절대자 天이라기보다 인격신의 의미를 띠고 하늘로부터 인간세계로 끌어내려진다. 《시경》이나《서경》에는 天이 帝보다 훨씬 많이 등장하는데,[55] 대게 천을 빌어 주의 정치지배를 정당화하고 현실정치적 효용을 강조하고 있다. 天은 초월적 절대자라기보다 인간 세상으로 내려와 보민保民 의지를 가진 인격신적 요소를 띠며 주 왕실과 상호관계를 맺는 수단적 의미가 되는 것이다. 그리고 天子는 하늘(帝 또는 天)의 명령

53　皇天無親, 惟德是輔.
54　天保定爾 俾爾戩穀. 罄無不宜 受天百祿.
55　상세한 수치에 대해서는 윤내현,〈天下思想의 始源〉, 앞의 글, 26쪽 참조.

을 받아 그것을 인간 세상에 구현하는 덕 있는 사람일뿐만 아니라 보민의 막중한 책무를 떠맡은 사람으로 표현된다. 주나라 사람들에게 '천하'는 天이라는 인격신의 명령을 대신하는 주나라 천자의 정치적 지배와 떨어져 생각할 수 없는 관념이었던 것이다.

天下라는 말은 갑골문 시대인 은나라 때도 존재했을 것이다. 하지만 정치적 지배영역을 뜻하는 천하관념의 출발은 주나라의 등장과 관련이 있다. 초기 주나라 정치질서를 지탱해준 중요한 두 기둥은 종법宗法과 봉건封建이었는데 주 왕실에 보민의 임무를 부여해준 天의 아래에 있는 모든 존재를 싣고 있는 곳을 天下로 부른 것이다. 天의 의지를 지상에 실현하는 天子, 즉 주 왕실이 지배하는 정치적 영역이 天下가 된다. 특히 天의 인격신적 의미에 천착하면 天下 개념은 더욱 확대된다. 天이 갖는 보편의지, 즉 보민을 위해 덕과 예를 갖춘 자를 선택한다는 말은 곧 주 왕실의 직접지배를 받지 않는 어떠한 지역도 모두 天子의 정치질서에 복종해야 한다는 당위의 세계까지를 포함하게 된다.

원래 천자가 누군가에게 세습적으로 영토를 주어 그곳의 통치자를 제후로 삼는다는 의미의 봉토건후封土建侯의 약자인 주나라의 봉건제도는 출발부터 주공이 상商왕조의 씨족제적 정치기구를 개혁하고자, 또는 새 천자가 인민과 토지를 동족과 공신에게 나누어 줄 목적으로 수립된 제도이다. 주나라의 왕기王畿 주변에는 친인척을 제후로 두어 안전을 도모했고 전국 각지를 공신과 이성異姓의 제후를 교차시키며 상호경계토록 했다. 특히《서경》의 '오복五服' 규정과《주례周禮》의 '구복九服' 규정은 天下개념에 대한 문화적 인식과 관계가 깊다. 땅을 나누는 방법과 세금 수납 방법 등을 기술한 오복은 왕기 옆의 '전복甸服', 그 바깥 500리 지역의 '후복侯服', 그 사방 500리 지역의 '수복綏服', 그 바깥 사방 500리 사이 지역의 '요복要服', 그 바깥 500리를 '황복荒服'으로 규정한다. 이렇게 구분하는 이유를 왕의 교화와 정치에 안주하여 복종해야 하는 지역, 천자의 정치교화를 열성으로 행해야 하는 지역, 이적夷狄 지역과 가까우니 군병의 조련과 천하의 호위에 힘쓰는 지역, 만이蠻夷의 거주처이니 죄인을 유배 보내는 지방, 미개척 황야는 중죄인을 유배 보내는 지역으로 설명하고 있다. 그런데 이 오복 규정의 요지는 천자가 거처하는 중국中國은 문화의 수준이 높고 왕자의 통제가 미치는 지역이지만 멀수록 문화수준이 낮고 왕에 복속하는 정도도 미약하며, 가장 궁벽한 요복과 황복은 왕의 교화도 미치지 않는 오랑캐 지역이므로 그들 습속대로 살게 하자는 매우 문화적이고 중국 중심적인 의미의 天下 개념을 함축한다. 후복侯服, 전복甸服, 남복男服, 채복采服, 위복衛服, 만복蠻服, 이복夷服, 진복鎭服, 번복藩服으로 더욱 세분한 구복규정은 왕실 중앙정부에서 제후국에 이르기까지의 법제, 경제, 재정, 군사, 교육, 산업 등의 요강과 도시, 촌락의 경찰, 위생까지 상세히 기록하여 중국 왕실의 문화에 따르기를 규정한다.

天下 관념의 변화와 중화주의적 한계

삼라만상의 주재자인 天이 내려다보고 있는 우주와 세계가 다 天下였다가, 그 대리인인 주나라 천자가 지배하는 영역과 그의 교화와 영향력이 미치는 범위, 또는 그 정치적 영향력이 미친다고 상상하는 모든 범위, 심지어는 천자를 공경하고 흠모하는 먼 나라들까지 모두 天下의 범주에 속했다. 그러다 춘추전국 철기시대에 접어들며 생산력이 비약적으로 발전하게 되고 재산 개념이 등장했으며 지식이 보편화되기 시작했다. 天의 명령은 더 이상 구속력을 지니지 못하게 되었다. 특히 지식인들은 하늘 또는 귀신의 존재를 더 이상 믿지 않은 사람도 많아졌다. "사상가들은 이미 감정과 의지를 지닌 전지전능한 인격신으로서의 天을 믿지 않게 되었다. 습관적으로 여전히 天을 자주 제기하곤 했지만 잘 믿지는 않았다".[56] 전국시대는 天의 명령을 수행한다고 강조하던 천자의 영향력이 사라진 시대이다. 따라서 천하를 더 이상 천자와 연결시키지 않음으로써 천하가 가진 정치적 의미는 퇴색하게 되었을 것이다.

天에 대한 신앙보다 사람의 일이 중시되었다. 왕왕 천도天道가 강조되는 것도 사실은 인도人道를 강조하기 위함이었다. 춘추시대 통치자, 지배층, 지식인들에게 天이 지닌 종교적 함의는 거의 사라진 듯하다. 특히 춘추전국에 들어서 각국 군주들이 권력의 중앙집중화를 꾀하는 현상이 벌어지고 패권적 국제질서를 추구하면서 天과 인간 왕과의 관계는 형식화하고 만다. 어떤 수단을 통해서든 정권을 장악한 사람은 天命에 그것을 기탁했으며 패자들 또한 자신의 힘에 기초한 국제질서에 天을 끌어들이기도 했다. 天은 그저 푸른 하늘로 인식되기도 하고 天은 곧 백성(民)이라는 매우 정치적인 인식을 하기도 한다.

---

56 孫光德, 〈我國古代政治思想中的天道觀〉《中國國學》第16期, 1988), 98쪽.

특히 법가들은 天에 빗대는 일체의 논의를 정책적으로 금지시켜야 한다고 주장했고, 전국시대 말기《순자》〈천론〉편에 '天을 잘 이용해 생산에 보탬이 되도록 해야 한다'는 정도까지의 주장이 개진된 것은 天이 가진 종교적 성격이 거의 사라지게 되었다는 의미이다. 天下개념도 주나라 천자의 교화가 받아들여지는 머나먼 지역, 天이라는 지고무상의 존재가 내려다보는 아득한 세계 전체라는 추상적이고 특수한 관념을 벗어나게 되었다. 마치 오늘날 천하장사 운운하듯이 사람들이 살아가는 지역 어디서든 세계 또는 우주와 같은 의미로 보편적으로 天下란 말을 사용하게 되었다. 물론 지배층이 보는 天의 의미와는 달리 민중들에게 天은 상당히 오랫동안 두려운 대상으로 남아 종교적 틀을 벗어나지 못하고 있었다. 天은 民에게 외천畏天 관념을 심어주고 춘추전국시대에도 民은 天을 원망의 대상으로 삼기도 했다.[57]

天下 개념은 天과 관련을 가지고 시작되었지만, 天의 종교성과 무관한 정치질서 또는 세계질서의 의미만 강해지게 된 것이다.《논어》는 작은 책임에도 23차례나 '天下'란 말이 등장하는데 일반적 의미의 天下 운운이거나 정치사상적 의미를 지니는 세계질서로 혼합적으로 쓰이고 있다. 특히《대학》에서 이야기하듯 '치국평천하治國平天下'와 같이 정치를 통해 인간의 삶 속에 비쳐지는 세계를 이상적으로 만들어간다는 데 이르면 순전히 사람에 의해 만들어 가는 세계를 가리키는 말이 된다.《순자》〈중니仲尼〉편에는 "위대한 정치

---

57 전해종,〈中國人의 天下觀과 그 名實〉, 앞의 글, 187~188쪽 참조.

가가 天下에 훌륭한 정치질서를 수립할 때는 반드시 사람의 길로부터 시작한다"[58]고 말한다.

문제는 天下관념이 은주 교체기 정치변동과 춘추전국의 정치적 격랑을 겪으면서 종교적 성격을 잃고 보통명사로 쓰이기 시작했지만 그것이 중국 중심의 세계질서를 정당화하는 수단으로 여전히 사용되었다는 점이다. 이 天下는《순자》〈영욕榮辱〉편의 이야기대로 내적으로 "신분이 고귀해 天子가 되어 天下의 재부를 다 갖는다"[59]는 식의 지배층 중심의 세계질서였을 뿐만 아니라, 외적으로 중국 중심의 세계질서요 정치질서였다.《맹자》〈등문공滕文公 상〉편의 "나는 하夏의 문화로 이夷를 변화시킬 수 있다는 말을 들어보았을 뿐, 하夏가 이민족의 문화에 의해 바뀐다는 얘긴 들어보지 못했다"[60]는 맹자의 자신감은 이를 가장 극명하게 대변해준다. 중화中華 또는 화하華夏라고도 부르는 '夏'는 중국의 문명과 문화를 나타내는 개념이며, 만이蠻夷 또는 오랑캐라고도 부르는 '夷'는 중국 주변 사방의 이민족을 가리키는 말이다. 다시 말해 전국시대 중국인들은 天下를 중국의 문화가 다른 지역으로 펼쳐지는 중국 중심의 문화체계와 세계질서라고 생각한 것이다. 특히 이삼성의 말대로 "칭제稱帝한 지배자는 자신을 중심에 둔 지배 영역 전체를 천하로 칭하기를 즐겼다."[61]

---

58 聖人治天下必自人道始.

59 夫貴爲天子, 富有天下.

60 我聞用夏變夷者, 未聞變於夷者也.

61 이삼성,《제국》(서울: 도서출판 소화, 2014), 77쪽 참조. 이삼성은 일본 학자들의 '천하'에 대한 분석에 초점을 맞추고 있다. 예컨대 安部健夫,〈中国人の天下観念: 政治思想史的試論〉

주나라 천자의 정치적 영향력이 없어졌음에도 중국 중심의 천하관은 전국시대 중원의 국가들이 공유하는 관념이었다. 그들은 심지어 남방의 초나라나 서방의 진나라를 야만인 이민족이라고 경멸하면서 중화의 우월성을 강조하곤했다. 이에 절치부심한 진나라는 상앙商鞅의 개혁을 통해 진나라의 풍속을 중원과 일치시키기도 했다.[62] '천자의 교화와 영향력이 미치는 중국 중심의 세계질서'를 뜻하는 천하관념이 천자의 영향력이 없어진 곳에서도 '중국 중심의 세계질서' 관념은 바뀌지 않았던 것이다. 기원전 256년 진은 작게나마 남아 있던 주나라(동주 37대 난왕赧王)를 멸망시킴으로써 천자가 공식적으로 사라지고 기원전 221년 진시황이 '천하'를 통일하고 역사상 최초로 '황제皇帝'를 칭한 뒤에도 황제를 포함한 중국인들의 의식은 여전히 중국 중심의 천하였다. 물론 그것은 황실 한 가문을 중심으로 한 질서체계의 강조란 점에서 '가천하家天下'라는 비판을 받을 수 있다.

　　하늘 아래 모든 지역이 중국 왕실의 지배를 받는, 또는 지배를 받아야 한다는 관념은 오랫동안 중국정치의 중요한 축이 되었다. 사람들이 사는 공간적 영역은 모두 왕실의 천하일뿐이었다. 이 가

<hr />

（ハ―バ―ド・燕京・同志社東方文化講座委員会,《ハ―バ―ド・燕京・同志社東方文化講座》第6輯, 1956), 83쪽을 주로 인용하며 춘추전국시대 '천하'는 중국에 한정되고 천하가 중국 이외의 만이의 세계까지도 포괄하는 더 넓은 영역으로 사유되기 시작한 것은 전국시대 후기에 활동한 음양사상가인 추연鄒衍에 이르러서라고 주장한다. 이삼성, 〈'제국'개념의 고대적 기원 - 한자어 '제국'의 서양적 기원과 동양적 기원, 그리고『일본서기』〉,《한국정치학회보》45집 1호(한국정치학회, 2011), 5~33쪽 참조.
62 이에 대해서는 장현근,《상군서: 동양의 마키아벨리즘》(서울: 살림출판사, 2005. 2. 5월 재판부터는《상군서: 난세의 부국강병론》으로 부제 변경) 참조.

천하적 의식은 힘과 문화의 우위에서 비롯된 중구 중심적 사유와 결합했고 문화적 우월의식을 가지고 상대를 보는 국수주의적이고 자기중심적인 틀을 벗지 못한다.[63] 이런 의미에서 天下 관념은 문화적 측면에서 중국 중심의 세계정책Cosmopolitic일 수 있다.

중국 중심의 세계정책은 역사적으로 중화주의로 특징화된다. 역사상 등장하는 '화이지변華夷之辨'은 중국인과 주변 민족을 구분하는 용어이며 보편적인 중국문화 우월주의를 표방한다. 천자의 정치적 교화가 미치는 지역을 상정한 주나라 초 천하 관념의 등장처럼 중화주의 또한 주공周公의 정치적 기획으로 강화되었으며 공자를 비롯한 유가사상가들은 이를 끊임없이 재생산하는 전통을 만들었다.[64] 이것을 화華와 이夷의 변별을 통해 문명을 둘러싼 보편사적 의의를 강조하는 긍정적 측면이라고 말할 수도 있겠지만, 중화의식의 확장을 통해 관념적으로 주변을 모두 중화질서에 순응케 만들려는 문화 제국주의적 발상으로 이해할 수도 있다. 이 중화주의는 천하 의식의 보편화과정과 깊은 연관성을 갖는다. 국경 개념이 모호한 중국인의 정치 관념 또한 이런 천하 관념의 문화적 의의와 상관이 있을 것이다.

---

63 이와 유사한 天下 관념에 대한 세 가지 논쟁을 김한규는 〈漢代의 天下思想과 〈羈縻之義〉〉(전해종 外,《中國의 天下思想》, 앞의 책), 58~79쪽에서 매우 상세히 다루고 있다. 그는 漢代의 天下論을 시기적으로 구분하여 첫째 漢初의 和親論에서 발견되는 것으로 수평적 독립적으로 병존하는 영역이라는 관념, 둘째 武帝시대 황제권력의 반영으로 中國과 다른 영역의 구분 없이 황제에 의해 일원적 직접적으로 지배되는 장소라는 관념, 셋째 武帝의 죽음 이후 중국을 중심으로 모든 주변 국가들이 일정한 질서하에 결집되어 안정된 위계位階를 부여받는 범주를 가리킨다는 관념 등 세 가지 논쟁으로 분석한다.
64 이에 대해서는 이에 대해서는 장현근, 〈중화주의의 시원과 화이공조華夷共祖론 비판〉(한서대학교동양고전연구소,《동방학》31집, 2014.8), 7~43쪽 참조.

중국 중심주의, 즉 중화주의와 깊게 맞물려 전개되어온 천하관념은 중국정치의 분열과 통일에 상관이 없이 중국인의 의식구조를 지배했다. 유방劉邦을 도와 '천하'를 통일하는 데 공헌한 육가陸賈가 오늘날 운남, 광서, 광동 일대를 차지하고 스스로 황제라 칭하던 조타趙陀를 설득하여 칭신稱臣하게 만들 때도 논리는 천하의 중심은 중원에 있고 천자는 한 사람뿐이라는 것이었다.[65] 그 후에도 중국역사를 관통하며 이어져온 왕토사상 또는 봉건에 대한 논의에서 천하는 항상 중국 중심, 또는 구체적으로 중국의 천자를 중심으로 동심원적으로 넓게 펼쳐지는 광대한 영역을 의미했다. 그러니까 천하의 일부에 중국이 있는 것이 아니라 중국을 중심으로 펼쳐지는 세계가 천하였던 것이다.

오늘날 중국인들이 내적으로 추구하는 중화사상과 외적으로 표방하는 세계질서 운운 또한 이와 같은 중국 중심의 천하 의식을 바탕에 깔고 있는 것으로 여겨진다. 그들끼리의 담론에서는 중국인들도 우리와 마찬가지로 보편적 의미로 사람들이 살고 있는 이 세상을 천하라고 부르지만 다른 나라와 관련되면 중국을 중심에 놓고 주변과의 관계를 설정하는 자기중심적 사고를 벗지 못한다. 천하 관념과 중화주의의 보편화는 주변문화를 먹어치우는 확장의 속성을 지니고 있으며 현대 중국의 공산주의 정치 또한 중국 중심의 천하 관념과 중화주의라는 쌍두마차를 타고 있지는 않는가.[66]

---

65 《사기》 권97 〈역생육가酈生陸賈 열전〉과 《한서》 권43 〈역육주류숙손酈陸朱劉叔孫전〉 및 陸賈 저, 장현근 역, 《신어역해》(서울: 소명출판사, 2010)의 4부 〈해제: 육가와 통합의 정치사상〉 참조.

4. 비판적 결어

天下는 필경 天과 관련된 개념이므로 인문 질서의 영역으로 파악할 수도 있고, 인간의 도덕 능력과 상관을 지어 판단할 수도 있다. 天은 저 높은 곳의 자연물, 혹은 종교적인 무엇으로서 아주 오래전부터 존재했던 관념이었다. 그러던 것이 기원전 14세기 말 반경盤庚의 시대에 의지를 가진 주재자로서 天의 정치적 역할이 강조되었고, 정복 왕조로서 주나라는 정치적 지배를 정당화하는 수단으로 하늘의 아들, 즉 天子로 자임하면서 천하는 천자의 정치적 영향력 또는 교화가 미치는 범위로 상상하게 되었다.

천자의 문교文教, 혹은 교화의 정치란 힘 또는 폭력에 의존하지 않고 문화에 기초하고 있다는 점에서 공동체에 평화를 가져올 수 있는 중요한 질서체계일 수 있다. 그러나 이것이 특정한 세력으로부터의 일방적인 관개灌漑, 특히 brain-drain에 의한 문화의 강요이거나 특정 지역의 문화 우월주의에 기초한 것이라면 진정한 평화의 공동체를 이룰 수 없다. 양립가능성과 균형, 상호이해와 평등한 교류만이 문화융합을 통한 보편화가 가능할 것이다. 중원문화 중심, 또는 왕실 중심의 가천하적家天下的 사유에서 나온 천하의식이라면 중국문화의 보편성을 확보할 수 없다. 주 왕실이 쇠패하고 여러 국國

---

66 화華와 이夷의 어원을 보면 그저 문화적 차이를 뜻하는 단순한 구분이었는데 주공, 공자, 맹자, 순자로 이어지는 유가사상가들은 주변문화에 대한 중국문화의 우월성을 강조하는 중화주의로 포장한다. 이는 화하민족이 힘에 밀린 상태에서 강조되었다는 점에서 중국인의 정신승리법의 일환일 수 있다. 이에 대해서는 장현근, 〈중화주의의 시원과 화이공조華夷共祖론 비판〉, 앞의 글을 참조.

의 제후들이 천자에 버금가는 힘과 영토를 가지면서 천하관념은 천자의 교화라는 범주에서 벗어나 일반적인 우주나 세계를 가리키는 관념으로 빠르게 보편화되어버린 것이 그 실례이다.

중국인의 천하관념은 천자의 교화나 영향력을 기준으로 삼는 사천하 혹은 가천하적 의식을 벗지 못했으며, 중국 중심의 세계질서라는 자기중심주의를 벗어나지 못했다. 그리하여 공천하라는 보편관념의 발전을 이루어내지 못하고 끝내 중심관념과 계서적 질서관을 해체하지 못한 혐의가 있다. 중화주의가 바탕에 깔린 천하였으며 주변 국가들과 대등한 입장에서 공동의 운명을 논의할 수 없었다. 이는 보편적 세계질서로 적절하지 않으며, 다수 민중이 자유롭고 평등한 개인으로 취급되지 않으니 합리적 합의에 기초한 보편적 민주질서가 될 수 없다.

중국 천하 의식과 중화주의는 비판적 성찰을 통해서만 미래적 가치로 거듭날 수 있다. 평등한 주권들의 합의에 기초했을 때만이 진정한 화해의 공동체일 수 있다. 자유, 평등, 합의, 합리성을 기초로 한 서양 근대 민주주의가 도래하자 중국적 천하 또는 중화주의가 일거에 붕괴해 버린 이유를 깊이 생각해볼 일이다.

중국이 힘과 의지를 가진 강력한 세계의 중심국가로 거듭나고 있는 오늘날 중국은 자신의 도덕만이 최고의 문화 또는 특별한 문화라는 한계에서 벗어나 공적 윤리의 보편적 기준을 마련하는 새로운 시도를 해야 할 것이다. 전통적 천하의식에 대한 성찰과 중화주의에 대한 반사反思를 통해 이들 관념이 보편주의로 거듭날 수 있는 대안 마련에 매진해야 할 것이다. 중국공산당이 8천만 당원만을 공公으로 생각한다면 역사적 사천하私天下의 병폐를 극복하지 못할 수 있다.

《書經》

《詩經》

《周易》

《周禮》

《左傳》

《國語》

《論語》

《墨子》

《孟子》

《荀子》

《老子》

《莊子》

《愼子》

《尸子》

《史記》

《新語》(陸賈)

《春秋繁露》(董仲舒)

《漢書》

《說苑》(劉向)

《說文解字》(許愼)

《朱子語類》(朱熹)

《楞嚴經》

郭沫若, 《靑銅時代 - 先秦天道觀之進展》, 北京: 人民出版社, 1954.

김충렬 外, 《孔子思想과 21세기》, 서울: 동아일보사, 1994.

牟宗三, 《政道與治道》, 臺北: 臺灣學生書局, 1991.

傅佩榮, 《儒道天论发微》, 臺北: 臺灣學生書局, 1985.

徐中舒 主編,《甲骨文字典》, 成都: 四川辭書出版社, 2006.

시라카와 시즈카 지음, 윤철규 옮김.《한자의 기원》, 서울: 이다미디어, 2009.

야마다 케이지 저, 김석근 역,《주자의 자연학》, 서울: 통나무, 1998.

劉澤華 主編,《中國政治思想史》, 杭州: 浙江人民出版社, 1996.

劉澤華 主編, 장현근 역,《中國政治思想史》(선진권 상/하), 서울: 동과서, 2008.

이삼성,《제국》, 서울: 도서출판 소화, 2014.

장현근,《상군서: 동양의 마키아벨리즘》, 파주: 살림출판사, 2005.

장현근,《맹자: 바른 정치가 인간을 바로 세운다》, 파주: 한길사, 2011.

장현근,《성왕: 동양리더십의 원형》, 서울: 민음사, 2012.

전해종, 김충렬 外,《中國의 天下思想》, 서울: 민음사, 1988.

趙誠 編著,《甲骨文簡明詞典-卜辭分類讀本》, 北京: 中華書局, 1999.

朱熹,《詩集傳》, 臺北: 藝文印書館, 1974.

陳來,《古代宗敎與倫理 – 儒家思想的根源》, 北京: 生活·讀書·新知三聯書店, 1996.

陳夢家,《殷墟卜辭綜》, 北京: 中華書局, 1992.

馮友蘭,《中國哲學史新編上》, 北京: 人民出版社, 2004.

許卓雲,《求古編》, 臺北: 聯經出版事業公司, 1982.

歐陽禎人, 〈先秦儒家文献中的"天"一兼论蒙文通先生对这一问题的思考〉(http://www.con-
    fucius2000.com/admin/list.asp?id=2201, 2006년 1월 5일 발표).

孫光德, 〈我國古代政治思想中的天道觀〉,《中國國學》第16期, 1988.

이삼성, 〈'제국'개념의 고대적 기원 – 한자어 '제국'의 서양적 기원과 동양적 기원, 그
    리고『일본서기』〉, 한국정치학회,《한국정치학회보》45집 1호, 2011. 3.

장현근, 〈중국 天下思想과 儒家의 大同論〉, 한국 유럽학회《유럽연구》통권 3호(1995
    년 겨울호), 1995. 12.

장현근, 〈중화주의의 시원과 화이공조(華夷共祖)론 비판〉, 한서대학교동양고전연구
    소,《동방학》31집, 2014. 8.

최문형, 〈공자와 묵자의 천 개념 비교〉,《동양철학연구》제68집, 2011.

홍승현, 〈漢代 華夷觀의 전개와 성격〉,《동북아역사논총》31호, 2011.

《康熙字典》.

《維基百科: 自由的百科全書》(http://zh.wikipedia.org/zh-cn).

《象形字典》(http://vividict.com).

《漢典》(www.zdic.net).

《中國哲學書電子化計劃》(ctext.org,《武英殿十三經注疏》,《正統道藏》등).

중세,
정치적 보편주의

제국의 기원과 종말[*]

– 아드몬트의 엥엘베르트Engelbert von Admont와 14세기 초 신성로마제국의 정치적 비전

윤비

1. 머리말

오늘날 제국은 서구의 인문학과 사회과학에서 주요한 화두이다. 최근 급증한 제국적 정치질서에 대한 관심은 멀리 본다면, 국민국가를 주도모델로 한 근대유럽의 정치적 기획이 연이은 긴장과 대결, 분쟁과 전쟁으로 얼룩진 채 사람들의 기억 속에 부정적인 모습으로 그려지기 시작했다는 사실에서 기인한다. 근대적 관료체계와 애국주의 및 민족주의의 강력한 이데올로기적 지원 위에서 역사상 미증유의 인적·물적 자원을 동원하여 서구의 강국들이 벌인 대규모의 식민지 개척과 제국 건설 사업, 그것이 낳은 반인륜적 파괴와 전쟁의 잔혹사에 대해 이야기하는 것은 이미 진부해져 버렸다.

---

[*] 본 논문은《서양중세사연구》31-1 (2013), 109~140쪽에 게재되었다. 본고의 작성에 유익한 코멘트를 해준 심사위원들과 교정을 도와준 박성진 석사에게 감사의 말씀을 드린다.

국민국가를 정치질서의 기본모델로 정당화하는 것이 이처럼 점점 어려워지면서, 서구의 지식인들은 대안적인 정치질서 모델에 대해 관심을 갖게 되었다. 국가와 민족의 분열과 경쟁이 낳는 부작용을 상쇄하기 위해 제시된 국제연맹이나 국제연합의 모델이 여전히 국민국가적인 주권일의성의 범주에 기대어 있다면, 이보다 더 급진적이고 근본적인 대안을 모색하는 측에서는 지역 및 세계의 범위에서 광범위한 인적·물적 융합을 가능하게 할 새로운 통합적 정치질서를 창출한다는 세계시민주의적cosmopolitian 기획을 제안하고 있다.[1] 오늘날 유럽연합에 대해, 직접 관련된 정치가나 정치연구가를 넘어 철학자와 역사학자들이 커다란 관심을 보이는 이유는 적지 않은 부분, 마지막에 언급한 급진적 신정치질서에 대한 기대에서 찾을 수 있다.

　　다른 한편 국민국가의 정치질서 모델에 대해 커져가는 거리감 위에서, 특히 냉전의 종식 이후 새롭게 전개된 국제정치의 양상은 초국적 정치질서로서의 제국에 대한 관심에 불을 지폈다. 논쟁의 중심에 선 것은 냉전 붕괴 이후, 대아프가니스탄 전쟁 및 두 차례의 대이라크 전쟁에서처럼 세계 곳곳에서 국지전에 개입하거나 직접 전쟁을 이끈 미국의 정책이었다. 장기 세계사적으로 보아 짧다

1　Mary Kaldor, *Global Civil Society: An Answer to War* (Cambridge: Polity Press, 2003); Kwame A. Appiah, *Cosmopolitianism. Ethics in a World of Strangers* (London: Penguin Books: London, 2006); Ulrich Beck, *Cosmopolitian Vision* (Cambridge: Polity Press, 2006); David Held, *Cosmopolitanism* (Cambridge: Polity Press, 2010) Daniele Archibugi, *The Global Commonwealth of Citizens: Toward Cosmopolitan Democracy* (Princeton: Princeton University Press, 2011).

면 짧은 이 기간 동안 미국은 자신이 세계질서를 규정하고 이끄는 강국들 중 단지 가장 강한 하나가 아니라 정치, 경제, 군사적 이해의 면에서 전 세계를 스코프로 하여 판단하고 움직이는 하나의 제국임을 보여주었다. 냉전 기간 동안 사회주의권과 제3세계의 급진 민족해방운동 진영에서 비난의 의미를 담아 미국에 붙여온 '제국'이라는 명칭이 오늘날에 와서 더 이상 정치적 비난의 수사로서가 아니라 정치 행위체로서의 미국을 범주화하고 그 동학을 이해하는 하나의 개념으로서 자리 잡게 된 것은 이의 반영이다. 대이라크 전쟁 동안 (비록 모두는 아니라도 많은) 미국의 정치인들과 지식인들이 '미국 제국'이라는 단어를 별 거리낌 없이 사용했으며, 심지어 그를 옹호했다.[2] 여전히 많은 지식인들은 근대 서구 제국주의의 잔혹사를 기억하고 있으며 제국이라는 단어에 혐오를 표시하지만, 점점 더 많은 이들이 냉전이 종식된 세계에서 제국이라는 초국가적 패권질서가 갖는 문제해결 능력과 그것이 열어줄 수 있는 새로운 정치적 가능성에 주목하고 있다.[3] 비록 2008년 이후 지속되는 금융위

---

2 에이미 추아Amy Chua는 이를 나름과 같이 표현하고 있다. "갑자기 사방팔방에서 미국 제국에 관한 이야기가 터져나왔다. 〈월스트리트 저널〉, 〈위클리 스탠더드〉뿐 아니라, 〈뉴욕 타임스〉, 〈크리스천 사이언스 모니터〉에도 미국 제국주의를 노골적으로 옹호하는 기사들이 실렸다(에이미 추아, 《제국의 미래》, 이순희 옮김 (서울: 비아북, 2008), 15쪽)". 스티븐 하우Steven Howe 역시 마찬가지의 증언을 한다. "불과 몇 년 만에 미국 제국이라는 개념은 오늘날의 전 지구적 정치담론에서 중심적인 역할을 하게 되었다. 그러면서 막대한 양의 저술들이 빠르게 생겨나고 있는데, 이것들은 성급한(더러는 분노를 품은) 논박부터 학술적인 저작에까지 걸쳐 있고, 오늘날 미국이 수행하는 지구적 역할이 과거 제국체제가 수행했던 것과 어떻게 유사하고 다른지에 대해 논쟁하고 있기도 하다(스티븐 하우, 《제국》, 강유원·한동희 옮김 (서울: 뿌리와이파리, 2007), 6쪽)".

3 지난 10년 남짓의 기간에 제국에 대해 쓰인 문헌들은 대단히 많다. 여기서는 몇 가지 대표저작을 언급하는 데 그친다. Michael Hardt and Antonio Negri, *Empire* (Cambridge,

기 속에서 제국으로서의 미국의 앞날에 대한 이야기들이 다소 잦아드는 감이 있지만, 여전히 미국이 세계의 초강대국으로서 존재감을 보이고 더불어 중국과 유럽이 세계정치에서 급속히 부상할 것으로 예상되는 현 시점에서 정치질서 모델로서 제국에 대한 관심은 지속될 것으로 보인다.

이러한 세계적 차원의 정치적 · 지적 맥락에서 인류사 속에 명멸했던 과거의 제국들과 그들의 흥기가 다시금 다양한 방향에서 주목받고 있다. 그 가운데 (비록 많은 민족주의자들과 자유주의자들에게 여전히 의구심의 대상으로 남아 있지만) 사실은 제국이 동서를 망라하여 전근대의 세계에서 대단히 오랫동안 널리 통용되던 하나의 정치질서 모델이었다는 점이 서서히 인식되어가고 있다.[4] 특히 서구적 국민국가가 안으로 유럽을 규정하고 밖으로 팽창하기 이전의 오랜 시간동안 제국의 모델이 정치적 무대를 지배할 수 있었던 까닭은 무엇인가에 대한 질문이 거듭 제기 · 토론되고 있다. 그에 따라 과거의 제국들이 어떠한 이념적 정당성 위에 서 있었으며, 어떠한 이데올로기적 도전과 문제에 직면해 있었는가에 대한 질문이 함께 제기되고 있다.

Mass.: Harvard Univ. Press, 2001); Ulrich Speck and Natan Sznaider eds., *Empire Amerika* (München: Deutsche Verlags-Anstalt, 2003); Benjamin R. Barber, *Fear's Empire. Terrorism, War and Democracy* (New York: W.W.Norton, 2003); Herfried Münkler, *Imperium. Die Logik der Weltherrschaft* (Berlin: Rowohlt, 2005); Emmanuel Tod, *After the Empire. The Breakdown of the American Order*, trans. C. Jon Delogu (New York: Columbia Univ. Press, 2006).

4 "세계 역사의 많은 부분은 제국의 역사다. 아주 일반적인 정의를 가지고 역사를 멀리 거슬러 올라간다면, 사실상 '모든' 역사가 제국과 그 식민지의 역사라고 말할 수 있을 정도다." 하우, 《제국》, 19쪽.

이와 같은 현재의 인문사회과학적 논의의 맥락에서 서구 중세의 신성로마제국Sacrum Imperium Romanum, 특히 12세기 후반기 이래 빠르게 형성, 세련되었던 그 자기정당화의 언어 혹은 이데올로기에 대한 논의는 새로운 중요성을 갖게 된다. '로마제국'이라는 명칭이 의미하듯 이 제국은 자신이 고대 로마의 계승자로서 모든 권력의 위에 선다고 자임했다. 또한 '신성'의 형용사 역시 이 제국이 스스로를 기독교 세계 전체, 널리는 인류 전체를 대변하는 일종의 보편적 통치 권력으로서의 역할을 자임했음을 보여준다.[5]

물론 현실은 주장과는 달랐다. 비록 로마제국의 재건과 재흥이 거듭하여 주장되었지만, 사실 로마제국에 비견될 만한 제국적 정치질서는 존재해본 일이 없었다. 서유럽에서 자라난 제국은 비록 다언어, 다종족 국가이기는 했지만 그 모습은 이전의 제국과는 비교가 불가능할 정도로 초라했다. 종종 자신이 기독교 세계의 보편권력임을 공언했지만, 중세의 제국은 실상은 기독교 세계는커녕 라틴 기독교의 영역도 포괄하지 못했던 것이 현실이다. 무엇보다도 과거 로마제국의 영역 위에서 자라난 비잔틴제국은 1453년 멸망에 이르기까지 독자적인 정치적 실체로 남아 있었다. 오토 대제의 권력이 가장 융성했던 시기에조차 프랑스와 이탈리아 남부는 그 지배에서 벗어나 있었다. 그럼에도 황제가 이끄는 보편제국이라는 정치적 이상은 매력을 발휘했다. 독일의 역사가 페르디난트 자입트Ferdinand Seibt가 자신의 책《중세, 천년의 빛과 그림자Glanz und

---

5   Stefan Weinfurter, *Das Reich im Mittelalter. Kleine deutsche Geschihte von 500 bis 1500*
    (München: Beck, 2008), pp.113-130.

Elend des Mittelalters》의 말미에 "제국은 대내외적으로 유럽의 운명을 1000년 동안 결정해왔다"고 적었던 것을 과장으로 볼 수 없다.[6]

보편지배권으로서의 제국의 자기 이해와 주장이 현실과 뚜렷한 괴리를 보인다는 것은 신성로마제국과 그 정치 이데올로기를 한편으로 더욱 흥미롭게 만든다. 이러한 자기주장과 현실간의 이격을 제국의 편에 섰던 이론가들은 어떻게 설명했는가? 그들은 당시의 현실에서 제국의 지배를 어떻게 옹호하고 미래의 방향을 제시했는가? 이러한 질문들은 서양 중세의 정치 이데올로기의 지형, 특히 중세적 제국관을 이해하기 위해서 반드시 논구해야 할 과제들이다.

이하의 연구는 13세기 말과 14세기 초에 활동했던 신학자이자 철학자, 문필가 아드몬트의 엥엘베르트Engelbert von Admont의 작품을 그의 제국론에 초점을 맞춰 분석함으로써 이러한 질문들에 답하려고 한다. 아래에서는 우선 엥엘베르트가 살았던 시대의 정치적·지적 환경 속에서 그의 정치저술활동의 의미를 간략히 스케치한다. 이어 그가 제국의 등장을 어떻게 설명하고 있으며, 어떠한 기본원칙을 들어 그 지배가 정당하고 필요함을 설명하는가를 살펴본다. 다음으로 엥엘베르트가 어떻게 제국 무용론을 주장하는 측을 반박하는가를 추적해보고, 마지막으로 그가 어떻게 자신이 내세운 인류 보편에 대한 단일지배라는 제국의 이상과, 이와는 너무나 거리가 멀었던 제국의 현실을 설명하는가를 재구성해보려고 한다. 이

---

6 페르디난트 자입트, 《중세의 빛과 그림자》, 차용구 옮김(서울: 까치, 2000), p. 533.

와 같이 14세기 초 제국의 질서를 옹호했던 한 지식인이 꿈꾸었던 정치질서의 모습을 그려봄으로써 중세 후기 제국의 이데올로기가 걸어갔던 궤적의 한 부분을 복원하고자 한다.

2. 엥엘베르트와 그의 시대

엥엘베르트는 중세 후기에서도 정치사상사적으로 유독 중요한 변화가 집중되었던 시기에 저술 활동을 했다. 아리스토텔레스《정치학》의 재도입이 13세기 말에 일어나 정치언어의 전반에 변화를 주었는가 하면, 대학이 신학, 법학, 철학 분야에서 훈련받은 지식인들을 쏟아냈다. 정치사적으로 볼 때 13세기 말부터 14세기 전반기에 이르는 기간은 교황 보니파키우스 8세Bonifacius VIII와 프랑스의 필립 4세Philip IV 간의 대결이나 교황 요한 22세Johannes XXII와 바이에른의 루드비히Ludwig von Bayern 황제 간의 대결에서 보인 것과 같은 교권과 속권 간의 날선 분쟁이 꼬리를 물고 일어났던 시기이다. 분쟁에 휘말린 측에서는 각자의 입장을 정당화하고 상대의 입장을 깎아내리기 위해 광범위한 프로파간다 전쟁을 펼쳤다. 아리스토텔레스 정치철학을 통해 풍부해진 정치언어와 대학에서 훈련받은 인력들은 때로는 교황과 왕의 측근으로서, 때로는 반대자로서, 때로는 시대를 걱정하는 지식인으로서 광범위하게 이들 분쟁 속에 뛰어들었다. 아에기디우스 로마누스Aegidius Romanus의《교회의 권력에 대하여De potestate ecclesiae》나 파리의 장Johannes Quidort de Paris의《왕권과

교황권에 관하여*De regia potestate et papali*》, 파두아의 마르실리우스Mar-
silius da Padova의《평화의 옹호자*Defensor pacis*》, 오캄의 윌리엄Guillermus
of Ockham의《대화*Dialogus*》등 중세 후기 정치사상의 발전을 대표하
는 많은 걸출한 작품들이 출현한 것도 이 시기이다. 학자들이 이 무
렵을 고대가 닫힌 이래 정치문필이 다시 등장한 결정적 시기로 보
는 것도 무리가 아니다.[7] 엥엘베르트의 정치문제와 관련하여 뒤에
서 살펴볼 저술 역시, 이러한 역사적 변화의 일부분이다.

　　엥엘베르트 개인에 대해 알려진 정보는 그다지 많지 않다.[8]

7　이에 대한 포괄적인 분석은 Jürgen Miethke, *De potestate papae* (Tübingen: Mohr-Siebeck,
　　2000)(=*Politiktheorie im Mittelalter. Von Thomas von Aquin bis Wilhelm von Ockham*, Tübin-
　　gen, 2008), ch. 1.
8　엥엘베르트의 생애와 지적 발전 및 저작과 영향에 대한 관심은 최근에 활발해지고 있다.
　　비록 많은 부분에서 비판받고 있지만, 선구자적 연구업적으로는 George F. Fowler, *Intel-
　　lectual Interests of Engelbert of Admont* (New York, 1947). 최근의 연구성과를 반영하고 있
　　는 것으로는 특히 다음의 작품을 참조: Felix Kucher, "Der Bildungsgang und das philoso-
　　phische Umfeld Engelberts von Admont", in Wilhelm Baum (ed.) *Engelbert von Admont.*
　　Vom Ursprung und Ende des Reiches und andere Schriften (Graz: Leykam, 1998), pp.222-240;
　　Wilhelm Baum, "Engelbert von Admot und die Aristotelesrezeption in Padua", in Baum, *op.*
　　cit., pp.241-256; Wilhelm Baum, "Die Rezeption des Wekres von Engelbert von Admont
　　im Mittelalter und in der Neuzeit", in Baum, *op.cit.*, pp.257-275; Karl Ubl, "Zur Entstehu-
　　ng der Fürstenspiegel Engelberts von Admont," *Deutsches Archiv für Erforschung des Mittelal-
　　ters* 55 (1999), pp.499-548; Kalr Ubl, *Engelbert von Admont. Ein Gelehrter im Spannungsfeld
　　von Aristotelismus und christlicher Überlieferung* (München: Oldenbourg Wissenschaftsverlag,
　　2000); K. Ubl, "Die Rechte des Kaisers in der Theorie deutscher Gelehrter des 14. Jahrhun-
　　derts (Engelbert von Admont, Lupold von Bebenburg, Konrad von Megenberg)", in Clau-
　　dia Märtl et al. eds., *Konrad von Megenberg (1309-1374) und sein Werk. Das Wissen der Zeit*,
　　(München: Beck, 2006), pp.353-387; Herbert Schneider, "Der Antichrist im Doppelpack.
　　Zur Rezeption Engelberts von Admont in Sammelhandschriften des 15. Jahrhunderts", *Seg-
　　no e Testo. International Journal of Manuscripts and Text Transmission* 2 (2004), pp.409-427;
　　Herbert Schneider, "Geschichte als Argument? Engelbert von Admont und die Historiogra-
　　phen", in Johannes. Gießauf et al. eds., *Beiträge zur Kirchen-, Rechts-und Landesgeschichte. Fest-
　　schrift für Werner Maleczek zum 65. Geburtstag* (München: Oldenbourg Wissenschaftsverlag,

1297년부터 1327년까지 오늘날 오스트리아에 속한 아드몬트Admont의 베네딕트 수도원장으로 활동했다는 것은 확실해 보인다. 비엔나의 울리히Ulrich von Wien에게 보낸 1320년의 편지에는 그가 9년간 파두아Padua에서 공부했다는 사실이 언급되어 있다. 아마 이 시기에 그는 아리스토텔레스의 자연철학을 접했던 것으로 보인다. 그러나 그 이외 구체적인 행적이나 지적 형성 과정에 대해서는 조심스럽게 받아들일 수밖에 없는 몇 가지 가설들만이 제시되고 있을 뿐이며 확실한 것은 없다. 그럼에도 남아 있는, 혹은 실전된 작품들의 목록에 미루어볼 때 그는 신학, 철학과 교육 등 다양한 주제에 대해 저술활동을 펼친 왕성한 사상가였음이 드러난다. 비록 오늘날 중세 정치사상사나 철학사를 다루는 대부분의 문헌에서 그의 이름이 사라져버렸지만, 당대나 사후 상당한 기간 동안 명성을 유지했던 인물임을 입증하는 자료들도 있다.

정치 문제와 관련한 엥엘베르트의 저작은 크게 두 개가 남아 전해지고 있다. 하나는 1300년 무렵에 쓰인 《군주통치론Tractatus de regimine principum》이다. 토마스 아퀴나스가 당시에 소개되기 시작한 아리스토텔레스의 정치학을 원용하여 《군주통치론De regimine principum》을 쓴 이래 아에기디우스 로마누스의 《군주통치론De regimine

---

2006), pp.393-401; Max Schmitz, "Zur Verbreitung der Werke Engelberts von Admont (ca. 1250-1331)", *Codices manuscripti* 71/72 (2009), pp.1-26. 엥엘베르트 연구와 관련한 상세한 문헌정보는 바이에른 아카데미(Bayerische Akademie der Wissenschaften)에서 웹상에 개설한 "Repertorium". Geschichtsquellen des deutsche Mittelalters의 Engelbertus abbas Admontensis 항목(http://www.geschichtsquellen.de/repPers_118530321.html, 2013-03-06)을 참조.

principum Libri III》처럼 유사한 제목과 체제를 가진 작품들이 많이 쓰였다. 엥엘베르트의 작품 역시 이 장르에 속하며 내용상의 (본 연구에서는 다룰 수 없는) 몇 가지 독특성을 제외하면 전체적으로 장르의 틀을 좇고 있다.[9] 이 작품이 기본적인 정치체제의 종류와 구성과 특징, 바른 통치행위와 통치자의 몸가짐 등 일반적이고 원칙적인 문제들에 치중했다면, 1312년과 1313년 무렵에 그가 쓴 또 다른 작품은 당대의 실제 정치적 논제들에 대한 그의 생각과 감정을 보다 직접적으로 표현하고 있다. 《로마제국의 기원과 종말*De ortu et fine Imperii Romani*》이라는 의미심장한 제목이 붙은 이 논고는 신성로마제국이 기독교 세계를 대표하는 보편권력임을 다양한 논증을 통하여 확인한다.[10] 여기서 엥엘베르트는 역사적, 구속사적, 형이상학적 논리를 다양하게 원용하여 신성로마제국의 지위와 권리를 옹호한다. 뿐만 아니라 그는 신성로마제국의 권력이 사실상 기독교 세계

9   이 작품의 비판적 편집본은 아직 존재하지 않는다. 18세기 출판본의 팩시밀리 버전이 가장 구하기 쉬운 판본이다. Caolomann Hueber and Dominicus Hueber, J.G.T Huffnagl, *Celeberrimi Engelberti abbatis Admontensis regimine principum tractatus* (Ratisbonae, 1725). 이 작품에 대한 소개로는 Ubl, "Zur Entstehung der Fürstenspiegel Engelberts von Admont"; his, *Engelbert von Admont*, pp.71-81; his, "Die Rechte des Kaisers", pp.365-366.

10 이 작품은 앞서 인용한 Baum, *Engelbert von Admont*, pp. 9-135에 독어 번역과 함께 수록되어 있다. 이 역시 비판적 편집본은 아니다. 한편 영어번역본은 Thomas M. Izbicki and Cary Nederman, *Three Tracts on Empire: Engelbert of Admont, Aeneas Silvius Piccolomini, and Juan de Torquemada* (Bristol: Thoemmes, 2000), pp.37-93에 수록. 논의로는 Ubl, *Engelbert von Admont*, pp. 140-69; his, "Die Rechte des Kaisers", pp. 361-365; Ingomar Weiler, "Das Ende des Imperium Romanum in der Sicht Engelberts von Admont", in Herwig. Ebner et al. eds., *Forschungen zur Landes- und Kirchengeschichte. Festschrift Helmut J. Mezler-Andelberg zum 65. Geburtstag* (Graz: Eigenverlag des Instituts für Geschichte der Karl-Franzens-Univ., 1988), pp.513-516. Izbicki와 Nederman의 번역본에 함께 수록된 소개 글은 핵심적인 사항을 언급하고 있으나 다소 일반적이다.

전체를 포괄하지 못하는 현실에 대해 나름대로 적극적인 설명을 가하려 시도함으로써 중세 말 제국의 자기 이해와 정당화 논리를 충실하게 보여주고 있다. 이 작품은 당대에 꽤 영향력이 있었던 것으로 보인다. 1446년 엔네아 실비오 피콜로미니Enea Silvio Piccolomini, 후일 교황 피우스 2세Pius II가 프리드리히 3세Friedrich III에게《로마 제국의 기원과 권위에 관한 소론Libellus de ortu et auctoritate imperii Romani》을 써 헌정했을 때, 그는 엥엘베르트의 이 저작을 광범위하게 참조하고 있다.[11]

이하에서 논의의 대상으로 삼는 저작은 후자이다. 엥엘베르트가 이 작품을 집필한 구체적 동기는 잘 알려져 있지 않다. 분명한 것은 하인리히 7세Heinrich VII 황제의 시기가 다른 시기와 비하여 유난히 제권과 교권의 날선 투쟁이 일어났던 시기는 아니었다는 사실이다. 룩셈부르크Luxemburg 가문이라는 출신 배경이 별다른 권력 기반을 의미하지 못했던 탓에 하인리히는 처음부터 교황 클레멘스 5세Clemens V의 후원에 크게 기댈 수밖에 없었으며, 1312년 6월 로마의 라테란 궁에서 대관식을 올리고 정식으로 황제의 위에 올라선 이후에도 상황은 변하지 않았다.[12] 그러나 전반적으로 본나면 프리드리히 2세Friedrich II의 사후 군소군주들이 독일왕rex allemanie과 로마황제rex Romanorum의 지위를 두고 다툼을 벌이고 여기에 교황들이 개입하면서 제국과 황제권은 명분으로나 실제 지배 영역의 차원에서나 약화되었다. 비슷한 시기 하인리히 7세의 이탈리아 남

11 Baum "Die Rezeption des Werkes von Engelbert von Admont", pp.260-261.
12 Weinfurter, *Das Reich im Mittelalter*, pp.190-191.

하에 즈음하여 《제정론De monarchia》을 집필한 피렌체의 문인 단테 Dante Alighieri는 "왜 족속들은 반기를 들고 왜 민족들이 헛꿈을 꾸는가Quare fremuerunt gentes, et populi meditati sunt inania?"라고 반문했던 것은 단지 수사가 아니었다.

엥엘베르트는 제국의 쇠퇴라는 이러한 일반적인 역사적 흐름을 배경으로 자신의 작품을 저술했다. 뒤에서 언급하겠지만, 제국의 권력의 전반적 축소는 동시에 제국의 존재에 대한 다양한 회의론을 낳았던 것으로 보인다. 이를 반박하고 제국의 존립근거를 분명히 하며 그 권력의 범위와 한계를 규정하기 위해 그는 다양한 지적 자원을 동원했다. 그 결과는 다음에 살펴보게 될 그의 주장들이었다.

3. 제국이 일어나다

엥엘베르트는 《로마제국의 기원과 종말》의 모두에서, 로마제국이 원초적으로 결함이 너무 많고, 주변을 힘으로 핍박, 제압하고 일어선 만큼 얼마 지나지 않아 멸망하게 되어 있다는 주변의 이야기들이 자신으로 하여금 펜을 들도록 했음을 밝힌다.[13] 따라서 엥엘베

---

13 Engelbert von Admont, *De ortu et fine Romani Imperii*, p.12: "Quibus asserentibus in tantum iam ipsum Imperium sive Regnum in suis iuribus et viribus defecisse, quod veresimile esset in brevi ipsum in totum deficere et cessare oportere, aliis dicentibus, quod, sicut a principio sui ortus Romanum Imperium illicite et iniuste regna mundi et populos diversarum nationum et gentium subegisset armorum violentia et bellorum, ita et ipsum Imperium iam

르트의 논의는 제국의 과거와 현재, 미래에 대한 이러한 비관론과 비관론을 논박하는 데 바쳐져 있다. 나중에 살펴보겠지만 그는 현재 로마제국이 끝을 향해 가고 있다는 것에 대해서는 동의한다. 한편 그렇기 때문에 로마제국이 미구에 종말을 맞도록 내버려두어야 한다고 보지는 않는다. 오히려 제국의 종말이 가져올 참혹한 결과를 염두에 둔다면 그를 지지하고 붙들 충분한 이유가 있다는 것이 그의 논리이다. 제국의 현재와 미래에 대한 이러한 주장을 자세히 펴기에 앞서 엥엘베르트는 우선 제국의 과거를 논한다. 일부에서 주장하듯 과연 로마제국은 정말 강권에 의지하여 불의하게 일어섰는가?

우선 지적할 사실은 로마의 역사에 대한 엥엘베르트의 서술은 일방적인 찬양의 어조로 채워져 있지 않다는 사실이다. 그에 의하면 로마의 역사는 왕정에서 원로원을 중심으로 한 귀족정으로, 그리고 여기에 호민관을 통해 일반시민의 참여가 강화되는 방향으로 발전해갔으며, 마지막에는 황제의 지배로 귀결되었다. 변화의 매 단계에는 '최초 상태로부터의 탈선deficere ab suo principio'이 개입되어 있었다. 다시 말해 자연의 원리에 부합하는 좋은 정치체제로부터 이를 거스르는 나쁜 정치체제로 타락하는 과정이 로마의 통

---

dudum et quotidie deinceps a diversis regnis et principatibus et nationibus impugnandum et imminuendum esse, donec in brevi totaliter deleatur, hac ergo hinc inde collocutione et collatione habita ab aliquibus tunc praesentibus rogatus et consideratione ipsius rei etiam incitatus subsequens opusculum de ortu, progressu et fine regnorum et praecipue regni seu Imperii Romani adiunctis rationibus et autoritatibus ac exemplis ipsam materiam contingentibus composui et collegi credens legentibus nonnullum solatium neque id inutile ex istius materiae indagine ac notitia posse provenire."

치 체제를 계속 변화시켰다.[14] 로마 역사의 시원에는 왕이 통치했
다. 시민들은 검소, 질박하고 학예를 열심히 연마했으며 나라를 보
호하기 위해 부지런히 군사적 기예를 닦았다.[15] 그러나 시간이 흐
르면서 건강한 풍속은 사라지고 사치와 탐욕이 만연하는 가운데,
왕들의 지배가 전제로 변질된다.[16] 그들은 조국의 자유를 수호한다
는 미명하에 시민들을 이끌고 이웃 나라들을 공격하여 굴복시키는
한편으로, 이리 저리 파트너를 바꿔가며 동맹을 맺고 이전의 친우
를 오늘의 적으로 돌리는 식의 배신을 서슴지 않음으로써 세력을
불렸다. 그 결과 타르퀴누스Tarquinus Superbus의 시대에 이르러 242
년 동안 이어진 왕정이 시민들의 반란에 의해 막을 내리고 권력은
집정관의 지도하에 원로원과 시민들이 연합한 공화정으로 넘어간
다. 공화정은 로마가 원래 가지고 있던 기풍을 회복시켜 공동체를
건강하게 했지만,[17] 시간이 흐르면서 결국 앞서 왕의 통치가 겪었
던 것과 똑같은 타락의 과정에 빠져든다. 집정관들은 이미 복속하
고 있던 주변 국가들에 대한 지배를 더 강화했고, 시민들에게 폭력

---

14 *ibid.*, p.22: "(I)lla primaeva bonitas et aequitas primorum regum et regnorum ac populo-
rum mutata sit in processu deinceps in malitiam et iniquitatem malorum regum et regno-
rum."

15 *ibid.*, p.26: "Quattuor virtutes hic commendantur in illis antiquis Romanorum regibus et
populis. Primo studium artium liberalium ... Secundo militare exercitium, scilicet quo ute-
bantur ad defendendum sua, non ad invadendum aliena. Unde tertium sequitur, quod vita
hominum sine cupiditate agebatur, scilicet in eo, quod nemo concupivit aliena. Cuius causa
erat illud quartum, quod subdit unicuique sua placuisse."

16 *ibid.*, p.28.

17 *ibid.*, p.28: "Post primos itaque reges expulsos consules de anno in annum creati coeperunt
una cum senatu et populo Romanam rem publicam quasi ad primum ortum suum reducere
et a corruptis regum moribus de novo in melius reformare."

행사를 거리끼지 않았다. 이는 일반시민들로부터의 저항에 부딪히
게 되었고, 결국 원로원 세력에 대한 균형추로서 호민관이 설립되
기에 이른다.[18] 엥엘베르트는 거의 대부분의 종족들과 국가들을 이
미 무릎 꿇린 상황에서 로마인들은 평화를 누리며 행복하게 살 수
있었을 것이라고 이야기한다. 그러나 원로원이 시민들을 핍박하고
집정관을 비롯한 고위관직을 두고 파벌로 나뉘어 내전까지 불사하
는 가운데 마지막에는 옥타비아누스 일인이 모든 권력을 장악하게
되었고, 그 이후 한 명의 군주가 로마제국을 통치해오고 있다고 그
는 말한다.[19]

그러나 로마의 발전과정에 대한(종종 부정적으로 들리기까지 하
는) 엥엘베르트의 서술이 그가 로마가 세계제국으로 발전하는 과
정을 부정적으로 보고 있음을 의미하지는 않는다. 그의 생각은 전

---

18 *ibid.*, p.30: "Deinde processu temporis ex successu rerum secundarum illis moribus antiquis
abolitis et deletis iterum succreverunt mali et corrupti mores, peiores prioribus. Quia sicut
sub regibus prius ex rerum opulentia orta fuerat avaritia et invidia ad vicinos, quos inceper-
ant bello petere et impugnare, ita postmodum sub consulibus ex dilatata potentia super
exteros et remotos fere omnes iam subactos orta est superbia et violentia in concives et in
suos."

19 *ibid.*, pp.32-34: "(C)um iam fere omnibus gentibus et regnis subiugatis et in provincias
redactis et subactis Romani felici pace et pacata felicitate gaudere in suae dominationis
imperio potuissent, senatus, sicut prius contra plebem, ita tunc contra semetipsum et inter
semetipsos divisi senatores pro obtinenda consulatuum et aliarum dignitatum dominatione
solius iactantiae et gloriae cupiditate atrocissima ac crudelissima bella civilia excitarunt et
exercuerunt, quorum tria famosa fuerunt: primum Syllae et Marii, secundum Caesaris et
Pompeii, tertium Antonii et Augusti Octaviani, qui solus et primus devicto Antonio ob-
tinuit Romani Imperii monarchiam; cuius successores deinceps ad haec usque tempora sub
monarchia, id est, sub unius imperatoris singulari principatu Romanum imperium tenu-
erunt.

체적으로 로마제국이 정당한 이유로 정당한 과정을 거쳐 형성되었다는 것이다. 그는 말한다.

"왕과 지배자를 정의롭게 만들고 왕국과 지배 체제를 정의롭게 만드는 것은 두 가지, 즉 왕국과 지배권을 정의롭게 획득하고, 정의롭게 이끌어가는 것이다. 또한 분명한 것은 로마왕국과 제국이 그 아래 복속된 다른 왕국들과 속주들 위에 정당하게 군림하고 있다는 것으로서, 이는 이미 앞서 밝혔듯 로마인들이 이들 왕국과 속주들을 처음부터 정의롭게 획득하고 운영했기 때문이다. 로마인들은 지배함에 있어 폭군처럼 감정에 휘둘려 행동하는 것이 아니라 절제 있게 법에 따랐던 것이다."[20]

이러한 주장의 근거로서 엥엘베르트는 로마가 다른 국가와 지역에 대한 지배권을 획득하는 과정이 대체로 정당했음을 든다. 우선 로마는 다른 나라들에 대한 지배권을 불의한 적에 대해 전쟁을 벌여 정당하게 얻어냈다.[21] 폰토스Pontus, 아시아Asia, 마케도니아

---

20 *ibid.*, p.54: "Patet ergo ..., quod duo sunt, quae faciunt iustum regem et dominum et iustum regnum et dominium videlicet iusta possessio et iusta administratio regni vel dominii alicuius. Et quod regnum vel imperium Romanum super regna et provincias taliter sibi subiectas est iustum, in quantum regna ac provincias taliter, ut praedictum est, adeptas et subiectas inceperunt iuste possidere et iuste administrare ipsas, videlicet non tyrannicis moribus ac motibus, sed aequis et iustis legibus gubernantes."

21 *ibid.*, p.50: "(S)ciendum est, quod regnum Romanorum ab initio et deinceps triplici iustitia adeptum est dominium et imperium aliorum regnorum sibi subiectorum. Primo per iustitiam bellicam, quia illa regna, quae iuste bello devictga sibi subiecit, iuste sub ipsius imperio et dominio permanserunt."

Macedonia, 그리스Graecia, 에피루스Epirus, 카르타고Carthago, 아프리카
Africa, 스페인Hispania 등이 이에 해당된다. 다음으로 로마는 여러 곳
에서 지배권을 유증遺贈 받았다.[22] 비티니아Bithynia, 파플라고니아
Paphlagonia, 누미디아Numidia, 마우리타니아Mauritania가 그러한 경우
로서, 로마인으로부터 호의를 입은 나라의 국왕과 지도자들이 사
망하면서 통치권을 로마로 넘김으로써 로마제국으로 편입된 것이
다.[23] 마지막 경우는 자발적 복속을 통해 제국을 넓힌 것이다.[24] 이
는 전쟁에 패배하여 굴복한 자들이 로마의 지배가 절제되어 있으
며 균형 잡혀 있다는 것을 깨닫게 되자 자발적으로 복종하여 로마
의 법을 받아들이게 된 경우를 말한다.[25]

전체적으로 엥엘베르트는 로마의 역사가 덕과 지혜에 있어서
완전무결한 정치인들과 인민들이 빚어낸 지속적 발전의 역사라고
보지는 않았다. 그는 로마사의 서술에서 살루스트Salust나 아우구

---

22 *ibid.*, p.52: "Secundo adeptum est Romanum imperium alia mundi dominia per dispositio-
nem testamentariam."

23 *ibid.*, p.52: (C)um Romani antiquitus inceperunt esse potentes, multi reges ac duces so-
cietati eorum se contra vicinorum suorum insultus et molestias coniunxerunt, quibus ipsi
Romani societatis pacta et foedera fideliter et fortiter servaverunt. Unde ipsi reges vel duces
morientes ac beneficiorum sibi collatorum memores ipsos Romanos suorum regnorum et
terrarum heredes ex testamento instituerunt quasi magis potentes illa regna et terras defend-
ere contra vicinos.

24 *ibid.*, p.54: "Tertio consecutum est Romanum imperium alia mundi regna ac dominia per
subiectionem voluntariam."

25 *ibid.*, p.54: "Et per hanc causam et modum illis, qui a principio vi bellica sunt subacti,
postquam senserunt Romanum imperium super se tolerabile et modestum et aequum,
necessitas subiectionis conversa est in voluntatem ita, quod non iam coacti, sed voluntarii
facti sunt oboedientes et subiecti et Romanas leges sibi impositas sponte susceperunt, quas
susceptas de iure tenebantur in reliquum observare."

스티누스Augustinus와 같은 고대의 권위들이 알려주는 바를 취했을 뿐 아니라 그들의 비판적인 논평도 받아들였다. 그럼에도 불구하고 엥엘베르트는 로마제국의 형성을 로마의 지도자들과 인민들이 반복하여 보여준 정의감과 용기, 지혜와 절제가 가져온 결과로 보았다. 따라서 앞서 보았듯 엥엘베르트는 로마제국이 정당하게 얻어진 것임을 단언할 수 있었다. 물론 과거에 정의로운 과정을 통해 로마제국이 건설되었다는 것이 오늘날에도 여전히 그 지배가 필요함을 말해주지는 않는다. 다음 절에서는 엥엘베르트가 로마제국의 지배가 지속되어야 하는 이유와 필요를 어떻게 설명하는가를 살펴본다.

4. 제국은 필요하다

엥엘베르트는《로마제국의 기원과 종말》에서 일반적으로 규모가 큰 국가가 정의롭게 통치되기만 한다면 규모가 작은 국가들에 비하여 행복을 누리며 살기에 훨씬 유리한 조건을 제공해준다고 이야기한다.[26] 그 이유는 그러한 나라에서는 모든 것이 풍부하게 생산될 뿐 아니라 기본적으로 갖고 있는 힘을 이용하여 다양한 필요와 위기에 대처하기도 용이하기 때문이다.[27] 이러한 주장은 아마도

---

26 *ibid.*, p.60: "Ex hoc videtur ergo, quod oppositum regnum iustum et magnum solum possit esse felix regnum ex eo, quod tale regnum solum possit esse sibi ex se sufficiens et securum ideo, quia magnum et tranquillum in se et ideo, quia iustum."

제국이라는 정치체제가 갖는 장점을 내세우려는 의도를 깔고 있는 것으로 보인다. 물론 왜 로마제국의 지배가 반드시 필요하고 정당한가에 대한 엥엘베르트의 논변이 단지 규모로부터 오는 안정성과 위기대처 능력에 대한 언급에 그치는 것은 아니다.

제국의 정당성에 대한 논의가 본격적으로 시작되는 지점은 제14장이다. 여기서 그는 모든 국가들이 로마제국 같은 상위의 국가 아래에 복종하는 것과 각자 스스로를 다스리며 존재하는 것 중 어느 것이 더 나은가 질문한다. 그의 답은 하나의 제국이 다스리는 것이 정당하며 필요하다는 것이다. 그의 근거는 대략 세 가지이다. 첫째, 엥엘베르트는 자연계는 하나의 지배자가 전체를 다스리는 원칙에 의해 구성되어 있으며 인간의 정치체제 역시 이 원칙을 그대로 따라 한 사람의 지배자에게 복종해야 한다고 주장한다.[28] 사자

---

27 *ibid.*, p.64: "(N)ullum regnum ideo est vel erit de necessitate iustum, quia magnum, sed de facilitate, quia cum iustitia necessariam habeat sibi comitem et coadiutricem potentiam. Proinde quanto regnum maius et potentius, tanto poterit esse iustius supposito amore et diligentia iustitiae in regnante, et quanto maius et potentius, tanto iniquius supposito odio et negligentia iustitiae in regnante. Ex hoc insuper patet, quod parvitas regni, sicut non habet necessitatem ad hoc, ut efficiat regnum iustum supposita negligentia vel odio iustitiae in rege, ita etiam habet difficultatem ad hoc, ut faciat regnum iustum quamvis existente amore vel diligentia iustitiae in regente."

28 *ibid.*, p.72: "Et videtur, quod iustius et melius sit omnia regna et omnes reges subesse uni monarchae, quia prima inventio et constitutio regnorum et regum emanavit a natura, sicut patet in feris, in quarum genere leo est rex omnium ferarum, et in avibus aquila est rex ceterarum volucrium omnium. Ars vero et ratio imitatur naturam. Inventio vero et constitutio regnorum et regum in societate hominum venit ab arte et ratione, quae sunt principia directiva actuum humanorum. Ergo et in regno hominum unus erit rex et dominus omnium. Item in omni ordinata multitudine plura subalternantur paucioribus, donec veniatur ad imum, cui omnia cetera subalternantur tamquam suo primo et principio."

가 모든 맹수의 왕이며 독수리는 모든 새들의 왕이듯 하나의 지배자가 전체 인간들을 다스리는 것이 순리라는 것이 그의 주장이다. 인간의 이성과 기예가 자연의 원칙을 좇아야 한다는 것과, 자연계는 일자에 의해 지배되므로 정치공동체 역시 일인에 의해 지배되어야 한다는 주장 자체는 오래된 것이다. 이는 중세 후기의 이상 정치체제에 대한 논의에서 군주정의 우월성을 뒷받침하기 위하여 종종 인용되곤 했다. 엥엘베르트는 이 주장을 개별 정치공동체를 넘어 전체 인류 차원으로 확대하여 적용하고 있다.

엥엘베르트의 두 번째 주장은 소는 대를 위해, 부분은 전체를 위해 존재한다는 논리의 적용이다. 이 주장에 의하면 전체의 이익은 부분의 이익에 앞선다. 따라서 당연히 군대는 보다 큰 선을 구현하는 도시를 위해, 도시는 그보다 더 큰 선을 실현하는 전체국가를 위해 복무하는 것이 순리이다. 논리적 연장선상에서 개별국가들은 전체를 포괄하는 제국에 복무해야 한다는 것이 엥엘베르트의 주장이다.[29] 이를 입증하기 위해 엥엘베르트는 개별국가 수준을 넘어서는 상위의 공동체가 일종의 전체로서 이미 존재하고 있음을 보인다. 그에 의하면 신의 법이 하나이고 인간의 법이 하나이며 사람들이 이들 법에 한 목소리로 복종하는 곳에는 하나의 종족, 하나의 공

---

29 *ibid.*, pp.72-74: "(S)icut multae domus ordinantur ad unam civitatem et ad bonum ipsius et multae civitates et populi civitatis ad unam gentem et regnum et ad bonum ipsius tamquam bonum particulare et privatum ad bonum commune et publicum et tamquam bonum minus ad maius et naturaliter tamquam pars ad totum, sic etiam multa regna mundi et bonum ipsorum ordinantur ad unum naturale regnum et imperium tamquam bonum particulare ad bonum commune omnium gentium et regnorum et bonum privatum ad publicum et bonum maius ad maximum et naturaliter tamquam partes ad suum totum.".

동체가 존재하는 셈이다. 그러한 곳에는 당연히 하나의 왕, 하나의 국가가 서기 마련이다. 그런데 실제로 이 세상에는 오로지 단 하나의 진정한 신의 법이 있고 단 하나의 바른 종교가 있으며, 이 신의 법과 부합하는 단 하나의 인간의 법이 있다. 따라서 그러한 곳에는 단 하나의 국가가 있을 수 있으며, 단 하나의 왕이 이를 다스림으로써 기독교 세계를 수호하고 번성시켜야 한다.[30]

앞서의 두 주장이 다소 형이상학적이고 추상적임에 비해 엥엘베르트의 세 번째 주장은 이보다 좀 더 실용적인 차원에서 펼쳐진다. 그에 의하면 이 세계는 서로 다르고 심지어 반대되는 다양한 실체들이 하나의 질서를 이룸으로써 존재한다. 그런데 이러한 여러 실체들을 조화롭게 묶어내려면 바로 이들을 아우르는 존재가 필요한 법이다. 그렇게 조화롭게 아우르는 존재는 당연히 묶이는 존재들과는 별도로 존재할 수밖에 없다.[31] 이러한 원리에서 엥엘베르트

---

30 *ibid.* "Ergo ubi est unum ius divinum et humanum et unus et concors consensus populi in illud unum ius divinum et humanum, ibi erit unus populus et una res publica. Ubi autem est unus populus et una res publica, ibi de necessitate erit et unus rex et unum regnum. Sed est unum solum in toto mundo verum ius divinum, videlicet unus cultus verus veri Dei et etiam unum verum ius humanum, scilicet canones et leges consonae iuri divino, quia ius humnanum sumit autoritatem et principium a iure divino et non e contrario. Et est unus solus consensus populi in illud ius divinum et humanum, scilicet fides Christiana, et unus solus populus, scilicet Christianus populus fide consentiens in illud ius divinum et humanum et per consequens una sola res publica totius populi Christiani. Ergo necessitate erit et unus solus princeps et illius rei publicae statutus et stabilitus ad ipsius fidei et populi Christiani dilatationem et defensionem."

31 *ibid.*, p.76: "Item tota mundana constitutio, quae est ex diversis dissimilibus et contrariis, non stat nisi per concordiam diversorum et dissimilium ac contrariorum. Concordia vero non fit neque stat per concordantia, sed per concordantem, qui de necessitate est unus tantum et alius ab ipsis concordantibus."

는 제국과 황제가 필요한 이유도 자명해진다고 본다. 세계에 국가
는 많고 이들 국가들은 출신 지역, 언어, 풍습, 법률에 있어서 서로
다르다. 만일 이러한 다양성에 일정한 제한이 가해지지 않거나 이
들 간에 일정한 거리가 설정되지 못하면, 결국 이들은 상쟁하기 마
련이며 세상은 혼란스러워질 것이다. 따라서 보다 큰 상위의 권력
이 필요하다는 것이 엥엘베르트의 논리이다.[32] 그는 자신의 이러한
주장 전체를 다음과 같이 한 마디로 요약한다.

"신의 섭리에 의하면 반드시 가장 높고 보편적인 하나의 존엄한 권력
이 이 세상에 존재하기 마련이다. 이 권력에게 모든 세상의 국가와 종
족은 복종함으로써 온 세상에서 국가와 종족들 간의 조화를 도모하
고 지켜내야 한다."[33]

아시리아, 바빌로니아로부터 알렉산더의 제국이나 당대의 로
마제국에 이르기까지 인류사에서 흔히 거대한 제국을 목격할 수

---

32 *ibid.*: "(R)egna mundi sunt diversa ad invicem secundum diversitatem uniuscuiusque pa-
triae et linguae et morum et legum. Haec autem diversitas gentium et regnorum, ubi non
est limitata et separata magnis montibus et fluminibus locisve aliis inviis ac desertis, ut
unius gentis ad aliam non facilis sit accessus, est causa et occasio adversitatis et discordiae,
gentis contra gentem et regni adversus regnum. Ergo de ncessitate erit aliqua potestas maior
ac superior, quae habeat autoritatem et virtutem concordanti et concordiam ordinandi et
conservandi inter regna et gentes diversas ad invicem et adversa, aut providentia divina su-
per ordinando et conservando statu regnorum mundi erit insufficiens et incompleta."

33 *ibid.*, p.78: "Ergo ex divinae providentiae ordinatione erit de necessitate aliqua una potestas
et dignitas suprema et universalis in mundo, cui de iure subesse debent omnia regna et
omnes gentes mundi ad faciendam et conservandam concordiam gentium et regnorum per
totum mundum."

있는 것은 이러한 신의 섭리와 현실의 필요에 따른 것이라고 엥엘베르트는 말한다.[34]

이와 같은 일반론에 이어서 엥엘베르트는 로마제국의 존재가 무용하며 심지어 해롭다고 보는 당대의 견해들에 대해 반박을 시도한다. 엥엘베르트는 로마제국이 보여주는 모든 현실적인 한계에도 불구하고 인간의 존재 조건상 그것이 여전히 필요함을 주장한다. 다음 절에서는 이에 대해 살펴본다.

5. 그래도 제국은 필요하다

오늘날 중세의 제국을 연구하는 학자들은 적어도 제국이라는 정치질서를 모두가 필연적이고 당연한 것으로 여기지 않았으며, 상황과 흐름에 따라서는 이를 적극적으로 부정하는 움직임도 있었음을 알고 있다.[35] 로마제국이 처음부터 부당하게 주변을 힘으로 굴복시키며 일어선 만큼 얼마 못 버티고 무너지는 것이 순리일 수밖에 없다는 비난과 자조 섞인 전망이 엥엘베르트로 하여금《로마제국의 기원과 종말》을 집필하게 한 동기가 되었음은 이미 살펴보았다. 그러나 정치적 입장에 따라서는 이러한 회의와 비판을 넘어서 보다 더 노골적으로 제국의 지위와 정당성을 부정하는 입장도 있었다.

---

34 ibid.
35 이에 대한 최근의 연구로는 Chris Jones, *Eclipse of Empire? Perceptions of the Western Empire and Its Rulers in Late-Medieval France* (Turnhout: Brepols, 2007).

앞서 언급한 파리의 장은 언어, 풍습, 지역 등의 차이로 인해 한 사람의 지배자가 전체를 통치하는 것은 올바르지 않다고 자신의 저작에 썼다.[36] 비록 이러한 주장이 보편적으로 통용되는 것은 아니었다고 해도, 특정한 상황에서는 목소리를 종종 높였다.

엥엘베르트는 《로마제국의 기원과 종말》에서 이들의 주장을 몇 가지로 요약하고 그에 대한 반박을 시도한다. 이들에 의하면 제국은 그 본질상 지위나 규모에 있어서 다른 개별국가들을 능가하지만, 바로 그 이유 때문에 제국은 도시, 왕, 국가, 종족들과의 소란과 분쟁에 휘말리게 된다. 그 결과 평화를 증진시킨다는 본래의 취지와는 정반대로 문제만 일으키게 된다. 그러한 제국은 없는 편이 낫다고 제국 무용론자들은 주장한다. 차라리 제국에 복속되지 않은 국가들이 다른 유사한 국가들이나 혹은 제국에 속한 국가들과 평화를 더 잘 유지하며 살아간다는 것이다.[37]

---

36 John of Paris, *De regia potestate et papali* (Über königliche und päpstliche Gewalt), ed. Fritz Bleienstein, (Stuttgart: E. Klett, 1969), Cap. 3, p.83: "Non sic autem fideles omnes necesse est convenire in aliqua una politia communi, sed possunt secundum diversitatem climatum et linguarum et condicionum hominum esse diversi modi vivendi et diversae politiae, et quod virtuosum est in una gente non est virtuosum in alia, sicut etiam de singularibus personis dicit Philosopus III Ethicorum quod aliquid est uni parum quod alii est nimium…"

37 Engelbert von Admont, *De ortu et fine Romani Imperii, ibid.*, pp.82-84: "Videtur ergo, quod imperium sive regnum Romanorum ab initio suo usque in hodiernum diem frequentius fuerit toti orbi terrarum magis causa turbationis et bellorum quam pacis et quietis sibi ipsi et aliis principatibus atque regnis perniciosum. Et sic frustra est regnum et imperium Romanum, quod numquam consecutum est nec forte umquam in futurum consequetur finem suum, qui est omnia regna pacifice et concorditer ad invicem se habentia sub sui imperii oboedientia gubernare. Item de similibus simile est iudicium. Sed videmus alia regna, quae non subsunt Romano regno, sed imperio bene et concorditer in maiori parte et tempore se ad invicem habuisse et cum aliis regnis Romano imperio subiectis vel non subiectis."

두 번째 제국 무용론의 부류로서 엥엘베르트는 앞서 파리의 장을 예로 살펴본 주장, 즉 처음부터 지역 기반, 언어, 관습이 다른 공동체들은 스스로의 왕을 모시고 스스로의 법에 따라 살아가는 것이 순리라는 주장을 펴는 사람들에 대해 언급한다. 이들에 의하면 이러한 인간집단의 상호 차이와 다양성으로 말미암아 하나의 황제가 제국이라는 하나의 지붕 아래에 모두를 두고 다스리는 것이 바람직하지 않다.[38]

엥엘베르트에 따르면 제국 무용론자들은 여기에 덧붙여 기독교인과 유대인, 그리고 이교도까지 아우르는 보편 제국 따위는 처음부터 존재할 수 없는 것이라고 주장한다. 이들이 하나의 공동체를 이루지 못하는 데 하나의 지배자가 있을 수는 없다는 것이다.[39]

엥엘베르트가 반박하려고 하는 제국 무용론자들의 마지막 주장은 과거에 이미 제국은 축소의 과정을 겪었으며 그 과정에는 정당한 이유가 있었다는 것이다. 제국의 영역이 축소되는 과정은 여전히 진행 중이며 이 역시 일정한 이로움이 있기 때문에 일어난다. 이러한 과정이 끝에 이르면 결국 로마제국이란 지상에서 사라질 수밖에 없다고 이들은 본다. 이미 스페인, 프랑스, 영국, 헝가리, 슬

---

38 *ibid.*, p.84: "Sed lex sive scripta sive non scripta non potest esse una diversis gentibus secundum diversas linguas et patrias et patrios mores et ritus. Ergo nec unus rex vel imperator potest esse diversis gentibus secundum linguas vel patrios mores ac ritus patrios ad invicem diversificatos."

39 *ibid.*: "Item videtur, quod non debeat etiam esse nec possit esse unus monarcha omnium gentium et regnorum per mundum, quia, ubi non potest esse una res publica omnium, ibi nec esse potest monarchia omnium. Sed Iudaeorum et gentilium et Christianorum non est neque potest esse una res publica. Ergo nec unus monarcha."

라브 왕국, 불가리아와 그리스가 더 이상 로마제국의 지배를 받지 않고 있으며, 아시아와 아프리카에서도 아무런 영향력이 없는 것이 현실이다. 그 연장선상에서 제국은 미구에 완전히 파괴되어 사라질 수 있다는 것이 이들이 주장하는 바이다.[40]

이에 대한 엥엘베르트의 대답은 다음과 같다. 첫째, 현실에서 국가들은 결코 지속적으로 상호 평화를 유지하며 살 수 없다. 그의 말을 직접 빌면 "상태와 상황이 변화하고 한시적인 현세의 삶에서 그러한 행운은 불가능하다".[41] 국가들이 서로 평화롭게 살고 그리하여 세상이 안정하려면 모두가 한 왕에게 각자의 처지에 합당한 방식으로 복종해야 한다.[42] 더불어 비록 현재의 제국이 평화의 달성이라는 이상에 못 미치고 외려 이런저런 분쟁과 소란에 휘말리고 있으나, 그 때문에 제국이 무용하다는 주장은 성립하지 않는다고 엥엘베르트는 주장한다. 완벽한 이상적 행복은 신의 나라가 도래했을 때에만 가능하다. 그 이전 인간의 삶에서 어떠한 이상을 완

---

40 *ibid.*, pp.86-88: "Ergo si imperium potest ex aliquibus causis iuste diminui, poterit etiam eisdem causis invalescentibus in totum destrui et auferri. Item regna Hispaniae et regnum Franciae, regnum Angliae et regnum Hungariae cum regnis Sclavorum, Bulgariae et Graeciae (quae olim suberant Romano imperio in statu provinciarum vel regnorum) modo de iure non subsunt imperio, in Africa vero et in Asia ultra mare iam imperium nihil habet. Ergo sicut illa ex causis (quae iustae et licitae videbantur) sunt ab imperio abalienata, ita ex eisdem causis adhuc possent etiam illa (quae adhuc ei subsunt) alienari, sive sint regna sive principatus. Et ita videtur, quod imperii etiam de iure posset in totum destrui et auferri, si praedictae causae veluti consimiles sese offerrent."

41 *ibid.*, p.96: "Hoc autem non est possibile contingere felicitati praesentis vitae, quas est mutabilis et terminabilis in suo statu et conditione."

42 *ibid.*: "(A)d concordanda regna inter se et pacificandum orbem et defendendam et dilatandam Christianitatem melius et iustius est omnia regna subesse uni imperio unumquodque secundum, quod de iure debet et in quantum debet..."

벽히 달성하는 것은 원초적으로 불가능하며 일정한 결핍이 있음을 인정하고 감내해야 한다는 것이다. 엥엘베르트에 의하면, "이 순간 현세를 지배하는 왕국의 목표와 필요는 자신과 자신에 복속된 이들 간에 평화를 달성하기 위해 열심히 즐겁게 계속 노력하는 것이다. 비록 현실에서 평화 자체를 결코 달성할 수 없다 하더라도 말이다".[43] 나아가 엥엘베르트는 국가들이 자체적으로 상호 평화롭게 살 수 있다손 치더라도 이교도에 맞서 교회와 신앙을 지키고 보호하며 나아가 교세를 확장시키기 위해서라도 제국이 필요하다고 강변한다.[44]

이와 같은 엥엘베르트의 주장은 전통적으로 내려오던 종말론적 비전 및 그 안에서 황제를 적그리스도를 막는 자, 즉 카테콘kate-chon으로 이해하는 시각과 맞닿는다. 프라이징의 오토Otto von Freising 이래 로에스의 알렉산더Alexander von Roes에 이르기까지 제국의 정당성을 옹호하려 했던 저자들은 반복해서 적그리스도의 도래가 필연적이며 그 시간이 빠르게 다가오고 있고, 그 뚜렷한 징후가 로마제국의 쇠퇴라고 보았다.[45] 같은 차원에서 엥엘베르트는 다음과 같이

---

43 *ibid.*, p.98: "(I)ta finis et fructus felicitatis praesentis regni temporalis est in ordinanda pace sua et suorum cum studio et cum gaudio continue laborare, etiamsi ipsam pacem numquam possit realiter obtinere."

44 *ibid.*, p. 98-100: "(P)raecipue ideo iusta vel utilis ac necessaria est subiectio regnorum ad imperium, ut contra eos, qui sunt extra Ecclesiam et extra fidem et contra Ecclesiam et contra fidem, ipsa Ecclesia atque fides ab omnibus suis membris sub uno suo proprio capite concordantibus et unitis defendatur et ad dilatandum locum sui tabernaculi fines suos faciat longiores."

45 이에 대한 간략한 서술은 윤비, 〈중세 독일민족의식의 발전과 로에스의 알렉산더Alexan-der of Roes의 제국론〉,《서양중세사연구》28호 (2011), pp. 117-120. 해외의 연구는 같은

적고 있다.

"태양 아래 영원한 것은 이 세상에 없다. 따라서 로마제국과 세계의
저 보편적 평화라는 것, 역시 아우구스투스 이전에는 한 번도 그렇게
근본적이고 완벽하게 달성된 일이 없었거니와 아우구스투스 이후에
도 사정은 마찬가지이다. 오히려 로마제국 자체가 스스로 허약해지
기 시작하여 우리의 시대에 이르기까지 지배와 권력에서 점점 나락
으로 떨어져왔다. 오늘날 제국에 남은 것은 매일매일 소진되고 왜소
해져 마침내 완전히 탈진하여 쪼그라드는 것뿐이다. 이러한 과정은
이미 일어나고 있으며 앞으로도 계속 일어날 것이다."[46]

전승에 따라 엥엘베르트는 우선 모든 왕국이 제국에 반기를 들
것이며, 이어서 모든 교회가 배교하여 로마의 교황에 등을 돌릴 것
이고, 마지막으로 모든 신자들이 신앙을 버릴 것이며 맨 마지막에
는 적그리스도의 무서운 치세가 열릴 것이라고 말한다.[47] 물론 이

연구의 참고문헌을 참조.

46 Engelbert von Admont, *De ortu et fine Romani Imperii, ibid.*, p. 114: "(N)ihil permanens est
sub sole, propter hoc illa universalis pax totius Romani orbis et imperii, sicut ante tempora
praedicti Augusti numquam ad talem et tantam plenitudinem et perfectionem pervenerat,
ita et post tempora ipsius Augusti deinceps numquam pervenit, sed ipsum imperium Ro-
manum deinceps ad defectionem et diminutionem sui in suis iuribus et viribus semper plus
ac plus in hodiernum usque tempus est collapsum ita, quod ei non restet amodo quidquam
aliud nisi finis quotidianae consumpcionis et defectionis, usque dum totaliter consumetur
ac deficiet, quod amodo iam et amplius erit."

47 *ibid.*, p. 100: "quando appropinquante tempore adventus Antichristi veniet discessio pri-
mum regnorum omnium ab imperio, deinde ecclesiarum ab oboedientia sedis Apostolicae,
et ultimo fidelium a fide, sicuti postmodum dicetur. Tunc enim Ecclesia sic acephalata

것을 체념의 주장으로 이해해서는 안 된다. 이 안에서 그가 던지고 자 하는 메시지는 "제국을 무너뜨리는 데 열심인 자들은 적그리스 도의 전제가 열릴 수 있도록 땅을 다지고 기반을 놓는 것과 다를 바 없으며",[48] 만일 그러한 고난의 시기의 도래를 가급적 늦추고자 한 다면 지금 로마황제를 중심으로 공고히 단결해야 한다는 것이다.

6. 제국은 이렇게 지배한다

이제까지 엥엘베르트가 어떻게 제국의 존재와 그 지배의 정당성을 옹호했는가를 보았다. 여기서 한발 더 나아가 그가 말하는 제국의 지배가 실제 어떤 모습을 가지는 것인지에 대해서 좀 더 자세히 살 펴볼 필요가 있다. 이 질문은 이제까지 중세 제국의 이데올로기를 논하는 연구들에서 부당하게도 흔히 무시되어 왔다. 그러나 이러 한 무시는 중요한 문제를 낳을 수 있다. 왜냐하면 엥엘베르트가 주 장하는 제국의 지배를 고대 로마나 혹은 근대의 서구제국의 지배 의 의미에서 이해할 소지가 높아지기 때문이다. 그 경우 제국과 황 제의 권위 아래에 모든 국가가 복속해야 한다는 엥엘베르트의 주

---

et vacante et membris influentiam suorum capitum in temporalibus et spiritualibus non capientibus et per consequens motu ac sensu gratiae privatis locum et facultatem habebit deceptio et dominatio Antichristi."

48 *ibid.*, p. 100: "Unde illi, qui studium et ingenium suum adhibent ad deiectionem et detrun-cationem imperii, videntur directe festinare ad hoc, ut locus et facultas praeparetur tyran-nidi Antichristi."

장은 초제국주의적 주장으로 이해되기 십상이다. 한편 그러한 초제국주의적 비전에 비추어 제국의 실제 지배권은 너무도 초라했기 때문에 엥엘베르트의 주장은 마치 급격한 현상 변경을 요구하는 것처럼 들릴 것이다. 물론 그러한 현상 변경이 당시의 상황에서 별로 가능하지 않았던 만큼 그의 주장은 동시에 몽상가적인 것으로 들리기도 한다.

첫 번째로 이해해야 할 중요한 사실은 엥엘베르트가 현실에서 로마제국의 실질 지배 영역이 축소되어 있는 것을 전적으로 부당하다고 보지 않았다는 점이다. 무엇보다도 몇몇 로마 황제는 오만함과 질시, 탐욕, 방종, 혹은 비굴함 따위로 말미암아 로마제국의 축소를 자초했다.[49] 즉 로마에 복속했던 사라센, 랑고바르드, 고트, 반달, 훈, 슬라브, 그리스인들이 다시 제국에서 이탈하여 자신들의 왕국을 세우는 일이 벌어졌던 것이다.[50]

또한 엥엘베르트는 로마제국의 축소가 불가피한 경우도 있었다고 인정한다. 요비아누스 황제가 그에 앞서 로마를 다스렸던 율

---

49 *ibid.*, p. 128: "Quorundam vero temporibus propter ipsorum imperatorum vel regum te-meritatem et avaritiam vel ignaviam eo, quod exercitui necessaria et militibus stipendia vel denegabant vel dare non habebant et ideo diversis nationibus et gentibus, utputa a Sarace-nis, a Longobardis, a Gothis, a Vandalis, ab Hunnis, a Sclavis et Graecis et demum a Francis et Hispanis, provinciae imperii seu regni Romani ab imperio sunt distractae et in principa-tus et regna per se reversae et redactae."

50 이에 대한 예로서 엥엘베르트는 페르시아에서 자발적으로 철수했던 로마의 하드리아누스Hadrianus 황제를 들고 있다(ibid., p. 128). 여기서 그가 염두에 두고 있는 것은 하드리아누스의 이러한 결정이 그에 앞서 페르시아를 정복했던 다른 위대한 왕들에 대한 질투심 때문이었다는 당시의 전승으로 보인다. 그러나 정작 자신은 다른 곳에서 하드리아누스의 결정이 지리적으로 한참 떨어져있고 교통도 쉽지 않은 페르시아를 다스리기 어려웠기 때문에 내려졌다고 말한다(ibid., p. 86).

리아누스 황제의 잘못으로 페르시아에 남겨진 병사들을 구해내기 위해 유프라테스 강으로 물러가는 협정을 맺었던 것이 그가 드는 예이다. 이런 경우는 일종의 필요에 따라 제국의 영역이 축소되었 다고 할 수 있다.[51]

   더욱이 그에 의하면, 여러 국가들이 제국의 직접적 지배권 밖 에 있는 것은 적어도 몇몇 경우 합법적이다. 그는 자신의 시대에 여 러 기독교 국가들이 더 이상 로마황제의 지배권 아래에 놓여 있지 않은 것이 그들이 과거 제국에 행한 봉사로 말미암아 허여許與된 권 리에 의한 것이라고 주장한다. 뚜르의 그레고리Gregorius de Tours를 좇 아 엥엘베르트는 프랑스가 오늘날 누리는 독립권이 발렌티니아누 스Valentinianus 황제로부터 제국에 행한 봉사에 대한 대가로 프랑크 족gens Francorum에게 주어진 권리에 의거한다고 말한다. 마찬가지로 아라곤의 독립권 역시 아나스타시우스Atanasius 황제가 내려준 것이 다.[52] 물론 그에 의하면 이러한 독립권의 인정에는 명백한 한계가 있다. 몇몇 국가들이 누리는 독립권이 결코 모든 국가들이 제국으

---

51 *ibid.*, p. 86: "(A) Ioviano, qui ... ex temeritate Iuliani antecessoris sui Romanum exercitum circa fines Persidis in desperati belli angustiis derelictum liberavit per pactum, quo ex causa necessitatis Persis cessit et fines Romani imperii usque ad Euphratem constituit."

52 *ibid.*, p. 100: "Nec ideo, quia aliqua regna sunt libera et exempta ab imperio, utile esse vel iustum alia omnia esse exempta vel libera in futurum, quia illa, quae nunc sunt libera et exempta ob aliqua merita singularia vel obsequia egregia ad perpetuam utilitatem Romano imperio praestita, praerogativa huius modi sunt ab imperio honorata, sicut Valentinianus imperator gentem Francorum ex causis huius modi libertate donavit, ut scribit Gregorius Turonensis, et Anastasius gentem Gothorum (concessa ipsis illa Hispaniarum parte, quam nunc obtinent) etiam liberos esse constituit, qui Arragones nunc vocantur, ut scribit Iordanes."

로부터 벗어나 독립권을 누릴 수 있다는 것을 의미하지는 않으며, 만일 그러한 일이 발생한다면 그것은 제국을 해체시키고 적그리스도의 치세를 앞당기는 어리석음이라고 그는 역설한다.[53] 그럼에도 불구하고 엥엘베르트는 제국으로부터 독립하여 존재하는 국가들을 단지 제국의 당연한 권력에 대항한 찬탈행위의 결과로 보지 않고 (적어도 일부라 하더라도) 나름의 정당성을 가지고 있는 것으로 인정하려 하고 있음이 여기에서 드러난다.

따라서 엥엘베르트로서는 적절한 이유만 주어진다면 국가들이 황제의 직접 지배 밖에 존재하는 것을 반드시 부정할 이유가 없으며, 실제 부정하지 않는다. 때로는 황제들 자신들의 잘못으로, 때로는 불가피하게, 때로는 보상의 차원에서 여러 종족과 왕국, 도시들에 정치적 자립이 부여되었으며, 그때마다 발생한 제국의 지배영역의 축소는 불가항력적이거나, 혹은 정당한 것이기 때문이다.

중요한 사실은 그럼에도 제국의 지배는 보편적이어야 한다는 주장 자체는 여전히 유효한 것으로 엥엘베르트가 믿었다는 사실이다. 지역, 언어, 습속, 종교의 차이에도 불구하고 모든 인간들은 황제의 보편권의 지배에 복속해야 함을 주장하며 그는 다음과 같이 말한다.

"모든 왕국과 종족에 공통적으로 적용되는 자연법에 의거할 때, 또

---

53 *ibid.*, p. 100: "Sed privilegia paucorum non faciunt legem communem nec, si omnia regna essent libera et exempta ab imperio, ista esset vel dici posset exemptio ab imperio, sed potius peremptio et totalis destructio imperii."

모든 종족과 왕국에 적용될 수 있는, 그리고 모든 종족과 왕국이 자체적으로나 주변 혹은 밖의 종족과 왕국들에 대해 지켜야 하는 로마법 안의 원칙들에 비추어볼 때 모든 왕국이 한 황제에게 복속하는 것이 가능할 뿐 아니라 정당하고 필요하다. 그래야만 모든 종족과 왕국 내부로나 밖과의 관계에서 평화와 평온이 유지될 수 있다."[54]

여기서 엥엘베르트의 제국을 떠받치는 법률적 기초를 실정법보다는 자연법이나 중세의 법사상에서 자연법의 논리적 연장으로 믿었던 만민법에서 찾고 있다는 것은 의미심장하다.[55] 한편으로 엥엘베르트는 황제의 지배가 바로 이와 같이 보편법으로서의 자연법의 권위를 대표하기 때문에 종교가 다른 유대인이나 이교도들조차 이를 거부할 수 없다는 주장으로 나아갈 수 있었다.

"유대인과 이교도들이 각자가 가진 것들로 말미암아 기독교인들과 어떠한 영원한 국가, 어떠한 단일의 공동체, 단일의 종족을 이룰 수

---

54 *ibid.*, p. 102: "Omnia vero regna simul secundum ius naturale, commune omnibus gentibus et regnis, vel secundum ea, quae ex ipsis legibus Romanis possunt omnibus gentibus et regnis iuste et utiliter convenire et quae omnes gentes et regna omnia tenentur intra se et ad vicinos et ad extraneos observare, non solum possibile, sed etiam necessarium et utile est uni Romano imperio oboedire vel ad pacem et quietem uniuscuiusque regni et gentis intra se simul et extraneos observandam."

55 대표적인 예로서 만민법에 대한 토마스 아퀴나스Thomas Aquinas의 다음과 같은 설명을 참조: "ad ius gentium pertinent ea quae derivantur ex lege naturae sicut conclusiones ex principiis, ut iustae emptiones, venditiones, et alia huiusmodi, sine quibus homines ad invicem convivere non possent; quod est de lege naturae, quia homo est naturaliter animal sociale..." (*Summa Theologiae*, in *Thomae Aquinatis Opera Omnia*, Roberto Busa S.I. ed., Vol. 2 (Stuttgart-Bad Cannstatt, 1980), Ia IIae, q. 95, a. 4, resp.)

없다고 하더라도 …(중략)… 그들 역시 자연법 내지 만민법의 차원, 다시 말해 모두는 각자에게 걸맞은 것을 가져야 하고 누구도 다른 사람에게 부당하게 손상을 입어서는 안 된다는 원칙과 관련해서는 제국에 복속해야 한다."[56]

그런데 자연법 내지 만민을 기반으로 하는 한 이러한 제국의 지배란 일반적이고 추상적인 것일 수밖에 없다. 왜냐하면 자연법이나 만민법 자체가 모든 법의 근저에 존재하는 공통의 추상적 원칙일 따름이기 때문이다. 현실적으로 자연법과 만민법을 제국의 지배의 근거로 두는 이러한 주장은 한편 제국의 권위가 모든 차이를 초월하여 인류 보편에 미친다는 의미를 갖고 있는 동시에 사실상 황제와 그의 법은 개별국가의 법이 지키고 지향해야 할 하나의 가이드라인의 수준에 머물 수도 있음을 의미한다. 다시 말해 다른 역사, 다른 종교, 다른 언어, 다른 관습, 다른 법률을 가지고 제국 밖에 존재하는 나라들에게는 제국의 지배가 대단히 간접적인 것에 머물 여지를 엥엘베르트는 열어두고 있다. 제국의 지배를 이처럼 느슨하게 정의할 경우, 비록 제국의 경계 밖에 존재한다고 하더라도 해당 국가가 제국의 권위와 대표성을 인정한다면, 그 역시 제국의 보편지배를 승인한 것으로 볼 수 있는 근거가 생긴다. 따라서 황

---

56 Engelbert von Admont, *De ortu et fine Romani Imperii, ibid.*, p. 102-4: "Iudaei et pagani non faciant unam rem publicam nec unum populum cum Christianis, quoad ea, quae sunt nobis et illis. Quoad ea tamquam nobis et illis communia esse possunt iure naturali vel gentium, scilicet unicuique sua tribuantur et serventur et neutri ab aliis iniuste laedantur, subesse debet imperio et oboedire."

제의 지배를 보편적이고 추상적인 자연법에 두는 이러한 주장은 현상의 급격한 유지를 요구하지 않으면서도 황제의 지배가 여전히 유효할 수 있다는 주장을 펼 수 있는 근거가 된다. 물론 이와 같이 이해된 황제의 보편지배권이라는 것은 실질적인 최고지배권으로서의 주권과는 상당한 거리가 있을 수밖에 없다. 내치의 문제는 전적으로 개별국가들의 문제로서 황제가 직접적인 통치를 행할 수 있는 곳은 오로지 자신의 지배 영역 안에서 뿐이기 때문이다.

7. 결론

이제까지 본고에서는 제국의 쇠퇴와 제국의 존재에 대한 회의론이 확산되는 가운데 엥엘베르트가 어떻게 제국의 존재를 설명하고 정당화했는가를 살펴보았다. 중세는 다양한 차원의 권력과 권위가 층을 달리하며 배열되는 위계적 질서관을 가지고 있었으며, 그들 권력과 권위 간의 관계에 대한 매우 섬세하고 복잡한 이론을 발전시켰다.[57] 본 연구에서 밝힌 엥엘베르트의 제국관 역시 이러한 맥

---

[57] 중세의 위계론이 정치사상에 미친 영향에 대해서는 David E. Luscombe, "Conceptions of Hierarchy before the Thirteenth Century", *Soziale Ordnungen im Selbstverständnis des Mittelalters*, ed. Albert Zimmermann, Vol. 1 (Berlin and New York: De Gruyther, 1979), pp.1 – 19; David E. Luscombe, "Thomas Aquinas and Conception of Hierarchy in the Thirteenth Century", *Thomas von Aquin: Werk und Wirkung im Licht neuerer Forschungen*, ed. Albert Zimmermann (Berlin and New York: De Gruyther, 1988), pp.261-277; David E. Luscombe, "Hierarchy in the late Middle Ages: Criticism and Change", in *Political Thought and the Realities of Power in the Middle Ages*, ed. Joseph Canning and Otto Gerhard Oexle (Göttingen: Vandenhoeck & Ruprecht, 1998), pp.113-126.

락에서 이해되어야 한다.

너무나 당연하게 들릴지도 모르지만 엥엘베르트의 제국은 근대 유럽의 제국과는 매우 다르다. 중층적인 권력의 위계를 인정하지 않는 국민국가의 시대에 제국이란 피지배국가의 주권을 파괴한 위에서 존재한다. 제국의 지배에 복속된다는 것은 곧 최종적인 자기결정권으로서의 주권을 잃어버리고 권리와 의무에서 차별받는 이등시민으로 전락하는 것을 의미했다. 그에 비해 엥엘베르트가 그리는 제국은 여러 가지 전통과 관례 및 특권 위에서 복잡하게 기능한다. 그 안에 제국 본국과 식민지 간의 관계가 존재하지 않는 만큼 제국의 신민과 피지배국의 신민, 일등시민과 이등시민의 구분 역시 존재하지 않는다. 엥엘베르트가 모든 세속 권력의 정당성의 궁극적 근거로서, 그리고 모든 권력의 상위체로서 제국을 말하고 있음은 틀림없다. 그러나 그는 사실상 어떠한 현상의 급격한 변경도 원하고 있지 않았으며, 그를 필수적인 것으로 보고 있지도 않았다. 그가 요구한 것은 무엇보다도 모든 국가들과 도시들이 로마 황제의 권위를 인정하고 그의 지도를 따라야 한다는 것 이상이 아니었기 때문이다.

참고문헌

스티븐 하우. 2007.《제국》. 강유원, 한동희 옮김. 서울: 뿌리와 이파리.

에이미 추아. 2008.《제국의 미래》. 이순희 옮김. 서울: 비아북.

윤비. 2011. 〈중세 독일민족의식의 발전과 로에스의 알렉산더Alexander of Roes의 제국론〉.《서양중세사연구》28호.

페르디난트 자입트. 2000.《중세의 빛과 그림자》. 차용구 역. 서울: 까치.

Appiah, Kwame A. 2006. *Cosmopolitianism. Ethics in a World of Strangers*. London: Penguin Books.

Archibugi, Daniele. 2011. *The Global Commonwealth of Citizens: Toward Cosmopolitan Democracy*. Princeton: Princeton University Press.

Barber, Benjamin R. 2003. *Fear's Empire. Terrorism, War and Democracy*. New York: W. W. Norton.

Baum, Wilhelm ed. 1998a. *Engelbert von Admont. Vom Ursprung und Ende des Reiches und andere Schriften*. Graz: Leykam.

Baum, Wilhelm. 1998b. "Engelbert von Admot und die Aristotelesrezeption in Padua." In: Baum, Wilhelm ed. 1998. *Engelbert von Admont. Vom Ursprung und Ende des Reiches und andere Schriften*. Graz: Leykam. 241-256.

Baum, Wilhelm. 1998c. "Die Rezeption des Wekres von Engelbert von Admont im Mittelalter und in der Neuzeit." In: Baum, Wilhelm ed. 1998. *Engelbert von Admont. Vom Ursprung und Ende des Reiches und andere Schriften*. Graz: Leykam. 257-275.

Beck, Ulrich. 2006. *Cosmopolitian Vision*. Cambridge: Polity Press.

Fowler, George F. 1967. *Intellectual Interests of Engelbert of Admont*. New York: Columbia University Press.

Hardt, Michael, & Negri, Antonio. 2001. *Empire*. Cambridge, Mass.: Harvard Univ. Press.

Held, David. 2010. *Cosmopolitanism*. Cambridge: Polity Press.

Engelbert of Admont. 1725. *Celeberrimi Engelberti abbatis Admontensis regimine principum tractatus*. Eds. Hueber, Caolomann, Hueber, Dominicus Huffnagl, J.G.T, Ratisbonae.

Engelbert of Admont. 1998. *De ortu et fine Imperii Romani*. In: Baum, Wilhelm ed. 1998. Engelbert von Admont. Vom Ursprung und Ende des Reiches und andere Schriften. Graz: Leykam. 9–135.

John of Paris. 1969. *De regia potestate et papali (Über königliche und päpstliche Gewalt)*. ed. Fritz Bleienstein. Stuttgart: E. Klett.

Jones, Chris. 2007. *Eclipse of Empire? Perceptions of the Western Empire and Its Rulers in Late-Medieval France*. Turnhout: Brepols.

Kaldor, Mary. 2003. *Global Civil Society: An Answer to War*. Cambridge: Polity Press.

Kucher, Felix. 1998. "Der Bildungsgang und das philosophische Umfeld Engelberts von Admont." In Baum, Wilhelm ed. 1998. *Engelbert von Admont. Vom Ursprung und Ende des Reiches und andere Schriften*. Graz: Leykam. 222–240.

Luscombe, David E. 1979. "Conceptions of Hierarchy before the Thirteenth Century." In: Zimmermann, Albert, ed. 1979. *Soziale Ordnungen im Selbstverständnis des Mittelalters*. Vol. 1. Berlin and New York: De Gruyther. 1 – 19.

Luscombe, David E. 1988. "Thomas Aquinas and Conception of Hierarchy in the Thirteenth Century." In: Zimmermann, Albert ed. 1988. *Thomas von Aquin: Werk und Wirkung im Licht neuerer Forschungen*. Berlin and New York: De Gruyther. 261–277.

Luscombe, David E. 1998. "Hierarchy in the late Middle Ages: Criticism and Change." In: Canning, Joseph, & Oexle, Otto Gerhardt eds. 1998. *Political Thought and the Realities of Power in the Middle Ages*. Göttingen: Vandenhoeck & Ruprecht. 113–126.

Miethke, Jürgen. 2000. *De potestate papae*. Tübingen: Mohr Siebeck.

Münkler, Herfried. 2005. *Imperium. Die Logik der Weltherrschaft*. Berlin: Rowohlt.

Schmitz, Max. 2009. "Zur Verbreitung der Werke Engelberts von Admont (ca. 1250–1331)." *Codices manuscripti* 71/72. 1–26.

Schneider, Herbert. 2004. "Der Antichrist im Doppelpack. Zur Rezeption Engelberts von Admont in Sammelhandschriften des 15. Jahrhunderts." *Segno e Testo. International Journal of Manuscripts and Text Transmission* 2. 409–427.

Schneider, Herbert. 2006. "Geschichte als Argument? Engelbert von Admont und die Historiographen." In: Gießauf, Johannes et al. eds. 2006. *Beiträge zur Kirchen-, Rechts- und Landesgeschichte. Festschrift für Werner Maleczek zum 65.* Geburtstag. München: Oldenbourg Wissenschaftsverlag. 393–401.

Speck, Ulrich, & Sznaider, Natan eds. 2003. *Empire Amerika.* München: Deutsche Verlags-Anstalt.

Weinfurter, Stefan. 2008. *Das Reich im Mittelalter. Kleine deutsche Geschihte von 500 bis 1500.* München: Beck.

Izbicki, Thomas M., & Nederman, Cary J. eds. & trans. 2000. *Three Tracts on Empire: Engelbert of Admont, Aeneas Silvius Piccolomini, and Juan de Torquemada.* Bristol: Thoemmes.

Thomas of Aquinas. 1980. *Summa Theologiae.* In: Thomas Aquinas. 1980. *Thomae Aquinatis Opera Omnia.* ed. Roberto Busa S.I. Vol. 2. Stuttgart–Bad Cannstatt.

Tod, Emmanuel. 2006. *After the Empire. The Breakdown of the American Order.* Trans. Delogu, C. Jon. New York: Columbia Univ. Press.

Ubl, Kalr. 2000. *Engelbert von Admont. Ein Gelehrter im Spannungsfeld von Aristotelismus und christlicher Überlieferung.* München: Oldenbourg Wissenschaftsverlag.

Ubl, Karl. 2006. "Die Rechte des Kaisers in der Theorie deutscher Gelehrter des 14. Jahrhunderts (Engelbert von Admont, Lupold von Bebenburg, Konrad von Megenberg)." In: Märtl, Claudia et al. eds. 2006. *Konrad von Megenberg (1309-1374) und sein Werk. Das Wissen der Zeit.* München: Beck. 353–387.

Ubl, Karl. "Zur Entstehung der Fürstenspiegel Engelberts von Admont," *Deutsches Archiv für Erforschung des Mittelalters* 55 (1999), pp.499–548;

Weiler, Ingomar. 1988. "Das Ende des Imperium Romanum in der Sicht Engelberts von Admont." In: Ebner, Herwig et al. eds. 1988. *Forschungen zur Landes- und Kirchengeschichte. Festschrift Helmut J. Mezler-Andelberg zum 65. Geburtstag.*

Graz: Eigenverlag des Instituts für Geschichte der Karl-Franzens-Univ. 513–516.

마르실리우스Marsilius of Padua의 정치적 보편주의*
- 인민주권론의 이해

이화용

1. 서론

보편주의 연구가 사회와 사상을 관통하는 가장 보편적인 이념이 무엇인가를 찾아내는 작업이라 할 때, 서양 중세 보편주의의 핵심은 서양 중세 사람들의 삶과 생각을 지배하고 구현시킨 이념이 무엇이었는가를 살펴보는 데 있다. 서양 중세 존재론의 근원이 하느님에게 있고 이로부터 서양 중세의 사회와 삶이 정당화되고 이루어졌음을 인정한다면, 서양 중세 보편주의가 하느님이라는 기독교

이 논문은 〈중세에서 근대로?: 마르실리우스Marsilius of Padua 인민주권론에 대한 하나의 역사적 이해〉,《정치사상연구》5집(한국정치사상학회, 2001)을 정치적 보편주의의 주제에 맞게 일부 수정한 글이다.

Decretum, Dist. xcvi. c. 10, *Corpus Iuris Canonici* I, ed. by A. Freidberg (Graz, repr. 1959), col. 340.

화된 신에 있음은 이견이 없을 것이다. 하느님 아래의 세상을 하나로 통일시키고자 한 노력이 바로 중세 보편성의 표현이며 이는 신학적으로는 교권(교회)으로, 정치적으로는 속권(왕)이라는 두 부류로 나누어 나타났다. 겔라시우스Gelasius, 재위 492-496는 교권과 속권의 관계를 규명하면서 교회는 정신적 문제, 제국은 세속적 문제에 관한 지배권을 갖고 있다는 이른바 양검론The theory of two swords을 주장한 바 있다. 그러나 겔라시우스의 이와 같은 분류와는 달리 현세에서 통일된 질서의 지배가 교권과 속권이라는 각각의 영역에서 순조롭게 이루어진 것은 아니었다. 서양 중세에서 하느님으로부터 부여받은 보편적 지배의 주권, 즉 정치적 보편성을 누가 갖고 있는가에 대한 논쟁과 두 영역 간의 갈등은 지속적으로 일어났다. 겔라시우스의 양검론에서는 암묵적으로 교권의 우월성이 제시되고 있었는데, 12세기 들어 그 우월함이 이노켄티우스Innocentius 3세와 4세 교황들에 의해 직접적으로 언급되었다. 그러나 역설적으로 교황의 보편적 지배권에 대한 이러한 주장은 황제로 대표되는 속권의 강력한 지배를 반증하는 것이기도 했다.

이 글은 서양 중세의 정치적 보편주의를 고찰하기 위한 하나의 시도이다. 서양 중세 보편주의의 요체인 기독교의 유일신인 하느님으로부터 비롯된 정치적 보편주의가 13~14세기에 살았던 이탈리아 파두아Padua 태생의 마르실리우스 사상에서는 어떻게 나타났는가를 고찰하는 데 목적이 있다. 위에서 언급한 교권과 속권의 보편적 지배의 갈등이 마르실리우스에 와서는 인민주권론의 모습으로 전개되는데, 이에 대한 고찰을 통해 서양 중세 정치적 보편주의의 변화를 탐색하고 나아가 보편적 가치의 역사성, 곧 중세로부터 근대 보편성의 전이를 부분적으로나마 살펴보고자 한다.

　마르실리우스를 정치사상사의 맥락에서 이해할 때 기존의 많은 학자들은 그를 근대민주주의 이념의 사상적 확립에 선구적인 기여를 해온 사상가로서 평가해왔다. 그 근거로서 그들은 마르실리우스를 근대 민주주의 이념의 요체라 할 수 있는 인민주권론을 주창한 정치이론가로 이해하는 데 의견을 같이하고 있다. 이와 같은 해석은 마르실리우스의 사상을 당시 그가 살던 중세의 정치적 담론의 맥락에서의 사상적 특성과 기여보다는 근대 정치사상에 미친 그의 공헌을 논의하는 목적에 방점을 두고 있는 것이라 할 수 있다. 풀과 프레비테 오르통 등이 마르실리우스를 근대 정치사상의 선구자라 단언할 때는 말할 것도 없고,[1] 이와는 대조적으로 스트라우스나 맥일웨인 등이 마르실리우스의 사상에서 근대적 의미의 인민주권론을 유보하거나 또는 여기에는 근대적 의미의 민주주의나 다수 지배 등의 개념이란 있지 않다[2]고 주장할 때도 마르실리우스를 읽는 관심은 적어도 그것과 근대사상과의 차이점을 논하고자 한다는 점에서 근대와의 관련을 맺고 있다.

　한편, 마르실리우스에게서 근대 인민주권 개념의 단초를 찾는

1　R. Poole, *Illustrations of the History of Medieval Thought and Learning*(London: S. P. C. K, 1932), p.240; C. Previté-Orton, "Marsilius of Padua," *The Proceedings of the British Academy,* 21(1935), p.137.

2　L. Strauss, "Marsilius of Padua," in *The History of Political Philosophy,* ed. L. Strauss and J. Cropsey(Chicago: Chicago University Press, 1964), pp.235-238; C. Mcllwain, *The Growth of Political Thought in West: From the Greeks to the End of the Middle Ages*(New York: Macmillan, 1932), p.304, p.307.

해석과 달리, 마르실리우스 사상의 중세성을 강조하는 입장이 있다. 이 입장에 따르면, 전자의 해석이 이론적으로는 어느 정도 마르실리우스 인민주권 개념의 논리적 근거를 밝혀주고 있긴 하나, 이는 당시 상황의 역사적 이해를 결여하고 있다고 한다. 마르실리우스 사상에서 이전과는 다른 "속인정신"의 세속화된 특성을 발견할 수 있으나[3] 이것이 개인의 평등을 전제로 하는 근대 사상의 수준까지는 이르지 못하고 있다는 것이다.[4] 또한 실제로 인민주권 개념은 이탈리아의 역사적 정황-시뇨리의 폭정-에서 가능하지 않았을 뿐만 아니라 마르실리우스 사상에서 주권은 인민이 아닌 황제에게 있었다 주장하며[5] 마르실리우스의 인민주권론을 근대성과 연결시키는 것은 비역사적일 뿐만 아니라 잘못된 것이라 평가하고 있다.

마르실리우스 사상에서 정치적 보편주의가 어떻게 나타나고 있는가를 고찰하고자 하는 이 글에서 마르실리우스 사상, 특히 인민주권론에 대한 대조적인 두 해석을 제시하는 이유는 이러하다. 즉 인민주권론에 대한 두 해석이 서로 대립적이라 할지라도 이들은 중세와 근대의 연장선에서 시대의 보편성을 담보하고 있음을 말하기 위함이다. 필자는 마르실리우스의 인민주권 개념이 중세의 역사적 맥락에서 이론적 · 역사적으로 일관성 있게 해명됨으로써

3   G. Lagarde, *La Naissance de l'Esprit Laïque au Déclin du Moyen Age, Vol. 1: Bilan de XIII Siècle*, *3rd edn.*(Louvain: Éditions E. Nauwelaerts, 1956), p.157.

4   Lagarde, *La Naissance de l'Esprit Laïque au Déclin du Moyen Age, Vol. Ill: Le Defensor Pacis*(Louvain: Éditions E. Nauwelaerts, 1970), pp.178-189.

5   J. Quillet, *La Philosophie Politique de Marsile de Padoue*(Paris: Librairie Philosophique J. Vrin, 1970), 85.

중세적 보편성을 가지며 나아가 근대 인민주권론의 보편적 의미를 충분히 갖고 있음을 논증하고자 한다. 이런 맥락에서 마르실리우스의 인민주권론은 서양 중세 후기와 근대의 연속에서 정치적 보편성을 내포하고 있음을 보여주고자 한다. 서양 중세 후기 정치적 보편주의의 양상을 고찰하기 위한 마르실리우스의 인민주권론 분석은 정치공동체에 관한 이해로부터 출발한다. 평화로운 공동체를 이루기 위해 누가 지배할 것인가의 보편적 문제에 대해 마르실리우스는 인민주권론으로 답하고자 한다.

2. 정치공동체, 평화 그리고 법

마르실리우스의 주요 저작 《평화의 수호자 *Defensor Pacis*》(이하 *DP*라 칭함)의 제목이 시사하듯이, 마르실리우스에게 있어 가장 큰 관심은 '정치공동체regmum'[6]의 평화를 어떻게 이루는가' 하는 문제였다. 평화는 당시 저술가들의 정치적 담론의 핵심적인 주제를 구성해오고 있었는데, 마르실리우스의 경우도 예외는 아니었다. 그는 성지

6　마르실리우스는 정치적 공동체를 지칭하는 용어로 regnum과 civitas 등을 사용한다. 그는 regnum 의 다양한 정의를 간단히 내리고 있으나(*DP*, I ii 2) 그것만으로 마르실리우스가 상정하는 regnum이 정확히 어떤 내용인지 가늠하기란 쉽지 않다. 일반적으로 마르실리우스의 regnum, 혹은 civitas는 그것이 제諸도시국가의 혼합형태이든 하나의 단일한 도시국가이든 일반적인 정체temperate regime, 혹은 시민공동체civil community를 가리킨다고 볼 수 있다. 이 논문에서 필자는 regnum을 정치공동체로 번역하나 때로 용어의 중복을 피하기 위해 국가의 용어도 사용한다. 여기서 국가는 그것의 근대적 함의 없이 단순히 정치공동체, 혹은 시민공동체의 관행적 의미만을 갖는다.

공동체의 평화를 모색하기 위한 첫 과제로 정치공동체란 무엇인가 하는 문제를 제기한다. 마르실리우스는 아리스토텔레스의 정치공동체에 관한 목적론적 인식[7]을 거의 그대로 수용하면서 정치적 공동체란 인간이 최고의 '자기충족적인 삶self-sufficiency'을 구가할 수 있는 가장 완전한 결사체congregation라 정의하고 있다(DP, I iv 5). 즉 정치공동체를 통해 그 구성원은 물질적 충족으로부터 오는 편안함을 얻을 수 있을 뿐만 아니라 도덕적으로 좋은 생활good life을 할 수 있게 된다. 충족한 삶의 좋은 생활은 정치공동체의 하위 결사체인 이성 간의 결합, 가족, 마을과 그보다 더 큰 규모의 모임에서일지라도 결코 도달할 수 없는 가장 완전한 의미의 도덕적 실체다(DP, I i-iii).

　마르실리우스에게 있어 정치공동체와 다른 다수의 모임을 구별케 하는 기준은 전자의 경우에서만 얻을 수 있는 선의 획득이다. 즉 국가 안에서 올바르게 살고자 하는 의지와 실천적 이성은 시민과 구심점을 결여한 산만한 개인을 가려내는 척도가 된다. 마르실리우스는 말하길, "정치체가 지속되는 것을 원치 않는 자들을 일컬어 노예라 하는데, 시민의 범주에는 이런 부류의 사람이 포함되지 않는다"(DP, I xii). 결국 시민이 되기 위한 자격요건은 개인이 실제로 자신이 속해 있는 정치공동체의 존속을 위해 얼마나 능력을 발휘하느냐에 달려 있다.[8] 인간 가운데 이성과 의지를 갖고 정치공동

---

7 Aristotle, *Politics*, I, i.
8 이와 같은 정의 하에 마르실리우스는 실제적으로 시민의 범주에 드는 부류로 아리스토텔레스의 시민에 덧붙여 농부와 장인들을 첨가하고 있다.

체의 유지에 기여를 하는 자는 시민이 될 수 있고 나아가 완전한 인간이 될 수 있다. 이는 곧 시민, 혹은 완전한 인간이 되기 위해서는 정치공동체의 형성이 필연적임을 시사한다.

마르실리우스에 따르면, 자연으로부터 정치공동체에서의 삶을 위한 완전한 수단을 받지 못한 인간은 이 부족함을 채우고 충족시키기 위해 다양한 덕과 기술, 직을 만들 필요가 있다고 한다(*DP*, I iv 5). 국가의 존속에 기여한다는 시민으로서의 임무는 일차적으로 바로 이와 같은 기능에 참여하는 데 있다. 그러나 마르실리우스에게 있어 국가 내 다양한 직의 구분은 인간으로 하여금 도덕적으로나 물질적으로 충족한 생활을 갖도록 하기 위한 도구적인 노동 분화에 지나지 않는다. 정치결사체의 자족적 생활을 위한 그 구성원 간 다양한 역할 분담의 필요성을 역설할 때의 아리스토텔레스는 가치와 우수함으로 역할상의 질적인 차이를 전제하고 있었던 반면, 마르실리우스의 경우는 역할들 간의 질적인 우월을 거부한다. 이는 인간 본성에 있어서나 정치적 권리에 있어서 시민들 사이에는 어떠한 차이도 없음을 뜻한다. 예컨대, 마르실리우스는 국가의 구조를 형성하는 6가지의 직분을 사제직, 군사 남낭, 사법 남낭과 농사, 재정, 기술직으로 나누어 전자의 세 부류를 소위 명예집단 honorabilitas으로, 나머지 후자를 일반대중vulgus이라 명명한다. 그러나 이들 모두는 국가에서의 충족한 삶을 가능케 하는 데 일조하면서 국가의 존속을 위해 기여하는 점에서 다 같은 시민이다. 이처럼 시민의 정의를 공직에의 참여로 한정시킨 아리스토텔레스보다,[9] 본인들의 사회적 배경과 몸담고 있는 직업의 종류에 관계없이 각자의 자리에서 국가의 지속적 유지를 위해 기여하는 자로 규정하는 마르실리우스의 시민 개념은 그 구성 요건과 범위에 있어 훨씬 포괄적이다.

마르실리우스는 국가의 부분들이 균형 있게 구성될 때, 곧 평화가 이루어진다고 보았다. 이는 국가 내의 평화가 시민들에게 국가의 운영을 위한 다양한 역할을 어떻게 배치하느냐의 문제에 달려 있음을 의미한다.[10] 마르실리우스는 정치공동체를 구성하는 제반 부분들, 혹은 시민들의 역할이 제대로 결정되고 운용될 때 그 사회는 평화를 유지하고 국가의 존속이 가능하다고 보았다. 반대로 구성원 역할의 잘못된 배분과 일탈이 일어날 때, 평화란 가능하지 않으며 정치공동체는 와해된다. 그러므로 국가의 목적인 자기 충족적인 생활은 평화상태의 완전성에 달려 있다. 평화 없이 자족적 생활이란 가능하지 않으며 나아가 국가의 존속도 상상할 수 없다.

마르실리우스가 평화를 정치공동체를 존속케 하는 첫 요건이

---

9 Aristotle, *Politics*, III, i.

10 마르실리우스의 평화에 관한 사전적 정의定義는 아리스토텔레스의 정의justice 개념과 다르지 않다. 그럼에도 왜 마르실리우스는 정의 대신 평화를 보다 적극적으로 논하는가에 대한 질문을 가질 수 있을 것이다. 이에 대한 답은 이탈리아 14세기의 정치적 담론, 시대적 언어의 맥락에서 찾아질 수 있을 듯하다. 당시의 저술가들은 정치적 부침과 빈번한 폭정의 경험을 겪고 있던 이탈리아 도시국가의 정치적 안정을 위해서는 통치의 목적을 무엇보다 평화의 보전에 두어야 함을 역설했는데, 이는 아퀴나스의 *De Regimine* Pincipium에서 평화의 중요성이 언급된 이래 자주 반복되어온 주장이었다. Skinner, *The Foundations of Modern Political Thought*, Vol. I(Cambridge: Cambridge University Press), pp.53-58를 참조하라.

자 원리로 이해한 것은 당시의 이론가, 특히 아리스토텔레스 등의 철학자들의 그것과 그리 다른 점은 아니다. 평화야말로 정치공동체를 구성하고 존속시키기 위해 반드시 필요한 보편적 가치이다. 마르실리우스와 후자의 차이는 그 평화가 무엇을 위한 것이며 어떻게 획득하느냐의 방법에 관한 차이이다. 예컨대 아퀴나스Thomas Aquinas, c.1224-1274에 이어 레미지우스Remigius de Girolami나 프톨레미 Ptolemy of Lucca 등의 13, 14세기 이탈리아의 아리스토텔레스 철학자들은 '지고의 선善'이 천상의 선이며 지상의 모든 선은 하늘로부터 비롯된 하위의 것일 뿐만 아니라 신을 향하고 위한 것이라고 했다.[11] 이에 비해, 마르실리우스가 이해하는 공동선으로서의 평화 개념은 그것이 천상의 선에 의존하지 않고 지상의 시민적 평화civil peace를 구가하는 데 있다. 마르실리우스에게 평화는 정치적 통합을 위한 실제 조건으로 이는 이 땅의 정치공동체에서 갖는 충족적 생활을 위한 것이지, 저 세상에서의 생을 위한 것은 아니다. 이러한 이해를 바탕으로 마르실리우스는 세상의 평화가 신을 통해서가 아니라 시민사회에의 헌신을 통해 획득되며 이 세상, 국가에서의 좋은 삶을 영위하기 위해 세시되는 유일하고 직접적인 판단 기준은 인간법human law이라 확신했다.

그러나 마르실리우스의 이러한 주장이 중세의 저항할 수 없는

---

11 T. Aquinas, *Summa Theologiae in Opera Omnia Iussu Impensaque Leonis XIII Edita*, Vol. V(Rome, 1882), Ia q. 103 a. 3 ; Remigius de Girolami, "De Bono Communi," in *La Teologia Politica Communale di Remigio de Girolami*, ed. Maria C. De Matteis(Bologna: Pàtron Editore, 1997); Ptolemy of Lucca, *De Regimine Principium ad Regem Cypri, in Thomae Aquinatis Opuscula Omnia*, ed. J. Perrier, Vol. I(Paris: P. Lethielleux, 1949), pp.221-426.

아퀴나스류의 존재론을 거부하고 있는 것은 아니라는 점을 언급할 필요가 있다. 마르실리우스 역시 여타 중세인처럼 하느님의 법이 지상의 세상을 꾸려나가는 가장 근원적인 법임을 받아들인다(*DP*, II xii 9). 마르실리우스도 존재론적 차원의 첫 원인이자 보편적 근거로 하느님을 부정할 수 없으며 인간이 영생을 얻기 희망하는 한 신법이 인간법보다 더 상위의 기준인 것을 알고 있지만(*DP*, II viii 4) 하느님의 법이 이 땅의 통치영역까지 내려온다고 보지는 않았다.[12] 요컨대, 인간사회의 평화를 위해 직접 이 세상을 지배하는 것은 다름 아닌 인간법이다.

인간에게 법이 필요한 이유는 인간들의 모순에서 비롯된다. 마르실리우스에 따르면 완전한 의미의 자기 충족적 생활을 얻기 위해 정치공동체를 구성하는 인간은 한편으로 모순된 행위와 열정으로 가득 차 있기 때문에 내부의 나약함과 외부의 거센 바람으로부터 자신들을 막기에는 너무 연약하다고 말한다. 따라서 정의의 규범으로써 규제되지 않는다면 인간이 치닫게 될 끝이란 공동체의 파멸일 뿐이다(*DP*, I iv 3). 이처럼 인간의 약함에 대한 해독제로 만들어지는 법ius은 정치공동체에서 무엇이 정의로우며 유익한가the just and the beneficial를 판단하는 기준이다. 정의를 판단함에 있어 법은 어느 개인, 어느 탁월한 지배자보다도 우월하다(*DP*, I xi 1). 법에 따

---

12 혹자는 마르실리우스 사상에서 하느님의 법과 인간법의 기능에 대한 확연한 분리를 하지 않은 채 마르실리우스를 하느님의 법을 인정하지 않는 사상가로 해석하나 이는 잘못된 이해이다. 그와 같은 해석의 예로 A. Gewirth, *Marsilius of Padua and Medieval Political Philosophy*, Vol.I(New York: Columbia University Press, 1961), p.133을 보라.

라 국가가 통치될 때 국가의 운영을 위한 다양한 직분의 설정이 바르게 이루어질 수 있으며 이로써 평화도 보장된다. 마르실리우스는 이러한 법이란 곧 '입법자legislator가 명령하고 금지하거나 허가하는 것'이라 정의한다(DP, II xii 10). 이는 입법자가 의도하는 바를 넘어서는 정의의 기준이란 없음을 의미한다. 즉 입법자가 생각하며 의지하는 바가 곧 정의롭고 균등한 것이 된다. 여기서 자연스레 제기되는 문제는 누가 입법자인가, 누가 법을 만드는가이다.

3. 보편적 주권의 입법자: 시민과 유력자

영생에 대한 믿음을 저버리지는 않았다 할지라도 이 세상의 평화를 가져오는 것은 하느님의 법이 아니라 인간법이라는 마르실리우스의 확신은 그 법을 만드는 자 역시 인간이지 신이 아니라는 주장으로 연장된다. 법은 인간의 나약함으로 인해 제정되건만 마르실리우스는 역설적으로 하느님이 아닌 그 나약한 인간에게서 법의 원천을 찾는다. 즉 입법자는 구체적으로 누구인가의 질문에 대하여 마르실리우스는 단순하나 명료한 답을 준다: "인민populus, 혹은 전체시민universitas civium, 혹은 시민의 총회에서 행해지는 선거나 의사표현을 통해 결정되는 시민의 유력자valentior pars"(DP, I xii 3). 법이란 전체시민, 혹은 시민의 유력자가 생각하고 원하는 바를 말한다. 이들에게 법을 만드는 권위가 있다 함은 마르실리우스가 법의 구성요건이라 본 옳고 그름의 정의를 판별할 수 있는 분별력, 이해력과 정의의 판단을 정치공동체에서 실제로 시행할 수 있는 강제력 또는 처벌권이 바로 시민과 유력자에게 있음을 의미한다(*DP*, I x 4). 전체시민 혹은 시민의 유력자는 입법자로서 국가의 주요 결정을 내릴 수 있는 궁극적인 최종의 권위와 권력을 가지며, 따라서 자신들보다 더 우월한 자를 허용하지 않는 주권자이다.

입법자를 전체시민 혹은 시민의 유력자라 보는 마르실리우스의 주장은 전체 혹은 다수의 집합적인 힘이 소수 혹은 다수의 개별화된 부분의 힘보다 더 우월하다는 아리스토텔레스의 주장으로부터 비롯된다. 그러나 아리스토텔레스의 경우 다수의 우월한 지배를 주장하되 다수 지배가 최선의 정치체제라는 결론으로 귀결되지 않는 반면, 마르실리우스는 지식과 교육, 능력의 면에서 뛰어난 소수보다는 정의와 공동이익에 관한 월등한 판별력을 갖는 전체시민이 법을 만드는 권위를 갖는 정치체제가 최선의 것임을 주장한다. 마르실리우스는 소수에게 입법적 권위를 부여한다면, 전체를 위한 공동선보다는 개인이나 자신이 속한 그룹에 이로운 사적인 이익만이 추구될 것이라고 보았기 때문이다. 그는 그러한 예로서 성직자의 경우를 들고 있다(*DP*, I xiii 5). 그러므로 최선의 정체는 국가의 주권이 소수가 아닌 전체시민에게 있는 경우라 한다.

> 모든 시민은 자유로워야 하며, 노예에 대한 군림을 의미하는 전제주의하에 놓이지 않아야 한다. 그러나 한 사람 혹은 소수의 시민이 자신의 권위로써 전체시민을 통치할 법을 만든다면, 시민의 자유란 가능하지 않다(*DP*, I xii 6).

집합collectivity으로서의 전체가 개인이나 소수보다 낫다는 마르실리우스의 주장 속에서 우리가 주의할 바는 그것이 전체와 소수의 대립을 뜻하는 것은 아니라는 점이다. 마르실리우스가 전체로서의 시민을 말할 때 이는 소수의 현자와 다수의 지적 능력이 떨어진 자 모두를 포함한다. 소수의 현자가 법 제정 시 기술적인 역량 등을 발휘할 수 있으나 이들이 정치공동체의 옳고 바름을 가장 잘 구별하고 판단할 수 있는 지식과 도덕적 능력까지 갖추고 있다고 마르실리우스는 믿지 않았다. 대신 그는 이러한 능력을 다수의 인민들에게서 찾았는데, 이는 전 공동체를 위한 주요 문제의 결정은 공동선이 무엇인지를 볼 줄 아는 전체 인민의 집단적인 능력, 힘과 식견 덕분이지 개인의 탁월성에 의한 것이 아니라 보았기 때문이다. 지력은 부족하더라도 다수의 인민은 공동체의 전 구성원의 자족적 생활을 가능하게 하는 공동선에 참여하여 국가의 존속에 기여한다는 의미에서 시민이 되기에 충분히 "유력하다valenrior".

마르실리우스의 사상에서 입법권 혹은 주권이 "전체시민 혹은 그것의 유력자에게 있다" 할 때 제기되는 문제는 "유력자"에 대한 해석을 어떻게 내릴 것인가 하는 섬이다. "유력자는 선제시민과 동일한 것으로 이해되어야 한다"(DP, I xiii 2)는 마르실리우스 자신의 언급에도 불구하고 유력자는 무엇을 의미하는가 하는 문제가 여러 학자들 사이에 논란의 대상이 되어 왔다. 유력자와 시민은 누구를 지칭하며 진정 어떤 관계에 있는가?

마르실리우스에게 있어 입법적 권위는 별개의 두 정치적 행위자, 전체시민 또는 소수 지배자에 있다고 대조적으로 해석되어 왔다. 퀼레Quillet는 마르실리우스의 유력자란 소수의 시민을 뜻하는 것으로 이는 입법적 권위를 단일인이나 소수에게 제한시키려는 도구적 개념이며,[13] 역사적으로는 신성로마제국의 황제 선거권을 가졌던 7인의 선제후seven princes를 가리킨다고 주장한다.[14] 윌크스Wilks 역시 유력자란 통치 담당의 능력을 갖춘 지배자, 역사적으로 말한다면 선제후를 가리키는 것이라 보고 퀼레의 해석과 같은 입장을 보였다.[15] 반면, 기워스Gewirth는 구체적인 역사적 설명을 제시하지 않은 채 마르실리우스의 유력자 개념은 공동체의 전체시민을 의미한다고 주장했다.[16] 이러한 상반된 입장은 마르실리우스의 언명에도 불구하고 그의 저서 속에 논쟁의 여지가 제공되고 있음을 시사하거나, 또는 "유력자가 전체 시민과 동일하다" 할 때 동일성의 의미를 어떻게 해석할 것인가 하는 문제로 집약될 수 있다.

필자는 마르실리우스의 유력자 개념이 이론적 · 역사적으로 엘리트적 · 귀족주의적 함의aristocratic implication를 가진 것이 아님을 밝히고자 한다. 즉 마르실리우스의 사상에서 유력자와 전체시민이 본질적으로 다른 특성을 갖는 두 행위자가 아님을 보여줌으로써 마르실리우스 사상의 인민주의적 해석을 뒷받침하고자 한다. 아

---

13 J. Quillet, *La Philosophie Politique de Marsile*, 93-99;*Lagarde, La Naissance de l'Esprit Laïque*, pp.141-145.

14 J. Quillet, "Community, Counsel and Representation" in *The Cambridge History of Medieval Political Thought, C.350-C.1450*, ed. J. Bums(Cambriclge: Cambridge University Press, 1988), pp.560-561.

15 M. Wilks, *The Problem of Sovereignty in the Later Middle Ages*(Cambridge: Cambridge University Press, 1963), pp.195-196, p.479.

16 A. Gewirth, *Marsilius of Padua and Medieval Political Philosophy*, Vol.I(New York: Columbia University Press, 1951), pp.182-199.

울러 마르실리우스를 통해 신 중심의 중세의 정치적 보편주의 내용이 인간 중심으로 점차 변화되고 있음을 시사하고자 한다. 유력자 개념의 역사적 실체라 하는 7인의 선제후가 어떻게 입법자인 전체시민과 긴장 관계에 있지 않는가에 대해서는 다음의 장에서 설명하기로 하고, 여기서는 먼저 이론적으로 마르실리우스의 유력자 개념이 어떻게 전체시민과 동등한 것으로 이해될 수 있는지를 논증하고자 한다.

마르실리우스가 공동체의 정의와 공동이익의 판단을 전체시민이나 유력자에게 맡겨야 한다 했을 때 유력자는 본질적으로 시민과 동일한 정치적 행위자를 상정한 것이라는 필자의 주장은 유력자가 양적인 의미와 질적인 의미에서 모두 전체시민과 다르지 않음을 보여줌으로써 가능하다. 이는 실제로 다음과 같은 마르실리우스 자신의 구절과도 조응하는 것이다.

> 입법자 혹은 법의 첫 번째이며 완전한 동인은 인민 혹은 전체시민, 혹은 유력자이다. …(중략)… 이들은 시민적 행위에서 행해져야 할 바와 삼가야 될 바를 명령하거나 결정한다. …(중략)… 내가 유력자라 할 때 이는 법이 제정되는 공동체의 구성원의 양과 질을 고려하고 있음을 의미한다(*DP*, I xii 3).

구체적으로 마르실리우스의 유력자가 지닌 양적·질적 특성은 무엇을 말하는가? 첫째, 유력자의 양적 특성은 그 수數에 있다. 마르실리우스 자신이 유력자란 양적으로 전체시민과 다르지 않으며 이들을 대중multitudo이라 칭한 것으로 미루어 유력자 역시 수적으로 다수에 가깝다. 마르실리우스는 공적 결정에 가담할 수 있는 지력을 갖추지 못한 자를 제외한 명예집단과 일반인을 포함하는 시민의 압도적 다수를 대중이라 정의하면서(*DP*, I xii 4-5) 시민, 대중의 범주에 아이, 노예, 외국인과 여성을 제외시키고 있다. 입법자로서의 자질, 즉 국가를 존속시킬 수 있는 도덕적 · 정치적 능력을 갖추지 못했기 때문에 시민이 되지 못하는 이들을 제외한다 하더라도 시민, 대중 혹은 그들과 같은 이름으로 묶여지는 유력자는 수적으로 여전히 다수이다. 이와 같이 양적으로 유력자는 도덕적 · 정치적 능력을 가진 집합체로서 전체시민과 거의 동치라 할 수 있다.

유력자의 양적인 특성이 질적인 특성과 관련을 갖는 것은 이 지점에서이다. 유력자가 전체시민과 같다 함은 수적으로뿐만 아니라 입법자인 시민과 같은 본질을 지녀야 한다는 것을 말한다. 유력자는 시민과 마찬가지로 정치공동체에서 법의 필요성을 인식하며 각자의 직분에 충실함으로써 국가의 존속에 기여한다는 의미에서 유력한valentior 자이기 때문이다.

> 그러므로 인간의 유력한 다수valentior multitudo가 국가를 존속시키고자 할 때, …(중략)… 그것(법)이 없다는 걸 알면 국가를 지속시키는 일을 아예 포기할 것이다(*DP*, I xiii 2. 괄호 내용은 필자 첨가).

다시 말해 유력자가 전체시민을 대신할 수 있음은 유력자 역시 법의 제정과 준수를 통해서야 국가가 존속될 수 있다는 지식과 그 실천 능력을 의미하는 시민의 우월함을 공유하기 때문이다. 이처럼 마르실리우스가 유력자를 통해 표현하고자 했던 것은 아리스토텔레스의 귀족주의적 입장이 아니라 전체시민의 도덕적·정치적 탁월성을 반영하는 집합적 특성이다. 구체적으로 이 탁월성은 명예집단과 일반인이 시민의 자격으로 다 같이 행하는 정치참여, 즉 입법적 권위 행사의 형태로 나타난다.

요컨대, 마르실리우스의 유력자는 시민을 정의하는 양적이고 질적인 측면을 모두 함축하고 있다. 유력자는 전체시민의 우월성을 나타내는 동시에 수적으로 다수를 구성한다는 점에서 양적으로나 질적으로 입법자로서의 전체시민과 거의 동일한 내용을 갖는다.

4. 보편적 주권의 역사: 인민의 귀환

앞에서 언급했듯이 마르실리우스의 유력자에 대해 엘리트적인 함의의 해석을 내리는 퀼레와 윌크스는 유력자의 자격요건이 소수에게만 충족될 수 있는 것으로 실제 유력자 개념의 중심에는 황제와 선제후의 역사적 실체가 있음을 주장한다. 퀼레와 윌크스에 의하면 마르실리우스 사상에서 입법자를 황제가 아닌 전체시민으로 보는 것은 당시 제국과 폭정을 휘두른 통치자들signori의 존재를 무시하는 몰역사적인 이해라 한다. 퀼레는 유력자란 다름 아닌 7인의 선제후라 보았고, 윌크스 역시 유력자를 상당한 정치적 자질을 갖춘 지배집단으로 해석하여 이들을 실제 선제후로 보는 퀼레의 입장에 동의한다.

　그러나 이들의 주장처럼 마르실리우스의 저서에서 유력자란 선제후를 가리킨다고 볼 수 있는 분명하고 신뢰할 만한 증거는 없다. 설사 마르실리우스가 유력자를 언급할 때 역사 속의 7인의 선제후를 염두에 둔 것이라 하더라도, 퀼레와 윌크스가 주장하는 것처럼 마르실리우스가 유력자(선제후)를 인민 위에 군림하는 지배자라 이해한 것으로 볼 수 없다. 이 장에서 필자는 마르실리우스 사상의 엘리트주의적 해석에 반하여, 유력자 개념의 역사적 실체는 선제후가 아니며 이보다 더 중요한 것으로 유력자와 전체시민이 상치되는 것이 아님을 역사적으로 논증하고자 한다. 이론적으로뿐만 아니라 역사적으로 유력자는 양적으로나 질적으로 시민의 본질을 그대로 담지하고 있음을 보여줌으로써 마르실리우스의 정치적 보편성이 인민주권론에 내포되어 있음을 보여주고자 한다.

　퀼레와 윌크스처럼 마르실리우스의 유력자를 7인의 선제후로 지명하는 입장의 기저에는 마르실리우스에게 있어 입법적 권위를 가진 주체가 황제라는 제국주의적 해석imperialist interpretation(이하 이 입장을 황제주의라 칭한다)이 자리 잡고 있다. 황제주의 해석과 조응하는 유력자의 엘리트적 함의가 마르실리우스의 사상을 이해하는 데 필연적이지 않음을 보여주기 위해서 먼저 마르실리우스에게 있어 보편적 주권이라 할 수 있는 입법적 권위는 누구에게 있는가의 문제를 다시 명확히 할 필요가 있다. 마르실리우스 사상에서 입법권 소재에 관한 문제는 그것의 중요성만큼이나 많은 논의를 일으켰다. 위에서 설명했듯이, 이 문제는 인민이 입법적 권위를 갖고 있다고 보는 인민주의 해석과 그 권위가 황제에 있다고 주장하는 황제주의 해석으로 크게 구분된다. 필자는 이 장에서 전체 시민을 주권적 입법자로 보는 마르실리우스의 주장이 황제가 등장하는 역사적 맥락에서도 영향을 받지 않음을 당시의 담론과 정치의 역사적 맥락에서 밝혀보고자 한다. 이를 통해 마르실리우스의 황제는 전체시민 혹은 인민의 상위 지배자가 아니라 인민을 대신하는 정치적 대치체substitute임을 보여줌으로써, 마르실리우스 사상에서 황제와 인민이 위계적 긴장관계에 있지 않으며 유력자의 귀족주의적 해석이 타당하지 않다고 주장한다.

때로 국가의 최고 입법적 권위, 즉 주권을 가진 자가 누구인가에 대해 마르실리우스의 주장이 일관적인 형태로 제시되고 있지 않다는 지적을 받는다. 이에 의하면《평화의 수호자》제1편에서는 전체시민이 입법자임을 주장하나, 이는 제국에 관한 이론이 개진되는《평화의 수호자》제2편,《제국의 전이에 관하여De Translatione Imperii》와《평화의 수호자 속편Defensor Minor》(이하 각기 TI와 DM으로 줄여씀)으로 옮겨가면서 입법자의 권위가 황제에게 있다는 견해로 바뀐다는 것이다. 이를 두고 마르실리우스 학자들은 입법자에 관한 마르실리우스 견해의 비일관성을《평화의 수호자》저자가 한 명이 아니라 공동작품이며[17] 특정 정치 형태의 선호를 보여주지 않기 위한 마르실리우스의 "계산된 애매성" 등이라 설명한다.[19] 그러

---

17 Previté-Orton, "Marsilius of Padua," p.142. 마르실리우스가《평화의 수호자》의 유일한 저자임을 밝힌 글로는 Gewirth, "John of Jandun and Defensor Pacis," Speculum, XXIII(1948), pp.267-272를 보라.

나 마르실리우스의 저술에서 황제의 등장에 관한 이러한 설명은 마르실리우스의 황제주의적 입장을 이해함에 있어 주변적일 뿐만 아니라 부적당하다. 오히려 황제주의 해석을 가능케 한 것은 국가의 최종적 권위 곧 주권이 "인간 입법자 혹은 지배자principans, princeps"라고 말하는 위 저서에 나오는 마르실리우스의 구절이 일조를 하고 있다(DP, II xvii 9, 15-18; II xxi 5-8; DM, i 5).

이제 우리의 관심은 마르실리우스의 지배자가 누구를 가리키는가를 밝히는 데 있다. 먼저 지적할 것은 여기서의 지배자는 유력자와는 또 다른 정치적 주체라는 점인데, 이는 유력자가 복수인데 반해 지배자는 계속 단일인으로 표현되고 있다는 사실에서도 드러난다. 그렇다면 전체시민, 혹은 유력자를 제외한 또 다른 입법자가 있는 것인가? 그 지배자와 우리의 입법자, 전체시민과는 어떤 관계를 갖는가? 필자는 lex regia[19]와 이탈리아 정치적 상황Italicum regnum의 두 가지 역사적 맥락을 통해 마르실리우스의 입법자와 황제의 관계를 규명하고자 한다.

Lex regia

11세기 이탈리아에서 유스티니누스 법전law books of Justinian의 재발

---

18 C. Nederman, "From Defensor Pacis to Defensor Minor: The Problem of Empire in Marsiglio of Padua," *History of Political Thought*, 26(1995), p.317.
19 여기서 lex regia에 대한 한글 번역어를 달지 않는 이유는 그 용어가 야기할 수도 있을 입법권의 근원에 대한 일방적 해석을 막고자 함이다. 문자 그대로 옮기자면 lex regia는 '군주법'이라 번역되는데, 이 번역어는 입법권의 소재가 군주에게 있음을 시사함으로써 lex regia에 대한 인민주의적 해석의 여지를 유기시켜버릴 수 있다.

견으로 인해 로마법은 모든 법적 문제의 해결사로서 자리 잡게 되었다. 교회법에 대응하여 시민법*Corpus iuris civilis*이라 알려진 이 로마법 가운데 소위 lex regia는 이탈리아 도시국가city-states의 통치권 문제와 관련하여 법을 만드는 최고 권력은 누구에게 있는가 하는 문제를 두고 자주 논의되고 있었다. 로마법을 완벽한 법전이라 한 유스티니아누스 자신의 확언에도 불구하고 이 법전은 입법적 권위의 소재를 분명하게 제시하지 않음으로써 분쟁의 소지를 남겨 놓고 있었다.[20] 예컨대 "황제는 법의 지배를 받지 않는다princeps legibus solutus est"고 말하는《학설유집*Digesta*》1.3.31과 "왕의 마음에 드는 것이 법령이 되리라quod principi placuit, legis habet vigorem"한《학설유집》1.4.1.1는 법의 근원이 황제에 있다는 입장을 견지하기 위해 가장 자주 인용되는 법조문이었다. 이러한 절대왕권적 해석은《학설유집》1.4.1.1의 같은 법조문에 나오는 "이는 인민이 황제에게 그들의 모든 권위와 권력을 주었기 때문이다"라는 황제 입법권의 근거를 제시하는 부분을 생략한 채였다. 입법적 권위의 원천과 소재에 관하여 상충된 견해를 일으키기 충분한 이와 같은 법조문은 13, 14세기 시민법학자 사이에서 누가 보편적 통치 주권을 갖는가 하는 논쟁의 주요 이슈가 되었다.

12세기 초 이르네리우스Irnerius가 위 lex regia 관련 법조문에 인민으로부터 황제princeps[21]에게 양도된 권력은 영원히 돌려질 수 없

---

20 P. Stein, *The Character and Influence of the Roman Civil Law*(London: The Hambledon Press, 1988), 47.
21 라틴어 princeps는 당시 로마법학자와 주석자들에게 황제와 동일시되었다. 13세기 법학

다는 주석을 달면서 입법권의 근거에 관한 논쟁의 불을 붙였다.[22] 뒤이어 작자 미상의 《칙법휘찬논서*Summa Trecensis*》에서는 인민의 입법적 권위란 영원한 것으로 황제에게 이 권력이 허용되었다 하더라도 이는 원래의 소유자에게 돌려질 수 있다는 주장이 제기되면서[23] 이르네리우스의 해석을 받아들이지 않았다. 반면 법이란 원래 인민의 판단을 의미하는 것이었으나 이제는 황제의 제재라 정의된다고 한 프라켄티누스Placentinus의 주장은 법 제정 시 아직도 인민의 의사를 고려해야 하며 황제도 법의 제재를 받아야 한다는 여지를 남기지만 기본적으로 이르네리우스의 입장에 동조를 하는 것이었다.[24] 13세기에 들어서 아조Azo는 법이란 인민이 만드는 것이자 또한 황제의 작품이기도 하다고 말한다. 그러나 후자의 경우일지라도 이는 인민이 동의한다는 조건에서 그러하다고 덧붙인다.[25] Lex regia에 대한 절대왕권적 해석을 전면적으로 반박하며 아조는 전체로서의 인민은 황제보다 훨씬 우월한 힘을 가지므로 입법적 권위, 주권은 인민에게 있음을 역설하고 인민의 이 권력은 본질적으로 양도할 수 없는 것이라 주장했다.[26] 당시 아조의 인민주의적

자들의 'princeps' 용어 사용에 관해서 K. Pennington, *The Prince and the Law 1200-1600: Sovereignty and Rights in the Western Legal Tradition*(Berkeley: University of California, 1993), pp.90-91을 보라. 페닝톤에 따르면 법학자들은 princeps를 자신보다 더 우월한 자를 갖지 않는 최고의 지배자를 정의하는 일반적인 용어로 사용했다고 한다.

22 Imerius, *Gloss on Digest*, 1,6,2. R. Carlyle and A. Carlyle, *A History of Medieval Political Theory in the West*, Vol.II(London: William Blackwood & Sons Ltd, 1936), p.60에서 재인용.

23 *Summa Trecensis*, ed. Fitting (Berlin: J. Guttentag Verlagsbuchhandlung, 1894), p.306.

24 Placentinus, *Summa Codicis*(Torino, 1536. rep. 1962), p.16.

25 Azo, *Summa super Codicem*(Augustae Taurinorum, 1506. rep. 1966), pp.8-9.

26 Azo, *Lectura super Codicem(Augustae* Taurinorum, 1577. rep. 1966), p.671.

해석이 널리 받아들여진 것은 아니었다. 마르실리우스가 활동하던 14세기 초의 지배적인 견해는 입법적 권위가 원래 인민에게 있었으나 이제 더 이상 그들에게 돌려질 수 없다는 입장이었다. 예컨대 마르실리우스와 동시대인 키누스Cynus는 황제주의 입장을 견지하며 황제는 신의 대리인으로 이 세상의 주인dominus mundi이며 따라서 그보다 더 상위자는 없노라 주장하고 있었다.[27]

누가 입법적 권위를 갖는가, 누가 주권을 갖는가 하는 로마법 학자들 사이의 lex regia 논쟁은 한창 자신들의 정치적 독립성을 구가하고 있던 이탈리아 북부 중심의 도시국가에서 제국(신성로마제국)과의 관계를 규정해야 될 필요성 속에서 적극적으로 이루어지고 있었다. 제국의 일원이자 도시국가의 시민으로서 마르실리우스 역시 양자의 관계를 규정하는 문제로부터 벗어날 수 없었을 것이다.[28] 이르네리우스나 프라켄티누스와 마찬가지로, 마르실리우스는 황제의 권위가 인민에 의한 권력 양도로 인해 주어진 것임을 주장한다. 그러나 필자가 강조하고자 하는 바는 마르실리우스는 그들과 달리 인민의 원초적 권력이 과거의 사실로서 더 이상 유효하지 않은 것이 아니라 황제의 현재 위상 속에서 여전히 표현되고 작동하고 있는 힘으로 보았다는 점이다. 이는 인민이 어떻게 정치적

---

27 W. Ullmann, "The Development of the Medieval Idea of Sovereignty," *English History Review*, CCL(1949), p.5.

28 이와 대조적으로 록우드S. Lockwood는 마르실리우스 사상에서 이탈리아 도시국가의 지역성을 인정하지 않고 그의 저작은 제국만을 준거로 삼고 있음을 주장한다. S. Lockwood, "Marsilius of Padua and the Case for the Royal Ecclesiastical Supremacy," *Transactions of the Royal Historical Society*, 6 ser. I(1991), p.95.

권위의 원천이 되어왔는가 하는 마르실리우스의 역사적 설명에서 드러나고 있다. 마르실리우스에 따르면, 왕의 입법권의 근거를 인민으로부터 찾는 논리는 역사적으로 로마제국에서 로마시민의 우월성과 그로부터 비롯되는 제반 민족에 대한 로마인의 수위성秀偉性으로부터 유래된다고 한다. 그러나 로마시민의 이 권위는 로마제국을 이루는 제반 지역의 인민에 의해 주어짐으로써 가능한 것이었다. 요컨대 황제 혹은 로마시민의 권위와 권력은 작은 공동체로부터 보다 큰 공동체에 이르기까지 전체 인민에 의해 부여된 것이라 했다(DM, xii 1).

고대 로마황제의 권위가 제국의 전체 인민으로부터 연유한 것이라는 이해는 이탈리아 북부의 도시국가와 신성로마제국의 관계를 설명함에 있어서도 여전히 적용될 수 있다. 즉 신성로마제국의 황제 역시 그 제국을 구성하는 제반 정치체들의 인민에 의해 그 권위를 부여받은 지배자이다. 이에 따르면 마르실리우스의 황제도 전체인민의 권위 양도에 의해 실제 역사에 등장한 입법자이다. 간단히 말해 황제는 원초적 입법자(전체시민)를 대신하여 역사의 장에 나온 정치적 대치체라 할 수 있다. 마르실리우스의 "인간 입법자 혹은 지배자"의 구절은 이 같은 맥락에서 이해될 수 있다. 그리하여 마르실리우스는 "인간법에 부응하는 입법자가 있거늘 이는 전체 시민 혹은 유력자, 또는 황제라 불리는 로마의 지배자이다"(DM, xiii 9)라 하면서 누가 입법자인지를 간명하게 밝혀주고 있다.

마르실리우스에게 있어 입법자를 이러한 세 정치적 행위자(전체시민, 유력자, 황제)로 이해한다면, 유력자를 7인의 선제후로 보는 퀼레와 윌크스류의 황제주의 해석에 제동을 걸 수 있다. 왜냐하면 필자의 해석을 수용한다면, 이들이 유력자라 보았던 선제후와 황제의 위치가 동일한 지위에 놓이게 되어 역사적으로 이는 타당하지 않으며 유력자의 역사적 실체가 선제후라는 그들의 해석이 모순임을 보여주기 때문이다. 분명 마르실리우스는 신성로마제국의 황제 선출이 게르만 선제후의 몫이라는 사실을 알고 있었다(TI, ch.11; DP, II xxvi 9). 그러나 선제후의 선거권이 제국적 권위의 연원을 밝힐 수 있는 포괄적 문제를 설명해줄 수 있는 답이라 믿지는 않았으리라. 마르실리우스의 사상에서 정치적 권위의 원천은 전체시민, 혹은 이와 거의 동일한 정치적 실체인 유력자에게 있으므로 이를 7인의 게르만 선제후에게 돌릴 문제는 아니었다. "지배자나 관리를 뽑는 어떠한 선거에서든, 특히 그 지위가 강제력을 행사하는 자리인 경우 이는 입법자의 명시적 의사에 의존한다"는 마르실리우스의 단언은 그 입법자가 모든 정치적 권위의 결정권을 갖고 있음을 확인해주는 구절로 여기서 충분히 인용될 만하다(DP, II ii 10).

제국과 도시국가

마르실리우스 이전의 lex regia 논의에서 입법권의 소재를 두고 시민 혹은 인민과 황제는 대립적인 긴장관계였던 반면, 마르실리우스에게 있어 이 두 행위자는 대치상태에 있지 않고 근본적으로 등치임을 보아왔다. 제국의 보편적 이념의 명분과 자치적 독립의 지역적 실제 사이에서 보편성과 특수성의 긴장을 해소하는 방법은 lex regia라는 담론의 장에서뿐만 아니라 당시 이탈리아의 정치적 상황에서도 찾아질 수 있다. 이로써 어떤 맥락에서 마르실리우스의 황제에 관한 언급이 황제주의 해석으로 연결되지 않고 또한 인민주의 해석과 상충하지 않는가를 다시 한 번 보여주리라 사료된다.

마르실리우스 사상에서 제국의 문제는 그의 이론을 절대주의론으로 해석하는 가장 큰 실마리를 제공해왔다. 황제주의 해석은 자신들의 입장을 뒷받침해주는 이론적 배경으로 최고국가the supreme government와 정체의 다양성에 관한 마르실리우스의 다음과 같은 구절에 의존한다.

> 모든 여러 정부가 귀속되는 지고의 권력을 지닌 통치체는 수적으로 하나이어야 한다. 이 같은 최고정부는 모든 다른 하위 정부를 규제하고 그들의 잘못을 시정한다(DP, I xvii 1).

위 구절은 다양한 시민체가 서로 해가 되지 않고 통합할 수 있는 방법이 하나의 최고 통치체를 통해서임을 제시하며 그 통치체의 일원성의 필요성을 역설하고 있다. 이러한 주장은 마르실리우스가 이상적인 정치체로 본 것은 오직 제국이지 도시국가가 아니라는 황제주의 해석에 유용한 단서가 되었다.[29] 분명 마르실리우스

---

29 예컨대 윌크스는 마르실리우스의 《평화의 수호자》는 신성로마제국의 황제 루드비히 Ludwig of Bavaria를 위해 저술된 것으로, 마르실리우스의 정치 실체는 하나의 정치 우두머리를 가진 단일한 보편적 정치체, 즉 신성로마제국을 가리킨다고 단언하고 있다(Wilks, *The Problem of Sovereignty*, 110). 이 견해에 대한 반박으로는 N. Rubinstein, "Marsilius of Padua and Italian Political Thought of His Time", *Europe in the Later Middle Ages*, ed. J. Hale(London: Faber & Faber, 1965), p.44.를 보라.

는 여러 공동체들을 총괄할 수 있는 하나의 정치적인 구심체가 필요하며 그 밑에서 통일성이 가능함을 주장한다. 그러나 여기서 정치체의 통합이 반드시 다원성에 역하는 수적인 하나one만을 가리키는 것이 아니다. 이는 통일된 질서 속에 하나됨oneness을 의미하고 있음을 주목해야 한다(*DP*, I xvii 2). 통합에서 지배자의 수보다 더 중요한 것은 모든 정치적 행위, 판단과 명령이 나오는 곳, 자리가 하나로 통일되어야 한다는 의미이다. 이는 곧 크고 작은 단위의 여러 공동체(왕국/자치도시)들로 구성된 포괄적인 정치적 통합체인 제국, 곧 황제와 연관된다. 역사적으로 말해, 마르실리우스에게 있어 그와 같은 통합체의 기능을 할 수 있는 최수위의 정치체는 곧 신성로마제국이었다. 역사적으로 서로마제국은 476년 멸망했으나 보편적 지배의 의미를 갖던 로마제국의 개념은 정치적·종교적으로 이후에도 지속되었다.[30] 마르실리우스 자신도 로마제국이란 특정한 정치 실체로서 "로마의 지배"를 가리키는 것이 아니라 "전 세계, 혹은 대부분의 지역provinces에 대한 보편적 왕국"의 의미를 갖는다고 밝히고 있다(*TI*, ch.I). 이러한 이해 속에서 마르실리우스의 제국은 역사적 사실로서 독일 영토의 게르만제국imperium germanicum이라는 특수성을 넘어 보편적 지배의 상징인 로마인민의 권위에 기반을 둔 고대 로마제국의 현신으로서의 신성로마제국이었다.[31]

---

30 R. Folz, *The Concept of Empire in the Western Europe from the Fifth to the Fourteenth Centuries* (London: Edward Arnold, 1969), pp.4-5; J. Bryce, *The Holy Roman Empire*(London: Macmillan, 1928), pp.375-377.

31 바라크라우는 신성로마제국의 성격을 정의 내리길 신성로마제국은 게르만 제국이 로마와의 연계 없이 설립되지 않았다는 의미에서 로마적이나 실제 제국의 설립이 게르만 제국

제국에 대한 이러한 이해를 근간으로 마르실리우스의 제국과 이탈리아 도시국가의 관계도 규정될 수 있다. 일찍이 이탈리아 도시국가의 이데올로기에 관한 선구적 연구를 했던 울프는 중세에서 보편적 로마제국과 특수한 지역성의 단순한 대립을 경고하면서 이탈리아 도시국가가 지녔던 제국에 대한 태도는 상황에 따라 상당히 유동적이었음을 주장한 바 있다.[32] 이러한 이중적인 배경은 마르실리우스가 저술하던 당시의 제국과 이탈리아 도시국가 간의 정치적 위상에 대한 이해에도 매우 유효하다.

1183년에 맺어진 황제 프레드릭 1세와 롬바르디 동맹Lombardy League 간의 "콘스탄스 평화협약Peace of Constance"은 도시국가들이 실질적인 권리를 확보할 수 있는 입지를 대외적으로 마련해주었다.[33] 아울러 대내적으로는 13세기 초 선거에 입각한 자치정부를 제도화시키면서 명실상부 자치국가로서의 위치를 다져가고 있었다.[34] 이러한 도시국가의 독립성은 자연히 신성로마제국과의 긴장을 야기하기에 충분한 것이었다. 황제 프레드릭 2세 사후, 제국의 지배권은 사실상 그리 영향력이 있는 것은 아니었다. 그렇다 할지라도 14

의 주도권을 반영하고 있다는 의미에서 게르만적이라고 한다. G. Barraclough, *The Medieval Empire:Idea and Reality* (London: The Historical Association, 1969), p.15.

32 C. Woolf, *Bartolus of Sassoferrato: His Position in the History of Medieval Political Thought*(Cambridge: Cambridge University Press, 1913), pp.382-383.

33 "Peace of Constance," *Monumenta Gemaniae Historica, Constitutiones et Acta Publica Imperatorum et Regum I* (Hanover, 1893), pp.411-418.

34 Skinner, "Political Philosophy," in *The Cambridge History of Renaissance Philosophy*, ed. C Schmitt, E. Kessler and Skinner(Cambridge: Cambridge University Press, 1988), p.390 ; Pennington, *The Prince and the law*, pp.40-41; D. Waley, *The Italian City Republics*, 3rd edn. (London; Longman, 1988), p.41.

세기 이탈리아 북부 지역에서 제국의 힘은 여전히 도시국가의 정치체를 합법화시키는 권위를 가지고 있다는 점에서 결코 무용지물은 아니었다.[35] 이런 정황에서 도시국가는 자신의 사실상de facto 독립성을 보유하는 대신 제국의 지배권을 법적인de jure 관계로 받아들이는 전략을 취하고 있었다. 다시 말해 도시국가의 왕은 자신의 영토에서 주권을 행사하면서 한편으로 도시국가들에 대한 제국적 판결권imperial jurisdiction을 갖는 황제의 법적 지배권을 인정했다.[36] 이러한 제국과의 법적 관계를 통하여 도시국가와 제국과의 긴장관계는 해소될 수 있을 뿐만 아니라 이를 매개 삼아 이탈리아는 정치적 통합이 유지될 수 있었다.

제국의 출현을 암시하는 일원적인 정치체의 필요성을 강조하는 앞의 인용문에서 알 수 있듯이, 마르실리우스에게 있어 정치공동체 내의 문제를 야기하는 요인은 시민체와 제국의 관계가 아니라 정치공동체에 존재하는 둘 이상의 지배 체제였다. 정치공동체의 평화와 질서를 위해 국가 내 여러 부서들이 각자의 위치에서 조화를 이루어야 하는데 국가가 둘 이상의 지배 체제를 갖게 되면 그러한 통합은 가능하지 않게 된다는 것이다. 마르실리우스는 성지공동체-제국의 형태든, 도시국가든-의 평화라는 보편적 가치를 파괴하는 큰 과오는 교권과 속권, 양 영역에서의 주권적 권위를 주장하는 교황에 의해 저질러지고 있다고 보았다.

---

35 J. Canning, "Ideas of the State in Thirteenth and Fourteenth-Century Commentators on the Roman Law," *Transactions of the Royal Historical Society*, 5th ser.33(1983), p.4.
36 Quillet, *La Philosophie Politique de Marsile*, p.87.

일탈의 교황 전능권과 무오류의 인민

중세의 교권과 속권 간의 갈등은 마르실리우스 시대에도 예외는 아니어서 그가《평화의 수호자》를 집필하던 시점은 황제 선출을 둘러싸고 일어난 교황 요한 22세John XXII와 신성로마제국 황제 루드비히 간에 지속적인 공방전이 있던 차였다.《평화의 수호자》를 주의 깊게 읽으면 제국의 황제를 입법자와 등치로 보는 마르실리우스의 주장은 특히 이 두 권력 간의 타협할 수 없는 갈등의 쟁점인 교황의 전능권plenitudo potestatis 주장을 반박하기 위한 맥락에서 제시되고 있음을 알 수 있다(DP, II xxv-vi; II xxx 7-8). 교황의 전능권은 그리스도의 대리자라는 이유로 교황이 세속사회에서 모든 것을 할 수 있는 무제한적 권력의 행사를 하늘로부터 허락 받았다는 주장 하에 정치공동체의 절대적 지배권을 확보하기 위한 논리적 근거로 제시되고 있었다. 이는 곧 교황이 교회 내에서는 말할 것도 없고 그 영역 밖에서까지 사회의 모든 크고 작은 사례—영혼적인 문제부터 재물분배의 세속적 문제에 이르기까지—에 관한 판결권, 처벌권과 사면권의 모든 권력을 소유함을 의미하는 것이었다. 이 전능권의 인정은 황제나 왕에 의해 행사되어온 현세의 정치적 권력이 교황권 밑으로 완전히 종속되거나 나아가서는 그 권력의 부정을 암시하는 것이었다. 정신적 영역에서뿐만 아니라 세속적 영역에서 행사되는 이러한 교황권 남용으로 인한 제국과 도시국가 정치공동체의 현세적 평화와 통합의 와해, 이는 마르실리우스의 동시대인 어느 누구도 그렇게 분명하고 직접적으로 지적하지 않은 부분이었다.

앞에서 언급한 정치공동체의 평화란, 그 공동체를 구성하는 제반 부서 간의 조화로운 배열에 있다는 마르실리우스의 주장은 그가 당시 이탈리아의 이 같은 혼란을 분석하고 설명할 때 제시되는 첫 번째 요인으로 거론된다. 이 세상에서 하느님의 법과 인간법은 명확한 구분을 갖고 있어 영생과 관련된 문제에서는 전자에 따라야 하는 반면 정치공동체의 운영과제는 후자에 의거해야 한다고 믿는 마르실리우스에게 있어 사제직의 임무란 구원을 목적으로 하는 영혼의 치료사이자 신법을 가르치는 교사에 불과한 것이었다 (DP, II vi 3-4, II vii 4). 그러므로 제한된 역할의 사제, 교황이 전능권의 구실 아래 교회와 세속 영역에서 주권을 행사하고자 하는 것은 잘못이라 비난하며 마르실리우스는 구체적인 이유로 다음과 같은 점을 들었다. 첫째, 사제직은 세속 지배자와 달리 강제력coercive force을 결여하고 있다. 마르실리우스는 하느님의 법이 아닌 인간법, 영생이 아닌 세속의 충족한 삶이 이 땅에서 따라야 할 바이므로 이 세상에서의 합법적 지배권의 표상인 강제력은 세속의 입법자에게 속한 것이지 구원과 영생의 문제를 관할하는 사제의 것은 아니라 했다(DP, II ix 1-3). 뿐만 아니라 그리스도조차 세속사회에 있을 때 그러한 강제력을 갖지 않았음을 덧붙이며(DP, II x 2) 그리스도의 이름으로 정당화하고자 하는 교황의 전능권 주장은 단순히 세속적 욕망에서 비롯된 것임을 시사하고 있다. 마르실리우스는 자신의 직분을 벗어나는 사제, 특히 교황의 세속적인 문제에 대한 간여를 단지 정치공동체의 분열을 야기하는 주원인으로 지목하는 데 주저하지 않는다.

사제는 어떠한 강제력도 갖지 않는다는 마르실리우스 주장은 정치공동체에서 교권과 속권의 관계를 규정하는 결정적 단서가 된다. 강제력을 결여한 사제는 국가 내에서 어떠한 결정적 권위도 가질 수 없으며 오히려 강제력을 갖고 있는 입법자에 복속되어야 한다(DP, II iv 8). 마르실리우스는 역사적으로 교황권이 행정적 편리함을 이유로 콘스탄틴 황제에 의해 주어진 것 외에는 아무 것도 아니라고 주장했다(DP, II xv 6). 이처럼 교권이 속권에 완전히 편입되는 종속관계에서는, 교권이 속권보다 상위의 것이라는 교권 우월주의의 부정은 말할 것도 없고 양 권력을 국가의 분리된 이원적 권력으로 보는 양검론兩劍論조차 설 자리가 없어진다.

교황은 인격화된 교회이며 교회의 모든 권위는 그에게 구현된다는 교황주의자의 주장을 반격하며 마르실리우스는 그리스도의 신비체인 교회란 "그리스도의 이름을 믿고 부르는 모든 신자의 집합체universitas fidelium로서 이는 가정을 포함한 모든 공동체의 구성원 전부"라 정의한다(DP, II ii 3). 이 교회에서 사제와 비사제, 신자는 평등하게 존재하며 따라서 교회의 궁극적인 권위는 교황, 사제가 아니라 모든 믿는 자에 있음을 주장한다. 마르실리우스의 사상에서 교회 내 최고결정권을 갖는 이들은 세속적 영역에서의 인민과 동일한 자들로 이해될 수 있다. 그 이유로는 첫째, 마르실리우스가 살던 당시는 교회공동체와 시민사회의 구성원이 중첩된다는 전제하에서[37] 마르실리우스의 전체시민universitas civium과 전체신자universitas fidelium는 사실상 거의 동일하다고 볼 수 있다는 점이다. 실제

---

37 Woolf, *Bartolus*, p.196, p.199.

마르실리우스가 이들을 통틀어 "믿음 있는 전체시민universitas civium fidelium"이라 칭하고 있음은 이를 확인시켜준다. 둘째로는 전체시민이든 교인이든 이들은 두 영역의 최고의 판단자라는 역할의 공통성이다. 더 나아가 이는 교회 내의 황제 권력도 시민사회의 주권자이자 교회의 주인인 전체 교인의 권위에 의한 것이라는 lex regia의 신학적 해석을 가능하게 하면서 마르실리우스 사상에 대한 황제주의 해석이 타당하지 않음을 다시 한 번 보여준다. 마르실리우스의 경우 교회 내 최고의 권위도 "크리스천 입법자fidelium legislator"에게 있으며 교황과 교회를 시정하거나 그를 면직할 권리 또한 이들의 것이다. 마르실리우스의 인민은 세속적 영역과 정신적 영역에서 모두 지고권至高權을 가진 주체이다. 이들은 소수의 지배자나 교황 등의 사제가 범할 수 있는 과오로부터 벗어나 있는 정치적·신학적으로 옳은correct 자이다.

5. 맺음말

이 글에서 필자는 14세기에 살았던 마르실리우스 사상에서 인민주권 개념이 이론적·역사적으로 성립될 수 있는지를 논증함으로써 서양 중세의 정치적 보편주의를 탐색하고자 했다. 이를 위해 마르실리우스의 인민주권론을 부정해온 기존의 편협한 역사적 해석을 비판하며 그의 인민주권론에 대한 해명을 시도했다. 마르실리우스 사상의 중세성을 지적하는 입장은 중세적 인식론과 황제의 절대적 권위에 초점을 맞추며 그의 인민주권 개념은 결코 근대적 특성을 갖지 않거나 또는 교권·속권의 갈등을 배경으로 반성직자론을 제창하기 위해 나온 역사적 우연으로 보기도 한다.[38] 마르실리우스 사상의 주류적 해석으로 간주되어온 귀족주의·황제주의적 해석과 달리, 필자는 마르실리우스의 입법자가 소수의 지배자 또는 절대적 황제가 아니라 인민·전체시민이며 황제 역시 인민의 권위 양도에 의해 만들어진 대치체이라는 점에서 인민의 입법적 권위의 우월성과 상충하지 않음을 주장했다. 이러한 마르실리우스 입법자에 관한 인민주의적 해석은 역사적으로도 일관성 있게 제시되고 있음을 lex regia 논의와 이탈리아 당시의 정치적 정황의 역사적 맥락을 통해 보여주고자 했다.

그러나 이 지점에서 마르실리우스로의 인민주권론이 근대의 그것과는 차이가 있음을 지적할 필요가 있다. 중세의 역사적 맥락 내에 있는 마르실리우스의 인민주권론에서 황제는 중세적 절대권을 가진 자가 아니다. 그리고 시민권은 여전히 여자, 노예, 이방인을 배제하고 있으나, 포용 범위에 있어서는 그 당시의 시민권 개념과 달리 매우 포괄적이다. 그럼에도 불구하고 마르실리우스의 전체시민의 구성은 아직 근대적 개인을 단위로 갖지 않는 집합적인 것이라는 점에서 17, 18세기 유럽에서 등장하는 개인주의에 근거한 근대적 시민권 이념과도 차이를 보인다. 또 다른 한편, 마르실리우스의 인민주권론에서 시민사회의 강조, 특히 인간법에 대한 강

---

38 Strauss, "Marsilius of Padua," p.234.

조는 더 이상 중세적 특성으로 보이지 않으며 나아가 그의 신학적 사유—교회 내의 위계질서 부정, 교회의 정의, 속권에 대한 우월성—는 지금까지도 신학의 영역에서 급진적이라 불릴 수 있을 만큼 초시대적인 듯하다.

마르실리우스 인민주권론의 특성은 평화의 공동체를 이루기 위해서는 누가 지배해야 하는가의 보편적 문제에 대한 보편적 답이다. 정치공동체를 이루고 있는 한 정치적 권위의 원천이 어디에 있는가, 혹은 누가 정치체를 지배할 것인가의 문제는 영원할 수밖에 없다. 정치와 지배라는 보편적 문제에 대해, 마르실리우스는 정치적 권위의 근원과 진정한 주권자는 도덕과 정치적 판단에 있어 그 어느 누구보다 우월한 집합적인 힘을 가진 전체시민, 혹은 다수라 답하고자 한다. 다시 말해, 인민이 정치적 권위의 근원이며 이는 공동체의 지배가 소수의 사람에게 맡겨진다 하더라도 잊어서는 안 될 보편적 가치임을 의미한다. 이런 이해 속에서, 마르실리우스의 인민주권론은 교황과 황제에 대한 대립을 노정하기보다 인민의 원초적 권위하에서 황제권과 교권의 통합과 조화를 강조한다.

인민의 주권은 지속적이라는 마르실리우스의 일관된 주장은 구체적인 국가 운영을 담당하는 지배자의 등장 이후에도 여전히 인간 공동체의 공공적 삶의 근원적인 과업은 공동체 구성원의 의사로 이루어져야 함을 시사한다. 마르실리우스는 인민이 공적 영역의 참여로부터 실질적으로 배제되고 소외되는 것을 막기 위해, 인민이 필연적으로 모든 영역에서 주도권을 직접적으로 행사할 수는 없지만 국가의 최고 권한인 입법권, 강제적 처벌권은 항상 그들에게 있어야 함을 강조한다. 공동체 구성원의 본원적 권력이 그 본질을 잃지 않고 유지될 수 있도록 하기 위해, 마르실리우스는 정치 권력의 무게 중심을 황제 혹은 교황으로 대표되는 교권과 속권의 구도로부터 인민이라는 새로운 주체자로 옮겨놓는다. 그 속에서 황제 혹은 교황 중심의 중세 정치적 보편주의가 수정되고 변화하면서 인간 중심의 근대 보편주의를 준비하고 있다.

서양 중세에서 14세기는 중세의 내리막길이라 할 수 있다. 이 점에서 14세기의 사상가인 마르실리우스를 통해 서양 중세의 정치적 보편주의를 고찰함은 서양 중세 후기의 한 단면을 보는 것에 불과하다. 그러나 동시에 이러한 작업은 마르실리우스를 통해 서양 중세의 보편주의가 변화되는 양상을 살피고, 어떻게 근대 정치사상의 보편성과 연계되는지를 알아내는 의미 있는 실마리를 제공한다. 즉 정치, 지배의 보편성의 핵심이 소수의 지배에 있지 않고 시민전체에 있음을 시사함으로써, 황제 혹은 교황 중심의 중세의 정치적 보편주의를 벗어나 근대로의 길을 나서고자 했다.

Aquinas, T. 1882. *Summa Theologiae in Opera Omnia Iussu Impemaque Leonis XIII Edita*. Vol.V. Rome.

Aquinas, T. 1949. *De Regimine Principum Ad Regem Cypri. Thomae Aquinatis Opuscula Omnia*, ed. by J. Perrier. Vol.I. Paris: P. Lethielleux.

Aristotle. 1998. *Politics*, trans. by E. Barker, rev. edn. Oxford: Oxford University Press.

Azo. 1506. rep. 1966. *Summa super Codicem*. Augustae Taurinorum.

Azo. 1577. rep. 1966. *Lectura super Codicem*. Augustae Taurinorum.

Barraclough, Geoffrey. 1969. *The Medieval Empire: Idea and Reality*. London: The Historical Association.

Bryce, J. 1928. *The Holy Roman Empire*. London: Macmillan.

Canning, J. P. 1983. "Ideas of the State in Thirteenth and Fourteenth-Century Commentators on the Roman Law." *Transactions of the Royal Historical Society*. 5th ser.33. 1-27.

Carlyle, K W. and A. J. 1936. *A History of Medieval Political Theory in the West*. Vol.II. London: William Blackwood & Sons Ltd.

Corpus Iuris Canonici I, ed. by A. Freidberg (Graz, repr. 1959).

Dunn, J. 1996. "The History of Political Theory." *The History of Political Theory and Other Essays*. Cambridge: Cambridge University Press. 11-38.

Folz, R. 1969. *The Concept of Empire in the Western Europe from the Fifth to the Fourtmith Centuries*. London: Edward Arnold.

Gewirth, A. 1948. "John of Jandun and Defensor Pacis." *Speculum*, XXIII. 267-272.

Gewirth, A. 1951. *Marsilius of Padua and Medieval Political Philosophy*. Vol.I. New York: Columbia University Press.

Lagarde, G. de. 1956. *La Naissance de l'Esprit La'ique au Declin du Moyen Age*. Vol.I: BiJan de XIII Siecle. 3rd edn. Louvain: Editions E. Nauwelaerts.

Lagarde, G. de. 1970. *La Naissance de l'Esprit Laïque au Déclin du Moyen Age*, Vol. 1: Bilan de XIII Siècle, 3rd edn. Louvain: Éditions E. Nauwelaerts.

Lockwood, S. 1991. "Marsilius of Padua and the Case for the Royal Ecclesiastical Supremacy." *Transactions of the Royal Historical Society*. 6 ser.I. 89-119.

Marsilius of Padua. 1928. *Defensor Pacis*. ed. by C. W. Previte-Orton. Cambridge: Cambridge University Press.

Marsilius of Padua. 1956. *Defensor Pacis*, trans. by A. Gewirth. New York: Columbia University Press. Marsilius of Padua. 1922. *Defensor Minor*, ed. by C. K. Brampton. Birmingham: Cornish Brothers Ltd.

Marsilius of Padua. 1993. *Writings on the Empire: Defensor Minor and De Translatione Imperii*, trans. by Cary J. Nederman. Cambridge: Cambridge University Press.

McIlwain, C. H. 1932. *The Growth of Political Thought in West: From the Greeks to the End of the Middle Ages*. New York: Macmillan.

Nederman, C. J. 1995. "From Defensor Pacis to Defensor Minor: The Problem of Empire in Marsiglio of Padua." *History of Political* Thought. 26. 313-29.

"Peace of Constance". 1893. *Monumenta Germaniae Historica, Constitutiones et Acta Publica Imperatorum et Regum I*. Hanover. 411-418.

Pennington, K. 1993. *The Prince and the Law 1200-1600: Sovereignty and Rights in the Western Legal Tradition*. Berkeley: University of California.

Placentinus. 1536. rep. 1962. *Summa Codicis*. Torino.

Pocock, J. G. A. 1962. "The History of Political Thought: A Methodological Enquiry." *Philosophy, Politics, and Society*, ed. by P. Lasiett and W. G. Runciman. 2nd ser. Oxford: Basil Blackwell. 183-202.

Poole, R. L. 1932. *Illustrations of the History of Medieval Thought and Learning*. London: S. P. C. K.

Previté-Orton, C. W. 1935. "Marsilius of Padua." *The Proceedings of the British Academy*. 21. 137-183.

Ptolemy of Lucca. 1949. *De Regimine Principium ad Regem Cypri, in Thorne Aquinatis Opuscula Omnia*. ed. by J. Perrier. Vol. I. Paris: P. Lethielleux. 221-426.

Remigius de Girolami. 1977. "De Bono Communi." *La Teologia Politica Commumle di Remigio de Girolami*. ed. by Maria C. De Matteis. Bologna: Patron Edirore.

Quillet, J. 1970. *La Philosophie Politique de Marsile de Padoue.* Paris; Librairie PhiJosophique J. Vrin.

Quillet, J. 1988. "Community, Counsel and Representation." *The Cambridge History of Medieval Political Thought,* c.350–c.1450. ed by J. Burns. Cambridge; Cambridge University Press, 560–561.

Rubinstein, N. 1965. "Marsilius of Padua and Italian Political Thought of His Time." *Europe in the Later Middle Ages.* ed. by J. R. Hale. London: Faber & Faber. 44–75.

Skinner, Q. 1969. "Meaning and Understanding in the History of Ideas." *History and Theory.* 8. 3–53.

Skinner, Q. 1978. *The Foundations of Modern Political Thought.* Vol.I–II. Cambridge: Cambridge University Press.

Skinner, Q. 1988. "Political Philosophy." *The Cambridge History of Renaissance Philosophy,* ed. by C. B. Schmitt, E. Kessler and Skinner. Cambridge: Cambridge University Press. 389–451.

Stein, P. 1988. *The Character and Influence of the Roman Civil Law.* London: The Hambledon Press.

Strauss, L. 1964. "Marsilius of Padua." *The History of Political Philosophy,* ed. by L. Strauss and J. Cropsey. Chicago: Chicago University Press. 235–238.

Summa Trecensis. 1894. Fitting ed. Berlin: J. Guttentag Verlagsbuchhandlung.

Tuck, R. 1991. "History of Political Thought." *New Perspectives on Historical Writings,* ed. by P. Burke. Cambridge: Polity Press. 193–205.

Tuck, R. 1993. "Contribution of History." *A Companion to Contemporary Political Philosophy,* ed. by R. E. Goodin and P. Pettit. 72–89.

Ullmann, W. 1949. "The Development of the Medieval Idea of Sovereignty." *English History Review.* CCL 1–33.

Waley, D. 1988. *The Italian City Republics.* 3rd edn. London; Longman.

Wilks, M. 1963. *The Problem of Sovereignty in the Later Middle Ages.* Cambridge: Cambridge University Press.

Woolf, C. N. S. 1913. *Bartolus of Sassoferrato: His Position in the History of Medieval Political Thought*. Cambridge: Cambridge University Press.

조선 전기
'유교적 중화주의'와 보편주의*

안외순

1. 서론

조선은 건국부터 멸망까지 '중화주의中華主義'와 시종을 함께했다. 14세기 조선의 설계자 정도전鄭道傳은 명시적으로 '중화中華'의 실현을 건국의 사명으로 표명했고, 17세기 산림의 영수 송시열宋時烈은 중화 수호를 명분으로 '숭명배청崇明背淸'을 국시로 삼았으며, 19세기 말, 20세기 조 유림 의병상 최익현崔益鉉은 중화 수복을 위한 국권 회복의 무장투쟁을 전개했다. 물론 실체적 중화의 대상이었던 명明·청淸에 대한 태도는 시대별로, 세력별로 상이했다. 주지하다시피, 시기에 따라 인식의 변화를 보이기도 했지만, 대체로 명에 대해서는 '중화'와 '사대事大'를, 청에 대해서는 '사대'는 할지언정 '중

---

* 이 글은 〈조선 전기 중화주의와 내치/외교의 관계〉《동방학》31집(2014)에 게재되었던 글을 수정, 보완한 것입니다.

화'는 할 수 없을 뿐만 아니라 극단적으로는 조선이 '중화中華'이고 청은 '이적夷狄'이라는 인식까지 보유했다.

이 글은 지금까지의 '조선에서 전개되었던 중화주의'[1]에 대한 논의들을 전제로 그 보편주의적 성격을 중심으로 그것이 '현실과 유리된 관념 속의 이데올로기'나 '타율적 방어 이데올로기'만은 아니며, 조공체제나 사대관계 이상으로 조선의 현실정치적 맥락의 귀결이며,[2] 따라서 정치적 · 외교적 전략면에서도 의의를 확인하고자 한다. 요컨대 규범의 대명사인 보편주의적 중화주의의 조선적 현실정치 및 국제정치상의 의의를 규명하고자 한다.

조선의 중화주의적 태도에 대해 후세의 평가는 대체로 부정적이었다. 경제적으로나 문화적으로 청이 명보다 약하지도 않았고, 상대적으로 강성해진 것도 아닌데도 조선이 이와 같이 이중적 태도를 보인 데 대해 후학들은 대체로 조선의 무능력과 관념적 · 비현실적 · 폐쇄적이었다고 비판했다. 특히 현실에서 존재하지도 않는 명에 충성을 바치느라 강대국 청을 외면한 조선의 태도에 대해 비난하는 태도가 주류였다.[3]

근대주의론자들은, 민족주의 진영이건 그 반대 진영이건 간에,

---

1 여기서의 의미는 조선에서 전개되었던 중화주의 관련 사유를 의미한다.
2 사대질서나 조공책봉 관계에 대해서는 남궁곤(2003); 유근호(2004); 최연식(2005); 정용화(2006) 참조.
3 조선중화주의에 대해 대부분은 근대적 관점 혹은 공리주의적 관점에서 조공체제에 기반한 사대질서를 현실주의의 산물로 보고 중화주의를 도덕적/문화적 성격의 '이상주의'(idealism)로 분류하면서 상대적으로 비현실적이고 정체적이라고 본다. 박충석(1982), 유미림(2001), 박홍규(2002), 장현근(2003; 2011), 이상익(2004; 2008), 최연식(2007); 김은실(2013); 최근 이와 달리 조선중화주의의 변용과정으로 보는 미시적 연구들에 대해서는 허태용(2009); 조성산(2009a; 2009b); 김문용(2012); 김영민(2013) 등도 참조.

공히 조선의 중화주의를 관념적·정체적停滯的·타율적 이념의 전형으로 인식하고, 자율적 근대화를 저해한 주범으로 인식했다. 애국계몽기 및 일제 초기 대표적인 민족주의자 장지연張志淵과 신채호申采浩는 조선의 중화주의를 각각 '숭배화하주의崇拜華夏主義'와 '지나숭배주의支那崇拜主義'로 명명하면서 조선 쇠약의 근본원인으로 꼽았다.[4]

조선중화주의에 대한 이러한 부정적 평가에 대한 적극적인 반론을 토대로 긍정적 평가가 이루어진 것은 조선이 멸망한 지 거의 1세기가 지나서야 가능했다. 1990년대 들어서서 정옥자는 조선의 중화주의에 쏟아진 비판들에 대해 '공정하지 못한' 근대중심주의적 시각의 소산으로서, 중화주의의 핵심은 '유교적 정수를 터득하여 실천'하면서 '인간으로서의 품위를 지키는 문화가치'에 있고, '예禮·악樂이 그 구체적인 구현 방법'이며 조선의 18세기 영조英祖·정조正祖 시기는 '조선=중화'가 일치되는 '조선중화주의朝鮮中華主義' 성립기로서, 변방의식을 완전히 탈피하고 조선 문화에 대한 제일의식과 자존의식을 가능케 하여 조선 고유문화 창달의 원동력이 되었다고 했다.[5]

하지만 위의 긍정적인 '조선중화주의' 인식은 2010년을 전후하여 계승범에 의해 다시 한 번 본격적인 비판을 받았다. 계승범은 숙

---

4 申采浩, 〈久書刊行論-告書籍出版家諸位〉《丹齋申采浩全集》下, 형설출판사, 100~101쪽.; 張志淵, 〈自强主義〉《張志淵全書》八, 論說, 단국대 동양학연구소, 1986, 460. 1920년대 친일지식인 권덕규權悳奎는 '심장도 창자도 없는 지나사상支那思想의 노예'라고 조롱했다.
5 정옥자(1998),《조선 후기 조선중화사상 연구》, 서울: 일지사. 199, 284 등 참조.

종대 대보단大報壇 설치 시점부터 일제식민지배가 공식적으로 시작되는 1910년까지를 '정지된 시간'으로 규정하면서, 조선의 중화주의는 청질서淸秩序에 완전히 들어와 있던 조선의 현실을 배제한 상태에서 구축한 관념적 이데올로기이자 방어 이념으로서, 현실로부터 유리된 이데올로기라고 평가했다. 나아가 이를 통해 조선의 지배층은 아래로부터의 사회변동과 개혁요구를 억압하면서 자신들의 정치적 이해관계를 추구하느라 국제정치현실에 눈감고 관념에 탐닉하면서 조선 패망을 초래했다고 보았다.[6] 또 그는 '조선 후기 지식인들이 가졌던 문화적 자부심의 본질은 중화로부터 벗어남으로써 발생한 자존심이 아니라 어떤 형태로든 중화와 연결시킴으로써 생긴 자부심이었고, 자존의 두 발을 여전히 중화라는 중세 보편적 권위에 딛고 있는 형국이기에, 이런 사조를 외부 권위의 주체적 자국화 현상으로 보기는 어렵다'고 하면서 조선중화주의는 여전히 타율성 및 왜곡된 자부심의 소산임을 재차 주장했다.[7]

하지만 계승범의 이러한 부정적 인식에 대해 정옥자식의 '조선 중화주의'를 넘어 '조선중화주의'라는 시각에 공감하는 일련의 연구자들 역시 재반론에 적극 가담했다.[8] 우경섭은 계승범의 부정적 인식은 '당대 사료에 대한 평면적 독해에 근거한 근대적 국민국가의 선입견'으로, "식민지 이래의 전통적인 유교망국론의 계승이자

---

6   계승범(2011), 《정지된 시간: 조선의 대보단과 근대의 문턱》, 서강대학교출판부.
7   계승범(2012), 〈조선 후기 조선중화주의와 그 해석문제〉, 《한국사연구》 159호. 282~283쪽 등 참조.
8   대표적으로 유봉학(2005), 〈한국사학에서 바라본 중화주의〉, 《중국문학》 44집; 우경섭(2006), 〈송시열의 화이론과 조선중화주의의 성립〉, 《진단학보》 등 참조.

정체성론의 재판에 불과"한 논의라고 받아쳤다. 그러면서 우경섭은 계승범에게 선입견을 벗고 조선중화주의의 '근원적인 고민, 즉 보편적 도덕법칙에 대한 동아시아 유학의 오랜 고민의 가치지향'적 성격을 읽어야 한다고 주문했다.[9]

그런데 조선중화주의에 관한 많은 연구 축적에도 불구하고 이와 같이 여전히 상호 인식의 거리가 좁혀지지 않는 주요 원인 중 하나는 여전히 조선중화주의에 대한 피상적 이해에 기인한다는 점이다. "조선중화주의를 사대주의로 해석하는 주장들의 가장 큰 문제점은 조선의 중화주의자들이 내세웠던 '존주尊周'의 이념을 '존명尊明'과 같은 의미로 해석하는 데에서 기인한다. 즉 '관념적 중화'로서의 명과 역사적 실체로서의 명을 구분할 필요가 있다"는 지적이 여전히 유효하다는 점이다. 동시에 '중화'의 개념적 본질을 여전히 '도道'라고 치환하는 데서 그치는 서술 태도 또한, 1세기 이상 '근대적 언어와 인식에 경도된 인식체계를 고려할 때 '도'라는 용어에 집약된 정치적·문화적·도덕적 맥락의 함의를 독해하기는 쉽지 않다.

따라서 이 글은 지금까지의 '조선에서 전개되었던 숭화주의'에 대한 논의들을 전제로 그 보편주의적 성격을 살펴볼 것이다. 다른 말로 보편주의적 중화주의의 조선적 현실정치 및 국제정치상의 의의를 규명하고자 한다.

이를 위해서 조선중화주의 논의의 핵심개념들인 '중화'의 개념

---

9 우경섭(2012), 〈조선중화주의에 대한 학설사적 검토〉,《한국사연구》 159호, 249, 255~ 257쪽 및 맺음말 참조.

적 재검토(2장)에 이어, 조선의 '중화'논의를 이론적 측면과 당대의 정치·외교적 현실배경 차원에서 고찰하기로 한다(3장). 단 여기서는 조선 건국기 및 전기까지만을 다루기로 한다.

2. 유교적 중화주의의 보편주의적 성격: 패권·군사·경제 중심에서 공존·평화·문화로

'중화주의'는 두 가지 상반되는 속성을 동시에 내포하고 있다. 첫째는 '동아시아 세계에서 최초로 정치공동체 문명을 태동시켰던 한족(漢族: 화족華族)이 자국과 자민족의 문화를 최고의 지위와 절대적 기준에 올려놓음으로써 주변 국가들로부터 자국을 우월시하는 문명관이자 세계관이자 국제질서관'이라는 속성에 기인한다. 요컨대 중화주의는 태생부터 ① '중화'는 '천하의 중심'에 위치하며 ② 화족華族에서 연원하는 한족漢族들이 성취한 것으로, 한족이 타민족보다 우수하고 ③ 천하세계는 중화세계(中華世界: 문명)와 이적세계(夷狄世界: 야만)로 구성된다는 화이사상에 기초했다.[10] 이때의 중화주의는 지역성, 종족성, 문화 우월주의의 성격을 지니는 것으로 시작되었다.[11]

---

10 '중국中國'과 '이적夷狄' 관념의 구체적인 용례에 대해서는 김한규, 《古代中國的世界秩序研究》(서울: 일조각, 1985), 10~33쪽 참조.

11 다음의 진술들이 이 세 가지 요소를 다 보여주는 좋은 사례이다. "여러 융족戎族의 음식과 의복이 화華와 같지 아니하니, 폐백과 예물이 통하지 않고, 언어가 통달하지 못했다"(《春秋佐傳》襄公 14년. "諸戎飲食衣服, 不與華同, 贄幣不通, 言語不達")의 진술이나 "이적 지역

하지만 시간이 지나면서 중화주의는 '중화'가 '문명'이라는 개념적 의미를 획득하는 것처럼, 중화주의 역시 '야만'과 대비되는 '문명 추구주의'의 '문명주의'의 의미를 내포하게 되었다. 문화우월주의적 중화주의는 공자孔子를 비롯한 유자儒者들과 만나면서 전변轉變이 일어났다. 문화 우월주의는 한족의 문화를 절대표준이라는 문화 제국주의 성격까지 띠게 되면서 역설적으로 모든 야만족들 역시 그 문화를 향수해야 한다는 논리가 성립되었고, 이에 궁극적으로는 '보편적 가치' 중심의 '도덕'과 '문화'를 중시하는 '유교적 중화주의'로 변용되었다는 점이다.[12] 유교적 중화주의, 곧 유교적 문명 관념에서는 지역적으로 주변국일지라도 혹은, 종족적으로 비非한족일지라도 일정한 도덕적·문화적 수준만 구비하면 언제든지 '중화'로 인정될 뿐만 아니라 상황에 따라서는 역전의 경우도 가능했다. 중화주의가 '종족적·지역적 차원의 중화'를 벗어나 말 그대로 동아시아 대륙 전체의 표준문명 관념으로, 그리고 문명적 국제질서 관념으로 자리 잡게 되었다는 말이다.[13] 이제 '중화'는 '유교적 도덕규범과 문화양식을 구현한 공간'이라는 의미가 추가됨으로써 보편적인 문화의 이상형이 되었다. 나아가 '중화'는 이러한 의미

사람들은 탐욕스러워 이익을 좋아하고 머리를 풀어헤치고 옷깃을 왼쪽으로 여미며, 사람의 얼굴을 했으나 짐승의 마음을 가지고 있다" (班固《漢書》〈匈奴傳〉下. "夷狄之人 貪而好利 被髮左衽 人面獸心").

12 이는 공자가 '군자' 개념을 기존의 '통치가'에서 '통치인다운 사람', 곧 '군주의 능력을 갖춘 사람' 혹은 '보편인간으로서의 덕성을 갖춘 사람'으로 전환시킨 것과 같은 맥락이다.《論語》〈學而〉. "누가 알아주지 않아도 노하지 않는다면 이 또한 군자가 아닌가?".

13 《孟子》"나는 '하夏를 써서 이夷를 변화시켰다'는 말은 들었어도 이夷에 의해 변화되었다는 말은 듣지 못했다. 나는 '깊은 계곡에서 나와 높은 나무로 옮긴다'는 말은 들었어도, '높은 나무에서 내려와 계곡으로 들어간다'는 말은 듣지 못했다."

의 확장 과정을 거치는 동안 유교권의 초국가적 국제 공동체를 의미하는 위상도 확보했다. 즉, 그것은 '중원의 평화pax sinica를 앞세운 동일문화권의 거대한 국제사회'를 지칭하기도 했던 것이다.[14]

이러한 성격 전환 이후 조선을 비롯한 한반도의 여러 왕조들은 유교적 중화주의를 적극적으로 수용하게 된다. 만약 이것이 현실화만 된다면, 약소국 한반도 국가들로서는 큰 대가를 치르지 않고도 국가의 안전을 확보 받을 수 있다는 논리가 가능했기 때문이다.

단 유교적 중화주의의 보편주의적 성격을 문화 제국주의로 이해해서는 안 된다. 공자, 특히 맹자孟子는 어떤 사상이나 학파보다도 더 근본적으로 규모의 정치·패권정치를 부정했기 때문이다. 공자나 맹자는 철저하게 도덕적·문화적·덕치적 기준을 중화의 척도로 삼았다.

공자께서 구이九夷에 가서 살고 싶어 하자 어떤 이가 물었다.
"누추한 곳인데 어찌 가시렵니까?"
공자가 답하셨다.
"군자들이 살고 있는데 어찌 누추하겠는가?"[15]

---

14 중화주의의 성격에 대해서는 郡波利貞, 〈中華思想〉, 岩波講座 《東洋思潮》 제7권 東洋思想の諸問題(1936); 小蒼芳彦, 《中國古代政治思想硏究》(靑木書店, 1970), 131~160, 320~335項; 김한규, 《古代中國的世界秩序硏究》(서울: 일조각, 1985), 10~33; 김홍철, 《외교제도사》(서울: 민음사, 1985), 51쪽;이성규, 〈中華思想과 民族主義〉, 《哲學》(한국철학회, 1992 봄 37집), 34~36쪽; 이춘식, 《중화사상: sino-centralism》, 143~148; 안외순(2006) 등 참조.
15 《論語》 〈子罕〉, "子欲居九夷 …… 何陋之有"

요컨대 공자에 의하면 세련된 문명권과 누추한 야만권의 경계는 지역이 아니라 '군자가 사는 곳'인 것이다. 곧 공자의 문명권은 '군자', 곧 '통제와 형벌이 아니라 도덕과 예제로 정치하는 곳',[16] '형식과 내용이 균형을 이뤄 세련된 곳',[17] '민생과 안보와 신뢰받는 정치가 있는 곳'[18] 등이다. 도덕과 예제로 정치를 한다함은 물리적 강제력, 곧 합법적 폭력이 아니라 자발적 동의에 입각한 정치를 의미한다. 이런 사회의 표본을 공자는 주周, 더 구체적으로는 서주西周 초初인 '주공周公의 정치'로 인식했다. 주공이 정치에서 폭력을 몰아내고 예에 의한 '문화정치'를 시행했기 때문이다.

다음으로 이어지는 예문인 당대唐代의 최고 문호 한유韓愈, 728-824의 진술은 공자가 정치사서《춘추春秋》를 저술하면서 문명과 야만의 기준을 도덕적 선·악에 기초한 문화의 적용 여부에 입각, 그리하여 명실공히 탈종족성, 탈지역성을 획득한 중화주의, 곧 '유교적 중화주의'의 면모를 보여주고 있다고 하겠다.

"공자가《춘추》를 지으실 적에, 제후들이 이적夷狄의 예禮를 쓰면 이적夷狄으로 취급하고, 이적夷狄이라도 중국의 문물을 익혔으면 중국으로 취급했다".[19]

---

16 《論語》〈爲政〉. "子曰 道之以政 齊之以刑 民免而無恥, 道之以德 齊之以禮 有恥且格."
17 《論語》〈雍也〉. "子曰 質勝文則野 文勝質則史 文質 彬彬然後 君子……"
18 《論語》〈顏淵〉. "子貢問政 子曰 足食 足兵 民信之矣."
19 韓愈, 〈原道〉. "孔子之作春秋也 諸侯用夷禮卽夷之 夷而進於中國則中國之"

그리고 이러한 '문화 중심의 문명' 기준에 준거하는 유교적 중화주의는 맹자에 의해서 더욱 강화된다. 무력에 의한 합병이 도를 넘은 전국시대戰國時代를 겪으면서 맹자는 법가法家나 묵가墨家의 경우 기본적으로 공리주의功利主義에 입각하여 '전쟁을 통해 천하 통일의 수단을 이룬다'는 패권주의자들이고, 도가道家는 개인주의에 빠져서 '전쟁의 참혹상을 외면하는 자'들로 모두 야만적 상황을 주도하거나 방조한다고 보았다.[20] 문명인 중화는 '사람을 살리는 사랑仁의 정신과 인간으로서 해서 될 것과 해서는 안 될 것을 판정하는 기준인 정의正義에 입각한 정치공동체에서 가능한 것'을 말한다. 요컨대 맹자에게서 경제적 부국, 군사적 강국을 추구하는 패권국가霸權國家는 야만 그 이상도, 이하도 아니다. 대신 문명은 인仁·의義의 정치가 존재하느냐 아니냐 여부가 기준으로 백리의 문왕도 가능하고, 천리의 주나라도 가능한 것이었다.

공·맹의 이러한 유교적 중화주의는 동아시아 대륙의 한 작은 반도에 위치한 한반도 통치자들에게 충분히 매력적이었다. 그것의 반패권·반군사·반전쟁 논리는 적어도 약소국의 변경문제만큼은 안전을 담보받는 것을 의미하기 때문일 것이다.

---

20 《孟子》〈滕文公 下〉. "聖王不作 諸侯放恣 處士橫議 楊朱墨翟之言 盈天下 天下之言 不歸楊則歸墨 楊氏 爲我 是無君也 墨氏 兼愛 是無父也 無父無君 是禽獸也 公明儀曰 庖有肥肉 廐有肥馬 民有飢色野有餓莩 此率獸而食人也 楊墨之道 不息孔子之道不著 是邪說 誣民 充塞仁義也 仁義充塞 則率獸食人 人將相食"

3. 건국의 사명, '중화'의 이상: 기자조선箕子朝鮮과 동주東周 건설

　신진 지식관료들은 이미 고려 말부터 유교국가 건설 및 중화주의의 구현을 희구하고 있었다.[21] 따라서 이들이 조선 건국 과정에서 '유교국시儒敎國是'와 '친명사대親明事大'를 분명한 입장으로 표명한 것은 자연스러운 귀결이었다. 양자 모두 조선중화주의 노선 전개와 깊은 관계가 있기 때문이다.

　조선은 건국의 사명을 '인정仁政 구현'과 '동주東周 건설', 곧 '중화' 건설에 두었다는 점에서 '유교적 중화주의' 문명관을 지향했다. 그리고 그것은 조선의 건국이 동아시아 보편문명을 추구한다는 징표이기도 했다. 이는 조선의 건국 설계자 정도전의《조선경국전朝鮮經國典》(1394)에서 확인할 수 있다.

　첫째, 정치공동체의 존재 이유에 대해 '인정의 구현', 곧 '사람을 살리는 정치'에서 찾고 있음을 다음에서 확인할 수 있다.

　'성인의 큰 보배는 위位요, 천지의 큰 넉은 생生이니, 무엇으로 위를 지킬 것인가? 바로 인仁이다'라고 했으니 …(중략)… 임금의 자리는 지극히 높고 지극히 귀합니다. 그러나 천하는 지극히 넓고 만민은 지

---

21 이는 고려 말의 주자학자 포은圃隱 정몽주鄭夢周의 시에서도 확인된다. "공자께서 춘추를 지으실 적에 필삭筆削하신 의리가 정미하시니/ 눈 내리는 밤 푸른 불빛 아래 세밀히 음미하누나./ 일찍이 이 몸을 보듬고 중화中華에 나아갔는데 /주변인들은 이를 모르고 이적夷狄에 산다고 말하는구나."

극히 많다. 그들의 마음을 얻지 못하면 크게 염려할 일이 생기게 될
것입니다. 하민은 지극히 약하지만 힘으로 위협할 수 없고, 지극히 어
리석지만 지혜로도 속일 수 없습니다. 하민의 마음을 얻으면 복종시
킬 수 있고, 마음을 얻지 못하면 배반하게 됩니다. 그들이 배반하고
따르는 간격은 털끝만큼의 차이도 없습니다. 그런데 그들의 마음을
얻는 것 또한 …(중략)… 인仁일 뿐입니다. 임금이 천지가 만물을 생
육시키는 마음을 자기 마음으로 삼아서 불인인지정不忍人之政(:仁政)을
행하여…….[22]

《조선경국전》은 《경국대전》이 편찬되기 전 조선의 치국원리
를 제시했던 예비 헌법 격이었다. 그 첫머리를 시작하는 〈정보위正
寶位〉에서 최고통치자의 책임에 대해 '백성들의 마음을 얻는 정치,
천지가 만물을 생육하듯이 백성을 부양하는 정치'를 인정仁政으로
정의하고 있다. 이는 전형적인 주자학적 사유로 조선 건국의 정신
을 명시적으로 표명하고 있음을 알 수 있다. 요컨대 인仁의 가치, 곧
사랑의 정신과 의義의 가치, 곧 정의의 정신에 입각한 도덕정치를
추구한 것이다.

또 바로 이어지는 〈국호〉에서 조선의 정체성을 밝히고 있는데,
여기서 우리는 조선의 정체성이 적어도 중화주의와 관련 있음을,
보다 구체적으로는 '기자조선箕子朝鮮의 홍범정치 재구현-동주건
설'로 명시하고 있다는 점을 확인할 수 있다.

---

22 《朝鮮經國典》, 〈正寶位〉 "易曰 '聖人之大寶曰…… 行不忍人之政"

해동국海東國에 …(중략)… 기자箕子께서 무왕武王께 홍범洪範을 베풀고 그 뜻을 부연하여 팔조八條의 교화敎化를 지어서 국중에 시행하셨으니, 정사와 교화가 성행하고 미풍양속이 지극히 아름다워서 조선朝鮮이라는 이름이 이처럼 천하후세까지 전하게 된 것입니다. 그리하여 지금 조선이라는 아름다운 국호를 그대로 사용하게 되었으니, 우리 또한 기자의 선정善政을 추구해야 마땅할 것입니다. 아! 명明 천자의 덕도 주周 무왕武王에게 부끄러울 것이 없거니와, 전하殿下의 덕 또한 어찌 기자에게 부끄러울 것이 있겠습니까? 장차 홍범의 학문과 팔조의 교화가 오늘날 다시 시행되는 것을 보게 될 것입니다. 공자께서 '나는 동주東周를 건설하겠다'고 하셨으니, 어찌 공자께서 우리를 속이시겠습니까?[23]

왜 기자조선이고, 왜 공자의 동주인가? 이에 대한 해명은 조선 중화주의의 성격을 이해하는 주요 열쇠라고 할 수 있다. 첫째, '기자조선'은 유교정치의 이상 모델이다. 조선이 '기자조선의 홍범정치를 재구현한다'는 목표를 가졌다는 것은 곧 조선의 국가적 목표가 유교정치의 이상을 실현한다는 데 있음을 의미한다. 기자는 주 왕조에 의해 멸망한 은殷의 왕족(폭군 주紂의 숙부)으로서 성인으로 일컬어지던 자다. 《서경書經》에 의하면, 걸桀·주紂의 폭정에 저항하여 무왕武王이 무력혁명으로 은 왕조를 타도하고 신왕조 주周를 개창하면서 그에게 국정참여를 제안했지만, 그는 구왕족 신분이기

23 《朝鮮經國典》,〈國號〉"海東之國 ....孔子曰 吾其爲東周乎 豈欺我哉"

에 사양하고 대신 신왕조의 모범정치를 기원하는 이상적인 통치원리가 담긴 〈홍범구주洪範九疇〉를 무왕에게 전하고 자신은 망명길에 올랐다.[24] 이후 〈홍범구주〉는 주나라의 오늘날 헌법과 같은 위상을 지니면서 주의 정치원리가 되었고 이에 기초하는 주나라의 정치(周禮)는 이후 근대 이전까지 청은 물론 조선을 비롯한 동아시아 세계 전역에 이상적인 정치적 역사적 모델이 되어왔다. 게다가 한반도 유교 지식인들의 시각에서 보면 '기자조선'은 입각하여 유교 정치의 전범典範인 〈홍범구주〉의 제작자인 기자가 한반도 땅을 직접 통치한 전통과 영광의 실체였다. 이는 조선이 기자조선의 영광을 재현한다는 것으로 문명의 표본이었던 중국과 대등한 위상을 지니는 것이기도 했다.[25] 물론 현대 역사학과 배치되는 논의이기는 하지만, 또 고조선을 한민족 최초의 시발점으로 자리매김시킴으로써 한민족의 기원을 밝혔던 고려시대 역사 작업의 거대한 성취인 《삼국유사三國遺事》의 시각[26]과는 괴리를 보이는 것이기는 하지만, '기자조선 구현'이라는 슬로건은 신생국가 조선으로 하여금 처음부터 조선이 유교정치의 정통 계보에 속하며, 유교정치의 이상을 실현하는 데 유리한 환경을 가지고 있으며, 그만큼 주변 문명국들과 어깨를 나란히 하는 국가임을 천명한 것이다.[27] 그리고 바로 이

---

24 《書經》周書〈洪範〉편 및 蔡沈 註. "箕子 陳洪範之後...... 不臣之也."; 《栗谷全書》〈箕子實記〉 "箕子 爲其武王傳道······因封以朝鮮." 참조.

25 이상익(2004), 81쪽 참조.

26 《三國遺事》, 紀異, 古朝鮮 참조.

27 실제 조선시대의 유교적 신명을 지닌 지식인이나 정치인들은 조선이 기자조선의 후예라는 점에 대해 대단한 자부심을 느꼈다. 예컨대 조선 전기 대표적인 유학자였던 율곡 이이가 《箕子實記》를 저술한 것도 이러한 배경에 연유한다.

점 때문에 조선의 '사대부士大夫'들, 곧 '유교적 지식인이자 정치인' 들은 '중화적 사유'를 행할 적에 곧잘 기자조선의 전통을 거론했던 것이다.

둘째, 그런데 이러한 기자조선의 역사적 전통은 공자의 '동주 건설'론으로 연결되고 있다는 점도 유념할 필요가 있다. 공산불요公山不擾가 공자를 초빙했을 때, 제자와의 대화에서, 공자는 "만일 나를 써주는 사람이 있다면 나는 동주를 건설하겠노라"[28]라는 포부를 밝힌 바 있다. 여기서 말하는 '동주'란 천자국인 주周의 동쪽에 있는 공자의 고국 노魯를 의미하는 것으로, 자신이 정치를 하게 된다면 고국인 노에서 주의 문물, 곧 주의 정치제도 및 문화를 재건하겠다는 의미이다. 요컨대 유교에서 이상정치로 꼽는 하·은·주, 그중에서도 공자가 가장 이상시하는 문文·무武·주공周公의 정치 및 문화를 노魯나라에 구현하겠다는 것이다. 그렇다고 이것이 공자가 노나라를 천자국으로 만들겠다는 의미는 아니다. 맹자와 달리 공자는 주 중심의 봉건천하 질서의 회복을 희구했던 만큼 '동주 건설' 희망은 제후국 노나라의 정치방식과 그 결과에 대해 주나라식 정치방식과 결과를 본받고 싶다는 표현이다. 즉 '농수 건설'이란 '중화(中華=문명) 구현'을 의미한다. 그리고 주나라식 중화의 구현이란 다름이 아니라 '폭력 없는 정치, 강권 없는 정치', 곧 주周의 예문화禮文化에 의한 정치를 의미한다. 이를 추구하는 한 조선은 문명국이며, 이점에서 우리 조선은 주와 비교하여 전혀 손색이 없다는 시각

---

28 《論語》〈陽貨〉. 子曰 夫召我者 而豈徒哉 如有用我者 吾其爲東周乎

이다. 건국 후 70여 년이 지나 작성된《경국대전經國大典》〈서〉에서
도 잘 확인된다.

> "… 누가 우리의《경국대전》의 제작이 주관周官·주례周禮와 함께 표
> 리가 되지 않는다고 말하겠는가? 천지天地·사시四時와 맞추어도 어긋
> 나지 않고, 전성前聖에 고증해도 그릇되지 아니하니, 백세 이후에 성
> 인이 다시 나오신다 해도 잘못되지 않을 것임을 알 수 있다. 지금부터
> 성자신손聖子神孫이 모두 이 이루어진 헌장을 따라 그르치지 않고 잊
> 지 않는다면 우리 국가國家의 문명지치文明之治가 어찌 단지 주周의 융
> 성함에만 비할 뿐이겠는가?"[29]

　이러한 중화문명 건설의 역사적 정당성을 해명함에 있어서 공
자의 권위를 빌리고 있는 함의도 주목할 필요가 있다. 이 글은 이미
앞에서 중화주의와 관련하여 공자가 지역적·종족적 중화주의를
문화적 중화주의 성격으로 전환하도록 만든 주역임을 설명한 바
있다. 따라서 우리가 기자조선의 후손으로서 '공자의 동주 건설' 소
망을 이 땅에서 실현하겠다는 선포는, 곧 역사적 사명을 통한 새 왕
조의 정통성을 역사적 권위를 통해 확보하고자 했던 것이라고 하
겠다.
　유교적 중화주의가 문명과 야만을 구분하는 근거는 중국의 예,
문물이다. 이는 무력의 배제를 통한 도덕적 정치제도, 정치운영을

---

29 《經國大典》(1469)〈序〉.

의미한다. 물론 도덕 자체가 정치는 아니다. 양심과 그것이 추상화된 형태인 도덕성에 의한 정치가 도덕정치이다. 유교에서 말하는 도덕정치란 인간과 금수가 구분되는 '양심'에 기초한 정치사회, 곧 국가공동체이다. 이는 약육강식의 소수만이 희소가치를 점유하는 사회가 아니라 고른 분배(:양민養民)가 이루어진 사회, 나아가 그 위에 이를 유지하기 위해 모든 구성원들이 자각하고 실천하는 교육이 제공되고 결실을 맺는(:교민敎民) 사회를 말하는 것이다. 앞서 언급한 공자와 한유의 '중화'는 기존의 종족적·지역적 성격이 철저히 배제되고 오직 평화적·도덕적 질서구축 여부를 기준으로 삼았던 것이다. 여기에 물리력·패권 등은 개입할 여지가 없다. 물리력과 패권에 의존하는 정치공동체는 문명이 아니라 야만이다. 중화가 아니라 이적이다. 그리고 이 점에서 중화주의는 물리력에 의거한 '문명화 사명' 혹은 백인의 '이중적 위임'[30]과는 다른 것이다.[31]

마지막으로, 고려정치에서 보여주었던 오랜 기간의 폭력정치의 경험이 조선의 건국자들로 하여금 '유교적 중화주의' 대외 노선 중심의 선택으로 폭력으로부터의 안전을 추구하도록 만들었다고 본다. 고려는 100여 년이 넘는 시간 동안 무인집권과 원 간섭의 폭력정치에 노출되었다. 패망왕조의 말기적 양상이 모두 그러하듯

---

30 '문명화 사명mission civilisatrice'이 18세기 프랑스의 대표적인 식민담론이라면 '이중적 위임Dual Mandate'은 '문명화 사명'의 영국식 버전이었다. 이에 대해서는 김택현 외,《유럽중심주의 세계사를 넘어 세계사들로》(한국서양사학회 편) (푸른역사, 2009), 262~267쪽 참조.
31 중화주의와 유럽중심주의의 비교이해를 위해서는 강정인·안외순,〈서구중심주의와 중화주의의 비교연구〉,《國際政治論叢》제 40집 3호, 국제정치학회, 2000 참조.

이, 고려왕조의 말기적 모습 역시 정치 부재의 전형이었다. 고려 말의 상황에 대해 "국가는 합법적인 폭력집단과 같았고, 왕과 권신들은 연합한 욕망의 동거체제"[32]라는 평가까지 내려진 바 있다. 고려 말의 신진 관료들이 '합법적 폭력집단'으로 전락한 고려왕조를 종식시키고, 1392년 새 왕조를 개창하면서 폭력성의 배제와 안정적이고 평화적인 질서 구축을 당면 목표로 삼았다.

조선은 고려사회의 불교적 말폐를 극복하고자 새로운 치국이념으로 유교, 그것도 신유교, 곧 주자학朱子學을 채택했다. 주자학은 법가와 유착 경향이 있던 한漢·당唐 유학과 결별하는 대신 공맹의 원시유교에 우주론과 인성론을 더함으로써 명실상부 형이상학적 유교 사유체계를 성립했다. 조선의 건국자들은 이러한 주자학을 자발적으로 상당한 수준에서 학습하고 있었다.

유교적 중화주의의 형이상학적 철학 토대를 제공하는 학문이었던 주자학은 고려 말의 극단적인 불교의 말폐를 근본적으로 대신할 철학적·규범적 사상체계이기도 했고, 고조선 이래 행정이념으로 기능하던 기존의 유교 이념을 혁신하여 확실한 통치 이념으로써 재향유하도록 다듬어진 세련된 이념 체계이기도 했다. 철학성과 규범성을 더 강화한 만큼 중화주의 역시 더 강화된 문화적·도덕적 성격을 강조하게 되었다. 따라서 기존의 한당유학漢唐儒學만이 아니라 신유교인 주자학을 학습한 고려 말의 신진사대부들은 한편으로는 불교 비판을 통해 기존의 지배 사유체계를 공격하고,

---

32 김영수, 〈고려 말과 조선조 건국기의 정치적 위기와 극복과정에 관한 연구〉, 서울대 정치학박사논문, 1997 참조.

다른 한편으로는 국내 통치세력의 폭력을 제어하며, 또 다른 한편으로 대외적으로는 폭정의 실체이던 원元 질서에 대해 저항적인 의식을 키워나가고 있었다. 그러던 중 1368년 중원에 중화주의 태생의 주체였던 한족漢族 중심의 명明이 출현하자, 이들 역시 안으로는 새로운 정권 및 국가 탄생을 준비하고, 밖으로는 폭압의 주체였던 원이 아니라 새로이 평화적 대외질서 유지를 추구하며 중화의 대상으로 명을 택하는 배원친명背元親明 노선을 취했던 것이다.

4. '외천畏天'의 사대事大와 '낙천樂天'의 사대, 그리고 '반원친명'

힘의 각축이 벌어지는 국제사회에서 소국이 대국에 맞서는 것은 파멸을 초래할 뿐이다. 반대로 대국이라고 해서 소국을 마음대로 하고자 하면 궁극적으로 소국 간의 연대를 부추겨 대국을 공격하는 빌미를 줄 수 있다. 따라서 상대적 차이는 있을지라도, 국제사회에서 절대강자는 있을 수 없다. 자국의 안전을 위해서는, 맹자의 말대로, 소국은 소국대로, 대국은 대국대로 겸손하면서 상대에게 예를 표하는 마음이 있어야 한다. 소국이 대국에 겸손한 것은 지혜로운 행동이고 대국이 소국에 겸손한 것은 어진 행위이다.

오직 인자仁者만이 대국으로 소국을 섬길 수 있으니, 탕湯이 갈葛을 섬기고 문왕文王이 곤이昆夷를 섬겼다. 오직 지자智者만이 소국으로 대국을 섬길 수 있으니, 태왕太王이 훈육獯鬻을 섬기고, 구천勾踐이 오吳를

섬겼다. 대국으로서 소국을 섬기는 것은 천天을 즐기는 것이며, 소국
으로서 대국을 섬기는 것은 천天을 두려워하는 것이다. 천天을 즐기는
자는 천하天下를 보전할 수 있고, 천天을 두려워하는 자는 자기 나라
를 보전할 수 있다.[33]

　이것은 유교적 중화주의 외교질서 이념의 핵심이고, 현실적 국
제질서인 사대질서 원리를 구성한 관념의 핵심이다. 현실에서 조
공朝貢과 책봉册封의 의례로 드러나는 사대(사소)주의는 궁극적으로
평화적 공존을 유도하는 유교적 중화주의의 대외적 원리이다. 조
선은 조공과 책봉이라는 사대(사소)관계를 통해 ① '문명국'인 중국
과 동질화함으로써 주변국과의 차별을 이루어 동아문명공동체 내
에서 자국의 위상을 높이고, ② '강대국'인 중국과의 정치적 연합을
통해 국가안보를 확보하며 ③ '천자'의 권위에 기대어 정권의 정통
성을 획득하고 지배의 효율을 높이는 이익을 추구했다.[34]
　구조적 약소정체인 한반도의 정권은 원과 명의 두 존재 앞에서
외교적 택일의 상황이 놓이게 되었고, 이 택일과정에 과거의 경험
들이 크게 작용했다. 조선이 소국이니 파트너가 누구든 사대가 되
겠지만 유교적 중화주의로는 명이 적합하다고 판단했다. 이는 역
사적 경험도 무관하지 않을 것이다. 요컨대 나당전쟁 이후 당나라

---

33 《孟子》〈梁惠王〉下. "齊宣王問曰 交隣國有道乎 孟子對曰 有惟仁者 爲能以大事小 是故湯事葛 文
王事昆夷 惟智者 爲能以小事大 故大王事獯鬻句踐事吳. 以大事小者 樂天者也 以小事大者 畏天
者也 樂天者保天下 畏天者保其國."
34 정용화, 〈조선의 조공체제 인식과 활용〉, 《한국정치외교사논총》 제27집 2호(한국정치외
교사학회, 2006), 26-27쪽.

와 신라는 책봉-조공의 사대관계를 맺고 상호공존의 외교정책을 견지하게 되었는데, 한족이 중원을 지배하는 한 중국은 이러한 역사적 경험 때문에 이후 한반도를 침략한 적이 없다. 신라와 당나라의 강화 이후 한반도에 존재했던 국가들도 한족의 중국에 대해 그들의 중화주의를 인정하고 유연하게 대처함으로써 침략의 빌미를 제공하지 않았고 이로써 양국 간의 선린관계는 오랜 기간 지속되었다. 통일신라 이후 한반도가 받은 침략은 모두 북방민족과 일본에 의한 것이다. 그런 면에서 중화주의에 입각한 한중간의 사대관계는 한반도 국가로서는 인접한 유일의 초강대국에 대해 자신의 안전을 지키면서 안정적으로 선진문화를 받아들이는 주요한 방법이었다. 중원의 한족 국가 처지에서 보면 강대국으로서의 자존심을 충족시키면서 동쪽 국경을 안정시키고 북방민족의 침범에 대비하여 그 후방을 견제하는 방법이었다. 그리고 이는 유교 이념에 의해 정당화되었으므로 양국에 유교 이념이 정착할수록 더욱 공고한 이념이 되었다. 고려와 조선이 중국과 유지한 사대외교는 이런 역사적 배경의 산물이었다.

고려와 조선은 숭국에 형제, 혹은 군신 관계를 취하며 소공을 바쳤다. 중국은 책봉이라는 형식적인 사대관계가 유지된다면 고려와 조선의 내정에 간섭하지 않았다. 이런 가운데 고려는 때때로 독자적 연호를 쓰면서 황제를 칭하기도 하고, 송나라와의 국제무역을 크게 발전시키기도 했다. 유교국가로서 조선은 사대의 명분론에 철저하여 칭제건원을 한 적은 없었지만 내정의 자율성만은 분명히 지켜냈고, 안정적 대중국 관계를 토대로 문물 교류가 활성화되었다. 그러나 중국에서 북방민족이 대두하여 중원을 위협하고 한족 왕조가 무너진 경우는 상황이 달랐다. 한족의 가장 충실한 동맹국이었던 한반도 내 국가는 전쟁에 휩쓸리고 북방국가들로부터 위협받는 가운데 새로운 국제관계가 안정될 때까지 일시적으로 내정의 간섭과 감시를 당할 수밖에 없었다. 중원에서 송·원이 교체될 때 고려는 몽고족에게 침략을 당했을 뿐 아니라 그 후로도 상당 기간 동안 엄청난 충격을 감내해야 했다.[35] 조선의 건국자들이 반원친명의 노선을 취했던 것은 이와 같이 한족 지배시기와 타민족 지배시기의 폭력에 노출된 경험도 크게 한몫했던 것이다.

이울러 조선은 이러한 사대질서의 유교적 중화주의를 담보한 채택으로 선진문화의 수용을 통해 대내적 안정도 확보하고 동시에 일종의 동맹 체제를 통한 군사적 안보도, 자율성 및 자주성도 확보했던 것이다. 건국을 즈음하여 명에서 보낸 다음의 조칙은 조선이 본래 자유, 자주의 나라이며, 내치를 잘하고 명의 변경을 침범하지 않는다면 상호 사대사소적 외교관계를 맺을 수 있다는 내용을 담고 있다.

(중국과) 고려(조선)는 산과 바다로 가로막혀 있었다. 하늘이 낸 동이東夷는 우리 중국이 다스린 바가 아니었다. …(중략)… 조선의 성교聲敎는 조선의 자유自由이다. 실로 능히 천의天意를 따르고 인심人心에 부합하여 동이東夷의 백성百姓들을 편안하게 하고 변방의 틈을 엿보

---

35 유봉학(2005), 245-246.

지 않는다면 사신을 서로 왕래할 수 있을 것이니, 이는 실로 그대 나라의 복이로다.[36]

이렇게 자유와 자주를 상호 인정하는 중화주의적 조-명 사대 관계는 명이 망할 때까지 계속 유지되었다. 더러 명보다 조선이 더 중화적이라는 자부심까지도 피력하기도 했다. 심지어 대표적인 조선의 주자학자이자 관료인 율곡 이이는 조선의 군주 선조宣祖에게 수기修己와 치인治人의 과업을 크게 밝히고 행하여 중화中華의 도통道統을 계승하라고 요구하기도 했다.

엎드려 바라옵건대 전하께서는 지도志道에 게으름이 없기를 요순처럼 하소서. 학문은 명선明善으로 하시고 덕성은 성신誠身으로 하소서. 수기修己의 공功을 지극히 하고 치인治人의 교화敎化를 베풂에 있어서 물러나거나 겁먹는 생각에 사로잡히지 마시고, 이해利害의 학설에 흔들리지 마시며, 고식적인 논의에 구속되지 않으셔서 반드시 사도斯道(유교정치)를 대명大明·대행大行하게 하셔서 도통道統의 전수를 이으소서.[37]

전반적으로, 이런 유교적 중화주의에 기초한 조-명 간의 중화

---

36 《太祖實錄》元年 11月 甲辰. "高麗限山隔海 天造東夷 非我中國所治....聲教自由. 果能順天意合人心 而安東夷之民 不生邊釁 則使命往來 實彼國之福也".

37 《栗谷全書》권26, 항35, 〈聖學輯要〉. "伏望殿下 志道不懈 追法堯舜 學而明善 德以誠身 盡修己之功 設治人之教 毋爲退怯之念所小撓搖 毋爲利害之說所動 無爲因循之論所拘 必使斯道 大明而大行 以接道統之傳".

주의적 선린관계는 매우 돈독하게 유지되었고, 시간이 흐를수록 그 신뢰는 더 두터워졌다. 이러한 양국 간 신뢰는 1592년 임진왜란 과정에서 정점을 찍었다. 우여곡절과 내부적 논란이 없었던 것은 아니지만 결과적으로 명은 위기에 몰린 조선에 구원군을 보내어 사대국으로서의 책임을 다하는 자세를 보였다. 사대적 외교의 실제를 보여준 것이다. 이는 사대관계가 사소관계와 동의어임을 보여준 실재가 되었다. 조선 지식관료들은 명이 베푼 '재조지은再造之恩'에 감복했고, 양국 간의 중화주의 질서는 의심할 수 없는 호혜의 원리였음이 더욱 확고해졌다.[38]

5. 결론: 요약과 이후의 전개

지금까지 조선의 건국자들 및 전기의 통치자들이 유교적 중화주의 노선을 추구한 이유와 그 성격에 대해 보편주의 문명의 시각에서 검토했다. 먼저 간단히 요약하면 다음과 같다. 기존 연구들에서 강조되었듯이 중화주의의 출발은 지역성, 종족성, 문화 우월주의의 성격을 지녔다. 하지만 문화 우월주의적 중화주의는 유교와 만나면서 전변轉變이 일어났다. 유교는 '중화'를 '가장 앞서나가는 문명' 개념과 일치시키면서 철저하게 도덕적·문화적·평화적 기준을 그 척도로 삼았기 때문이다. 그 결과 유교적 중화주의는 지역성·종족

---

38 유봉학(2005), 247쪽.

성을 탈피한 대신 문화적 성격이 강조되었다. 그리고 도덕성과 문화성은 그 특성상 보편주의적 성격을 지니게 된다. 그래서 일국의 문화적 성격을 넘어 '문명적' 속성을 띠게 되었던 것이다.

이러한 유교적 중화주의는 동아시아 대륙의 한 작은 반도에 위치한 한반도 통치자들에게 충분히 매력적이었다. 그것의 반패권·반군사·반전쟁 논리는 적어도 약소국의 변경문제만큼은 안전을 담보 받는 것을 의미하기 때문이다. 이것이 통일신라는 물론 고려가 적극적으로 유교적 중화주의와 그 현실태인 사대질서 체제, 곧 조공책봉 관계를 채택했던 이유다. 주자학에 심취했던 신진 지식관료들은 이미 고려 말부터 유교국가 건설 및 중화주의의 구현을 희구하고 있었다. 따라서 이들이 조선 건국 과정에서 '유교국시儒教國是'와 '친명사대親明事大' 노선을 분명히 표명한 것은 자연스러운 귀결이었다. 양자 모두 조선중화주의 전개와 깊은 관계가 있다. 조선은 건국의 사명을 '인정仁政 구현'과 '동주東周 건설', 곧 '소중화'[39] 건설에 두었다는 점에서 유교적 중화주의였다. 아울러 조선의 외교원칙인 사대주의事大主義 노선 역시 맹자의 철저히 대국과 소국이 평화와 공손을 녹석으로 하는 '사대事大·사소事小' 관념에 기초한 것으로 '유교적 중화주의'의 전형적인 외교노선이었다. 또한 원

---

39 '중화'가 아니라 '소중화'라고 칭한 점에 대해서도 종속적 시각이라는 기존의 평가가 있기도 했다. 그러나 필자의 생각으로는 현실적으로 약소국이 조선이 '중화'를 자처하는 강대국 중국을 무시하고 '중화'를 표방하는 것은 국가의 존폐를 좌우하는 위험한 처사로서 외교관계에서 지극히 조심해야 할 일이다. 수년 전 '한국이 동북아의 허브'라는 슬로건을 걸었을 때 '내실 없는 명칭으로 주변국을 자극하는 위험한 행위'로 논란이 일었던 것도 같은 맥락이다.

元·명明 교체 앞에서 외교적 택일의 상황이 놓이게 된 조선의 건국자들이 명을 선택했던 것은 물론 역사적 교체를 읽은 현실적 판단도 있었지만, 오랫동안 평화적 중화주의 전통을 공유해왔던 두 집단 간 과거의 경험도 한몫을 했다. 양자 모두 분명 내실 없는 명분주의가 아니라 약소국이 자국의 생존을 강구하는 지극히 전략적인 노선이기도 했다.

조선이 1392년 건국한 이래 명과 200년 넘게 평화를 유지하다가 후반에 청淸이 등장하면서, 기존의 중화질서에 변화가 요구되었다. 청은 조선에게 친청親淸인지 반청反淸인지 노선 표명을 요구했다. 1592년 임진왜란 당시 명의 도움으로 국난을 수습했던 조선은 의리를 택했다. 그 결과 조선은 청의 군사적 보복을 당했고, 1637년 마침내 조선은 청에 굴욕적인 항복을 했다. 그리고 1644년 중원의 지배자도 명에서 청으로 교체되었다. 이러한 중원의 변동은 조선 지배층에게 커다란 충격을 주었다. 200여 년 동안 지속되었던 동아시아 중화질서가 근본부터 무너지면서 동시에 기존 동아시아 중화질서를 사상적으로 뒷받침하던 성리학적 화이관도 붕괴했다. 붕당, 학파, 성별을 막론하고 조선인들은 분노와 충격에 빠졌다.[40] 그 와중에서 '유교적, 중화주의적 조선'의 선택은 중원의 새 주인을 '중화'의 주체로 인정하는 것이 아니라 이미 역사 속으로 사라진 명의 복원을 희구하면서 동시에 조선을 '문명의 주체', 곧 '중화'로 규정했다. 국가건설 과정에서 주변국에 군사력을 행사한 청은 결코

---

40 허태용(2009), 77쪽.

중화, 곧 문명국이 될 수 없었던 것이다. 이것은 과거에 얽매인 단순한 의리가 아니라 '인의仁義', 곧 문명의 필수인 평화와 도덕의 정치공동체로서의 문명공동체, 자주와 자유 및 안전을 함께 지켜왔던 국제정치적 이상을 지키겠다는 의지의 표명이었다. 평화와 도덕적 규범이 지켜지지 않는 실력주의는 무질서, 곧 야만으로 귀결된다는 것이 유교적 중화주의의 문명관이기 때문이다.[41]

이 관점에서 볼 때 첫째, 조선은 역사적 경험을 통해 이민족이 중원을 차지할 때마다 무력충돌이 있었고, 그때마다 기존의 중화주의적 전통에 입각한 변경문제의 안전이 깨졌던 경험에 입각하여 숭명배청崇明背淸을 선택했다. 무질서로의 귀결 가능성 앞에서 불가근불가원의 관계로 있으면서 가능한 한 청과 관계하지 않으려는 나름의 현실적·전략적 대응이기도 했다. 아울러 힘의 논리 앞에서 약소국은 존재기반이 없다. 약소국이 생존하는 외교전략으로 도덕적 권위나 보편성에 기초한 저항방식은 규범적인 동시에 매우 현실적인 전략이기도 하다.

둘째, 의리나 도덕에 의존하는 중화주의에 매달리면서 현실적 자강을 힘쓰지 않았다는 비판 관련, 약소국의 경우 노넉석 가치에 보다 비중을 두는 근본주의가 보다 현실적·전략적 대응이 아닐까.

---

41 물론 이와 다른 시각도 있다. 예를 들면 김영민은 중화계승의식 단계, 곧 명말청초의 시기 '중화'에 대해 구체적인 구현태를 의미하는 '문화'로 지칭하는 것은 부적절하다고 보았다. 특히 실재하는 명나라가 사라진 다음에는 각자가 호명하는 '중화'의 진릿값을 확증해줄 권위적 행위자로서의 기반이 사라진 상황에서 호명되는 '중화'란 본질적이고 구체적인 내용을 담고 있는 어떤 것이라기보다는 넓은 해석과 다양한 활용에 열려 있는 채로 담론상에서 부유하는 이론적 거점에 가깝다고 하면서 그는 결론적으로 '중화'를 문화로 이해하기보다는 픽션으로 이해할 것을 제안했다. 김영민(2013), 224~229쪽 참조.

《맹자》의 모두冒頭에서 확인되듯이, 정의공동체를 전제로 하지 않는 공리주의적 이익 관념은 궁극적으로 공멸을 초래하기 때문이다.

만약 1세기 후 국망의 원인을 조선의 유교적 중화주의에서 찾고자 한다면, 역으로 이 시기 동아시아 대륙에서 최전성기를 누리던 청이 후일 반식민지로 전락한 사실도 해명할 수 있어야 할 것이다. 나아가 유교문화권과는 전혀 거리가 먼 국가들도 전 지구적으로 식민지로 전락한 사실도 설명할 수 있어야 할 것이다.

《經國大典》
《太祖實錄》
《栗谷全書》
《箕子實記》
《朝鮮經國典》

《論語》
《孟子》
《書經》
《春秋左傳》

강정인·안외순, 〈서구중심주의와 중화주의의 비교연구〉, 《國際政治論叢》 제 40집 3
    호, 2000.
계승범, 《정지된 시간: 조선의 대보단과 근대의 문턱》 서강대학교출판부, 2011.
계승범, 〈조선후기 조선중화주의와 그 해석문제〉 《한국사연구》 159호, 2012.
계승범, 〈조선시대 해외파병과 한중관계〉 푸른역사, 2009.
김남일, 〈고려말 조선초기의 세계관과 역사의식〉, 경인문화사, 2005.
김명호, 〈환재 박규수 연구〉, 창비 2008.
김문식, 〈18세기 후반 徐明膺의 箕子 認識〉 《한국사학사연구》, 1997.
김문식, 〈조선후기 지식인의 대외관계〉 새문사, 2009.
김순자, 〈고려말 대중국 관계의 변화와 신흥 유신론의 사대론〉 《역사와 현실》 15,
    1995.
김영민, 〈조선중화주의의 재검토〉 《한국사연구》 15, 2013.
김영수, 〈고려말과 조선조 건국기의 정치적 위기와 극복과정에 관한 연구〉, 서울대
    정치학박사논문, 1997.
김용흠, 〈병자/호란기의 주화/척화 논쟁〉, 《동방학지》 135, 2006.
김인규, 〈조선 후기 화이론의 변용과 그 의의: 북학파를 중심으로〉 《동양고전연구》 5,

1995

김택현 외,《유럽중심주의 세계사를 넘어 세계사들로》서울: 푸른역사, 2009.

김한규,《古代中國的世界秩序硏究》서울: 일조각, 1985.

김홍철,《외교제도사》서울: 민음사, 1985.

박충석,《한국정치사상》, 삼영사, 1982.

박홍규,〈17세기 德川日本에 있어서 華夷문제〉《한국정치학회보》35-4, 2002.

손승철,〈조선중화주의와 일본형 화이의식의 대립〉《일본연구》11, 1997.

손승철,〈조선시대 한일관계사연구〉경인문화사, 2006.

申采浩,〈久書刊行論-告書籍出版家諸位〉《丹齋申采浩全集》下, 형설출판사, 1995.

안외순,〈중화주의의 형성원리와 특성〉《오늘의 동양사상》, 2004.

우경섭,〈조선중화주의에 대한 학설사적 검토〉《한국사연구》159호, 2012.

우경섭,〈송시열의 화이론과 중화주의의 성립〉《진단학보》101, 2006.

우경섭,〈17세기 한/중/일 삼국의 화이론 비교 연구〉《역사와 담론》53, 2009.

유미림,〈조선 후기의 대 중국인식: 숭명과 반청, 그 이념과 실제〉,《국제정치논총》
          159호, 2001.

유봉학,〈한국사학에서 바라본 중화주의〉,《중국문학》44집, 2005.

이상익,〈주자학과 조선시대 정치사상의 정체성 문제〉《한국철학논집》14, 2004.

이상익,〈조선시대 중화주의의 두 흐름〉《한국철학논집》24, 2008.

이성규,〈中華思想과 民族主義〉《哲學》, 37집, 1992.

이춘식,《중화사상: sino-centralism》, 교보문고, 1998.

장현근,〈중화질서 재구축과 문명국가 건설〉《정치사상연구》, 2003.

장현근,〈한국에서 대중국 관념 변화〉《아태연구》18, 2011.

정다함,〈'사대'와 '교린'과 '소중화'라는 틀의 초시간적인 그리고 초공간적인 맥락〉
          《한국사학보》42, 2011.

정옥자,《조선후기 조선중화사상 연구》일지사, 1998.

정용화,〈조선의 조공체제 인식과 활용〉,《한국정치외교사논총》, 제27집 2호, 2006.

정재훈,〈17세기 우암 송시열의 정치사상〉《한국사상과 문화》42, 2008.

조성산,〈조선후기 소론계 고대사 연구와 중화주의의 변용〉《역사학보》202, 2009a.

조성산,〈18세기 후반-19세기 전반 대청인식의 변화와 새로운 중화 관념의 형성〉

《한국사연구》145, 2009b.

최연식, 〈조공체제의 변동과 조선시대 중화-사대 관념의 굴절〉《한국정치학회보》
　　41. 2005.

허태용, 〈조선후기 중화론과 역사인식〉아카넷, 2009.

小蒼芳彦, 『中國古代政治思想硏究』靑木書店, 1970.

III

근대 사상과
보편주의

루소의 일반의지의 일반성과 보편성

김용민

1. 서론

루소의 정치철학에 있어 '일반의지general will'는 핵심개념으로 등장
한다. 일반의지란 용어는 루소가 새롭게 만든 용어가 아니라 그 이
전에도 사용되어 왔다. 쉬클라Judith Shklar는 루소 이전에도 일반의
지란 용어가 쓰였으며, 루소보다도 앞선 시대를 살았던 몽테스키
외나 루소와 동시내에 살았던 디드로Denis Diderot도 이 용어를 사용
했음을 지적하고 있다(Shklar 1985, 168). 라일리Patrick Riley는 이 용어
를 만든 사람으로 16세기의 사상가인 아놀드, 파스칼, 말브랑슈, 페
네롱, 베일, 라이프니츠를 거론하고 있다(Riley 2001, 125).[1] 이들은
기독교의 신은 타락 이후의 모든 인간을 구원하고자 하는 일반의

---

[1] 루소 이전의 일반의지에 대한 설명과 해석으로 Riley(1984) 참조.

지를 지녔다고 말한다. 근대 초기의 신학자들이 당면한 문제는 모든 사람을 구원한다는 신의 일반의지와 단지 소수의 사람만 구원된다는 일반적인 믿음을 조화시키는 것이었다. 말브랑슈는 이 문제에 대해 우리가 신의 일반의지에 호소하지 않는다면, 신은 개별적인 인간에게 저주를 퍼부을 것이라는 대답을 제시했다(Williams 2014, 247). 요컨대 그의 대답은 신의 일반의지를 따르면 구원으로 귀착되지만, 개인 자신의 개별적 의지를 따르면 저주로 귀착된다는 것이다. 더 나아가서 말브랑슈는 신은 각 개인에게 자신의 일반의지에 대한 지식을 심어놓았다고 제언하기도 하는데, 이것은 '인간의 가슴 속에 본성적으로 존재하는 정의와 부정의에 대한 감성'에 관한 루소의 언급을 상기시킨다(Williams 2014, 247).[2] 일반의지의 역사를 간단하게 살펴보았지만, 일반의지란 용어에 관해서 루소가 기여한 점은 이 용어에 전통적 의미와는 전혀 다른 새로운 의미를 부여했다는 점이다. 루소는 일반의지의 개념을 자신의 정치철학, 도덕철학의 중심에 자리 잡게 함으로써 일반의지의 새로운 역사를 쓰고 있다.

흔히 우리는 루소가 일반의지란 용어를《사회계약론》에서 처음으로 사용한 것으로 알고 있지만, 이 용어는《사회계약론》이전의〈정치경제론〉과〈제네바 수고〉에서 이미 등장하고 있다.[3] 이 초

---

2 이 감성은 다름 아닌 양심을 가리킨다.
3 〈정치경제론〉은 1755년에 디드로가 편찬한 백과사전에 게재된 논문이었으나, 1758년 책으로 출판되었다. 〈제네바 수고〉에 나오는 내용이 〈정치경제론〉에 중복되어 나타나기도 하지만, 〈제네바 수고〉는 〈정치경제론〉 이후에 쓴 것으로 추정된다. 〈제네바 수고〉는 〈사회계약론 초고〉라고 불리기도 하는데 이 책에서는 〈제네바 수고〉로 쓰기로 한다.

기 작품에서 일반의지는 《사회계약론》에서처럼 명확히 규정되고 있지 않다. 루소 고유의 새롭고 완전한 의미를 지닌 일반의지는 《사회계약론》에서 비로소 등장한다. 〈정치경제론〉에서 루소는 일반의지란 용어를 디드로가 사용하는 의미인 인류일반에 통용되는 '보편의지universal will'라는 의미를 받아들여 사용하고 있으나, 〈제네바 수고〉에서는 디드로의 일반의지(더 정확하게 말해서 보편의지)에 대한 비판을 강력하게 제기하고 있다. 이러한 수용과 비판의 과정을 통해 성립된 것이 《사회계약론》에 나타난 일반의지의 개념이다. 루소 이전에도 일반의지 개념의 역사가 있듯이 루소 개인에 있어서도 일반의지 개념의 역사가 있고, 후술될 바와 같이 루소 이후에도 그 역사가 있다.

루소는 인간이 사적이익을 추구하는가 아니면 공동이익을 추구하는가에 따라 의지를 개별의지(혹은 사적의지, 혹은 특수의지), 전체의지, 일반의지로 나누고 있다. 인간은 본성상 자신의 이익을 추구한다. 이러한 사적 이익(혹은 개별적 이익, 혹은 특수한 이익)을 추구하는 의지가 개별의지이다. 전체의지will of all는 개별의지의 총합으로, 사적 이익을 고려한다. 사적 이익을 고려하는 개별의지와 전체의지와는 달리 일반의지는 공동 이익을 고려한다. 개별의지 간에는 넘치거나 모자라거나 하는 차이가 존재하는데 이 차이를 서로 가감상쇄했을 때 남는 차이의 총합이 일반의지이다(Rousseau 1978, 61: II.3).[4] 여론조사를 예로 들어서 전체의지와 일반의지를 구별해

---

4 이 글에서 많이 인용되는 《사회계약론》에서의 출처를 구체적으로 밝히기 위해서 마스터스의 번역본 페이지와 함께 《사회계약론》의 권과 장을 병기하기로 한다. II.3은 2권 3장을

본다면, 여론조사 결과는 개별의지의 총합으로서 전체 여론의 분포현황, 즉 전체의지를 보여준다. 이 여론조사에서 각 개인의 의견이 수렴되고 집중되는 그런 여론이 존재한다면, 이 여론은 바로 일반의지를 나타낸다.

이익을 기준으로 한 분류와는 달리 의지의 작용범위를 기준으로 할 때, 일반의지는 개별의지 및 보편의지와 대비된다. 자신의 이익을 추구하려는 개별의지는, 다른 사람들과 독립적으로 존재하면서 자기 자신을 하나의 전체로 간주하는 자연인에게서 선명하게 드러난다. 하나의 개별적 정치공동체에 사는 시민으로서의 인간은 공동체 안에서 생존과 번영을 누리기 위하여 공동이익을 추구하는데, 여기서 공동이익을 향하는 의지가 일반의지이다. 보편의지는 인간이 시민으로서가 아니라 인류로서 모든 인류에게 좋은 것을 추구하려는 의지이다. 일반의지는 국가라는 정치적 경계 내에서 작용하지만, 보편의지는 인류라는 보편적이고 추상적인 세계 내에서 작용한다는 점에서 일반의지와 구별된다. 그러나 개별의지, 일반의지, 보편의지는 단순히 그 작용범위에 따라 구분된다고 봐서는 안 된다. 의지가 작용하는 '전체'를 무엇으로 설정하는가에 따라서 개별의지, 일반의지, 보편의지는 상대적으로 결정되는데, 만약 전체를 국가로 본다면 국가 전체의 공동이익을 추구하는 의지는 보편의지로 불리고, 국가를 구성하는 부분(예를 들어 이익단체)에 한정되는 이익을 추구하는 의지는 그 구성원에게는 일반의지라고

표시한다.

불리며, 이 의지는 전체의 관점에서 볼 때 개별의지로 불리게 된다. 이처럼 세 종류의 의지는 전체와 부분의 관계가 어떻게 설정되어 있는가에 따라서 상대적으로 다르게 규정된다.

루소가 《사회계약론》에서 수립하고자 하는 정당한 정치질서는 일반의지에 근거하여 도출된 법에 의해 지배되는 공화주의 정치체제이다. "모든 정당한 정부는 공화제"인 것이다(Rousseau 1978, 67: II.6). 《사회계약론》은 일반의지와 법의 관계를 상세히 밝혀주고 있다. 법은 일반의지의 '행위'이며 '기록'이다. 하지만 이 책은 일반의지가 개인의 자유의지 속에서 어떻게 생성되고 형성되어야 하는지에 관해서는 말해주지 않고 있다. 일반의지를 생성하는 문제는 교육의 문제이다. 《폴란드정부론》에서처럼 시민을 폴란드만을 사랑하는 애국자로 교육시킬 때, 시민의 일반의지가 지니는 일반성은 국가라는 경계에 한정된다. 그러나 만약 교육을 통해 일반의지가 디드로가 말하고 있는 인류일반에 통용되는 일반의지(즉 보편의지)에 접근하거나, 혹은 칸트가 말하고 있는 보편적인 선의지good will나 정언 명법categorical imperative에 접근한다면, 일반의지가 지닌 일반성은 보편성으로 확장될 수 있다. 즉, 일반의지가 어떤 성격을 갖는가는 시민의 교육문제와 직결되어 있다. 루소는 《에밀》에서 시민교육의 문제를 다루고 있다. 에밀을 '자연인이자 동시에 시민a man and a citizen'인 민주적 인간으로 만들 것을 목표로 하고 있는 루소의 교육은 세계시민의 가능성을 열어놓고 있는데, 우리는 에밀에서 개별의지, 일반의지, 보편의지가 성공적으로 결합되고 있음을 확인할 수 있다.

이 글은 일반의지가 지닌 일반성과 보편성을 탐구하는 것을 목적으로 한다. 〈제네바 수고〉에서 루소가 행한 디드로의 일반의지에 대한 비판은 일반의지가 지닐 수 있는 일반성과 보편성에 명확한 분석을 제시하고 있다. 《사회계약론》에 나타난 일반의지는 정당한 국내 정치질서를 뒷받침해주는 법이 지녀야 할 일반성이 무엇인가를 잘 보여주고 있다. 《에밀》에 나타난 교육의 원칙은 일반의지의 보편의지에로의 확장가능성을 열어놓고 있다. 《폴란드정부론》에서 제시된 시민교육은 일반의지의 적용대상을 민족국가로 한정짓는 듯이 보이기도 하지만, 이것은 혼란에 빠진 폴란드를 구원하기 위한 단계적 교육 전략이라고 할 수 있다. 우리는 일반의지를 교육과 연관시킴으로써 일반의지의 확장가능성을 논할 수 있으며, 일반의지의 보편의지로의 발전이 충분히 실현가능하다는 것을 알 수 있게 된다.

이 글은 4장으로 구성된다. 1장 서론에 이어, 2장에서는 일반의지를 구성하는 두 부분인 자유와 일반성의 의미를 분석하고, 3장에서는 교육을 통해 의지가 일반화될 수 있을 뿐만 아니라 보편화될 수 있음을 논의하며, 결론 부분인 4장에서는 일반의지의 확장가능성의 문제와 아울러 칸트, 헤겔, 롤즈의 철학에 나타난 일반의지의 변용가능성의 문제가 논의된다. 일반의지가 지닌 현재적 일반성과 잠재적 보편성은 애국심과 인류애의 결합이 가능함을 보여주고 있다.

2. 일반의지의 구성: 자유와 일반성

일반의지는 '일반성'과 '의지'의 두 부분으로 구성된다. 개인의 의지가 '일반화될' 때 일반성을 갖춘 의지가 생성된다. 개인의 의지는 자유의지를 말하며, 따라서 일반의지는 인간의 자유와 밀접히 연관된다. 라일리는 루소가 자유를 중심적 주제로 다루지 않았더라면, 일반의지는 그의 정치철학에 있어서 핵심적 개념이 되지 않았을 것이라고 주장한다(Riley 2001, 124). 루소는《인간불평등기원론》에서 인간이 자유의지를 가졌고 자유를 의식한다는 점은 동물과 구별되는 중요한 특징 중 하나라고 말하고 있다: "인간을 동물과 구별 짓는 것은 인간의 자유로운 주체로서의 특질이다. 자연은 모든 동물에게 명령하고 동물은 이에 따른다. …(중략)… 그러나 인간은 복종하느냐 저항하느냐의 선택에서 자신이 전적으로 자유로움을 인식한다. 인간 영혼의 정신성이 드러나는 것은 무엇보다도 이런 자유의 의식을 통해서였다(Rousseau 1990, 148)". 루소는 자유를 '인간의 가장 고상한 능력' 또는 '신이 준 가장 귀중한 선물' 등으로 표현하고 있는데, 이처럼 그의 철학에 있어 자유는 '절대적인' 가치를 갖는 것으로 나타난다(김용민 2004, 116).

그는《사회계약론》의 첫머리에서 "인간은 자유롭게 태어나며, 그는 도처에서 사슬에 매여 있다(Rousseau 1978, 46: I.1)"라는 혁명적 선언을 한다. 인간은 그가 언제 어디서 태어나든 항상 본성적으로 자유로운 존재라는 것을 루소가 만천하에 공포하고 있는 것은 과히 혁명적이라고 할 수 있다. 나아가 이 자유는 인간성과 도덕성

의 본질을 구성한다: "자신의 자유를 포기하는 것은 인간으로서의 위상과 인간성의 권리 및 의무조차도 포기하는 것이다. 모든 것을 포기하는 사람에게는 어떠한 보상도 가능하지 않다. 이와 같은 포기는 인간본성에 맞지 않는 것이며, 인간에게서 자유의지를 빼앗는 것은 그의 행동에서 도덕성을 빼앗는 것이다(Rousseau 1978, 50: II.4)".

루소에게 있어서 자유는 소극적인 의미에서는 남의 간섭을 받지 않고 남에게 의존하지 않는 '독립성independence'을 의미하지만, 적극적인 의미에서는 '자신이 자신에게 부여한 법'을 따르는 '자기입법self-legislation'을 의미하고, 철학적이고 도덕적인 의미에서는 '마음 깊은 곳에 양심과 이성에 의하여 쓰인 법'에 따라 마음의 자유를 누려서 '자기 자신의 주인이 되는 것master of oneself'을 의미한다. 소극적 의미의 자유를 자연 상태의 자연인이 누렸다면, 적극적 의미의 자유는 일반의지를 지닌 사회상태의 시민이 누리며, 철학적 의미의 자유는 고독한 산책자인 만년의 루소가 누린다고 할 수 있다. 루소는 이 세 가지 자유를 각각 자연적 자유, 시민적 자유(혹은 정치적 자유), 도덕적 자유(혹은 정신적 자유)라고 명명하고 있다(Rousseau 1978, 56: I.8). 이 세 가지 자유는 역사적으로 자연적 자유, 시민적 자유, 도덕적 자유의 순서로 발전해왔으며,[5] 각각의 자유는 개별의지, 일반의지, 보편의지에 의해 추구된다.[6] 이와 같은 의지의 역사

---

5   자연상태에서 사회상태로의 이행은 자연적 자유를 시민적 자유로 대체하는 결과를 낳았다. 도덕적 자유는 사회상태를 전제로 한다. 자연상태의 자연인은 도덕적 자유를 누릴 수 없다. 사회상태에 사는 루소와 같은 철학자만이 도덕적 자유를 누릴 수 있다.

적 발전 순서와 달리 에밀은 우선 자연교육(특히 소극적 교육)을 통해 자연적 자유를, 다음으로 철학교육(특히 종교교육)을 통해 도덕적 자유를, 그리고 끝으로 정치교육을 통해 시민적 자유를 확보하게 된다. 그는 교육을 통해서 한 국가의 시민이라기보다는 세계의 시민, 혹은 코스모폴리탄으로 먼저 탄생하는데, 이것은 교육을 통해 일반의지에 앞서서 보편의지를 형성할 수 있음을 보여준다.[7]

자유의지는 그 안에 일반의지를 담고 있다. 일반의지가 만일 자유의지 밖에 존재한다면, 일반의지를 따른다는 것은 노예가 된다는 것이다. 일반의지란 자유의지가 일반성이라는 성격을 갖추고 있을 때 생성된다. 다시 말해 본성에 따라 자기의 이익을 추구하고 남의 간섭을 받지 않으려는 자유의지를 '일반화할generalizing' 수 있어야 일반의지가 생성된다는 것이다. 의지를 일반화하는 작업은 자연의 본성에 부합하는 일이 아니다. 이 작업은 인간을 탈자연화denaturing시키는 인위적인 노력을 수반한다. 인간의 자연적 본성이 자유스러움에 있다면, 탈자연화는 이 자유스러움을 파괴한다는 것을 의미하는데, 이러한 작업은 일견 모순적으로 보이기도 하고, 원과 같은 면적을 지닌 성방형을 만드는 작업과 같이 불가능해 보이기도 한다. 루소는 이처럼 불가능하게 보이는 작업을 가능하게 만들기 위해서 좋은 사회제도, 위대한 입법자, 위대한 교육자가 새로

---

6   이 세 가지 자유와 의지의 본질은 각각 《인간불평등기원론》, 《사회계약론》, 《에밀》에서 다루고 있는 주요 주제이다.

7   루소는 교육을 통해 보편의지에 도달할 수 있으나, 칸트는 이와는 달리 교육의 도움 없이 단지 이성에 의존해서 그냥 볼 수 있다고 말하고 있다.

운 역할을 수행해야 한다고 주장한다. 루소는《에밀》에서 좋은 사회제도를 다음과 같이 설명한다: "좋은 사회제도는 인간을 어떻게 탈자연화시킬지를 가장 잘 알며, 인간에게서 절대적 존재감을 빼앗아 상대적인 존재감을 부여하고 나를 공동 단체의 한 부분으로 이입시킬지를 가장 잘 아는 제도로서, 이러한 제도의 결과 각 개인은 더 이상 자신이 하나의 전체가 아니라 단체의 일부분에 불과하며 더 이상 전체를 떠나서는 느끼지 못한다고 믿게 된다(Rousseau 1979, 40)".

이런 좋은 사회제도를 만들 수 있는 사람은 누구인가? 루소는 인민들이 사회계약을 한 이후에 새롭게 건립된 국가에 기본법, 또는 정치법, 또는 헌정제도를 제공하는 위대한 입법자를 그러한 사람으로 제시하고 있다.

인민에게 감히 국가의 기초를 만들어주고자 하는 사람은 자신이 소위 인간의 본성을 변화시킬 수 있다고 느껴야 한다. 그는 그 자신만으로 하나의 완전하고 고립된 전체를 이루는 각 개인을 변형시켜 보다 큰 전체 속에 포함되는 한 부분으로 만들어서 개인이 오직 그 전체로부터, 어떤 의미에서는 자신의 생명과 존재를 부여받도록 할 수 있어야 하고, 인간의 체질을 강화시키기 위해 이를 변화시킬 줄 알아야 하며, 또 우리가 자연으로부터 받은 육체적이고 독립적인 존재를 부분적이고 도덕적인 존재로 바꾸어놓을 수 있어야 한다. 요컨대 그는 인간에게서 그의 고유한 힘을 빼앗아, 자신에게는 생소하며 타인의 도움 없이는 사용할 수 없는 힘을 부여해야 한다(Rousseau 1978, 68: II.7).

《사회계약론》의 입법자는 인간의 본성을 바꾸어놓을 제도 수립에 전념한다. 그는 시민교육이 지향해야 할 바를 알고 있지만, 그 목표를 어떻게 교육을 통해서 달성할 수 있는지에 관해서는 언급하지 않는다. 왜냐하면 사회계약을 체결하는 자연인들에게는 아직 교육이라는 개념이 부재했기 때문이다. 그는 종교의 힘을 빌려 자기가 구상한 정치제도에 시민이 동의하게끔 만든다.《에밀》의 교육자는 이미 사회계약을 통하여 성립된 시민사회에 존재한다. 그의 교육의 목표는 '자연인이면서도 동시에 시민'인 민주적 인간을 형성하는 것이다. 인간을 형성하는 예술인 교육은 끊임없는 교육자의 지도와 배려를 필요로 하는 지난한 작업이다. 만일 교육을 하는 과정에서 한 가지라도 교육원칙에 어긋나는 일이 생기게 되면, 교육을 망치게 되어 교육의 목표를 달성할 수 없게 되는 그런 과업이다. 자연인이 지닌 자연적 자유와 시민이 지닌 시민적 자유를 결합시키는 과정, 즉 인간본성을 변화시키는 과정은 신적인 입법자와 비슷한 자질을 지닌 신적인 교육자를 필요로 한다. 교육자는 서로 상충하고 모순되어 보이는 자연인의 '성향inclination'과 시민의 '의무duty'를 한 인간 안에서 결합해야 하는 임무를 수행해야 한다.

시민적 질서 속에서 자연적 감성의 우월성을 간직하려는 사람은 자신이 무엇을 원하는지 알지 못하는 사람이다. 언제나 자기 자신과 모순되고 항상 자신의 '성향'과 '의무' 사이에서 방황하는 그는 결코 인간도, 시민도 되지 못할 것이다. 그리하여 그는 그 자신에게도 다른 사람들에게도 도움을 주지 못할 것이다. 그는 우리 시대의 평범한 한

사람에 불과한, 한 명의 프랑스인, 한 명의 영국인, 한 명의 부르주아
가 될 것이다. 그는 아무것도 아닌 존재이다(Rousseau 1979, 40).

그러므로 일반의지가 제대로 생성되기 위해서는 인간본성을
근본적으로 바꿀 수 있는 정치제도와 교육, 또는 입법자와 교육자
의 도움이 필요하다. 하지만 루소와 동시대를 살았던 디드로는 초
기 사회라고 말할 수 있는 일반사회general society에서 하나의 종으로
서의 인간은 '모든 사람의 좋음good of all'을 바라는 유일한 감정을
가지고 있고, 모든 인류에게 보편적인 존재하는 이성을 가지고 옳
음과 그름을 판단할 수 있기 때문에, 인류는 이성 이외의 다른 도움
에 의존함이 없이 항상 올바른 일반의지에 도달할 수 있다고 주장
한다. 여기서 디드로가 말하는 일반의지는 인류일반이 가질 수 있
는 보편적이며 합리적인 보편의지라고 할 수 있으며, 후에 칸트가
말하는 '선의지'와 연결되는 개념이라고 할 수 있다. 디드로는《백
과사전》5권에 실린 〈자연권〉이라는 논문에서 일반의지를 '감정의
침묵 속에 사고하는 오성의 순수한 작용'으로 정의하고 있다.

어디에 이 일반의지는 놓여 있는가? …(중략)… 문명국가에서 쓰인
권리의 원칙 안에, 야만인과 이방 인민들의 사회행동 속에, 인류의 적
들 간의 암묵적 협약 안에, 심지어는 사회법과 공적인 복수의 결핍을
대신해서 자연이 동물에게 심어준 것처럼 보이는 분개와 원한이라는
두 감정 속에도 [그것이 놓여 있다]. …(중략)… 일반의지는 각 개인
에게 있어서 오성의 순수한 작용인데, 각 개인은 감정의 침묵 속에서

한 인간이 그의 동료에게 무엇을 요구할 수 있는지에 대해서, 또한 동료가 그에게 무엇을 요구할 수 있는지에 대해서 이성적으로 생각한다(Diderot 1962, 432-433).

여기서 디드로가 말하는 오성을 지닌 인간은, 루소가 말하는 자연상태의 마지막 단계인 전쟁상태에서 사회상태로의 이행을 도모하는 자연인의 모습과는 상당히 대조적이다. 전쟁상태에 처한 인간은 자신의 생존을 위해 사악하고 이기적이고 탐욕적이지만, 타인의 도움 없이는 생존을 추구할 수 없기 때문에 상호도움을 주고받아야 할 필연성을 가지고 있다: "인간의 감정이 우리를 분열시키는 정도에 비례해서 인간의 필요는 우리를 함께 불러 모으고 있으며, 우리가 우리 동료의 적이 되면 될수록, 우리는 동료 없이는 더욱 더 아무것도 할 수 없게 된다(Rousseau 1978, 158: GM I,2)".[8] 루소의 입장에서 볼 때 이기심으로 분열된 인간에게, 디드로가 주장하듯이 인간 본유의 이성적 능력만을 강조하면서, 사회계약을 맺으라는 말은 논리적이거나 합리적이지 않다. 루소는 인간의 이성적 능력을 과신하는 디드로와는 달리, 이성에만 근거해서 전쟁상태를 벗어나기 어렵다는 것을 이기적인 독립적인 인간의 입을 빌려 다음과 같이 이야기한다.

현명한 사람[디드로를 의미함-필자]에 의하여 처단된 독립적인 인

---

8 〈제네바 수고〉의 인용출처 표시는《사회계약론》의 인용출처 표시 방법을 따른다. GM은 〈제네바 수고〉의 약어 표시이다.

간은 다음과 같이 말한다: "나는 내 자신이 인류에게 공포와 혼돈을 불러일으키고 있음을 알고 있지만, 나에게 주어진 선택은 내 자신이 불행해지든지 다른 사람들을 불행하게 만들든지, 두 가지 중 하나이다. 그리고 내 자신보다도 귀중한 사람은 아무도 없다." 그리고 그는 다음과 같이 덧붙일 것이다: "나는 나의 이익과 타인의 이익을 조화시키려고 노력할 것이지만 그것은 덧없는 일이 될 것이다. 만약에 내가 법을 신중하게 지키고 있는 동안 남들도 그것을 나처럼 잘 지키리라고 확신할 수 있다면 사회의 법에 관해서 네가 말한 것은 모두 옳다. 그러나 이것에 대해서 네가 어떤 보장을 해줄 수 있을 것이며, 내가 강자에 의해서 야기된 병폐에 나보다 약한 자를 통해서 보상받을 수 없이 노출되는 것보다 더 나쁜 경우가 있을 수 있겠는가? 나에게 어떤 정의롭지 못한 기도도 없을 것이라는 보장을 해주든지, 그렇지 않으면 내가 정의롭지 못한 일을 하지 않으리라고 기대하지 말라 (Rousseau 1978, 160: GM I.2).

독립적인 인간은 디드로의 일반의지가 인류에게 커다란 좋음을 가져다주는 규칙이라는 것을 고려할 수 있다고 하더라도 이 규칙을 따라야 하는 이유를 알지 못하겠다고 말한다. 그는 "나에게 정의가 무엇인지를 가르치는 것이 중요한 것이 아니라 내가 정의롭게 됨으로써 갖게 되는 이익이 무엇인지를 보여주는 것이 중요하다"고 말한다(Rousseau 1978, 161: GM I.2). 독립적인 인간과는 달리, 디드로가 말하는 이성적 인간은 정의와 이익 간의 갈등을 겪지 않는다. 이렇게 되기 위해서는 이성적 인간은 개념을 일반화할 수 있는 기술을 갖춰야 하고, 일반의지를 도출하는 데 실수가 없어야 하고, 양심을 질식시키는 감정이 없어야 하는데, 이렇게 합리적이고 도덕적인 인간이 자연상태 말기에 존재한다고 생각하는 것은 맞지 않다는 것이 루소의 비판이다.

루소는 사회상태로의 이행을 앞둔 인간의 모습을 《인간불평등기원론》에서 잘 묘사하고 있다. 전쟁상태에 처한 부자들은 자신들의 재산을 보장해야 할 절박한 필요에 따라 빈자들을 사회계약으로 이끌고 법의 속박에 묶어두기 위해 다음과 같은 일장의 연설을 한다: "억압에서 약자를 보호하고, 야망을 통제하고, 자신이 소유한 모든 것을 모든 사람에게 보장하기 위해 단결합시다. …(중략)… 한마디로 우리의 힘을 우리 자신과 싸우게 하지 말고, 우리의 힘을 모아 최고의 권력을 만듭시다(Rousseau 1990, 183)". 이러한 부자의 '교묘한 계획'에 속아서 욕심과 야심이 지나쳐 통솔자를 필요로 했던 사람들은 누구나 자신의 자유를 확보할 심산으로 자신의 쇠사슬을 향해 달려갔는데, 왜냐하면 그들의 지적 수준은 "정치제도의 이점을 느낄 만한 이성을 갖고 있었지만 거기에 따르는 위험을 내다볼 정도로 충분한 경험을 갖고 있지는 못했기 때문이다(Rousseau 1990, 183)". 루소는 여기에서 아직 일반의지라는 용어를 쓰고 있지 않지만, 우리의 힘을 모아 만든 최고의 권력은 일반의지라고 할 수 있다. 부자의 연설은 일반의지가 지향해야 하는 정신을 잘 나타내고 있기는 하지만, 루소가 철학적으로 추론하고 있는 이러한 일반의지에 대한 동의가 인민의 계몽된 이성과 자발적 의지에 근거하지 않고 미혹과 기만에 근거하고 있기 때문에, 진정한 의미에서 일반의지라고 할 수 없다. 진정한 일반의지는 독립적인 인간의 자발적인 동의를 통해서 산출되어야 한다. 《사회계약론》은 바로 독립적인 인간에게 동의의 근거를 제공하는 것을 목적으로 한다: "나는 이 연구에서 권리가 허용하는 바와 이익이 규정하는 바가 조화되도록 항상 노력할 것인데, 결과적으로 정의와 유용성이 대립되지 않는다는 것을 보여주고자 한다(Rousseau 1978, 46: I.)". 여기서 루소의 해결책은 계몽이나 교육을 통해서 계발된 '양심과 이성'이 일반의지의 생성 원천이 되게끔 하는 것이다.

3. 교육을 통한 의지의 일반화와 보편화

루소가 《사회계약론》에서 다루는 주제는, 《인간불평등기원론》에서 역사적 사실로 추론되고 있는 자연상태의 최후 단계인 전쟁상태에서 어떻게 하면 정당한 정치질서를 수립할 수 있는가 하는 것이었다. 여기서 루소는 인류가 멸종의 위기를 벗어나기 위해서는 각 개인이 신체와 재산과 권리를 포함한 모든 것을 공동체에 양도한 후 공동권력에 의해서 다시 자신의 것으로 보장받을 수 있는 방법이 필요하다고 주장한다. 공동권력은 일반의지에 따라 움직이게 되는데, 이런 의미에서 일반의지는 최고의 주권이다: "우리 각자는 자신의 신체와 모든 힘을 일반의지의 최고 지도하에 있는 공동의 것으로 한다. 그리고 하나의 몸체로서의 우리는 각 구성원을 하나의 전체를 구성하는 불가분의 부분으로 받아들인다(Rousseau 1978,

53: I.6)". 사회계약을 통해 태어난 국가는 "도덕적이고 집합적인 결사체로서 통일성을 지니며, 공동자아common self를 갖고, 자신의 의지를 갖는다(Rousseau 1978, 53: I.6)".

일반의지는 말 그대로 일반성을 지닌 의지인데, "만약 누군가가 의지를 일반화할 수 있어서 그 의지가 오로지 법, 시민권, 공동선을 선택하고 고질적인 자기애를 회피하게 된다면, 그렇다면 그 누군가는 루소가 말한 특별한 의미에서의 일반의지를 지니게 될 것이다(Riley 2001, 127)". 일반의지가 진정으로 일반성을 지니기 위해서는 우선 개인의 이익보다 공동의 이익을 앞세우는 도덕성을 갖추어야 할 필요성이 있으며, 또한 일반의지는 모든 사람에게 나와서 모든 사람에게 적용되어야 한다는 조건을 갖추어야 한다. 첫째로, 일반의지가 지닌 도덕성의 본질은 우선 그것이 의지라는 면에서 자유를 기반으로 하고 있다는 점과 또한 평등을 추구하고 있다는 점인데, 평등이 필요한 이유는 "그것 없이는 자유가 유지될 수 없기 때문이다(Rousseau 1978, 75: II.11)". 자유와 평등 모두가 일반의지가 지닌 확고한 도덕성의 기반을 제공하고 있지만, 더욱 확고한 도덕성의 기반은 평등성에 놓여 있다고 볼 수 있다. 국가라는 '공동자아'가 단일성을 유지하고 전체의 행복을 추구하기 위해서는, 국가를 구성하는 불가분의 부분인 시민 각자는 평등해야 하기 때문이다. 루소는 일반의지가 공동이익을 위한 것이며 평등을 향한 것이라고《사회계약론》에서 누누이 강조하고 있는데, 여기서 우리는 공동이익의 도덕적 기반이 평등성에서 기원하고 있음을 확인할 수 있다. 쉬클라는 일반의지가 '불평등에 반대하는 의지'이며, 이런 의미에서 이 의지는 '일반적'이라고 지적하고 있다(Shklar 1985, 185).

둘째로, 일반의지는 그 의지의 원천이 소수가 아닌 모든 사람에게 있어야 하고, 그 적용대상이 특정화되어서는 안 된다는 조건을 만족시켜야 한다: "일반의지가 진정한 의미의 일반의지가 되기 위해서는 그의 본질과 대상에 있어서 일반적이어야 하며, 일반의지는 모든 사람으로부터 나와서 모든 사람에게 적용되어야 한다. 일반의지가 어떤 개별적이고 특정한 대상에 적용된다면, 그것이 지닌 자연적 올바름을 상실하게 된다. 왜냐하면 우리에게 속하지 않는 외적인 것을 판단하려 할 때, 우리는 우리를 인도할 진정한 형평성의 원칙을 갖지 못하기 때문이다(Rousseau 1978, 62: II.4)". 일반의지에서 도출된 모든 법은 입법 주체에게 있어서 일반성이 확보되며, 그 적용대상이 모든 국민이거나 혹은 특정인을 지명하여 적용 대상을 한정하지 않는 의미에서 일반성을 확보한다. 예를 들어 교통법은 모든 국민에게 적용된다는 점에서 일반성을 가지며, 모자보호법은 그 적용 대상이 한정되긴 하지만, 그 대상이 구체적 개인으로 특정화되지 않는다는 면에서 일반성을 가진다. 법은 물론 여러 특권을 제정할 수 있지만 그것을 개인적으로 지정하여 부여할 수는 없다. 법은 여러 시민계급을 만들어 그 계급들이 받을 권리가 있는 자격까지 규정할 수는 있지만, 이런저런 사람을 그 계급에 지명할 수는 없다(Rousseau 1978, 66: II.6).

일반성의 요건을 갖춘 일반의지는 주로 하나의 국가 경계 내에서 작용한다. 루소가 말하는 일반의지는 개별국가인 스파르타, 로마, 제네바의 일반의지이다. 루소는 《사회계약론》에서는 일반의지의 생성에 대해서 낙관적으로 보고 있다. 하지만 각각의 국가에 한정된다는 의미에서 개별적이라고 할 수 있는 이런 일반의지가, 인류애에 기반을 둔 보편의지로 확장해 나갈 수 있는 가능성에 대하여 〈정치경제론〉에서는 회의적으로 보고 있다. 그가 보편의지의 가능성에 회의심을 표명하는 이유는 인류애라는 감정이 애국심보다 약한 감정이며, 애국심을 뛰어넘어 존재하기 어렵다고 보기 때문이다: "인류애라고 하는 감정은 그것이 온 지상에 확산됨에 따라 사라지고 약화되며 우리는 유럽 인민의 재난에 대해서와 같이 타타르나 일본의 재난에 대해서는 그런 고통을 느낄 수 없는 것과 같다. 따라서 이해와 연민에 활력을 주기 위해서는 그것을 어떤 형식으로든지 제한하고 축소해야 된다(Rousseau 1978, 219)".

보편의지가 지닌 보편성은 일단 일반성의 요건을 충족시킬 것이 요구된다. 우선 보편성은 우선 도덕성을 지니고 인간의 본질적인 염원인 자유와 평등이라는 가치를 지향하는 도덕성을 지녀야 한다. 다음으로 보편성은 일반성과는 달리 모든 시민이 아니라 모든 인류에서 나와서 모든 인류에게 적용되어야 한다. 이런 의미의 보편성을 갖춘 의지는 칸트가 말하는 선의지라고 할 수 있다. 루소의 일반의지와 칸트의 선의지는 일반성과 보편성, 도시와 세계국가, 시민과 인류라는 측면에서 선명한 대조를 이룬다. 칸트의 선의지는 루소의 일반의지에서 유래했으며, 일반의지가 법적 정의를 추구하는데 반하여 선의지는 윤리공화국 혹은 목적왕국의 성립을 지향한다. 라일리는 이 점을 다음과 같이 밝히고 있다.

아무도 칸트가 그의 도덕철학을 선의지에 대한 주장을 가지고 시작했다는 것을 의심하지 않는다. 선의지는 그가 루소에게 빌려오는 도덕적 인과성의 개념인데, 도덕적 인과성은 자연적 인과성과 독립적으로 존재하며, 인간의 자유와 책임성의 기반이다. 선의지가 칸트의 정치에 관한 이해에 핵심적이라는 것은 분명하다. 공공적인 법적 정의public legal justice는 부분적이거나 전적인 선의지의 부재로 촉진되는데, 선의지는 할 수 있다면 덕의 지배하에 있는 비강제적이고 보편적인 윤리공화국(혹은 목적왕국)을 산출하려고 한다. 선의지의 부재는 정치의 등장을 촉진시킨다(Riley 2001, 135).

칸트에 의하면 목적왕국의 지도 원리는 '선의지'이지만, 선의지가 부분적이거나 전적으로 부재할 경우 정치체를 이끌어나갈 일반의지가 필요하게 된다. 여기서 일반의지는 보편성이 결여된 형태의 선의지라고 할 수 있다. 칸트에 있어서 선의지에서 일반의지로의 하강은 가능하지만 일반의지에서 선의지로의 상승은 불가능하다. 칸트와는 달리 루소는 일반의지의 형성 그 자체는 물론, 일반의지의 보편의지로의 상승과 보편의지의 일반의지로의 하강의 모든 과정이 교육을 통해 매개되고 있음을 강조한다. 교육은 의지를 일반화할 수 있을 뿐 아니라 보편화할 수 있고, 일반화의 과정을 거치지 않고 보편화된 의지도 일반의지로 특정화할 수 있는 힘을 가지고 있는 것으로 나타난다. 우선 《사회계약론》에서 교육은 '오성과 의지의 결합'을 가져오는 계몽의 형태로 언급된다.

인민은 자기 판단대로 자신들에게 유익한 것을 항상 원하지만 그것을 언제나 잘 알아차리는 것은 아니다. 일반의지는 언제나 올바르지만, 그것을 지도하는 판단이 언제나 계몽되어 있는 것은 아니다. 그러므로 일반의지가 대상을 있는 그대로, 때로는 마땅히 지녀야 할 모습으로 보도록 해야 한다. 일반의지는 자신이 찾고 있는 올바른 길을 제시해야 한다. 일반의지는 개별의지들의 유혹으로부터 보호되어야 한다. …(중략)… 개인은 공익이 무엇인지 알지만 배척한다. 반면에 공중은 공익을 원하지만 잘 분별하지 못한다. 그러므로 양편 모두 지도가 필요하다. 따라서 개인들로 하여금 그들의 의지를 이성에 복종하게 할 필요가 있고, 공중에게는 그들이 원하는 것이 무엇인지를 가르쳐줄 필요가 있다. 그렇게 되면 공중의 계몽은 사회체 내에서 '오성과 의지의 결합union of understanding and will'으로 귀결되며, 다음으로 각 구성원들의 완전한 협력이, 최종적으로는 전체의 가장 큰 힘이 생겨난다. 여기에서 입법자의 필요성이 야기된다(Rousseau 1978, 67: II.6).

위 인용문은 일반의지는 항상 옳시만, 그보다 강한 의지에 종속이 되어 있다면 일반의지는 억압되고, 그 역할을 하지 못하게 되므로, 이러한 종속이나 억압에서 벗어나기 위해서는 계몽이 필요하다는 것을 확실하게 보여주고 있다.《사회계약론》 2권 7장에 등장하는 최초의 입법자는 인민들을 계몽시키는 역할을 수행한다. 그는 사회상태에 처음 들어선 인민에게 종교를 이용하여 사회정신을 함양시키며, 종교의 권위를 이용하며 자신이 고안한 헌정체제에 인민이 동의하게끔 만든다. 하지만 그는 정치제도만 만들 뿐, 교육자의 역할을 수행하고 있는 것은 아니다. 사회상태로 이행하는 단계에서는 교육자라는 직책은 존재하지 않는다. 에밀의 스승과 같은 교육자는 문명상태에서만 존재한다. 입법자는 신과 같은 존재이지만, 그의 인민에 대한 시야는 국가라는 경계에 한정된다. 왜냐하면 사회계약을 맺는 당사자인 인민의 시야가 국가라는 경계를 뛰어넘지 못하기 때문이다.

입법자가 만든 헌정제도에서 시민들이 살지만 이 제도하에서 시민들의 일반의지가 자동적으로 생성되는 것은 아니다.《사회계약론》에서 일반의지의 생성을 돕는 역할을 하는 것이 시민종교이다. 시민종교는 사회성의 감성을 함양시키는 역할을 수행함으로써 시민이 공동자아를 갖게끔 만든다. 하지만 타락한 문명상태에 있는 시민들을 계몽시켜 일반의지를 이끌어내기 위해서는 보다 강력한 방법이 필요한데, 이 방법이 바로《에밀》에서 제시된 교육의 방법이다. 일반의지를 알지만 그것을 따르지 않는 개인과 일반의지를 원하지만 그것을 알지 못하는 공중을 일반의지의 지도하에 놓기 위해서는 개인과 공중 모두에게 부족한 점을 메워주는 교육자가 필요하다. 앞에서 언급되었듯이, 일반의지는 시민의 의지가 일반화되었을 때 생성되는데, 의지를 일반화시킨다는 것은 공중을 계몽시켜 분별력과 의지를 결합하게 만드는 것이라고 할 수 있다. 이처럼 의지를 일반화시키고 한 걸음 더 나아가서 보편화시키기 위해서는 교육자가 필요한데, 루소는《에밀》에서 이런 역할을 맡을 교육자를 제시하고 있다. 교육자가 없어도 입법자가 고안한 정치제도하에서 일반의지는 생성될 수 있지만, 의지가 일반화된 정도는 높지 않을 것이다. 교육자가 적극적인 역할을 수행할수록 의지의 일반화가 보다 높은 수준에서 이루어지며 보편화도 이루어질 것이라고 기대할 수 있다.[9]

그러나 교육자의 권위에 의해서 학생의 자유의지가 일반화되는 과정은 자유의지가 지닌 자발성을 침해하는 문제를 발생시킬 수 있다. 의지의 자발성에서 도덕성이 유래하는데, 일반화의 과정에서 자발성이 훼손되면 도덕성이 파괴되고 결과적으로 도출되는 일반의지는 도덕성을 상실하기 때문이다. 라일리는 의지와 권위의 관계—자율성과 교육적 형성의 관계—를 루소에 있어서 가장 어려운 문제 중의 하나로 여기고 있다. 그에 따르면, "일반의지는 사회체 안에서의 오성과 의지의 결합"에 의존한다: 그러나 무한한 객관적 목적을 부여하는 칸트적 이성의 사실Kantian fact of reason에 의한다기보다는 교육적 권위에 의해서 (적어도 우선적으로) 제공되는 이 오성은, 자율적인 도덕적 원인으로서 의지와 완전히 합치되기가 어렵다(Riley 2001, 132)". 그러나 라일리는 이 문제를 일시적인 문제로 보고 있다. 왜냐하면 이 문제는 《에밀》에서 제시된 교육 과정이 끝나면 해소되기 때문이다. 스승의 교육 목적에 따라서 성장한 에밀은 "나는 당신이 만들어준 모습으로 되기를 결정했다"라고 말하는데(Rousseau 1979, 471), 라일리는 이 말에서 에밀의 의지와 스승의 권위가 일치되고 있음을 확인할 수 있다고 말한다.

---

9 루소는 자신의 교육방법이 인간이 어디에서 태어나든 상관없이 다 적용될 수 있다고 주장한다. 그의 교육의 목표는 보편적 인간을 만드는 것이다.

그렇다면 과연 어떤 교육원칙이 의지의 일반화와 보편화를 가능하게 하는가? 이 문제를 집중적으로 분석하기 위하여 일반의지와 정의의 관계를 살펴볼 필요가 있다. 루소는 정의에 관해 정확한 정의를 내리고 있지는 않지만, 일반의지는 공동이익을 추구하고, 정의는 공동이익의 분배에 관계하고 있다고 본다면, 이 두 개념은 밀접하게 연관되어 있다고 할 수 있다. 〈정치경제론〉에서 '일반의지는 정의나 부정의의 규칙'이라고 규정되고 있으며(Rouseau 1978, 212) "가장 일반적인 의지는 역시 항상 가장 정의로운 것이며, 인민의 목소리는 사실 신의 목소리이다(Rouseau 1978, 213)"라고 기술되고 있다.[10] 또한《사회계약론》에서 일반의지는 법을 지도하는 힘이며, 법은 정의로워야 하다고 주장되고 있는 점을 고려한다면 일반의지와 정의는 상호의존적이라고 할 수 있다. 따라서 교육적 측면에서 볼 때, 모든 사람이 정의를 자발적으로 원하게 만들면 일반의지는 생성되고, 또한 정의가 보편성과 영원성을 추구하고 있다는 사실을 감안하면 보편의지도 생성될 수 있게 되는 것이다. 루소의 정의에 대한 관점은《사회계약론》의 다음 문장에 잘 나타나 있다.

모든 정의는 신에서 유래한다. 신만이 정의의 원천이다. 만일 우리가 신으로부터 정의를 받아들이는 법을 알면, 우리에게는 정부도, 법도 필요 없을 것이다. 의심할 여지없이 이성에서만 유래하는 보편적 정

---

10 인민의 목소리는 신의 목소리이다*vox populi vox dei*. 인구에 회자되는 이 문장은 로마의 격언이다. 루소는 이 문장을 통해 신이 특정한 사람에게만 말한다는 계시종교를 반대하는 관점을 표명하고 있다.

의가 있다. 그러나 이 정의가 우리들 사이에서 받아들여지려면 정의
는 상호적이어야 한다. 인간의 차원에서 고찰해보면 정의의 법은 당
연한 처벌이 없어서 인간들 사이에 쓸모가 없다. 정의로운 사람이 모
두에 대해서 정의의 법을 준수하는 반면 정의로운 사람에 대해서는
아무도 그것을 준수하지 않을 때, 그런 정의의 법은 악인에게만 유리
하며 정의로운 사람에게는 손해만 줄 뿐이다. 그러므로 권리와 의무
를 결합하고 정의를 지켜야 할 대상에 정의를 회복시키기 위해서는
계약과 법이 필요하다(Rousseau 1978, 65-66: II.6).

우선 정의는 신에서 유래한다. 신의 정의는 영원하며 보편적이
다. 이성에 의해서만 알 수 있는 보편적 정의는 자연법의 정의이다.
이러한 정의는《제네바 수고》에서 거론되는 디드로의 일반의지,
즉 '감정의 침묵 속에 사고하는 오성의 순수한 작용'이 지향하는 정
의이다. 우리가 이 보편적 정의를 알고 또한 받아들인다면 우리에
게는 정부도 법도 필요 없게 되지만, '독립된 인간'이 주장하듯이,
누구도 다른 모든 사람이 정의를 실천에 옮길 것이라고 확신할 수
없기 때문에, 정의를 강제할 수 있고 정의를 어긴 자를 처벌할 수
있는 상호적인 정의가 필요한 것이다. 위 인용문은 루소가 보편적
정의가 존재한다는 디드로의 주장에는 동의하지만, 인간의 이성에
만 호소해서는 정의가 실천될 수 없음을 잘 보여준다.《제네바 수
고》에서 독립적 인간은 자신에게 정의를 가르치려고 하지 말고 왜
정의를 따라야 하는지를 알려달라고 하는데, 정의가 시민 간에 '상
호적'이기 위해서는 이성이 아닌 양심의 도움을 필요로 하게 된다.

루소는 이성을 옳고 그름에 대한 관념을 파악하는 지적 능력으로, 또한 양심을 옳음을 사랑하고 그름을 싫어하는 마음으로 정의 내린다. 전통적인 자연법학자들은 양심을 이성의 한 부분으로 취급했지만, 루소는 양심은 이성과 독립적으로 존재하지만, 이성을 이끄는 안내자로 규정하며, 이성만의 법이 아닌 양심과 이성의 법을 자연법으로 정의한다. 다음의 두 문장은 양심의 본질과 위상에 대해 잘 말해주고 있다.

인간 영혼의 깊은 곳에 정의와 덕의 본유적인 원칙이 존재하는데, 그 법칙에 따라서 우리는 우리가 지닌 관습적 격률에 반하여 우리의 행동과 타인의 행동을 좋다거나 나쁘다고 판단한다. 바로 이 원칙에 나는 양심이라는 이름을 부여하고 있다(Rousseau 1979, 289).

양심, 양심이여! 신성한 본능이여! 불멸하는 천상의 목소리여! 무지하고 유한하지만 지적이며 자유로운 존재의 확실한 안내자여! 좋음과 나쁨의 틀림없는 심판자이며 인간을 신처럼 만들어 주는 이여! 인간본성의 우월성을 형성하며 그의 행동의 도덕성을 만들어주는 이는 바로 당신입니다(Rousseau 1979, 290).

덕의 본유적인 원칙으로서 양심은 신성한 본능이며 불멸하는 천상의 목소리이고, 좋음과 나쁨의 틀림없는 심판자이며 인간을 신처럼 만들어주는 역할을 수행한다. 신적 정의에 다가갈 수 있는 것은 이성이 아니라 바로 양심이다. 이성에만 근거하는 보편적 정의는 양심의 도움을 받게 됨으로써 한편으로는 신적 정의로 더 다가갈 수 있을 뿐만 아니라, 다른 한편으로는 행동의 도덕성이라는 실천력을 갖추게 되어 상호적 정의라는 성격을 지니게 된다. 그렇다면 과연 양심은 어떤 작용을 통해서 인간을 정의를 이해할 뿐만 아니라 실천하는 존재로 만드는가? 그것은 바로 양심이 갖고 있는 존재확장력을 통해서이다. 이러한 영혼의 힘으로 인해 사람은 자신의 존재를 확장시켜 시민전체, 더 나아가서 인류전체를 포함하는 데까지 이르고, 이들과 같이 존재한다는 공동의 존재감을 느끼게 된다. 공동의 존재감을 느낀다는 것은 내 자신이 아닌 타인을 내 자신처럼 사랑한다는 것인데, 이럴 경우 나는 나 자신에 한정된 좋음을 추구하는 것이 아니라, 모든 사람에게 좋은 것common good을 추구하게 됨으로써 정의를 실현하게 되며, 나의 의지는 일반성은 물론 보편성의 성격도 띠게 된다. 루소는 영혼의 존재확장력으로서의 양심의 작용을 다음과 같이 설명한다.

타인에게 대접받고자 하는 대로 그를 대접하라는 격언조차도 그것을 옹호하는 진실한 기반이 (자연법 학자들이 주장하듯이 이성이 아니라) 양심과 감성conscience and sentiment 위에 놓여 있다. 만약 내가 남들이 처한 상황에 똑같이 빠지지 않으리라고 도덕적으로 확신한다면 내가 타인처럼 행동할 이유가 양심과 감성 이외에는 무엇이 있겠는가? 그리고 내가 그 격언을 충실하게 따르고 있을 때, 나를 따라서 남들도 똑같이 행동할 것이라고 누가 보장해줄 것인가? 사악한 사람은 정의로운 사람의 정직성과 자신의 부정의함을 이용하여 이득을 꾀하고 있다, 그는 자신을 제외한 모든 사람들이 정의로울 때 기뻐한다. 이러한 마음가짐은 사람들이 그것을 어떻게 이야기하든지 간에 착한 사람에게는 아주 유리하게 작용하지는 않는다. 그러나 '팽창하려는 영혼의 힘'에 의해서 내가 남과 일체가 되고, 내 자신이 구태여 표현하자면, 남 안에 존재한다고 느낀다면, 나는 내 스스로가 고통 받지 않기 위하여 그가 고통 받는 것을 원하지 않게 된다. 나는 내 자신을 사랑하기 때문에 그에 관심을 갖게 되고, 상기 격언을 따르게 되는 이유는 자연 그 자체에 내재하고 있는데, 그 자연은 내가 나의 존재를 느끼는 어떠한 장소에라도 (그 장소가 남일지라도) 내 자신의 복지에 대한 욕구를 불러일으킨다. 나는 이러한 이유에서 자연법에서 주장되는 격언들이 이성 그 자체에만 근거하고 있다는 것은 진실이 아니라고 결론지어 말한다. 그러한 격언들은 더욱 단단하고 확고한 기반을 가지고 있다. 자기애에서 도출된 사람에 대한 사랑이야말로 인간적 정의의 원칙인 것이다(Rousseau 1979, 235 fn).

《에밀》에서 루소의 양심교육은 "사보이인 보좌신부의 신앙고백"을 통해서 집중적으로 이루어지고 있다. 여기서 논해지는 양심의 존재확장력은 《사회계약론》에서 주권자가 시민종교를 통하여 함양하려는 사회성의 감성과 비슷하다고 할 수 있다. 양심교육을 받은 에밀에게 독립적인 인간이 요구하는 정의에 대한 보장은 더 이상 문제가 되지 않는다. 양심은 독립적인 인간이 처해 있는 상황에서 생기는 '죄수의 딜레마'의 문제를 '보장게임 혹은 확신게임 assurance game'으로 만들어 근본적 해결책을 제시한다.[11] 에밀이 받은 양심교육의 문제점은 그가 시민으로서의 일반의지를 가지기 이전에 인류일반으로서의 보편의지를 먼저 갖게 된다는 것이다. 교육의 마지막 단계에서 정치교육을 마친 에밀은 지나친 초연함disinterestedness을 보인다. 그는 자유와 재산이 결합될 수 없음을 말하고, 자신은 자유를 지키기 위하여 재산에 대한 미련을 끊을 것이고, 자신의 자유에 오직 하나의 족쇄가 될 소피Sophie와 함께 살 것임을 말하면서, 자신이 도달한 도덕적이고 정신적인 위상을 다음과 같이 말한다: "만약에 저에게 감정이 없다면 저는 인간의 신분으로서 신과 같이 독립적일 수 있게 될 것입니다(Rousseau 1979, 472)". 여기서 에밀이 갖게 될 의지는 칸트의 선의지와 유사점을 지닌다고 할 수 있다. 루소는 에밀의 보편의지를 일반의지로 바꾸기 위하여 그 자신을 키워준 국가를 사랑해야 할 것을 강조한다: "에밀! 자기 자신의 나라에 아무 빚도 지지 않는 좋은 사람이 어디에 있는가? 그것이 어떠한 나라이든 그는 그 자신에게 가장 귀중한 것을 빚지고 있는 것이다―그것은 행동의 도덕성과 덕에 대한 사랑이다(Rousseau 1979, 473)".

《에밀》이 보편의지에서 일반의지에로의 하강하는 방법을 보여주고 있다면, 《폴란드정부론》은 폴란드라는 하나의 구체적인 개별국가가 《사회계약론》에서 이론적으로 거론된 일반의지를 실천적으로 생성하는 방법을 보여주고 있다. 루소는 애국심에 근거해서 폴란드를 개혁할 수 있는 일반의지를 고취하고 있는데, '국가 제

---

11 '죄수의 딜레마'라는 게임모델로 사회계약론의 핵심주제를 파악하려는 시도에 대해서는 김용민(2004, 140-149, 295-298) 참조.

도'와 '시민 교육'은 애국심을 생성하는 원천이라고 강조하고 있다: "국민의 특질, 성격, 취향, 예절을 형성하는 것은 국가 제도이다. 이 것은 국민 자신에게 고유한 정체성을 부여한다. 이것은 뿌리 깊은 습관에 근거한 열렬한 애국심을 고취시킨다(Rousseau 1986, 168)".; "영혼들에게 민족적 형태를 부여하고 또한 그들의 의견과 취향을 인도하여 그들이 성향에 의해서, 열정에 의해서, 필연성에 의해서 애국적이 되도록 만드는 것이 교육이다. 갓 태어난 아이가 눈을 처 음으로 떴을 때, 그 아이는 조국을 보아야 하며, 죽을 때까지 조국 이외의 것을 보아서는 안 된다. 모든 진정한 공화주의자들은 어머 니의 모유와 더불어 애국심, 다시 말해 법과 자유에 대한 사랑을 마 신다(Rousseau 1986, 176)".

애국심은 사회성의 감성의 일종이다.《사회계약론》에서 시민 종교를 통해서 사회성의 감성이 함양되고 있다면, 폴란드의 개혁 을 논하는《폴란드정부론》에서는 사회성의 감성 중 가장 강력한 감성인 애국심이 고취되고 있다. 애국심은 희열과 황홀경을 불러 일으킨다: "애인에 대한 사랑보다 백배씩이나 열광적이고 백배씩 이나 희열을 갖다 주는 조국에 대한 사랑은 애인에 대한 사랑이 그 러하듯이 느끼지 않고서는 상상할 수 없다(Rousseau 1978, 219)". 멸 망이라는 국가적 위기에 당면한 폴란드에 대해 루소는 애국심의 고취라는 강력한 처방을 제시하고 있는 것이다. 루소가 말하듯 국 가제도와 시민교육을 통해서 형성된 애국심이 법과 자유에 대한 사랑으로 귀결된다면 이 애국심은 일반의지의 생성을 가능하게 만 든다. 하지만 애국심이 폴란드 민족의 고유한 정체성이나 전통, 민족문화를 지나치게 사랑하게 만든다면, 이 애국심은 일반의지가 아니라 폴란드 민족의 특수성을 사랑하는 편협한 민족주의적 의지를 산출하게 될 것이다.[12] 애국심이 일반의지의 원천이 되려면, 보편적인 인류애로 확장될 수 있는 가능성을 열어놓고 있어야 한다. 만약 이런 가능성이 봉쇄되어 있다면 애국심은 시민들의 의지를 일반화시키는 역할을 수행하기는커녕, 의지를 특수화시키는 역할을 수행하게 되어 특수한 민족적 이익만을 배타적으로 추구하게 만드는 결과를 산출하게 된다. 애국심은 유용하고도 위험한 감정이니만큼 정치적으로 잘 활용해야만 일반의지의 형성에 기여할 수 있다.

4. 결론

앞에서 살펴보았듯이《에밀》은 가정교육을 통해서,《폴란드정부론》은 공공 교육을 통해서 일반의지의 기반을 만들고 있다. 그러나 우리는 루소의 이러한 시도가 과연 성공적이었는지에 대해 판단할 수 없다. 우선, 스승의 지도 아래 교육을 다 마친 에밀이 과연 특정한 국가에 소속된 한 시민으로서 정치에 참여하고 일반의지를 표출하면서 정치적 삶을 성공적으로 영위해나가고 있는가는《에밀》

---

12 알프레드 코반Alfred Cobban은 일반의지가 민족성이라는 근대적 개념과 밀접히 연관되어 있음을 지적하고 있다. Cobban(1964, chapter 4) 참조. 또한 마크 플래트너는 루소를 근대 민족주의의 창시자로 보고 있다. (Plattner, 1997) 참조.

에 묘사되어 있지 않다. 다음으로 폴란드 국가제도와 공공교육에 의해서 키워진 폴란드 시민이 자신들의 조국 폴란드에 대한 거의 민족적인 애국심을 갖게 되었고, 이러한 폴란드인의 특수의지가 일반의지의 생성 토대인 법과 자유에 대한 사랑으로 발전되었는지에 대해 판단할 수 없게 되었는데, 왜냐하면 폴란드는 정치개혁이 이루어지기 전에 러시아에 정복되었고, 루소의 개혁안은 실행되지 않았기 때문이다.[13] 따라서 보편의지에서 일반의지에로의 하강 및 특수의지에서 일반의지에로의 상승의 실현가능성 여부는 논란의 대상이 될 수밖에 없다.

《사회계약론》에서 양심이나 시민교육에 관한 언급은 거의 없다. 양심에 관한 언급은 1권 3장에서 단 한 번 나오는데, 루소는 여기서 "만일 내가 숲속에서 도적을 만나 지갑을 달라는 도적의 요구에 내가 그 지갑을 숨길 수 있는데도 불구하고 양심에 따라 도적의 말에 복종해야 하는가(Rousseau 1978, 49: I.3)"라는 질문을 제기하면서 양심은 폭력에 대한 거부를 지시한다는 대답을 암시한다. 시민교육에 관한 직접적인 언급은 찾을 수 없으며, 사회성의 감성의 함양을 목표로 하는 시민종교에서 애국심의 고취를 목표로 하는 시민교육과의 연관성을 간접적으로 찾아볼 수 있다. 《폴란드정부론》에서는 시민종교에 관해서 언급하지 않는다. 《폴란드정부론》

---

13 《폴란드정부론》은 폴란드의 개혁을 도모했던 윌호르스키Wielhorski 백작의 제안으로 루소가 1770년부터 1771년 사이에 쓴 작품으로 1782년 출판되었다. 당시의 폴란드 정치가들이 루소의 제안을 받아들여 정치개혁에 이용하려고 할 의도를 가졌는지도 불확실하다고 할 수 있으며, 만약 루소의 제안에 따랐다고 하더라도 의도한 효과를 산출했을지도 의문이다. 폴란드는 1795년 멸망해서 러시아, 프러시아 등의 나라에 의해서 분할되었다.

이《사회계약론》에 나오는 정치원칙을 구체적 현실에 적용한 작품이라는 것을 고려할 때, 루소가 종교에 대해 명백한 언급을 회피하고 침묵을 지키고 있는 것은 상당히 의아하다고 할 수 있다. 이 점에 대해 켄달Willmore Kendall은 루소가 개인의 양심에 대해 상당히 우월적 지위를 지닌 당시 폴란드교회의 현실을 고려해서, 교회에 직접적으로 도전하기보다는 사제를 공공교육기관의 교사 자리에서 배제시켜 우회적으로 종교교육을 시키는 간접적인 방법을 채택하고 있는 것이라고 해석하고 있다(Kendall 1985, xxxiii).

일반의지의 도출을 위해서《사회계약론》에서 강조점을 두고 있는 것은 민회에서의 투표방식이다. 일반의지는 투표라는 형식을 통해서 알 수 있다: "각자는 투표를 통해서 제안된 법률에 대해 자신의 견해를 말하며, 일반의지의 선언은 그 표수의 계산에서 도출된다(Rousseau 1978, 111: IV. 2)". 루소는 투표하는 시민들이 옳고 단순하며, 이들의 의지는 공동선을 지향하고 있다고 믿는다: "공동의 이익은 어디에서나 명백하게 드러나기에 그것을 알아보기 위해서는 양식good sense만 가지면 된다. 평화와 단결, 그리고 평등은 정치적인 교묘함을 매우 싫어한다. 곧고 단순한 사람들은 그 단순성 때문에 속이기가 어렵다. …(중략)… 새로운 법을 맨 처음 제안하는 사람은 모두가 이미 느끼고 있는 것을 말한다. 그리고 각 개인이 다른 사람들도 자기처럼 제안할 것이라고 확신하는 순간, 모든 사람들이 이미 그렇게 하기로 결심한 것을 법으로 가결되도록 하는 데는 술책이나 능변이 작용할 여지가 없다(Rousseau 1978, 108: IV. 1)". '적절히 정보를 갖춘adequately informed' 한 개인에 의해서 법의 제안된 이후의 과정에 대하여, 루소 연구자 사이에 논란이 존재한다. 루소는 '시민들 사이에 소통이 없어야 한다no communication among citizens'고 주장하는데(Rousseau 1978, 61: II.3), 파당을 막기 위해 소통을 완전히 통제해야 할 것을 루소가 의도했다는 해석과, 민회에서의 토론과 심의를 루소가 허용하고 있다는 해석 등이 존재한다.[14] 필자는 루소가 소통을 완전히 배제하고 있는 것이 아니라, 법안을 제시한 사람이 법안에 대한 설명을 하고 간단히 질의응답을 하는 과정을 거쳐 시민들이 '적절한 정보'를 갖게 되면, 술책이나 능변이 판치기 전에, 투표에 회부하는 것을 의도하고 있다고 해석한다. 루소는 양식과 적절한 정보를 가진 시민이 투표에 참여하면 일반의지가 생성된다고 하는 상당히 낙관적인 관점을 지니고 있는 것으로 보여 진다.

루소에 따르면, 일반의지는 추상적으로는 사람의 영혼 속에 실재하며, 투표라는 형식을 통해 현실적으로 드러난다. 일반의지가 만일 플라톤의 이데아처럼 진리로서 존재한다면, 일반의지는 보편성과 영원성을 지니게 된다. 우선 일반의지는 보편적 정의를 지향한다는 면에서 보편성을 띠지만 경험적 세계에서는 일반성을 띠고 나타난다. 일반의지가 보편성이나 일반성을 지닌다는 면에서, 이 두 성질에 대한 염원을 담고 있는 고대의 정신과 부합한다. 그러나 일반의지는 의지되는 순간에 존재하기 때문에, 영원성을 지닌 이데아와는 다르다. 루소는 일반의지는 단순히 의지일 뿐이고 이데

---

14 전자의 해석은 주류적 해석으로 마스터스(1968)나 멜저(1990)가 이 해석을 따르고 있으며, 후자는 소수의 해석으로 강정인(2009)이 이 해석을 제기하고 있다.

아가 아니길 원했는데, 왜냐하면 의지는 '정통성'과 '복종'을 필요로 하기 때문이다(Williams 2010, 263). 시민들의 동의를 필요로 하는 것은 근대적 의지의 특징이다. 라일리에 따르면, 일반의지는 궁극적으로 "고대의 일반성(통일성, 공통성)과 근대의 의지(동의, 계약)의 융합"으로 규정된다(Riley 1982, 108-109). 이것은 보편성을 지향하는 플라톤의 교육과 개인의 개별성을 강조하는 로크적인 자발성의 융합이라고 다시 말할 수 있다(Riley 2001, 134). 고대인의 영혼을 지닌 근대인인 루소의 최대 프로젝트는 이 융합을 교육을 통해 이루어내는 것이었다.

루소의 일반의지는 칸트나 헤겔의 의지에 대한 관념 형성에 크게 영향을 끼쳤다. 칸트의 선의지는 그의 윤리학의 핵심 개념인데, 이 선의지는 루소의 일반의지에서 유래된 것으로 일반의지를 보편화시킨 결과 산출된 것이라 할 수 있다. 선의지는 이상적으로 이성화된 의지reasoned will이다. 루소가 일반의지를 플라톤의 이데아가 아닌 것으로 보고 있는 것에 반하여, 칸트는 일반의지를 이데아와 동일시하고 있는데, 그에게 있어서 일반의지에서 유래된 선의지역시 당연히 이데아로 존재한다. 헤겔은 '주관적 의지subjective will'와 '객관적 의지objective will'라는 개념을 사용하는데, 이 두 개념은 루소의 개별의지와 일반의지와 딱 일치하지 않아도 대체적으로 상응한다. 객관적 의지는 정신Geist는 의미하며, 주관적 의지는 '인간의 필요, 충동, 성향, 감정'에서 도출되는 이기적인 의지를 말한다. 헤겔에 있어서 자유는, 루소에 있어서와 마찬가지로, 주관적 의지와 객관적 의지가 결합된 인간에게 존재하며, 이 결합은 인간에게 의무를 부여한다. 그러나 루소에 있어서 이 결합은 원천은 공동이익을 추구하려는 인간의 본성에 놓여 있지만, 헤겔에 있어서는 이 결합은 역사적 전개과정을 통해 이루어진다. 현대에 있어서 루소의 일반의지는 루소와 칸트의 전통을 회복시키려는 롤즈에 의해서 되살아나고 있다. 롤즈는 자신의 정의의 두 원칙은 루소의 일반의지의 내용을 담아내려는 노력이었다고 말하고 있다. 롤즈의 원초적 입장에서 도출된 정의의 두 원칙은 루소의 일반의지보다는 칸트의 보편의지에 가깝다고 말할 수 있다.[15]

　루소 이전에도 일반의지의 역사가 있었지만, 루소 이후에도 위에서 살펴본 바와 같이 일반의지의 역사는 계속 진행되어 왔다. 앞에서 분석한 바와 같이, 루소가 규정하고 있는 일반의지 자체가 일반성은 물론 보편성을 함축하고 있었기에, 위에서 언급된 후대 철학자에 의한 발전이 가능했다고 볼 수 있다. 21세기 글로벌 시대에 일반의지가 국내적으로 일반성을 갖추고, 동시에 범세계적으로 보편성을 갖추게끔 하는 역사적 과제의 해결은 아직도 요원한 실정이다. 소수의 사람에게만 제한된 칸트의 숭고한 이성도, 우리가 기약 없이 기다려야 하는 헤겔의 역사법칙도 우리를 보편의지로 이끌지 못하고 있다면, 모든 사람이 누구나 다 가지고 있는 양심을 보편의지 생성의 원칙으로 삼자는 루소의 호소에 귀 기울일 필요가 있다.

---

15 칸트, 헤겔, 롤즈의 일반의지에 대한 관점은 Williams(2010, chapter 5) 참조.

참고문헌

강정인. 2009. 〈루소의 정치사상에 나타난 정치참여에 대한 고찰: 시민의 정치참여에 공적인 토론이나 논쟁이 허용되는가?〉《한국정치학회보》 43집 2호, 5-24.
김용민. 2004. 《루소의 정치철학》. 경기도 고양: 인간사랑.

Cobban, Afred. 1964. *Rousseau and The Modern State*. London: George Allen & Unwin Ltd.

Diderot, Denis. 1962. "Natural Right." C. E. Vaughan, ed. *The Political Writings of Jean-Jacques Rousseau*, 2 vols. Oxford: Basil Blackwell.

Kendall, Wilmore, trans. 1985. *The Government of Poland by Jean-Jacques Rousseau*. Indianapolis: Hackett Publishing Company.

Masters, Roger D. 1968. *The Political Philosophy of Rousseau*. Princeton: Princeton University Press.

Melzer, Arthur M. 1990. *The Natural Goodness of Man*. Chicago: The University of Chicago Press.

Plattner, Marc F. "Rousseau and the Origin of Nationalism." Clifford Orwin & Nathan Tarcov, eds. *The Legacy of Rousseau*. Chicago: The University of Chicago Press.

Riley, Patrick. 1982. *Will and Legitimacy. A Critical Exposition of Social Contract Theory in Hobbes, Locke, Rousseau, Kant, and Hegel*. Cambridge. MA: Harvard University Press.

Riley, Patrick. 1986. *The General Will Before Rousseau: The Transformation of the Divine into the Civic*. Princeton: Princeton University Press.

Riley, Patrick. 2001. "Rousseau's General Will." Patrick Riley, ed. *The Cambridge Companion to Rousseau*. Cambridge: Cambridge University Press.

Rousseau, Jean-Jacques. 1978. *On The Social Contract with Geneva Manuscript and Political Economy*. Roger D. Masters, ed. New York: St. Martin's Press.

Rousseau, Jean-Jacques. 1979. *Emile or On Education*. Allan Bloom, trans. New York: Basic Books.

Rousseau, Jean-Jacques. 1986. *Consideration on the Government of Poland.* Frederick Watkins, trans. Madison: The University of Wisconsin Press.

Rousseau, Jean-Jacques. 1990. *The First and Second Discourse and Essay on the Origin of Languages.* Victor Gourevitch, trans. New York: Harper & Row, Publishers.

Shklar, Judith N. 1985. *Men & Citizens: A Study of Rousseau's Social Theory.* Cambridge: Cambridge University Press.

Williams, David Lay. 2014. *Rousseau's Social Contract.* Cambridge: Cambridge University Press.

두 가지 민족주의: 헤르더와 피히테*
-인류적 보편성과 민족적 다양성 및 통일성의 연관

임금희

1. 서론

'지구화 시대'로 표현되는 현시대의 조건은 영토적 민족국가를 근
간으로 하는 근대적 정치질서의 원리 전반에 대한 재성찰을 요구
한다. 이에 따라 지구적 공동체 및 인류보편의 가치 실현이 지구화
시대의 낙관적 전망으로 제시되기도 한다. 그러나 무고한 시민들
에게 자행되는 잇따른 테러 및 내전, 갈등, 증오의 확산, 대량 난민
사태 등의 현상은 냉전종식과 시구적 범위의 교류확내가 곧바로
번영된 현실을 보장하는 것이기보다는 오히려 인류의 도덕적, 윤
리적 역량에 대한 새로운 도전을 부과하는 것임을 말해주고 있다.
이 글은 인류적 보편성을 인간의 내적 심성의 차원에서 이해하면

---

* 이 글은 〈세계시민주의, 민족주의, 언어: 헤르더J. G. Herder와 피히테J. G. Fichte〉라는 제
목으로《철학·사상·문화》제 20호(2015. 7. 동서사상연구소)에 게재되었던 논문을 토대
로 수정 보완된 내용이다.

서 도덕적, 윤리적 역량의 발생 구조를 인류성과 민족성의 연관 속에서 사유한 사상전통을 검토함으로써 오늘날 요구되는 새로운 세계시민적 문화의 구축을 위해 유념해야 할 사항들을 찾아보고자 한다.

이를 위해 살펴볼 사상가는 헤르더J. G. Herder, 1744~1804와 피히테J. G. Fichte, 1762~1814이다. 이들은 '민족국가 형성'을 전통질서를 대체하는 '새로운 대안'으로 사유했던 18~19세기 맥락에서 인류, 민족, 개인 사이의 연관에 대해 철학적 해명을 시도했다. 이들은 사회적 소속성을 매개로 인간성이 구체화되는 계기를 발견하고 있는데, 이때 '민족'은 경험가능한 '공동성'의 단위로서 '인류성' 실현의 불가결한 문화적 토대를 의미했다. 이러한 민족 관념은 지구화 시대라는 추세와 역행하는 것으로 비춰질 수 있지만, 이들의 민족 논의에는 이후에 제도화된 주권국가 체제의 자국중심주의가 고착되기에 앞서 공동체적 삶의 맥락에서 배양되는 정치적, 윤리적 주체성에 관한 원리적 성찰이 포함되어 있다. 따라서 공동체적 소속과 문화적 맥락이 인류적 보편성을 구현하는 감각적, 심성적 기반 형성과 결부된다는 유용한 시사점들을 제공한다.

헤르더와 피히테의 사상에서 주목되는 점은 이들이 모두 계몽적 합리주의가 표방하는 인류적 보편성 및 세계시민주의의 추상성과 형식성이라는 맹점을 극복하고자 시도했으며, 이를 위해 구체적인 소속 공동체의 인지적 조건 내에서 발휘되는 인간 역량의 특징과 구조를 해명하고자 했다는 점이다. 또한 이들은 모두 인간의 언어능력에 매우 큰 중요성을 부여하고 있다는 공통점이 있다. 여기서 언어는 정신과 경험, 감각과 초감각을 매개함으로써 보편성을 스스로 구현하는 인간의 고유한 능력이자 민족이라는 결합단위의 경험적 표지標識로서 인식되고 있다. 그러나 이들이 인류성과 민족성의 연관을 포착하는 지점은 서로 다른 국면에 놓여 있다. 헤르더는 그것을 보편성과 다양성의 연관이라는 측면에서 이해하고자 했고, 피히테는 인류적 보편성이 개별민족의 역사 속에서 수행적으로 구현될 때 성취되는 인류적 통일성을 밝히고자 했다. 이들은 인류성과 민족성의 관계에 관하여 다양성과 통일성이라는 서로 다른 연관계기를 각각 제시함으로써 인류성과 민족성의 관계를 다차원적으로 바라볼 수 있도록 돕는다. 나아가 이러한 연관성 사유는 인류적 보편성과 민족적 개별성이 상호대립적인 것이 아닌 서로의 존립 조건으로서 상호전제하는 관계방식을 제시하는 것이라고도 볼 수 있다. 아래에서는 두 사상가의 논의를 구체적으로 살펴보기로 한다.

2. 인류성과 민족성: 보편성, 다양성, 통일성

헤르더와 피히테의 민족주의 사유는 그들의 전체 사상 속에서 바라볼 때, 인간이 '자유와 이성의 주체'로 부상한 근대 세계관 아래에서 인간의 고유한 본성과 주관성의 구조를 해명하는 철학적 기획의 일부라고 할 수 있다. 이때 인간성에 접근하는 헤르더와 피히테의 사유에서 공통적으로 두드러지는 점은 언어에 주목했다는 점과 언어가 포괄적 인간성을 넘어 민족적 특질의 표지로 간주된 점이다. 이들이 속한 당대의 독일 지역은 통일된 정치체가 아니었고, 독일어 통용지역이라는 느슨한 공통점을 갖고 있었다. 이때 그 언어라는 요소에서 새로운 공동체적 정체성의 계기를 포착하고자 했던 것은 독일적 특수성이기도 하지만 철학적으로는 18세기 유럽사상이 도달해 있던 언어에 대한 이해와 무관하지 않다. 18세기 유럽 사상에서 언어문제의 중요성에 주목한 것은 헤르더와 피히테뿐만이 아니었다. 형이상학과 신학의 관심이 인간 자신에 대한 과학적 관심으로 옮겨온 근대 세계에서 언어는 이성과 함께 인간의 능동성을 설명하는 중심 요소로 부상했기 때문이다.[2] 특히 18세기 동안 유럽 사상가들 사이에서는 '언어기원론'이 광범위하게 논의되었는데, 이들 가운데에는 전통적 세계관을 계승하는 경우도 있었지만, 신학적이고 문법중심적인 기존의 사고에서 벗어나 언어의 '자연적' 기원을 발견하고자 하는 논의들이 뚜렷한 흐름을 형성했다 (Ricken 1994, 134-135). 이들이 보여준 공통된 인식은 언어가 인간에게만 있는 고유한 정신작용의 표현이라는 것, 그로써 정신과 경험을 연결하며, 인간성의 발전과정은 언어적 진화과정을 통해 추적될 수 있다는 것이었다. 따라서 헤르더와 피히테가 바라본 언어는 개별언어로서 독일어라는 파롤Parole이었지만, 그것을 통해 인식한 내용은 의도를 기호화하는 행위능력으로서, 경험들을 통합하고 매개한다는 보편적 특질을 구현하는 랑그Langue 측면을 내포한다.

---

2 18세기 유럽의 언어론의 전개과정에 대한 상세한 논의는 Aarsleff(1982)를 참조.

18세기의 언어사상을 배경으로 랑그로서의 언어의 독립적 지위에 주목할 수 있었던 것은 이들이 인류성과 민족성의 연관에 대한 새로운 이해를 제시하는 배경이 되었다고 할 수 있다(Taylor 1995, 134-5).

1. 헤르더: 인간성의 역사적 전개와 민족의 다양성
'인간성'과 언어공동체

헤르더는 '인간성Humanität'을 다양한 맥락에서 언급했는데, 그 의미는 크게 두 범주로 나누어 이해된다. 하나는, 인간의 구체적인 '영혼 능력들'이고, 다른 하나는 인간의 다양한 실천과 경험들을 통합하는 총체적 의미를 표현한다.

첫 번째 범주에 해당하는 인간의 고유한 능력들과 관련하여, 헤르더는 인간의 고유함은 무엇보다도 '영혼Seele'이라는 점에서 찾을 수 있다고 본다. '영혼'이라는 특질은 다른 동물들도 갖고 있는 감각이나 본능과는 다른 것으로서, '인간의 전체 성향'을 나타내는 것이다. 이 특질은 "성찰Besonnenheit" 행위를 통해 표현되는데, 여기서 성찰이란, "자신의 모든 힘을 하나의 중심방향으로 제한시키는 힘"을 말한다(Herder 2003, 46-48). 이것은 현대인들이 이해하는 바와 같은 고도의 추상적 반성력이 아닐 뿐더러, 통찰이나 추론, 감성, 오성, 이성 등과 같이 분화된 힘들로 개별화되기 이전부터 이미 작용하는 힘이다. 헤르더에 따르면 자신의 상황을 의지대로 개선하거나 조성할 수 있게 만드는 근원적인 힘은 바로 이 '주목하는 힘'으로서의 '성찰'이다.

'영혼'으로서 지닌 또 하나의 힘은 '스스로를 훈련하고 개선하는 능력'이다. 인간은 동물처럼 생존에 필요한 본능기술을 갖추고 태어나지 않기 때문에 천부적 출생만을 두고 보면 그 어떤 동물보다도 취약하다. 그러나 본능을 대신하여 광범한 가능성 안에서 '스스로를 훈련하고 개선'할 수 있기 때문에 오히려 생존의 영역과 기능이 특정 범위에 국한되지 않고 확장될 수 있는데, 바로 이 점이 인간을 자유로운 존재로 만든다는 것이다(Herder 2003, 44-45). 이처럼 스스로를 형성하는 인간에게 있어서 '인간성'이란 주어진 것이 아니라, '목적'이 된다는 특징이 있다. 헤르더는 말한다; "인간을 인간이 되게 하자! 인간은 스스로에게 최상으로 여겨지는 것에 맞추어 자신을 형성한다(Herder 2002, 22)".

두 번째로, '인간성'은 인간이 따르고 있는 보편법칙이기도 하다. 헤르더는 이를 "인간 속의 인간성"이라고 표현하는데(Herder 2002, 20), 이것은 인간의 자유로운 행위능력 너머의 자연적 힘과도 같은 것이다. 인간은 피조물로서 전체 자연 안에서 일정한 자연적 힘의 지배를 받으며, 이러한 자연성은 전체 인간에게서 보편적으로 나타나는 것이다. 헤르더에게 이것은 "끊임없이 변화하는 사물의 고리에 뒤얽힌 채 태어나고 존재하고 소멸하는 사물의 순환 법칙"과도 같은 것으로서, "인간존재, 시간, 장소, 인간의 내적 힘" 등이 여기에 속한다(Herder 2002, 15). 헤르더에 따르면 "모든 혼란을 겪고 난 후에 인간은 결국 인류의 행복이 자의적인 것이 아니라, 자연의 영원한 법칙, 즉 이성과 평등에 의존하는 것임을 인식하게 될 것"인데, 그럼에도 그것은 "군주의 의지나 전통의 설득력이 아니라 인간의 본질에 의존하는"것이기 때문에 "자연법칙"이라고 볼 수 있는 것이다(Herder 2002, 39-40).

　이상과 같은 '인간성'의 내용들은 '언어'로 가시적으로 표현되고 경험된다. 다시 말해 인간성은 언어에 담겨진다. 헤르더에 따르면, 인간의 언어는 단순한 본능이나 기능이 아닌 '영혼성'의 표명이므로 인간성의 고유한 결과들로부터 언어를 분리하는 것은 불가능하다. 헤르더는 '인간 언어'의 기원이 외침이나 몸짓과 같은 동물적 형태에서 발달해 온 것이라는 당대 언어기원론의 주장들을 수용하지 않았다. 그것은 어떤 형태였던 간에 처음부터 이미 주의를 집중하여 느낌이나 생각을 만드는 내적 상태인 '성찰'의 표시였기 때문이다. 즉 인간언어는 주의력이 향하는 대상에 대한 의식을 표현한 "영혼의 낱말Wort der Seele"로서 출발했다는 것이다(Herder 2003, 52). 꿀벌의 본능이 벌집을 만들듯이 인간에게 언어는 "오성을 만드는 자연적인 기관"이며, 영혼의 기관이다(Herder 2003, 66). 언어는 인간의 정신작용이 전개되는 방식과 과정에 형태를 부여한다. 언어가 있기에 영혼이 포착되고 표시될 뿐 아니라, 인간들 사이에서 서로의 의식을 전달하고 교육하며, 세대를 이이 전하고 그 표시들을 정교화해간다. 그러나 이것은 전통이 정신을 일방적으로 채운다는 의미가 아니라, 소속된 공동체의 자연적 환경과 정신적 유산 위에서 자신을 발견하는 것이 각 시대의 정신형성이 출발하는 조건임을 의미한다. 이로 인해 언어는 '성찰력'의 지속적 작용을 입증하고, 이 작용의 범위를 공유하고 있는 집단을 하나의 공동체로 만든다. 모든 발전된 형태의 언어는 최초 감각들에 대한 풍부한 표현으로 출현하여 점차 추상적 언어로 발전해온 것인데, 이것은 개별 인간에 의해 성취된 것이 아니라 서로에게 전달된 공동의 경험과 사고의 산물이라고 할 수 있다. 그러므로 언어는 인간들이 "교육과 양육이라는 연결 끈"을 통해 공동체를 이루고 있다는 표지이다 (Herder 2003, 143).

언어과정은 인간이 단독적인 존재가 아니라 "전체 종족에 끼워진, 이어지는 연속을 위한 하나의 존재"라는 것을 알려준다 (Herder 2003, 141). 헤르더에게 '민족'이란 이러한 '언어적 공동체'를 의미한다. 언어공동체란 단지 동일한 기호체계를 사용한다는 점이 주된 특징이 아니라, 성찰력이 전개되는 삶의 범위를 공유한다는 점이 결정적인 것임을 알 수 있다. 헤르더에게 공동체는 성찰력과 성찰적 자원의 공동성에 기반을 둔다. 언어와 정신이 감각적 환경과의 상호작용 및 동료인간들 간의 수평적이고 수직적인 상호전달을 통해 지속적으로 내용을 형성한다는 사실은 언어와 정신이 '다양한' 형태로 나타날 수밖에 없다는 것을 의미한다. 인간이 다양한 기후와 풍토 속에서 산다는 사실은 지각환경을 달리하는 민족들 사이에 서로 다른 내용의 정신형성이 이뤄지기 시작했으며, 그로부터 성찰의 내용과 자원은 저마다 다른 궤적을 노정하며 발달할 수밖에 없다는 것을 의미한다. 언어가 영혼의 낱말인 이상 인류는 단 하나의 언어를 유지할 수 없었고, 다양한 민족언어와 다양한 민족으로 현상할 수밖에 없다(Herder 2003, 151). 인류의 역사가 지속된다는 것은, "모든 형식, 모든 풍토 속에서 지속"되는 전체 인류 안에서 인간성이 전개되고 있다는 것이고(Herder 2002, 46), 그것은 다양한 '민족들'의 역사가 도처에서 전개되고 있음을 의미한다. 인간의 고유성이 전개되는 과정은 모호하고 추상적인 것이 아니라, 민족의 언어에 구체적으로 표명된다. 따라서 민족도 언어도 다양한 형태로 빚어질 수밖에 없다.[3] 이런 맥락에서 헤르더는 모든 민족들의 전체 역사가 "인간성의 학교"라고 말한다(Herder 2002, 26).

인류와 민족: 보편성과 다양성

지금까지 살펴본 바에 따르면, 인간성과 언어에 관한 헤르더의 사유는 공동체적 소속과 민족공동체의 다양성 및 고유성을 인간성의 필연적 귀결이자, 불가침의 것으로 바라보게 한다. 이 맥락에서, 소속 공동체를 넘어서는 정체성을 요구하는 당대의 세계시민주의의 설득력은 매우 제한될 수밖에 없다. 헤르더는 당대에 프랑스로부터 유입된 세계시민주의의 결정적 문제점은 그것이 인간의 지각적 경험의 한계를 고려하지 않는다는 것이라고 보고 있다. '인간성'의 의미 자체가 경험과 역사 속에서 형태를 드러내는 '생성적인 것'이라면, 인간의 이성적 존재성이 보편적으로 실현되어 있는 것으로 미리 가정하는 추상적 인류관념은 허구일 수 있다. 특히, 계몽적 보편주의를 배경으로 하는 세계시민주의는 '현재'를 인류문명의 정점으로 가정하고, 모든 인간의 이성적 동일성을 가정한다는 점에서 매우 불확실한 내용을 전제로 삼는 문제를 안고 있었다. 헤르더

---

3 헤르더의 이러한 결론들을 두고 벌린I. Berlin은 "추상성에 대한 구체성의 승리, 직접적이고 소여적이며 경험적인 것에로의 근본적인 전회, 무엇보다도 추상화며 이론이며 일반화며 기계적 유형화로부터의 탈피"였다고 평가한다(I. Berlin 1997, 306).

에게서 인류성은 경험적 조건의 다양성과 동태적 역사과정이 구현되고 있을 때 관찰될 수 있는 특성이었고, 따라서 구체적인 민족들의 역사를 통해서만 모습을 드러내는 것이었다.

헤르더는 인간성을 인류적 보편성의 차원과 항시 결부지어 인식하고 있으며, 민족을 넘어선 '전체성'의 차원을 지속적으로 상기하고 있지만 그것이 세계시민주의로 경험되는 것이 아님을 주장하고 있다. 멩에스K. Menges에 따르면 헤르더의 보편성 사유는 계몽사상에 대한 반발의 성격을 갖고 있다(Menges 2009, 196). 이러한 반발을 초래한 것은 당대의 계몽사상이 지닌 이중적 함의 때문이다. 종교적, 정치사회적 개혁으로서 계몽은 맹신이나 신분적 억압으로부터의 해방을 의미하기 때문에 폭넓게 승인되고 확산될 수 있었지만, 여기에 전제된 이성의 보편성, 자연과학적 인식론의 우월성, 진보에 대한 또 다른 맹신 등의 요소는 이성주의적 보편의 독단화를 초래했다는 것이다. 헤르더는 다양한 시대, 다양한 민족들이 품고 있었던 각각의 고유한 심성과 형성력을 보여주는 것으로 이러한 주장을 펼친다. 헤르더는 먼저 '모든 시대 모든 민족에게 나타나는 보편성'이 있을 수 있다면, 그것은 "현세와 후세가 성향과 관습에 따라 자신을 형성하여 확고하게 다져"간다는 사실에서 찾을 수 있다고 말한다(Herder 2011, 35). 그러나 보편적인 '심성' 자체, '성향' 자체란 존재할 수도 인식될 수도 없다. 심성이나 성향은 오로지 인류가 경험한 이러 저러한 내용으로 역사적으로 모습이 드러난다. 심성과 성향의 역사 속에서 모습을 드러내는 과정에 대한 헤르더의 설명은 다음과 같이 요약될 수 있다(Herder 2011, 29-80). 유목시대의 생존환경에서는 필수품을 제공하는 세계에 대한 밀착, 노동, 조심성과 온건한 방어라는 심성이 생겨났다. 오늘날 '전제專制'라고 불리게 될 가부장과 족장의 권위도 이 시대의 불가피한 삶의 조건이었던 방랑에서 유래한 것이다. 떠도는 삶에서 천막과 가축과 가족, 일족을 돌보는 것은 전적으로 가장의 책임과 애착에 의존해야 했기 때문이다. 한편, 비옥한 토양에 정착한 농경사회의 경험에서는 토지를 측량하는 기술, 소유, 안보, 질서, 정확성과 근면성 등의 심성이 만들어졌다. 오늘날의 국제법, 연대, 국제적 인류애 등의 관념이 인류의 지평 위에 생겨날 수 있었던 것은 아직 '인류애' 같은 것을 알 필요조차 없는 사람들이었던 페니키아인들이 바다를 건너 무역을 하게 됨으로써 동포 관념이 확장되는 계기가 마련되었기 때문이다.

이러한 생각들을 바탕으로 헤르더는 인류 역사 전체가 '인류성'을 채우는 하나의 과정이라고 간주한다. 하나의 생명체에 있어서 성장의 모든 단계가 다 불가결하고 중요하듯 각 시대는 고유한 생성의 소명을 다하고 있다. 성향과 관습의 모든 원형들은 아직 아무것도 고착되지 않았던 고내 세계의 생생한 삶 속에서 생겨났고, 중세와 근대 시기는 그것들이 싹을 틔우고 확산, 변형, 분화를 통해 정교해지는 결과를 낳았다는 점에서 각 시대들도 또한 저마다의 고유한 내용으로 인류성을 채운다. 한 민족의 형성Bildung은 운명처럼 '주어진 조건' 속에서 '인간적 힘'이 작용하여 만들어낸 작품으로서, 그것은 함께 작용하는 "수천 가지 원인들의 결과"이자 그 민족이 그 안에서 살아가는 "모든 요소들이 이루어 낸 결과"라고 보아야 한다. 따라서 각 시대, 각 민족은 저마다의 고유한 힘의 중심을 갖고 있는 셈이다. 헤르더에게 다양성은 단순한 '차이' 이상의 것을 의미하는데, 이러한 다양성을 제거한다는 것은 바로 힘의 중심을 제거한다는 것을 의미하기 때문이다.

인간적 힘의 전개는 언어를 통해 새겨지므로 동일한 언어를 공유하는 사람들 사이에는 동일한 정신의 지평이 형성된다. 이러한 지평을 헤르더는 자연이 부여한 "인간 시야의 적절한 한계"라고 부른다(Herder 2011, 75). 인간의 자기형성은 이 한계를 넘어설 수 없기 때문에 서로 다른 민족이 동일한 문화를 형성할 수 없다. 우리가 동시에 "오리엔트인, 그리스인, 로마인이 되려한다면 우리는 결국 아무것도 아니게" 될 뿐이라는 것이다(Herder 2011, 137). 이러한 관점에서 헤르더는 계몽철학자들이 유포하는 "보편 진보에 의한 세계 개선"이라는 슬로건은 구체적인 노력이 투입될 시공간을 지니지 않은 가공의 관념에 불과한 것이라고 비판한다. 특히 이전 시대를 현재보다 미개한 시대로 간주하는 계몽철학의 역사관은 인간 형성의 의미를 이해하지 못하는 그릇된 것이다. 계몽주의자들이 '상호간의 증오, 이방인에 대한 혐오, 자기중심적 고착, 가부장적 선입견, 향토적 의존과 사고의 협소함, 즉 구제불능의 야만성'과 결부 지었던 민족성에 대하여(Herder 2011, 128), 헤르더는 구시대의 민족들은 '자신이 살고 있는 환경을 친숙하게 알고, 모든 것을 느낄 줄 알며, 그 느낌을 다른 이에게 전할 줄 아는 인간다운 심성, 그리고 자신이 말하는 것에 대해 조망할 줄 아는' 구체적 의미 지평을 가진 사람들이었다고 대응한다(Herder 2011, 119). 헤르더는 민족들이 구비하는 서로 다른 정신적 지평과 모든 민족과 모든 시대 안에 놓인 "자체적인 행복의 중심점"은 인간적 힘의 생생한 현재성을 입증하는 것이며, 서로 비교 불가능한 고유한 가치를 지닌다는 것을 주장한다(Herder 2011, 74). 그에게서 민족적 차이들은 인간이 품을 수 있는 행복의 다양함과 인간적 힘의 살아 있는 작용을 증명한다. 서로 다른 문화들은 각기 고유한 중심과 지평을 지니므로 한 문화 속에서 삶을 영위하는 인간에게 다른 문화의 중심을 부과한다는 것은 곧 그에게 자신의 힘이 발휘될 조건을 제약한다는 것을 의미한다. '인류성'이라는 종합 관념은 이처럼 구체적으로 작용하는 활동적 힘에 의해서만 구성된다. 자신이 경과해온 역사에 대한 성찰력은 자신의 힘이 인류 전체에서 나타나는 보편적 힘이라는 것을 인식하게 해주기 때문이다. 헤르더가 부정한 것은 보편성 자체가 아니라, 인간의 경험을 초월하는 추상적인 보편성이 가능하다는 사고방식이었다고 해야 할 것이다. 헤르더는 "전체에 대한 조망은 인간의 범위를 벗어나 있음"을 주장한다(Herder 2011, 144). 인류적 보편성에 대한 모든 현재적 조망은 "앞선 모든 시대를 딛고 서서" 현 시대를 정점으로 인류의 업적을 성찰할 때 획득된다. 그러니 시대는 지속적으로 교체되고 인간형성은 지속적으로 새로운 내용을 가감한다. 그러므로 보편성에 대한 조망은 현재의 시공간에서 확정할 수 없는 것이고, 인간의 의식 지평에서 경험될 수 없는 것이 된다. 헤르더에 따를 때, 전체 인류성이란 인간의 경험이 전개되는 미래의 무한한 과정을 아우르는 것이어야 하지만 현재와 미래, 부분과 전체를 동시에 경험할 수 없는 인간의 한계를 고려할 때, '전체 인류성'은 현재적으로 경험될 수 있는 것이 아니라, 다만 생성적으로 채워져 갈 수 있을 뿐이다. 헤르더에게 인류적 보편성이란 추상적인 기준의 획일적 적용이 아니라, 다양한 민족이 품은 다양한 행복의 중심과 다양하게 펼쳐질 소질들이 '하나의 전체'로 흘러들어가는 것을 의미한다.

인류는 다양함으로써만 보편적이 되는 것이고 동시에 보편적이기 때문에 다양할 수 있다. 보편이 전제되지 않을 경우 개개의 집단은 그 집단이 무엇을 표현하고 있는지 알 수 없기에 존중될 수 없다. 헤르더의 민족성과 인류성의 연관은 부분들의 다양성이 전체를 풍부하게 만드는 생성적 연관이라고 할 수 있다. 헤르더에게 중요한 것은 결과로서의 '차이'가 아니라 차이를 만들어 내는 원인인 인간적 힘의 존재이다. 서로의 문화적 중심을 존중하는 것, 즉 다양성이라는 가치는 인간의 보편성에 대한 경험적 확신이 전제될 때 공동의 가치로 확립될 수 있다. 헤르더는 다양성 자체를 공동의 가치로 확립하는 초민족적 상호승인의 문제에까지 나아가지는 않았다. 그러나 자신의 문화지평을 형성하고 이해하는 힘에 대한 경험적 확신은 다른 문화지평이 동일한 힘을 지녔을 때, 그 힘에 대한 승인과 이해를 가능하게 하는 토대라는 것을 매우 설득력 있게 보여주었다. 이로써 헤르더는 민족성과 인류성의 구성적 연관을 제시하는 한편, 민족성이 배타성이 아닌 감정이입적인 공감적 공존 질서 형성의 잠재력을 확보하고 있음을 시사한다.

2. 피히테: 인류의 통일성과 이성적 민족

인간 형성과 민족 형성: 의식의 경계와 언어

피히테의 철학에서 인간의 본질은 의식주체성을 의미하는 '자아 Ich' 관념을 통해 파악된다. '자아'라는 규정은 '의식하는 활동'과 '존재한다는 사실'이 동시에 정립되는 의식과 존재의 통일성을 함축한다(Fichte 1996a, 16). 예컨대, 사람은 스스로 살아 있다는 것을 '의식함으로써', 동시적으로 '살아 있다'는 것이 확인되는 의식적 존재이다. '자아'라는 규정을 통해 피히테가 바라본 인간의 핵심 본질은 '활동성'이 귀속되는 능동적 존재라는 점과, '통일성'을 지향하는 존재라는 것이다. 피히테는 인간의식의 활동성을 이론적 활동성과 실천적 활동성으로 구분하여 설명한다.

이론적 활동은 의식하는 자아가 자아 외부에 대상화되는 표상들을 산출하면서, 그러한 산출을 행하고 있는 자기 자신을 의식하는 반성이 함께 이루어지는 활동들을 뜻한다. 이 과정은 대상세계를 인식하기 위한 규정들을 산출하는 과정인데, 이 규정들은 초보적인 것들로부터 시작하여 이전의 차원들을 포괄할 수 있는 보다 높은 규정으로 이어지는 반성과 사유의 형식들로 나타내진다. 감각Sinn, 지각Perzeption, 상상Einbildungskraft, 개념Begriff, 추리Schluss, 이성Vernunft 등과 같은 사유 형식들이 여기에 해당하는데, 처음에는 막연한 감각으로서, 나중에는 개념을 통해서, 그리고 점차 지각의 원인이 인식되고 최종적으로는 이성을 통해서 대상이 인간 의식에 대해 알려지는 과정이다(Fichte 1996a, 169-170). 이론적 활동능력은 느낌을 의식으로 끌어올리는 동적 작용력을 보여주지만, 의식하는 주체와 의식되는 대상이라는 이원적 구조를 벗어나지 못한다는 점에서 자아의 통일적 본성을 완전히 구현하지는 못한다. 피히테는 이원적 대립을 넘어 통일적 본성을 실현하는 "통합 고리"는 실천적 활동성에 놓여있다고 본다(Fichte 1996a, 197).

실천적 활동성은 이론적인 인식활동을 포함하여 활동 자체를 일으키는 내적 동력과 관련되는데, 느낌Gefühl, 충동Trieb, 욕구Stre-ben, 의지Willen 등이 실천적 활동성을 나타내는 형식들이다(Fichte 1996a, 202-268). 인간은 경험세계의 일상적 의식에서 처음부터 스스로를 '자아'로 의식하는 것은 아니다. 단지 생명이 있는 존재로서 모든 규정에 선행하여 자신의 내적인 힘, 충동하는 힘을 느낄 뿐이다. 그렇지만 바로 이 최초의 느낌이 자아의 궁극적인 본질인 통일성을 향하는 출발점이 된다. 이 느낌은 매우 불완전한 것이지만 피히테는 '힘의 느낌'만으로도 이미 생명이 있는 것과 생명이 없는 것, 즉 삶과 죽음의 구분이 시작된다는 점을 강조한다(Fichte 1996a, 239). 인간이 충동과 욕구, 자신의 힘에 대한 느낌을 의식한다는 것은 그 자신의 본질을 "특정한 곳에서 발견하고자" 하는 의지를 품고, 그 발견을 이러 저러한 경로로 추구하고자 하는 의지의 방향을 만들어냄으로서 인간 의식이 정적인 순환에 머물지 않게 해주는 것, 즉 자유의 가능성을 보여주는 것이기 때문이다(Fichte 2000, 169). 이상과 같이 피히테는 인간의 정신이 일정한 질서와 단계, 구조를 지닌 것으로 제시한다. 그런데 피히테에게 '활동적이며 통일된 존재'라는 인간성은 '자아'로서의 인간의 출발점이자, 다시 복귀해야 하는 최종적 상태인 '이념'이기도 하다. '자아'가 주체이기 위해서는 세계와의 관련 속에서 무한한 대상 인식을 얻으면서도, 그 인식을 '자신의 인식'으로 정립하는 끊임없는 반성을 수행하기 때문이다. 이에 따라 피히테의 사상에서 '인간성'은 고정된 지점이나 속성이 아니라, "자신의 발로 여행하여" 돌아가야 할 목적지이자 (Fichte 1999, 10) "사명(Bestimmung)"으로 표현된다(Fichte 1996b).

위에서 논의한 정신의 형성 경로를 가시화하는 것은 언어이다. 피히테는 언어란 "그 가장 넓은 의미에서는 자의적인 기호willkürliche Zeichen를 수단으로 한 우리의 생각의 표현Ausdruck unserer Gedanken"이라고 정의한다(Fichte 1996d, 120). 언어는 인간에게 필연적인 것이기에 고안될 수밖에 없었는데, 여기서 필연성이란 '자기조화에 이르려는 충동'을 의미한다. 피히테는 헤르더와 마찬가지로 가장 원시적인 형태에서조차 의식 활동을 수행하는 존재의 생각을 표현하는 활동이었다는 점에서 동물언어와 질적으로 다른 것이라고 이해했다. 인간은 자신이 조우하는 외부의 대상이 '나에 대하여 무슨 의미를 지닌 것인지' 정립하는 '기호화 활동'을 통해 자기조화에 이르고자 한다(Fichte 1996d, 122-124). 이것은 자신 외부의 대상 및 대상과 자신의 관계를 정립함으로써 통일성을 추구하는 지아성의 표출이라는 점에서 언어의 발생 및 진화과정과 정신의 전개 과정은 처음부터 결합되어 있다. 그러므로 언어는 이러저러한 기호를 고안했을 때 인간 정신이 도달한 문화의 수준에 대한 자국을 담고 있다 (Fichte 1996d, 144). 피히테는 인간이 최초의 단순한 기호를 고안해내고 이어서 점차로 많은 대상을 기호화하며, 기호들의 체계를 구성하고 비가시적인 관념까지 기호화하는 것을 점진적이고 누적적인 과정으로 보았는데, 이러한 언어과정은 위에서 언급한 인간정신의 보편적 작용도식에 상응한다. 이러한 언어인식은 '민족'의 정신적 중심을 언어에서 발견하도록 이끈다.

피히테에 따르면 언어는 "감각세계와 정신세계의 참된 교류점"으로서 민족의 범위를 규정한다(Fichte 1998, 79-80). 민족의 언어는 사고하거나 의욕하는 개개인들의 마음속에 스며들어 있기 때문에 사고와 욕구에 제한 또는 비약을 하게 하며, 이 언어를 사용하는 모든 사람들을 그 통용범위 내에서 하나의 공통된 오성으로 결합시킨다(Fichte 1998, 79). 민족이라는 상호 구별되는 공동체가 존재하는 것은 이처럼 언어에 의해 인간의 정신에 역사적으로 새겨진 "내적 경계" 때문이다(Fichte 1998, 238-239). '생각을 기호화하는 활동'은 스스로를 형성하는 능력과 감수성을 발달시킨다. 반복되는 경험은 무언가 숙달된 감각을 낳고, 변화와 비교 속에서 하나의 감각이 다른 것을 통해 설명되는 것이 가능해지고 동일현상의 반복이 관찰되면 어떤 궁극적인 원인에 대한 인식도 생겨나며, 점차적으로 그것의 배경, 다시 그것의 배경을 추구할 수 있게 됨으로써 보다 고도의 보편적, 추상적 인식을 발달시킨다(Fichte 1996b, 132). 그러므로, 기호화 작용을 통해 "표시와 상징의 흐름"을 공유하는 언어공동체들은 정신형성을 공유하고, 이를 기반으로 공동의 목적을 설정할 수 있다. 공동체의 결속을 가능하게 하는 것은 이러한 '목적의 공유'이다.

모든 인간 언어의 출발은 감각적인 언어였다. 따라서 감각되고 경험되는 내용의 차이는 공동체마다 차별적인 기호들을 갖게 한다. 이처럼 감각과 경험이 표시되고 소통되는 범위 내에서 "정신의 심화"도 이루어질 수 있다. 지구상의 다양한 환경은 다양한 감각환경을 제공하므로 기호는 다양한 방식으로만 등장할 수 있고, 그러한 표상과 소통이 이루어지는 범위 내에서 다양한 언어공동체를 만들어낸다. 동일한 언어상징권sinnbildlichen Kreises der Sprache에 속한다는 것은 그 안의 구성원들이 그 언어 상징이 도달한 정신적 승화에 공동으로 참여하고 있다는 것을 의미한다(Fichte 1998, 89). 피히테에서 '민족'이란 이와 같은 경험의 시공간적 구체성과 자기형성력을 토대로 설정되는 공동체이다. 그에 따르면 전체 인류성의 실현이라는 고도의 초감각적 목적을 공유하는 이성 문화를 실현하기 위해서는 인간이 스스로의 힘을 경험하고 구체적 의지가 형성되는 영역인 민족적 삶이라는 기반을 필요로 하는 것이다.

인류의 통일성과 민족의 문화적 사명

앞서 살펴본 대로, 피히테의 사유에서 인간성은 고정적으로 주어져 있는 것이 아니라 자기활동을 통해 수행되고 획득되는 '사명'이다. "전체 인간의 통일성과 연관성"(Fichte 1996a, 238)의 초월적 특성을 제시한 것이 피히테의 자아 이론이었다면, 민족 이론은 그것을 자연 과정 속에서 재정식화한 것이라고 볼 수 있다. 여기서는 인간이 자연의 일부인 피조물로서, 자연과정 속에서 자신의 본질을 나타내는 '인류' 개념으로 등장한다. '인간성'의 의미가 스스로 완성을 향하는 수행적 과정에 놓여 있다면, 인간 완성의 이상은 그것이 전체 인류 차원에서 확보될 때 완수된다. 피히테는 전체 인류의 통일성과 연관이 완수되는 과정을 '문화Kultur'의 과정으로 본다. 그에 따르면 인간이 자신의 힘을 처음 표출하는 것은 '주어진 힘'인 자연력과 대면할 때이며, 자연과의 상호작용에 의해 발휘된 힘들의 결과가 '문화'이다. 이때, 문화란 "결점투성이의 경향들"이 극복되고 세계의 사물들을 "인간의 개념에 따라 변화시키는" 과정을 의미하며, 이 과정에서 인류는 "단련Geschicklichkeit"을 획득한다(Fichte 2002, 29). 인류는 초기의 인간 문명이 단순한 감각적 문화의 위험과 타락을 내포한 것일 지라도 그것을 통해 "더 큰 전체와의 통합"에로 나아갈 수 있기 때문에 계속적으로 진전한다(Fichte 1999, 146-147). 결국 문화의 최종 목적은 "인류 자체der menschlichen Gattung selber"이다(Fichte 1999, 181).

피히테의 문화 관념은 정신 형성의 연속성과 공동체성을 함축한다는 점에서 헤르더와 공통점이 있다. 그러나 헤르더와 대조적으로 그는 문화과정의 수평적 다양성보다는 연속성이 내포한 단계적 상승에 더욱 주목하고 있음을 알 수 있다. 그는 다양하게 펼쳐지는 인간성 대신, 통일성이라는 최종 목적을 향한 자기극복의 상승적 인간성을 포착하면서, 이것이 곧 이성성의 구현이라고 인식한다. 그러나 피히테는 헤르더와 마찬가지로 역사 속에서 동질적이고 통일된 '인류 일반'을 경험한다는 것이 불가능함을 분명히 한다. '일반성과 통일성'은 경험되는 사실이 아니라, 반성력에 의해 경험과 현상을 초월함으로써 도달한 보편적 앎으로서, 경험적 활동을 이끄는 원리이기 때문이다. 나아가 '완성'이 최종성을 의미한다면 그 상태는 활동성의 정지를 의미하므로 생명적 존재로서의 인간성의 영역을 벗어난다. "이성적이지만 유한한" 인간으로서는 최종 목적에 무한히 접근해가야 하지만, 존재하기를 중단하지 않는 한, 그리고 인간이 신이 되지 않는 한 최종 목적을 경험할 수 없다(Fichte 2002, 31). 유한한 인간의 의식은 "경험적인 현존들의 계승적 양식"을 파악할 수 있을 뿐 최종적 통일성 자체는 구체적인 시대 안에서 형태를 드러낼 수 없는 것이다(Fichte 1999, 145-146). 그러므로 인간은 인류성을 경험하는 것이 아니라, 민족과 조국이라는 구체적 공동체를 경험할 수 있을 뿐이다(Fichte 1998, 149). 피히테는 무한한 것, 특정 시대에 획득될 수 없는 것을 구체적인 시대 안에서 획득될 수 있는 유한한 형식으로 제시하는 것은 신비주의에 불과하다고 비판한다. 개인성을 넘어 이성의 절대적이고 순수한 형식을 향해 융합시키는 것은 유한한 이성의 궁극적 목적이 될 수 있지만 그것은 지도적 원리로서 파악될 뿐, "어떤 시대에도 가능하지 않다"는 것이다. 이상의 논의들로부터 피히테 사상에서 '인류'와 '민족'의 관계는 '인간성의 이념'과 '이념을 지향하는 인간적 힘이 작동하는 시공간적 구체성'의 관계로 설정되고 있다는 것을 알 수 있다. 피히데가 '민족'을 인류적 가치를 실현하는 필수적인 문화적 단위로 상정한 것은 그의 관점에서 인류적 보편성의 실현이 가능하다면 그것은 불가피하게 민족주의의 형태 안에서 밖에 표현될 수 없다는 것을 의미하는 것이다.

피히테는 그의 생애 후기에 민족적 특수성과 인류적 보편성 사이의 연관 논리를 자신이 속한 사회가 직면한 위기상황에 적용하고자 시도했다. 나폴레옹 군대가 진주한 1806년 베를린에서 이뤄진 일련의 대중 강연들은 피히테가 자신의 철학적 결론들을 독일 현실이라는 특수한 시공간의 맥락에서 어떻게 적용했는지 보여준다. 피히테는 독일 민족의 위기를 단지 군사적 문제가 아니라, 위기 극복을 통해 독자적인 형성력의 존재를 입증하고, 이성 문화를 향한 진전을 수행해야 하는 지속적인 정신형성의 일환으로 해석한다. 그의 관점에서 프랑스의 침공으로 조성된 독일의 위기는 독일 공동체에 닥친 '인류성 실현'의 위기이다(Fichte 1998, 281-283). 같은 이유에서 나폴레옹 황제의 프랑스는 이성적 문화를 선도할 인류적 소임을 국지적 가치들, 즉 특수한 권력의 획득과 맞바꾼 셈이었다. 초기 피히테는 프랑스혁명을 자유 실현의 계기로서 높이 평가했고, 프랑스혁명이 급진적 혼돈의 국면으로 접어들면서 칸트를 비롯한 대부분의 사상가들이 그 지지를 철회하는 상황에 처했을 때에도 여전히 프랑스혁명의 인류사적 의의에 대한 지지를 고수했다(Fichte 1996c). 그러나 이제 프랑스 군대의 침공은 독일인들의 생존 문제가 인류성 실현이라는 높은 차원의 가치와 갈등하게 만들었다. 피히테가 프랑스혁명의 성취를 지지하는 보편주의자로부터 프랑스적 세계주의에 대항하는 독일 민족주의 입장으로 전환하는 지점이 여기이다.

피히테의 시각에서 독일이 위기에 처하게 된 원인은 단지 나폴레옹의 원정이나, 지배계급의 무능이나, 특수한 시대적 정세 때문만은 아니다. 이 위기의 본질은 독일인들의 인간 형성이 독립된 이성적 질서에 도달하지 못한 취약한 단계에 머물러 있다는 것에 있다. 따라서 이 위기는 독일인들이 인류의 이성적 진전에 조응하는 새로운 민족적 정체성을 정립함으로써, 즉 '보다 높은 수준의 정신적 단계'를 확보할 때 극복된다. 피히테는 이와 같은 정신적 도약이 이뤄질 수 있다면 그것은 이성적 문화를 향한 진전이라는 점에서 단지 독일의 생존이 아니라, 이성적 질서에 접근하는 인류 문화적 선도성을 보여줄 수 있는 것이라고 간주하고 있었다. 앞 절에서 피히테가 초월 철학적 접근을 통해 제시한 정신 작용의 보편적 도식에서 알 수 있듯이, 그는 인간 정신이 경험적 제약을 뛰어넘는 초월적 능력을 발휘할 수 있음을 분명히 확신한다. 그럼에도 보편적 세계시민주의가 아닌 민족주의 입장이 고수된 이유는 감각적 확신에 토대를 둔 구체적인 정신 형성과 괴리된 보편이념은 초월할 대상과 주체가 한정되지 않는 맹목의 표상에 지나지 않는 것이었기 때문이다. 보편적 가치의 인식과 그것의 실현을 의지하도록 만드는 능력 자체가 정신작용이 출발하고 진전해가는 감각-초감각의 연속 과정에서 나타나는 것이므로, 인류성을 향한 진전은 자신의 민족을 벗어남으로써가 아니라 자신이 속한 민족 안에서 스스로를 초월하는 정신의 심화를 수행할 때 가능한 것이다.

3. 결론

헤르더와 피히테의 민족주의가 보여주고자 한 것은 인간 정신의 작용범위가 무한히 확대될 수 있는 것이 아니라는 점이었다. 이들의 관점에서 당대의 세계시민주의 사상은 구체적인 의지를 생성시키는 감각적 맥락을 갖고 있지 않다는 점에서 보편성을 향한 초월과 승화를 이뤄낼 수 없다는 모순을 안고 있었다. 인류적 가치의 높은 추상성에 대한 승인이나, 경험적 문화적 맥락을 달리하는 민족들의 고유성에 대한 승인은 자기 형성력에 대한 경험적 확신 없이는 얻어질 수 없는 것이다. 헤르더와 피히테는 사상적 차이에도 불구하고, 인류적 보편성의 구현이 인류성을 구성하는 인간의 고유한 능력들이 자각되는 감각적 범위와 그로부터 지속적 형성을 담지하는 공동체적 맥락을 토대로 한다는 것, 그리고 이러한 인간의 자기형성적 맥락이 인간세계를 자연 공간과는 다른 문화적, 도덕적 공간으로 만든다는 일치된 인식을 보여주었다. 헤르더는 정신형성의 경로의 다양성을 주목했고, 피히테는 정신형성이 도달할 수 있는 단계적 상승과 심화에 주목했다. 이들이 보여준 민족성과 인류성 사이에 놓인 수평적 연관과 수직적 연관은 인류적 보편성과 공동체적 특수성의 관계를 바라보는 데 유용한 두 시점을 제시해 주고 있다.

피히테와 헤르더가 염려했듯 인간 형성의 맥락과 괴리된 보편주의는 내용 없는 추상적 관념에 대한 추종이 될 수 있고, 또는 외부로부터 부과되는 압력에 대한 성찰 없는 추종이 될 가능성도 있다. 다른 한편에서 보면 이들이 중시한 감각적, 경험적 직접성은 그것이 특수주의로 귀착될 경우, 변화하는 사회정치적 환경에 조응하여 사회적 결합과 소속의 의미를 변환할 수 있는 역사적 잠재성을 제약하는 것일 수도 있다. 특히 다양성을 중시하는 헤르더의 민족론은 상대주의의 위험을 내포하고, 문화적 승화와 상승을 중시하는 피히테의 민족론은 자민족우월주의 위험을 함축한다. 따라서 이들의 사상이 오늘날 그대로 설득력을 갖는 것은 아니다. 그럼에도 이들이 제시한 인류적 보편성은 완성되거나 고정된 것이 아니라 부단한 형성과정에 놓여 있는 것이었다는 점에서 새로운 역사 현실에 대한 개방성을 확보한다.

첨단 정보기술의 시대인 오늘날 정보기술이 장벽 없이 하나로 연결된 사회를 가져다주리라는 전망들은 이미 낯설지 않다. 그러나 인류사회라는 것이 단지 장벽 없는 사회가 아니라, 상호공존과 존중에 기반한 전체 질서를 유지할 윤리적 역량을 갖춘 사회를 의미한다면 그러한 역량은 인간의 심성적 특질들이 발휘되는 기반을 필요로 한다. 인간의 내적 심성의 전개라는 차원에서 인류성과 민족성을 해명하고자 했던 헤르더와 피히테의 사유는 지구화 시대에 유포되고 있는 '인류적 정체성', '보편적 가치 추구' 등의 정당화 기제가 실제적인 윤리적, 실천적 차원에서는 매우 한정적으로만 유효한 것임을 시사한다.

낸시 프레이저, 김원식 옮김,《지구화 시대의 정의》(서울: 그린비, 2010).

요한 고트프리트 폰 헤르더, 강성호 옮김,《인류의 역사철학에 대한 이념》(서울: 책세상, 2002).

요한 고트프리트 폰 헤르더, 안성찬 옮김,《인류의 교육을 위한 새로운 역사철학》(파주: 한길사, 2011).

요한 고트프리트 폰 헤르더, 조경식 옮김,《언어의 기원에 대하여》(파주: 한길사, 2003).

이사야 벌린, 김종흡 옮김,《비코와 헤르더》(서울: 민음사, 1997).

J. G. 피히테, 서정혁 옮김,《학자의 사명에 관한 몇 차례의 강의》(서울: 책세상, 2002).

J. G. 피히테, 한자경 옮김,《인간의 사명》(서울: 서광사, 1996b).

J. G. 피히테, 한자경 옮김,《전체 지식론의 기초》(서울: 서광사, 1996a).

J. G. 피히테, 황문수 옮김,《독일 국민에게 고함》(서울: 범우사, 1987).

Aarsleff, H. 1982. *From Locke to Saussure: Essays on the Study of Language and Intellectual History*. University of Minnesota Press.

Adamson, R. 2009. *Fichte*. reprinted at Dodo Press.

Adler, Hans. 2009. "Herder's Concept of Humanität" *A Companion to the Works of Johann Gottfried Herder* H. Adler et. al. ed. Camden House New York.

Barnard, F. M. 2003. *Herder on Nationality, Humanity and History*. Montreal: Ithaca: McGill-Queen's University Press.

Beiser, F. C. 1987. *The Fate of Reason: German Philosophy from Kant to Fichte*. Harvard University Press.

Breazeal, D. 2001. "Fichte's Conception of Philosophy as a 'Pragmatic History of the Human Mind' and the Contributions of Kant, Platner, and Maimon," *Journal of the History of Ideas*.

Clark, R. T. 1955. *Herder: His Life and Thought*. University of California Press.

Fichte, J. G. 1996c. "Reclamation of the Thought from the Princes of Europe, Who Have Oppressed It Until Now" Trans. T. E. Wartenberg. J. Schmidt Ed. *What is Enlightenment?: Eighteenth-Century Answers and Twenties-Century Questions.* Berkeley: University of California Press.

Fichte, J. G. 1996d. "On the Linguisic Capacity and the Origin of Language". Trans. J. P. Surber. *Language and German Idealism: Fichte's Linguistic Philosophy.* New Jersey: Humanity Press.

Fichte, J. G. 1999. "The Characteristics of the Present Age." *The Popular Works of Johann Gottlieb Fichte.* Vols. 2. Trans. W. Smith. 1889. With new Intro. by D. Breazeale. Thoemmes Press.

Fichte, J. G. 2000. *Foundation of Natural Right.* Trans. M. Bauer. Cambridge University Press.

La Vopa, A. J. 2001. *Fichte: The Self and the Calling of Philiosophy 1762-1799.* Cambridge University Press.

Martinson, S. D. 2009. "Herder's Life and Works" *A Companion to the Works of Johann Gottfried Herder.* H. Adler et. al. ed. Camden House.

Menges, K. 2009. "Particular Universals: Herder on National Literature, Polpular Literature, and World Literature". *A Companion to the Works of Johann Gottfried Herder.* H. Adler et. al. ed. Camden House New York.

Pinkard, Terry. 2002. *German Philosophy 1760-1860: The Legacy of Idealism.* Cambridge University Press.

Sikka, Sonia. 2007. "Herder's critique of Pure Reason", *The Review of Metaphysics* 61.

Spencer, Vicki. 2007. "In Defence of Herder on Cultural Diversity and Interaction". *The Review of Politics* 69, University of Notre Dame.

Surber, J. P. Ed. & trans. 2001. *Metacritique: The Linguistic Assault on German Idealism.* New York: Humanity Books.

Taylor, Charles. 1995. Philosophical Argument. Harvard University Press.

Whitton, Brian. 1988. "Herder's Critique of the Enlightenment: Cultural Community versus Cosmopolitan Rationalism" *History and Theory.* Vol. 27, No. 2.

저항의 보편성의 정치철학*
- 마르크스 사상에서 인간 발전의 보편적 가능성 혹은 보편적 정치의 가능성

박주원

1. 마르크스 사상에서 인간 실천의 보편적 준거와 정치의 보편성 문제

: 만델바움M. Mandelbaum, 뢰비트K. Lowith, 아렌트H. Arendt의 비판과 관련하여

자본주의 사회 비판이론으로서 마르크스의 사상이 가지는 그 비판의 원리는 무엇으로부터 나오는가? 이 글에서는 마르크스에게 자본주의 사회 비판의 근거는 스스로의 한계를 넘어 자신을 변화시킬 수 있는 인간의 보편적 가능성을 이야기함으로써 역사의 변화와 사회의 혁명을 가능하게 하는 '비판'의 가능성을 제시했다는 데 있다고 해석한다. 그의 사상이 한 사회에 대한 근본적 비판일 수 있

---

* 이 글은 1997년, 2001년, 2005년에 게재된 필자의 논문을 바탕으로 재구성하고 다시 보완한 것이다.

는 까닭은 단순히 눈앞에 존재하는 현실의 자본주의사회를 과학적으로 분석하고 비판했다는 데 있는 것이 아니라, 인간이 자신의 실존적 상태—그의 표현에 따르면 인간의 소외와 자본주의 체계의 모순—에 대해 문제 삼고 이의를 제기하여 그것을 변화시킬 수 있는 가능성, 즉 '비판'의 존립가능성을 이야기했다는 데 놓여 있다.

만일 마르크스의 사상에서 인간에 대한 보편적인 규정이 전제되지 않는다면 현재의 인간이 처한 실존적 상태를 비판할 수 있는 근거와 가능성은 성립될 수 없으며, 그리하여 혁명을 통해 현실의 극복을 제안할 정당한 근거는 사라지게 된다. 그러므로 그에게서 제안된 혁명의 정치관이 성립되기 위해서는 정당한 정치의 보편적 근거와 그것을 가능하게 하는 인간 실천의 준거가 설명되어야 한다. 어떤 이념이나 제안이 다른 것에 대한 비판이 되기 위해서는 그것이 보다 옳거나 혹은 정당하다고 판단할 보편적인 준거를 통해서만 가능하기 때문이다. 바로 그러한 의미에서 《자본론》의 논리는 인간에 대한 그의 정치철학의 연장선상에 있다. 마르크스에게 비판되어야 할 장소, '자본주의 사회'란 바로 행위를 통해 생산되고 귀결된 인간적 산물인 동시에, 스스로를 현실화하기 위해 인간의 행위를 필요로 하는 체계의 내적 모순들에 다름 아니었던 것이다.

그렇다면 자본주의 사회에 대한 비판이론이자 실천적 혁명론으로서 마르크스가 이야기하고자 했던 정치의 보편성 혹은 보편적 정치의 가능성은 무엇이었는가? 그리고 그 근거로서 인간 실천의 준거는 무엇인가? 다시 말해 그의 사상에서 '인간'에 대한 이념과 정당한 '정치'의 이념은 존재하는가? 마르크스에게서 인간의 문제는 근대 현실에서 드러난 인간의 실존적 양태에 대한 비판에서 출발한다. 근대라는 한 시대를 살아가는 인간의 전형은 '자본가'와 '노동자'로 파악되며, 그러한 인간의 모습은 그 시대의 인간적 삶에서 소외된 것으로 따라서 극복되어야 할 것으로 논의되었던 것이다. 그러므로 그에게서 인간의 문제는 언제나 인간 본성에 대한 철학적 규정의 문제가 아니라 역사적 실존의 문제로 나타나며 인간의 사회적 가능성·현실성으로서 언급된다.

이와 관련하여 제기된 주요한 비판은 주로 K. 뢰비트와 H. 아렌트 등의 실존주의와 J. 하버마스와 A. 벨머 등의 비판사회이론을 중심으로 개진되었는데, 비판의 논점은 다음과 같다. 먼저, 마르크스가 인간을 그 항상적 측면으로 설명한 것이 아니라 외부환경, 역사로부터 주조 가능한 일련의 발전과 진보 위에 있다고 보는 역사주의의 독단에 근거하고 있다는 비판이다.[1] 만델바움M. Mandelbaum 은 마르크스의 관점을 역사주의로 파악하면서 여느 역사주의의 오류처럼 목적적이고 소급적인 경향을 통해 결국 역사결정론에 빠지게 된다고 비판한다. 이렇듯 인간본성을 환경에 종속시키는 마르크스의 인간관 속에서는 인간이 더 나은 자기 자신으로의 발전을 설명할 수 없다는 것이다.[2]

뢰비트Karl Lowith의 비판은 이러한 문제를 보다 예리하게 지적한다. 마르크스가 현실적 실존을 비판함으로써 그것을 넘어서 인

---

1 M. Mandelbaum, *History, Man & Reason,* (Johns Hopkins Univ. Press 1971) pp.72-73, pp.132-138.
2 M. Mandelbaum, *Ibid* , p.142, chap.12

간성을 회복하고자 했을 때, 과연 보편적 인간성으로 제시되는 프롤레타리아 계급이 욕망의 표현에 불과했던 프랑스혁명의 현실을 넘어선 보편적인 것으로 확증될 수 있느냐는 것이다.

"보편적인 신분으로서의 프롤레타리아 계급의 자기해방이 이루어졌을 때 …(중략)… 이 인간을 인간답게 하는 것은 무엇인가고 자문한다면 여기에서 보여주고 있는 것은 새로운 인간적 내용이 아니고 시민사회 원리의 철저한 수행에 지나지 않는다. 인간의 보편적 본질이 욕구의 주체인 점에서만 존재한다고 한다면 일반적으로 인간을 인간답게 하는 것은 그것이 반자본주의적 방식이라 하더라도 순수한 생산 그 자체에 불과한 것이다"[3]

또한 마르크스가 파악한 실존적 인간전형으로서 '계급'이라는 범주 자체가 추상적일 수 있다는 비판[4]도 제기하고 있다. 뢰비트가 언급하고 있듯이, 키에르케고르의 연장선상에서 니체가 행한 마르크스 비판의 핵심은 인간을 계급으로 추상화시킴으로써 무차별한 인간, 즉 다른 인간과 차별성을 보이지 않는 따라서 자신의 존재성을 상실한 인간이라는 것이다.[5]

---

3 칼 뢰비트, 《헤겔에서 니체에로》, 강학철 옮김 (민음사.1994) 364~365쪽.
4 칼 뢰비트, 위의 책, 132~133쪽. 이에 대한 뢰비트의 비판은 '세계의 발전에 대한 의식된 관련이 인간존재의 일체의 결정적 차이를 평준화하고 만다'는 키에르케고르와 니체의 마르크스 비판 연장선 속에서 간접적으로 표현되고 있다. 그러므로 그들에게 인간성은 진정한 개별자에서 찾아진다. Bertell Ollman, "Marx's Use of 'Class'", *American Journal of Sociology*, Vol.73, March (1968) pp.573-580.
5 아렌트는 1951년 《전체주의의 기원》을 집필한 이후 근대 전체주의 현상의 사상적 근원을

이러한 비판들은 자본주의 사회에서 노동하는 존재로서의 인간이 어떻게 자신을 실천하는 존재로 상승시킬 수 있는가의 문제로 나아간다. 아렌트와 하버마스에 따르면, 인간은 노동하는 존재의 본성으로부터는 스스로를 극복해낼 수 없다는 것이며, 그렇기에 시대에 대한 극복과 사회비판의 근원으로서 인간실천의 근거는 또 다른 인간관인 '소통하는 인간'으로부터 찾아질 수 있다는 것이다.[6]

물론 이러한 비판과는 달리 맑스주의 이론 내부에서도 20세기 초 두 차례의 세계대전과 파시즘을 경험한 이후 '의식', '이데올로기', '소외와 인간주의', '실천'을 중심으로, 그리고 1968년 프랑스 사태로 시작된 유럽봉기 이후 '미학' 혹은 '문화'의 주제와 관점을

더 깊이 검토하는 과정에서 그 근원을 '유럽 19세기 부르주아지의 세기' 뿐 아니라 보다 근본적으로 서양 정치철학 전통에서 찾으려 시도했으며, 마르크스주의에 의해 귀결된 전통에 대해 반성적으로 성찰할 필요를 제기하고 있다. 그녀는 서양 정치철학이 플라톤에서 시작하여 키에르케고르, 니체에서 마르크스에 이르러 종결을 맞이했다고 파악한다. 마르크스와의 대면은 그녀에게 커다란 중요성을 가졌는데, 그것은 마르크스가 서구의 정치철학의 전통의 최후의 종결자로서 전통의 시작과 끝은 모두 그것이 처음 공식화되었을 때와 최후로 도전받았을 때 가장 직접적이고 선명하게 그 날카로운 단면을 제공해준다고 보았기 때문이다. H. Arendt, "Tradition and the Modern Age", *Between and Past and Future*, (New York: Pengiun Books, 1977) pp.30-31.

6 H.Arendt, *The Human Condition*, (Univ.Press of Chicago,1958) pp.38-41, pp.231-233; 위르겐 하버마스, 《이론과 실천》, 홍윤기 옮김 (종로서적, 1982) 171~172쪽 '마르크스는 상호행동과 노동의 연관을 해명하지 않고 대신에 사회적 실천이라는 불특정한 표제 아래 상호행동을 노동으로, 즉 의사소통적 행동을 도구적 행동으로 환원시켰다는 것을 보여준다. 이 때문에 생산력-생산관계의 변증법에 대한 마르크스의 통찰은 기계론으로 오해될 소지를 갖게 되었다(171)'. 굶주림과 고통으로부터 해방되었다고 하여 필연적으로 예종과 타락에서 해방되지는 않는다. 왜냐하면 노동과 상호행동 사이에는 어떤 자동적 관계도 존재하지 않기 때문이다. 인류의 형성과정 뿐 아니라 정신의 형성과정도 노동과 상호행동사이의 연관에 필연적으로 의존한다(172)'.

중심으로 마르크스의 인간관을 재해석하는 논의가 있어 왔다. 그
러나 그것은 한편으로는 20세기 초반과 중후반 서유럽에서 전개되
었던 광범위하고 급진적인 노동운동의 실패와 소련의 스탈린주의
적 현실에, 그리고 다른 한편으로 자본주의의 성장에 따른 노동 현
실의 변화와 관련하여 나타난 것이었기에, 그 해석의 논조는 소극
적이고 자조적인 것이었다. 1960년대를 풍미한 '인간소외'[7]에 대한
논의나 '실천'에 대한 논의는 그의 자본주의 사회비판 속에서 왜 필
연적으로 인간에 대한 이념이나 윤리와 실천의 이념이 도출되어야
하는지를 적극적으로 제시하는 방향에서가 아니라, 마르크스의 사
상이 파시즘이나 스탈린주의적 사회주의와는 달리 인간해방과 소
외에 초점을 둔 인간주의humanism라는 소극적 변호의 방편으로 전
개되었다고 할 수 있다.

또 1970년대에 들어와 엥겔스의 기계적 유물론과의 차별성 속
에서 마르크스 사상의 핵심을 복구하고자 하는 시도[8]가 있어 오면
서 그러한 이론적 연장선상에서 마르크스의 인간관은 1980년대
이후 새롭게 재해석되어 왔다. C. 굴드와 N. 제라스 등은 마르크스

---

7 E. Fromn, *Marx's Concept of Man*; A. Shaff, *Marxism and the Human Individual*, (McGraw-
   Hill Inc., 1970); D. McLellan, "Marx's View of the Unalienated society", *Review of Politics*,
   Vol. 31, No. 4, 1969, pp.459-465. ;Bertell Ollman, *Alianation: Marx's Conception of Man in
   Capitalist Society*, (Cambridge Univ. Press).
8 P. Thomas, "Nature and Artifice in Marx", *History of Political Thought*, 1988. winter; T. Ball,
   "Marx and Darwin", *Political Theory*, Vol.7, No. 4, 1974. pp.400-413; F. L. Bender, "Marx,
   Materialism and the Limits of Philosophy", *Studies in Soviet Thought*, Vol. 25, No. 2, Febr,
   1983. pp.79-100.; Terrel Carver, "Marx, Engels and the Dialectic", *Political Studies* Vol. 28,
   1980. pp.353-363.

의 사상을 사회존재론으로 해석했으며[9], A. 길버트와 G. 맥카시는 마르크스 사상을 아리스토텔레스와의 연관 속에서 윤리적 실재론으로 논의하고 있다[10]. 그러나 이러한 논의들은 마르크스의 인간관이 그의 권력론이나 혁명관과 어떠한 필연적 연관이 있는지 해명하지 못하고 있다. 만일 마르크스 사상에서 '인간'에 대한 이념을 해명하고자 한다면, 그것이 어떠한 의미에서 자본주의 사회 극복의 문제와 연결되며 새로운 '권력' 개념이나 정당한 '정치'의 이념과 연관되는지 규명되어야 한다.

궁극적으로 만델바움이 마르크스에게 제기했던 비판은 인간의 어떠한 본성 혹은 속성이 역사발전의 근거가 될 수 있을 것인가의 문제였으며, 뢰비트에게서 제기되었던 비판은 어떻게 그 시대에 구속된 인간이 스스로 인간성을 회복하여 보편적인 인간존재로 나아갈 수 있는가와 관련된 것이었다. 그리고 만일 인간이 자신의 실존적 현실을 극복할 수 있다면 그것은 인간의 어떠한 본성을 통해서인가가 바로 아렌트와 하버마스의 물음이었다.

다시 말해 이들 비판이 함축하고 있는 질문은 과연 시대적 현실을 극복할 수 있는 인간 실천의 가능성을 무엇으로부터 찾을 수

---

9 C.굴드,《사회존재론》, 이정우 옮김 (인간사랑, 1987); N. Geras,《Marx &Human Nature: A Refutation of a Legand》, (London: Verso, 1983).

10 Gilbert, Alan, "Historical Theory and the Structure of Moral Argument in Marx", *Political Theory* 9 (1981) pp.173-205; 앨런 길버트, '윤리적 실재론',《마르크스 이후》, 테렌스 볼 엮음, 석영중 옮김 (신서원, 1990); Mansfield, Harvey C. Jr., "Marx on Aristotle: Freedom, Politics and Money" *Review of Metaphysics* 34 (1980) pp.351-367; G. McCarthy, "German Social Ethics and the Return to Greek Philosophy: Marx and Aristotle," *Studies in Soviet Thought*, Vol.31,No.1 Jan. 1986. pp.1-24.

있는가에 대한 물음이다. 그러므로 이 글은 앞서 언급한 만델바움, 뢰비트와 아렌트, 하버마스의 비판이 타당한 것이었는지에 유의하면서, 과연 마르크스가 인간의 변화 가능성을 어디에서 찾고 있는지, 그리고 그 변화가 보편적이라는 준거를 어떻게 바라보았던 것인지, 그리하여 그러한 인간적 가능성에 근거한 정당한 정치의 이념은 무엇이었는지 검토해보고자 한다.

이러한 검토를 통해 마르크스 사상에 가해진 이들의 비판은 다음과 같이 반론될 것이다. 만델바움의 견해와 달리, 마르크스에게서 인간은 단순히 환경에 의해 주조되는 구속된 존재가 아니라 자신에게 주어진 필연적 운명을 부정하는 자기의식과 행위의 '자유'를 통해 스스로의 인간적 의미를 실천하는 존재로 해석될 것이다. 그리고 그때 '자유'는 단순히 타인으로부터 분리되거나 구속되지 않을 때 얻어지는 것이 아니라 그 시대를 사는 다른 사람들과 상호 의존되어 있는 보편성을 인식하고 연대할 때 비로소 획득되는 것이다. 그러므로 그에게 인간의 발전 근거는 환경에 귀속되어 없어지는 것이 아니며 스스로의 역량 속에서 구속된 자신의 실존을 넘어설 가능성으로 제시되고 있음을 이야기하고자 한다.

또한 그러한 의미에서 이 글은 만델바움이 마르크스를 비판하며 향하고 있는 그 스스로의 결론적 방향, 즉 인간의 발전가능성에 대한 보편적 근거를 인간의 외부환경으로 귀속시키지 않는다는 의미에서 인간의 내적 심리나 성격 형성의 체계에서 찾는 것[11]이 과

---

11 M. Mandelbaum, *Ibid*, Chap. 12, 13.

연 타당한가에 대한 반문이기도 하다. 오히려 이 글은 마르크스의 인간과 정치 이념의 보편성을 '저항의 정치철학'으로 재구성함으로써 현실에 구속된 자신의 실존을 넘어 변화와 발전을 추구할 수 있는 인간 가능성의 근거를 모색해보일 것이다.

나아가 뢰비트나 아렌트의 평가와 관련하여, 이 글은 마르크스 사상에서 인간적 자유와 정당한 정치의 윤리가 존재하지 않거나 혹은 외재적으로 부과된 그 무엇이 아니라 인간 내부로부터 비롯된 행위의 결과로 제시되고 있음을 이야기하려 한다. 그리고 이를 통해 마르크스는 그들이 극복하지 못했다고 본 인간의 역사성과 세속성 바로 그 안에서 시대의 보편적 윤리를 획득할 가능성을 제안했다고 반론하고자 한다.

이 문제는 뢰비트 자신이 딛고 있는 구원의 역사, 인간의 영원성이라는 근본적 인간의 이념이 현실관계로부터의 지양Aufheben이 아닌 다른 어떤 방법으로 추구될 수 있는지에 대한 반문이기도 하다. 만일 마르크스의 역사관[12]이 이들의 평가처럼 목적론적, 종말론적eschatological[13] 역사관이라 할지라도 역사가 목적을 갖는다는 것, 길을 걸어가는 이들이 지향을 갖는다는 것 자체로 거부되거나 비판될 근거는 없다. 어떠한 목적이나 지향이 자신의 실존에서 비

---

12 인간이 자신의 비인간성을 극복할 가능성과 인간의 발전가능성이 어디에 있는가에 대한 검토는 무엇이 역사의 변화를 가능하게 하는 동인이며 그 변화 속에서 근원성을 유지하게 하는 것인지에 대한 역사관의 물음과 본질적으로 다르지 않다.
13 만델바움은 특히 목적론적 역사관으로 비판했고 뢰비트는 그것을 종말론적 역사관으로 비판했지만, eschato(end)가 모든 것의 끝이기도 하면서 동시에 목적을 의미하는 것처럼 사실상 이는 동일한 것의 두 측면일 뿐이다.

롯된 것이며 강제된 것이 아니라면. 그리고 그 목적이 왜 보편적인
지향일 수 있는지 계속 되묻고 성찰하며 가는 길이라면.

2. 고대 자연철학 비판을 통해서 본 인간의 보편적 준거
: 필연성에 대한 부정과 저항, 그리고 그로부터 야기되는 집합적 만남으로
서의 '자유'

1840년에서 1841년 사이에 쓰인 마르크스의 박사학위 논문 〈데모
크리토스와 에피쿠로스 자연철학의 차이〉[14]는 '원자가 어떻게 그
스스로의 운동을 시작하게 되는가'를 탐구함으로써 원자 운동의
기원과 근거에 대해 논의하고 있는 글이다. 그는 이 논문에서 '에피
쿠로스, 스토아철학과 회의론의 순환을 전체 그리스 사색 안에 위
치한 그들의 관련 속에서 상세히 나타내고자 하는 커다란 작업의
예비 작업으로서(C.W.: Thesis, 29)' 데모크리토스와 에피쿠로스 자
연철학의 차이를 고찰하고 있다. 그가 보기에 에피쿠로스, 스토아
철학과 회의론의 체계들은 '로마 정신의 원형이 아니라 로마에 배
회하게 된 그리스 정신 속에 그 본질이 있는 것'이며, 나아가 '그 본
질은 근대 세계 스스로 그들로 하여금 정신적 시민정신citizenship으

---

14 K. Marx, "Difference Between the Democritean and Epicurean Philosophy of Nature",
Marx-Engels Collected Works, (Moscow: Progress Publishers, 1975) Vol.1. p.30 (앞으로 인
용되는 마르크스의 박사학위논문 내용의 인용은 *Thesis*로 생략하고 페이지는 *C.W.* (Mos-
cow;1975) Vol.1에 의거할 것이다.

로 가득 차게 했던 그러한 성질과 의도(C.W.: Thesis, 36)'에 다름 아니다. 마르크스는 이러한 체계의 역사적 의미를 돌보기 위해 고대 그리스철학과 가진 그들의 관련에 주목했던 것이다.

그러므로 원자운동의 근원과 가능성에 대한 데모크리토스 자연철학에 행해진 그의 비판적 검토는 고대 원자론에 비유된 인간 행위·실천의 근원과 가능성에 대한 검토로서, 인간이 어떻게 그 스스로 사고와 행위를 하게 되는가, 인간이 그 스스로의 사고와 행위의 '주체'일 수 있다면 그 근거는 무엇인가에 대한 탐구라고 할 수 있다. '에피쿠로스의 철학에 대해to'가 아니라 '에피쿠로스로부터의from 철학'을 알고자 한다는 마르크스의 언급처럼, 그는 그리스 철학으로부터 근대적 정신의 근거를 이끌어내고자 한다. 그가 보기에 에피쿠로스와 스토아철학, 회의론의 세 체계가 철학의 역사 속에서 하나의 섹션인 까닭은 그것이 '자기의식'에 대한 그리스 철학의 탄생과 성장과 소멸을 내포하는 하나의 순환이라 파악했기 때문이다.

또한 이 세 사상의 원리를 '자기의식의 순수한 관계'로 파악하고 그것을 '그리스철학의 역사에로 이르는 열쇠(C.W.:Thesis,30)'로 보았던 논자가 헤겔[15]이었다는 점을 상기한다면, 이 논의의 출발지점은 '자기의식'에 대한 헤겔의 사상이다. 즉, 1841년 저술은 헤겔G. W. F. Hegel로부터 어떻게 빗나갈 수 있는가declinate를 목적으로 하고 있다

---

15 "헤겔은 루이시푸스와 데모크리투토가 물질적 세계의 형이상학의 시초를 이념 원칙과 일반성을 가지고 구성했다고 파악한다." H.F.Mins, "Marx's Doctoral Dissertation", *Science and Society*, Vol.12, (1948) p.159.

는 직접적인 그의 언급에서 나타나듯이,[16] 근대의 핵심문제인 인간의 자유와 윤리의 실현가능성 문제와 관련하여 헤겔의 사상체계에 대한 마르크스의 비판 지점을 드러내준다.

이와 관련하여 민스H. F. Mins는, 1841년 저술에서 마르크스의 의도는 자유를 위한 노력에 있어 헤겔에게서 수행된 것이 부르주아를 위한 이데올로기적 지지임을 밝히는 데 있다고 해석한다.[17] 한편, 펜베스P. Fenves는 마르크스의 초기 저작이 헤겔과 마르크스의 대결이자 칸트와 헤겔 간의 대결을 포함하는 것이라고 해석하기도 한다. 데모크리토스는 칸트의 위치에, 반면 에피쿠로스는 헤겔의 원형으로 나타난다는 것이다. 그리고 마르크스가 논문을 통해 끌어들인 또 다른 유사점은 그 자신과 에피쿠로스 사이의 유사점이며, 이러한 관계는 다시 에피쿠로스에 대한 해석의 문제에 있어서 그 자신과 에피쿠로스 사이의 유사점과 헤겔과 데모크리토스 사이에 도입된 유사점에 대비된다고 언급하고 있다.[18]

다시 말해 1841년 마르크스의 학위논문은 일반적으로 헤겔의 사상적 영향에서 벗어난 시기를 1846년《독일 이데올로기》로 파악하던 기존의 해석과 달리, 이미 1841년 시점에 그기 자연과 인간, 그리고 인간의 행위와 자유의 문제와 관련하여 데모크리토스의 직

---

16 Karl Marx, (C.W. Thesis, 30) Fin의 언급 참조 "틀림없이 헤겔은 전체적으로 올바르게 체계의 일반적 측면을 규정했다. 그러나 철학사에 대한 헤겔의 감탄할 만하고 훌륭하고 대담한 계획 속에서 한편으로 오직 철학의 역사만이 일반적으로 시대에 속할 수 있으며 다른 한편으로 그것이 상세한 시대로 속할 수 있다는 것은 불가능한 것이었다."(C.W. Thesis, 30).

17 H. F. Mins, "Marx's Doctoral Dissertation," *Science and Society*, Vol.12, (1948) p.158.

18 P. Fenves, "Marx's Doctoral Thesis in Two Greek Atomists and the Post-Kantian Interpretation," *Journal of the History of Ideas*, Vol. 37, (1986) pp.1-2.

선낙하운동에 비유해서 헤겔의 객관적 필연성에 의한 인간 행위의
법칙을 비판하고 있음을 보여주고 있다.[19]

나아가 1841년 논문은 헤겔의 자기의식과 자유에 대한 마르크
스의 생각뿐만 아니라 그가 가지고 있는 유물론의 철학적 성격을
재해석할 수 있는 일정한 근거이기도 하다. 마르크스가 긍정적으
로 인용하고 있는 루크레티우스[20]의 에피쿠로스 원자론 해석을 통
해서 볼 때, 그에게 내포되어 있는 유물론적 사상의 특성은 일반적
으로 그 영향을 받았다고 지적되어온 엘베시우스, 돌바하 등의 근
대 기계적 유물론 사상[21]과 구별되는 고대 자연학에서 내포된 물활
론적 물질론의 성격[22]을 가지고 있음을 보여준다.

그렇다면 이 세계의 근원으로서 원자의 운동이 어떻게 이루어

---

19 민스에 의하면, 마르크스의 의도는 자유를 위한 그 노력에 있어 헤겔에게서 수행된 것
이 부르주아를 위한 이데올로기적 지지라는 것을 밝히는 데 있었다고 한다. H. F. Mins,
"Marx's Doctoral Dissertation", *Science and Society,* Vol.12, 1948, p.158. ; 한편, 펜베스P.
Fenves는 마르크스의 초기저작이 칸트와 헤겔 간의 대결을 포함하는 것이었다고 파악한
다. 즉 데모크리토스는 칸트의 위치에, 반면 에피쿠로스는 헤겔의 원형으로 나타난다는
것이다. 나아가 그는 마르크스가 논문을 통해 끌어들인 또 다른 유사점은 그 자신과 에피
쿠로스 사이의 유사점이며, 이러한 관계는 다시 에피쿠로스에 대한 해석의 문제에 있어서
그 자신과 에피쿠로스 사이의 유사점과 헤겔과 데모크리토스 사이에 도입된 유사성과 대
비된다고 파악하고 있다. P. Fenves, "Marx's Doctoral Thesis in Two Greek Atomists and the
Post-Kantian Interpretation," *Journal of the History of Ideas,* Vol. 37, (1986) pp.1-2.
20 "나는 일반적으로 모든 고대인들 중 에피쿠로스 자연학을 이해한 오직 하나인 루크레티
우스의 견해 속에서 더욱 많은 설명이 발견된다는 것을 알게 해줄 것이다."(*C.W:* Thesis,
48).
21 특히 엥겔스의 지적 이래 일반적인 해석이 되어왔다.
22 고대 물활론物活論, hylozoism은 이 세계의 만물에 있어서 근원적이며 본질적인 것을 물질
적인 것에서 찾는 것이다. 그러나 이 때 물질적인 것의 의미는 근대 유물론과 달리 영혼과
대립된 것으로서가 아니라 모든 존재의 유일한 근원인 그 물질 자체가 정신이나 생명을
지니고 있는 것으로 파악된 것이다. W. K. C. Guthrie, *The Greek Philosophers: From Thales to
Aristotle,* (Methuen & company: London, 1950) p.33.

지며 그러한 운동을 가능하게 하는 힘은 무엇인가라는 문제와 관련하여 데모크리토스와 에피쿠로스 자연학의 차이는 무엇인가?[23] 마르크스에 따르면, 데모크리토스와 에피쿠로스는 모두 원자의 운동이 이루어지는 원리를 공간 안에서 직선으로 낙하하는 운동의 원리와 그에 따른 원자들의 반발에 있다고 보았다는 점에서 동일한 원자론의 연장선상에 있다(Marx 1841 Thesis: C.W. Vol.1:46; MEW EB.1:278). 그러나 마르크스는 이러한 원리 속에서는 원자가 어떻게 스스로 그 운동을 시작하는지를 설명하지 못할 뿐 아니라, 원자들 간에 서로 반발을 일으키는 관련성이 어떻게 고정된 직선 낙하운동을 통해 맺어지게 되는지 설명하지 못하는 자가당착에 빠지게 된다고 비판한다.[24] 결과적으로 데모크리토스에게서 원자의 낙하운동은 단지 원자의 추상적 주관으로서만 가능한 것이며, 그러므로 자기 행위적 개인으로서의 인간을 희생시켰다는 것이다.

반면, 데모크리토스와 달리 에피쿠로스는 원자의 운동이 이밖에도 '직선으로부터의 이탈abweicht(Marx 1841 Thesis: C.W. Vol.1: 46; MEW EB.1:278)'이라는 원리를 가지고 있다고 보았다. 에피쿠로스는 원자가 왜 마주치게 되는가를 설명하기 위해서 원자의 운동

---

23 데모크리토스와 에피쿠로스에게서 제기된 자연철학은 그들 간의 상이성에도 불구하고 모두 이 세계의 근원이 원자의 운동으로부터 비롯된다고 보는 원자론적 세계관을 가지고 있다. 원자론적 세계관은 이 세계의 근원을 물, 불, 공기, 흙 등 외적 대상으로서의 자연 자체에서 찾았던 이전의 고대 자연학과 달리, 세계를 구성하는 원리가 인간의 인식에 의해 파악된 구성적 자연의 성질로서 설명된 것이었다는 점에서 본질적으로 구분되는 의미를 가지는 것이었다.

24 "그것이 오직 직선 안에서 낙하하는 것으로 고려되는 한 원자의 실재성은 현실 사태 안으로 들어가지 못하기 때문이다(Marx 1841 Thesis: C.W. Vol. 1: 48; *MEW* EB.1:280)."

이 직선으로부터 편사deklination된다고 하는 관념을 제시한다(Marx 1841 Thesis: C.W. Vol.1: 46; MEW EB.1:278). 에피쿠로스는 원자들이 운동할 때 직선으로부터 아주 미세하게 빗나가며 이러한 빗나감으로부터 원자들 사이에 복잡한 결합과 합착이 발생한다고 함으로써 반발repulsion의 본질을 파악했다는 것이다.

마르크스는 무엇이 데모크리토스와 에피쿠로스의 이러한 차이를 낳게 한 것인지에 대해 다음과 같이 이야기하고 있다. "감각적 자연을 주관적 가상으로 보는 회의론자이자 경험주의자인 데모크리토스는 필연성의 관점에서 사물의 실재적 현존을 설명하고 이해하고자 추구했다. 반면 현상을 참된 것으로 보는 철학자이자 독단주의자인 에피쿠로스는 오히려 자연의 모든 객관적 실재성을 지양하고자 했다(C.W.: Thesis, 45)". 또한 그러한 점에서 마르크스는 에피쿠로스에게 원자가 운동을 개시할 수 있는 가능성은 주어진 객관적 필연성으로부터 반발하여 빗나가는 원자의 감각적 활동성으로 이해되었다는 점에서 그 의미를 평가하고 있다.

> 만일 원자가 편사하지 않는다면 그들의 반발도 그들의 만남도 일어나지 않았을 것이며 그리하여 세계는 결코 창조되지 않았을 것이다(Marx 1841 Thesis: C.W. Vol. 1: 52; MEW EB.1: 283).

에피쿠로스의 원자론을 재해석함으로써 마르크스는 인간이 개인으로서 어떻게 스스로 행동하는가, 나아가 인간은 서로 근본적으로 어떻게 관계를 맺는가에 대한 이론적 해결을 추구하고자 한다. 원자가 정해진 직선에 따라 낙하하는 운동만으로는, 즉 인간이 정해진 필연적 구조의 가능성만으로 행위하는 것으로서는 인간이 개인으로서 서로 근본적으로 관계를 맺지 못한다는 점을 밝히고 이를 원자의 편사운동에 의한 반발로 극복하고자 했다. '우리가 낙하운동을 고려하는 한 모든 물체는 따라서 오직 하나의 운동 지점만이 있으며 실제로 독립되지 않은 한 지점은 직선으로 묘사된 존재의 일정한 형식 속에서 자신의 개별성individuality[Einzelheit]을 포기하는 것(C.W.:Thesis,48)'이기 때문이다. 그러므로 마르크스에게서 원자 스스로 자신의 운동을 시작하게 하는 근원, 즉 원자를 원자이게 하는 보편성은 직선으로부터 편사하여 운동하는 본성으로부터 찾아진다고 할 수 있다.

그렇다면 원자로 하여금 자기에게 주어진 낙하운동이라는 필연적 선을 반발하게 만드는 '편사deklination'의 원인은 무엇인가? 마르크스에 따르면 '원자의 가슴속에 있는 어떤 것'이 원자를 '되돌려 싸우도록 저항하도록' 만든다. 또한 원자를 둘러싼 외부적 압력들이 원자의 편사운동을 운동하게 하는 요인으로 논의된다. 그러니 그는 에피쿠로스가 고대의 몇몇 논자들에게 아무런 원인 없이 발생하는 원자의 편사를 이야기했다고 비난받았지만, 만일 원자의 편사에 물리적 원인을 가정한다면 오히려 그것은 필연적으로 결정주의의 영역으로 귀결될 것이라고 지적한다(Marx 1841 Thesis: C.W. Vol.1:50; MEW EB.1:282).

자유의 적대는 오직 결정주의이며 그로부터 원자들이 강제된 만남을 시작하기 때문이다(Marx 1841 Thesis: C.W. Vol.1:49; MEW EB.1:280).

마르크스에게 원자로 하여금 타 원자와의 만남을 시작하게 만드는 '직선에의 빗나감'이란 자신에게 주어진 직선이라는 낙하운동의 필연적 법칙을 부정하는 행위를 의미한다. 직선에의 '부정'이란 그 밖의 다른 것과의 '관계'를 의미하며 그러한 관련성에 대한 '자기의식'을 통해 부정은 현실화되며 긍정적으로 수립된다고 보았기 때문이다. 원자의 편사운동의 결과는 한편으로는 원자의 개념이 부정적 개념, 즉 그 밖의 어떤 것과의 관계이며, 다른 한편으로는 그럼에도 '긍정적으로 확립되는 것'을 나타낸다. 마르크스는 개별적으로 빗나가는 원자의 개념은 반발의 원리에 의해서 긍정적으로 확립된다고 한다. 에피쿠로스는 물질반발의 원리를 직선으로부터 이탈의 긍정적 결과로 인정했다. 데모크리토스에게서는 그것이 맹목적 필연성의 행위였던 것을, 에피쿠로스는 그것을 타자와의 관계를 통한 동시에 자기 자신에 대한 부정을 통한 원자개념의 긍정적 실현으로 전환시켰다는 것이다.

이때 '반발'이야말로 원자들 사이에서 개별적으로 빗나가는 원자들의 동일성과 관계의 '긍정적' 또는 물질적 표현이다. '따라서 우리는 에피쿠로스에 의해 적용된 보다 구체적인 반발의 형태를 발견한다. 정치적 영역에 있어서는 계약covenant이며 사회적 영역에 있어서는 최고의 선으로 칭송받는 우정friendship이 그것이다.' 마르크스는《독일 이데올로기》에서 에피쿠로스를 이러한 측면에서 '고대의 진정한 계몽주의자'라고 불렀으며 '국가가 다수의 상호동의, 사회계약에 의존한다는 관념은 에피쿠로스에게서 처음 발견된다' 고 보았던 것이다.

마르크스에 있어 자유란 자신을 드러내고 실현하는 과정이며, 이 점에서 헤겔, 아리스토텔레스의 연장선상에 있다. 그러나 헤겔에게 주체는 암시적으로 자기결정적이며, 이러한 자기결정성이 명확해지는 것은 오직 주체가 외재적인 것 혹은 타자적인 것을 그 자체로서 실재로 타자성 안에 있는 것임을 인식하는 때에만 가능해진다. 또한 그에게 있어 이러한 결과는 처음부터 과정 내에 이미 내재적으로 함축되어 있다. 자기의식의 발전은 정신 혹은 이념으로의 발전을 내재한 의식의 발로이므로, 역사 속의 개인적 주체의 활동은 오직 이념이 그 자신을 실현해가는 특수한 방식으로만 가능한 것이다. 반면, 마르크스에게 주체의 자기결정성과 자유는 주체가 타자성을 인식함에 의해서가 아니라 자기 자신으로부터 빗나가고 반발함으로써 스스로 자신의 경로와 내용을 획득하며 운동을 시작하게 되는 행위로 파악된다.

또한 칸트에게 자기결정이란 주체의 본성인 이성에 따르는 활동인 반면, 마르크스에게 자유란 주체의 본성을 창조하는 활동으로 파악된다. 칸트에게 자기결정은 경험적 조건들과는 독립되어 있는 것이며 그러한 경험적 조건을 고려하게 되면 의지는 타율적인 것이 되는 반면, 마르크스에게 자유는 이러한 경험적 조건들과의 상호작용을 통해 (부딪힘을 통해) 본래는 타율적인 한 주체가 자기 자신을 지배했던 고정된 운명(직선 낙하운동에 예정된 필연성), 즉 자연필연성에 의한 규정으로부터 반발과 저항하는 과정에서 생기게 된 다른 원자들과의 집합적 만남에 의해 발생하는 것으로 파악되었던 것이다.

그러므로 그에게서 원자운동의 편사를 가능하게 하는 근거는 한편으로 자신의 개념 속에 내포된 모순에 대한 자기의식, 즉 자신의 실존적 현상이 자신의 개념적 원리로부터 소외된 것임을 비판적으로 의식함[25]으로써 가능하다. 동시에 다른 한편으로 편사에 따른 원자들의 반발과 집합행동의 보증을 통해서라고 할 수 있다. 만일 원자가 자신의 실존이 그 자체로 참된 것이 아니라 자신의 개념적 본질에서 소외된 것임을 인식함으로써, 즉 자신의 현실적 실존을 비판함으로써만이 자기 자신의 운동을 영위할 수 있는 것이라면, 원자를 원자이게 하는 보편성은 자신의 현실적 실존에 대한 비판적 자기의식이라고 할 수 있다. 나아가 원자가 운동을 시작하는 계기가 타 원자와의 부딪힘과 그로 인한 반발, 결합과 합착이라는 일련의 과정을 통해서 가능한 것이라면, 원자는 자기 자신의 존재성을 실현하기 위한 근거로서 주어진 공간운동의 상호관련에 대한 보편적 인식과 상호 관련된 집합 작용,[26] 즉 연대를 자신의 본성으

---

25 자신의 현실적 실존이 필연적으로 타 원자와의 부딪힘 속에서 출발할 때, 자기의식의 내용은 필연적으로 원자들 상호간의 실존에 대한 보편적 인식을 의미한다. 그렇기에 마르크스에게 인간의 실존은 결코 개별적일 수 없으며, 당대의 인간 실존은 계급으로 파악된다. 이러한 논지는 다음 장에서 보편계급으로서의 프롤레타리아트 개념을 설명하면서 더욱 명확해질 것이다.

26 마르크스에 따르면 한 원자 자신의 개별성을 나타내는 속성인 무게weight는 오직 원자들의 반발과 그로부터 귀결된 구성속에서 형성되는 것이다. "원자들 스스로가 아니라 오직 원자의 집적conglomerations만이 무게를 부여하는 것이다(C.W.: Thesis, 57)".

로 한다고 볼 수 있을 것이다.

마르크스는 에피쿠로스 자연학의 재해석을 통해 원자란 주어진 직선으로부터 편사함으로써 비로소 자기 자신의 운동을 시작하며 타 원자와 근본적으로 관계 맺게 되는 존재로 파악한다. 편사운동으로 갖게 된 자기의식을 통해 원자는 자신의 '개체성'을 획득할 수 있다고 보았던 것이다. 그는 이를 통해 세계를 이성, 구조에 의해 이해하는 것이 아니라 주체의 자기 개시적 운동을 통한 실천적 변혁으로 이해할 철학적 단초를 마련한다. 마르스크에게 인간의 '주체성'이란 본래 주어지는 그래서 당연히 보장되어야 할 것이 아니기에 그의 논의는 근대 자연권적 '주체' 개념에 대한 비판을 의미한다고 할 수 있다.

인간이 자신의 의식과 행위의 주체일 수 있는 근거는 어디에 있는가? 홉스와 로크에게 인간 주체성의 근거와 그리하여 보호되어야 할 인간 권리의 근거는 자기 자신을 보존하고자 하는 욕망으로 설명된다.[27] 그러나 인간이 자기 자신을 보존하기 위해 욕구를 추구한다는 것이 왜 그 자체로 정당화될 수 있는지의 문제가 설명된 것은 아니었다.[28] 로크 자신도 인간들 사이에 소유권의 침해가

---

27 John Locke, *An Essay concerning Human Understanding* (New York: Dover Publication, 1959)와 *Two Treatises of Government*, Peter Laslett (ed.) (New York: Cambridge University Press, 1963).

28 양승태, 〈시민사회에 대한 시론: 무존재적 존재의 역설〉, 《한국정치학회보》 27집 1991과 〈맥퍼슨에서 로크로, 그리고 로크를 넘어서〉, 《한국정치학회보》 25집 1호 1993. 참조. 그는 홉스와 로크의 자연권적 시민사회이론을 비롯하여 근대 자유주의 사회이론이 가지는 불완전성의 핵심을 그들이 역사의 주체로 상정한 개인들이 갖는 욕망이나 자율적인 선택과 행동 자체의 정당성을 설명하지 못한 데에서 찾고 있다.

능성을 인정하고 있었듯이, 만일 자기 자신을 보존하기 위한 행위였다는 점에서 그것이 모두 정당화된다면 욕구들 간에 충돌이 발생했을 때 그것의 정당성을 판단할 근거는 없으며, 그리하여 정치에서 도덕적 타당성의 존립 근거는 없어지기 때문이다.

이렇게 보았을 때 마르크스 사상에서 그리스 자연철학에 비유된 인간 자유의 보편적 근거는 다음의 내용으로 제시되고 있음을 알 수 있다. 첫째, 인간이 스스로 사고하고 행위하게 되는 자유의 근거와 내용은 '개별적 자아'의 존재 자체에 있지 않으며, 인간이 자기가 행한 사고와 행위가 진정으로 자기의 것(appropriation 자기화, 소유)이라 말할 수 있는 근거는 타자와 구분되는 개별성에서가 아니라 스스로의 '자기비판적·자기부정적' 행위를 통해서만 가능하다는 점이다.[29]

둘째, 원자가 스스로 운동을 시작하게 되는 근거는 편사에 의한 타 원자와의 부딪힘과 그로 인한 반발, 결합과 합착이라는 일련의 과정을 통해, 즉 상호 관련된 집합행동을 통해 비로소 성립된다는 점이다.[30] 이는 이미 마르크스가 1941년 논문에서부터 이후 제시하

---

29 McCarthy에 따르면, 마르크스는 *Grundrisse*에서 "아리스토텔레스의 정치적 동물*zoon politikon* 개념으로 회귀함으로써 보편적, 초역사적, 개인주의적 범주에 의존하는 인간 본성을 특성화하는 전통적 정치경제학을 비판"했으며, 바로 이 점이 초기 마르크스와 후기 마르크스의 연결점이라고 주장한다. G. McCarthy. "German Social Ethics and the Return to Greek Philosophy: Marx and Aristotle", *Studies in Soviet Thought*. Vol.31. No.1. January. p.363.

30 에피쿠로스철학의 핵심을 '데모크리토스 자연학과 키레니안 윤리학의 결합'(*C.W.* Thesis, 34)으로 이해했던 마르크스의 논점은, 키레니안 철학이 소크라테스의 윤리적 사상을 계승했던 학파를 이르는 것에서 알 수 있듯이, 에피쿠로스철학에 대한 재해석을 통해 세계에 대한 물리적 필연성의 이념을 윤리적 이념으로 고양시키고자 하는 의도임을 추측할 수 있다.

는 '자유롭고 연대된 생산자로서의 인간상'의 이념적 근거와 상을
형성시키고 있음을 보여준다.

3. 보편계급으로서의 '프롤레타리아' 혹은 '자유로운 생산자'로서의 인간

마르크스는 개인의 배타적이고 절대적 권리를 근거로 한 개개인의
계약을 통해서는 진정한 '사회적 합의'를 도출할 수 없다고 보았기
에, 한 사회의 합의를 추상적으로 전제하거나 혹은 개개인의 권리
로 환원하는 경향을 모두 비판하는 가운데 정당한 정치의 근거를
'프롤레타리아 계급'에 의한 정치, 혹은 '자유로운 생산자의 연대'
의 정치로 논의하고 있다. 그렇기에 그의 사상에서 정치의 보편성
문제를 해명하는 과정에서 제기되는 주요한 문제는 '프롤레타리아
독재'라는 개념이 보편적 권력이나 정당한 정치의 이념과 어떻게
연결될 수 있는가의 문제라고 할 수 있다.

　이와 관련하여 아렌트와 하버마스는 노동 개념에 대한 비판에
근거하여 마르크스의 정치 이론이 객관적 필연성이라는 역사논리
에 따라 자유의 완성을 프롤레타리아 혁명을 통해 보장된다고 봄
으로써 인간 해방의 실천적 필연성과 이론적 필연성의 차이를 없
앴으며, 그 결과 이러한 '역사 사변적 객관주의geschichtsspekulativen Ob-
jektivismus'는 인간 실천의 기반을 없애버리게 되었다고 비판하고 있
다.[31] 벨머A. Wellmer 또한 동일한 맥락에서 마르크스가 프롤레타리

아를 세계정신의 외투로 감쌌다고 비판한다. 그에 따르면, 마르크스는 프롤레타리아의 존재와 그 객관적 조건에 의해, 즉 자본주의 사회의 운동법칙이라는 객관적 필연성에 의해 사회비판과 혁명의 객관적 근거를 설정함으로써 모든 인간의 상호주관적 관계와 능동적 실천의 맥락을 상실시켰다는 것이다.[32]

아렌트는 마르크스가 역사의 도덕적 판단을 객관적 필연성 속에서 찾음으로써 결국 진리의 독재가 되고 전체주의로 귀결되고 말았다고 비판하고, 이러한 논의에 근거하여 그녀는 '실천action'의 조건을 '다원성plurality의 실현'으로 제시하며 공공적인 것의 근거를 복수의 인간의 참여와 자유에서 찾는다.[33] 또한 하버마스도 마르크스의 역사관은 하나의 객관적 필연성에 의한 것이라고 비판하고, 역사에서 규범성은 오직 인간의 실천에 의해서만 획득되고 구제될 수 있으며 이를 '상호토론에 의한 합의'에서 찾아야 한다고 제안하고 있다.

그렇다면 마르크스의 정치이념은 프롤레타리아 계급에 의한 사회혁명으로 제안됨으로써, 이들의 비판과 같이 정당한 정치의

---

31 위르겐 하버마스,《이론과 실천》, 홍윤기 옮김 (서울: 종로서적, 1971), 268쪽.

32 알브레히트 벨머,《비판 사회이론》, 이종수 옮김 (서울: 종로서적, 1983), 59쪽.

33 한나 아렌트,《인간의 조건》이진우, 태정호 옮김 (서울: 한길사, 1996), 56쪽, 201쪽, 236쪽 참조. 아렌트에 따르면, '노동labor'이나 '작업work'과 구분되는 '행위action'의 근본조건은 다원성으로 설명된다. 즉 노동이 '반복적인 작업'을 특성으로 하는 것이므로 그 속에서 인간은 상호 대체될 수 있으며 인간의 다원성이 별로 중요성을 갖지 못하는 반면, '행위 action'는 이제까지 존재했던, 그리고 앞으로 존재할 어떤 누구와도 같이 않은 그만의 고유한 특성을 가지는 인간의 다원성plurality을 전제로 한다는 것이다. 그녀는 말과 행위를 통해서만이 사람은 타인과 자신을 구분하며 인간으로서 서로에게 자신을 드러낼 수 있다고 설명하고 있다.

근거를 계급의 필연적인 조건에 귀속시키고 그 결과 정치의 정당성 근거는 계급이라는 또 다른 진리의 독재로 환원되고 만 것인가? 이 장에서는 마르크스에게서 혁명의 주체로서 논의되었던 '자유로운 생산자' 혹은 '프롤레타리아 계급'의 보편적 정당성이 어떠한 근거에서 논의되고 있는지에 주목함으로써, 이러한 논의가 마르크스의 정당한 정치 이념과 어떻게 연결될 수 있는지를 검토해보고자 한다.

마르크스에게서 프롤레타리아트의 역할에 대한 최초의 논의는 1844년 〈헤겔 법철학 비판 서설〉에서 나타나며, 1848년《공산당 선언》에서는 하나의 계급으로서 부르주아와 프롤레타리아의 존재와 역할이 보다 사회적인 의미로 명확히 논의되고 있다. '계급class' 개념과 '부르주아bourgeoisie' 개념은 이미 이전부터 사용되고 있었는데, 그것은 기조F. Guizot가 1828년 유럽문명사 강의에서 부르주아 계급에 대해 언급했던 데서도 확인된다.[34]

이러한 용례들은 19세기에 들어와 이전까지 전통적인 사회의 신분과 위계를 나타내던 '위계사회'나 혹은 '신분사회'라는 개념 대신 계급사회society of classes로 표기하는 것이 자유주의자나 사회주의자 모두에게 이미 일반화되어 있었음을 말해준다. 또한 18세기부터 19세기 중반에 이르는 동안 '계급class' 개념이 사용되어오면서, 처음에는 그것이 '정치적 신분'과는 달리 '상이한 경제적 기능'에 따른 구분을 지칭했으나 19세기에 와서는 점차 '경제적' 의미만을

34 F. Guizot, *Historical Essays And Lectures* (Stanley Mellon (ed), Chicago: Chicago Univ. Press, 1972), p.206.

넘어 하나의 '사회적' 역할이나 세력으로 논의되어 왔다는 점을 알수 있다. 그러므로 중요한 것은 마르크스에게서 이해된 프롤레타리아 계급의 의미가 무엇이었느냐의 문제이다.

1844년 '프롤레타리아 계급'이라는 용어가 명시적으로 논의되기 이전에 마르크스는 1842년 신문 논설 시기 이를 단지 빈민이나 '빈곤한 계급Pöbel(MEW 1: 119)'으로 표현했으며, 1843년 《헤겔 법철학 비판》에서는 '재산이 없으며 노동을 해야 할 절박한 필요가 있는 계급, 즉 구체적 노동을 하는 계급(MEW 1: 284)'으로 논의하고 있다. 마르크스에게서 '프롤레타리아 계급'이라는 용어는 1844년 〈헤겔 법철학 비판 서설〉을 통해 처음으로 명확히 나타난다.[35]

> 독일 해방의 실질적 가능성은 어디에 있는가? 근본적으로 사슬에 얽매인 한 계급의 형성 속에, 시민사회의 한 계급이지만 시민사회의 계급이 아닌 한 계급의 형성 속에, 모든 신분의 해체인 한 신분의 형성 속에, 그리고 다음과 같은 한 영역의 형성 속에 그 가능성은 있다. 즉 그 자신의 보편적인 고통으로 인하여 보편적인 성격을 소유하고 있으며, 어떤 특별한 부당함이 아니라 부당함 그 자체가 그들에게 저질러지기 때문에 아무런 특별한 권리도 요구하지 못하는 영역 …(중략)… 사회의 다른 모든 영역들로부터 자신을 해방시키지 않고는, 그리하여 사회의 다른 모든 영역들까지도 해방시키지 않고서는 결코

---

35 마르크스는 1844년 이전 시기에는 이를 다만 '빈곤한 계급', '빈민' 등으로 표현하며 다음과 같이 이야기한다. "빈곤한 계급Pöbel은 시민사회에 단지 거주하는 사람들일 뿐, 시민이 아닌 것이다. (1842년 10월 26일 논설: MEW1: 119)"

해방될 수 없는 한 영역, 즉 완전한 인간의 상실이며 따라서 인간의 완전한 재획득을 통해서만 자기 자신을 획득할 수 있는 한 영역의 형성 속에 해방의 가능성은 있다. 특정 신분으로의 사회의 이러한 해체가 곧 프롤레타리아트이다(MEW 1: 390).

여기서 언급되고 있듯이, 프롤레타리아트의 저항이 정당한 해방일 수 있는 근거는 그들의 저항이 그 사회의 '보편적 부정'이라는 데서 찾아진다. 그러나 그는 '보편 계급'으로서의 프롤레타리아트를 어떠한 객관적 존재로 규정하기보다는 하나의 '형성되어야 하는 존재'로 이해하고 있다. 마르크스는 '프롤레타리아 계급'이 단지 '생존의 경제적 조건'이나 '물질적 이해관계의 동일성'에 따라 형성되거나 혹은 소득의 원천이나 분업상의 기능적 위치에 따라 구분되는 것이 아니라고 이야기하고 있다. 프롤레타리아트의 준거가 단지 생산 수단을 소유하지 못한 자를 의미하지 않는다는 점은 마르크스가 《브뤼메르 18일》에서 프랑스 농민의 지위를 논하는 다음 구절에서도 잘 엿볼 수 있다.

그들 생존의 경제적 조건이 …(중략)… 그들의 생활양식, 그들의 이해, 그들의 문화를 다른 계급의 그것들과 대립시키지만 …(중략)… 그들 이해관계의 이 같은 동일성이 그들 가운데서 어떠한 공동체, 국민적 유대, 정치적 조직도 만들어내지 못하는 한 그들은 계급을 형성치 못한다(《브뤼메르 18일》 pp.123-124).

이는 그가 이후 1864년 〈인터내셔날 총칙〉 서문에서 프루동주의자들의 상호주의를 보편주의에 대한 회피라고 비판하고 1870년 영국 노동계급이 그들의 경험을 사회적으로 보편화하지 못한다고 비판하는 데(MEW 16: 45)서도 알 수 있다.[36] 1846년《독일 이데올로기》에서도 이러한 그의 논지가 나타난다.

이전의 지배계급을 대신하게 될 모든 새로운 계급이 자신의 목표를 달성하기 위해서는 이상적으로 표현된 자신의 이익을 사회 전 구성원의 공동이익으로 표상해야만 하는 것이다. 즉 스스로의 이념에 보편성이라는 형태를 부여해야만 하는 것이다. 혁명을 일으키는 계급은 처음부터 이러저러한 계급으로서가 아니라 사회전체의 대표자로서 등장하게 되는 것이다(1846 GI: 61-2; MEW 3: 34).

그러므로 마르크스에게서 프롤레타리아 계급이 보편 계급일 수 있는 것은 그들의 객관적 조건 자체가 아니라 '스스로의 이념에 보편성이라는 형태를 부여함으로써만' 가능한 것으로, 그러한 계급의 보편성은 자신의 이익을 사회 전체의 공동이익으로 표상할 수 있을 때 비로소 실현/실천되는 것이다. 마르크스는 이러한 보편

---

36 대중에 대한 신뢰를 갖지 않고 있는 바우어를 비판하는 데에서도 나타나듯이 마르크스는 사회주의 운동을 프롤레타리아와 분리해서 사고하려는 사회주의자들을 명백히 반대했지만, 동시에 공산주의 연맹의 구성원이 배타적으로 프롤레타리아에 의해서만 구성되어야 한다고 주장한 것은 아니었다. 실제로 루벨은 마르크스가 1850년 공산주의자 연맹에서 갈라서게 된 주원인이 그와 같은 점에서였다고 지적하고 있다. F. Mehring, (1962); M. 루벨,《마르크스-연대기》, 김영민 옮김 (서울: 아침, 1988) 참조.

성의 획득이 그들의 보편적인 '결사'에 의해서 그리고 기존의 사회 관계를 바꾸어 나아가는 '혁명'의 과정에서 형성될 수 있다고 이야기하고 있다.

자기화Aneignung는 프롤레타리아의 특징 그 자체에 의해 다시 보편적으로 되는 결사Vereinigung에 의해, 혁명에 의해서 완성될 수 있다. 그 혁명에서 한편으로는 지금까지의 생산양식 및 교류양식 그리고 사회구성의 권력이 전복되고, 다른 한편에서 프롤레타리아의 보편적인 특징과 지기화의 실행에 필요한 프롤레타리아의 에네르기가 발전된다(MEW 3: 68 영문판에는 없음).

이에 따라 각 개인은 모든 자연 성장적인 예속을 벗어난 완전한 개인으로 발전하며, 노동은 자기행위로 변형된다(MEW 3: 69).

이러한 논지는 1845년《신성가족》의 다음과 같은 언급에서도 확인할 수 있다.

프롤레타리아가 승리할 때 프롤레타리아는 바로 이 승리에 의해서 사회의 절대자가 되는 것은 아니다. 왜냐하면 프롤레타리아는 자기 자신과 자신의 반대편을 동시에 초극함으로써만 참으로 승리하게 되기 때문이다. 오직 그때에 가서야 비로소 프롤레타리아와 프롤레타리아를 규정하는 반명제Antithese인 사유재산이 소멸된다(1845《신성가족》; MEW 2: 187).

그러므로 마르크스에게서 사회 변혁의 정당성은 프롤레타리아트의 경제적 조건이나 물질적 이해관계의 동일성 그 자체에서 비롯되는 것이 아니라, 그러한 조건에 대한 저항이 하나의 사회적 유대와 결사를 만들고 그 공동의 관계를 새로이 '보편적인 것'으로 형성해가는 데서 찾아진다고 할 수 있다.[37]

이러한 의미에서 '프롤레타리아트' 개념은 '자유로운 생산자' 개념과 연결된다. 마르크스는 인간 활동과 교류의 관계적 실재로서 자본주의 체계가 바로 그 안에서 자신의 체계를 갉아먹는 '프롤레타리아'를 만들어내며 부르주아 계급과의 투쟁을 통해 새로운 인간으로서 '자유로운 생산자'를 산출한다고 보았다. 즉 이들의 출현은 자본주의 체계의 필연성을 전제로 하지만, 그 실현은 필연성에 대한 부정과 저항으로부터 비로소 가능한 것이었다. 이미 앞선 장에서 보았듯이 '자유'의 가능성에 대한 그의 논의에서 볼 때, 프롤레타리아트란 자신에게 주어진 운명에, 자신의 현실을 규정하는

---

37 누가 사회혁명의 정당한 주체인가 하는 문제는 무엇이 그 사회의 civility를 구성하며 어떠한 인간의 모습이 그 사회의 '시민'인가 라는 질문과 밀접히 연관된다. 이 글 2장의 검토에 의하면, 마르크스에게서 사회를 '사회'이게 하는 근본적 성격은, 그리하여 사회의 civility를 구성하는 것은 인간의 자기의식적인 '비판활동'과 타인과의 '보편적 연대'에 있었다. 사회혁명의 정당한 주체로서 '보편계급'은 바로 이와 같은 성격을 그 내용으로 하는 것이다. 그러므로 보편계급으로서 프롤레타리아가 수행하고 추구해야 하는 중심 활동과 중심 권리는 경제적 임금투쟁이 아니라 단결권, 결사권, 저항권을 확립하고 이에 바탕하여 생산과 소유관계의 보편적 결사를 형성하는 데 놓여 있다. 이러한 맥락에서 그람시A. Gramsci는 《옥중수고》에서 프롤레타리아트가 추구해야 할 권리의 내용을 다음과 같이 언급한 바 있다: "부르주아 계급은 개인의 자유권과 개인의 우위성을 확립함으로써 봉건 노예제로부터 자신을 구원했다. 프롤레타리아트는 개인적 권리와 개인의 우위성에 대항해서 단결권과 집단활동의 권리를 확립함으로써, 그리고 자유의 조직화를 이룸으로써 자신을 해방시키고자 투쟁한다." A. Gramsci, *The Prisoner's Note* (London: Lawrence and Wishart, 1971), p.186.

역사적 필연성에 빗나감으로써 그 저항과 극복의 실천 행위를 통해 자유로워지는 구성적 존재이며 그러한 의미에서 자유로운 생산자이기 때문이다.

이와 관련하여, 이미 오래전 루카치G. Lukács는 혁명 주체의 정당한 근거를 프롤레타리아트의 자기의식, 즉 계급의식으로 설명한 바 있었다. 그러나 마르크스에게서 프롤레타리아 계급의 존재성을 결정하는 것은 분명 객관적 조건 자체는 아니지만, 그렇다고 해서 그들의 주관적 의식이나 주체적 실천으로 환원된다고 할 수 없다. 마르크스가 자유주의 계약론의 정치적 가정에 대해 비판했던 바도 개개인의 윤리적 실천의 집합으로는 한 사회의 공공성을 형성할 수 없다는 데 있었다.

또한 그가 공공적이고 정당한 권력과 강제적 권력이나 폭력을 구분하는 기준을 명시적으로 개념화하고 있지는 않지만, 마르크스의 논의에서 추론될 수 있는 기준은 다음과 같다. 첫째, 정당한 권력의 준거는 그것이 사회의 가장 일반적인 저항과 일반적인 목표에 일치해야 한다는 점이다.

> 시민사회에 있어서 어떠한 계급도, 그 자체 속에서 또한 대중 속에서 열정의 계기를 야기시킬 수 없다면 이러한 역할을 맡을 수 없다. 열정의 순간에는 계급은 대체로 사회와 연관되고 혼합되어 있으며, 사회와 자신을 동일시하게 되고 이 사회의 일반적 대표로서 인식되는 것이다. 계급의 목표와 이해는 전적으로 사회 자체의 이해와 목표에 일치하여야만 하며, 그럼으로써 그 계급은 사회의 심장이며 머리가 되

는 것이다. 한 특정계급이 일반적 우위를 주장한다거나 …(중략)…
물질적인 힘을 정치권력화시킬 수 있는 천재력을 가졌다고 주장할
수 있다거나, 그의 적에게 '지금의 나는 무이지만 앞으로는 핵심이 될
것'이라고 말할 수 있다거나 하는 것은 오직 일반이익의 이름하에서
만 가능한 것이다(MEW 1: 388).

둘째로는, 그가 객관적 규범을 제시하지 못하는 법적 질서를
정당한 정치와 구분되는 폭력으로 규정하고 비판했다는 데서 볼
때, 정당한 권력이란 일정한 객관적 규범을 가지고 있어야 한다는
점이다. 이와 관련하여 마르크스는 1842년의 논설인 〈프로이센 검
열 훈령에 대한 소견〉에서 다음과 같이 언급하고 있다.

객관적인 규범을 제시하지 못하는 편향적인 법은 폭력의 법이다. 그
러한 법은 로베스피에르 치하에 국가의 필요에 의해서, 그리고 로마
황제 하에 국가의 타락에 의해서 구상된 것이기 때문이다. 이처럼 행
위를 규제의 기준으로 삼지 않고 행위자의 심적 상태를 규제하려는
법률은 법의 부재를 인정하는 것과 다를 바가 없다(MEW 1: 14).

이상의 검토에서 보았을 때, 한 사회의 정당한 비판과 저항의
주체로서 프롤레타리아트의 정당성은 자신의 행위와 이익을 사회
전체의 일반적 이익으로 일치시킨 데 근거하며 그러한 결사를 통
해 마련될 수 있다는 점에서, 또한 그들의 행위와 연대에 일정한 기
준과 규범이 있어야 한다는 점에서, 마르크스에게 사회비판의 근

거는 어떠한 추상적인 필연성도 아니며 그렇다고 인간의 주관적 실천으로 치환된 것도 아니다. 그러므로 마르크스의 윤리관이 역사와 상황의 변화 속에서 다만 상대적일 뿐이라는 우드Allen W. Wood 등의 평가는 잘못된 것이며, 거꾸로 마르크스의 윤리관이 객관적 필연성이라는 추상적 기준에 강제된 것이라는 아렌트와 하버마스, 벨머의 평가 또한 잘못된 것이라고 판단할 수 있을 것이다.

4. 정당한 정치 혹은 보편적 권력의 이념

: 통제권력Gewalt의 정치에서 연대권력Macht의 정치로, 권력정치politics에
서 '공동체Gemmeinwesen' 혹은 '결사체Assoziation'의 정치로

일반적으로 마르크스의 정치관에 대한 기존의 일반적인 해석은 정치혁명을 통한 정치권력의 장악에 있다고 파악되어왔다. 또한 이러한 맥락에서 1848년의《공산당 선언》은 1848년 6월 혁명의 이론적 예견으로 해석되기도 했다. 그러나 실제로《공산당 선언》에서 논의된 혁명의 상은 실제 1848년의 혁명과는 상이함을 알 수 있다. 그는 사회관계 전체의 변화를 근본적인 것으로 보았기 때문이다. 이는 그가 1871년 코뮌의 실패를 노동계급의 실패나 사회주의 이념의 실패로 보지 않았다는 점을 통해서도 확인된다. 그는 당시의 코뮌이 새로운 형태의 정치적 요소를 몇몇 보여주었던 것을 인정하고 평가하고 있지만, 파리코뮌이 임박했을 때에도 그 봉기에 대해 반대했으며 그것의 본질이 민주적 급진파와 소시민에 있는

것이라고 보았다.[38]

　오히려 1848년 이후 그는 자본주의 사회가 혁명에 이르기까지는 많은 과정을 필요로 한다고 여겼다(MEW 8: 598). 이러한 생각을 토대로 마르크스는 영국 망명 기간 동안 여러 혁명단체나 음모단체와는 일정한 거리를 가지고 있었으며 조급한 봉기의 어떠한 시도도 반대했던 것이다(Rubel 1990, 39). 조급한 정치적 봉기에 대한 우려는 1848년 이후, 그의 많은 저술과 편지에서도 지속적으로 나타나고 있다. 1852년 편지에서도 그는 장기간 지속될 것 같은 현재의 경제적 번영을 정확히 지적하고 있다(Marx to Cluss, 1852.4.22: MEW 28,515). 이러한 정황들은 그가 단순한 정치혁명, 단순한 정치권력의 장악이 갖는 한계에 대해 분명한 반대의 입장을 가지고 있었다는 것을 말해준다.

　물론, 그가 1858년 러시아의 사태 진전에 대해서나 1862년 독일 정치의 급진화에 주목하면서 혁명의 현실적 가능성에 대해 언급했던 것은 사실이다. 1862년 마르크스는 〈쿠겔만에게 보낸 편지〉에서 그러했으며(Marx to Kugelmann 1862.12.28), 1863년 프러시아 정치의 위기에서도 혁명이 임박했다 언급했고, 1868년의 스페인 혁명, 1877년 터키와의 전쟁 이후 패배한 러시아 내부의 상황에 대해서도 현실적으로 혁명을 기대하는 언급을 하기도 했다.

---

38 마르크스에 따르면, 1848년 루이 블랑에 의해 주도된 6월 혁명과 1871년 코뮌 간의 주요한 차이점은 "1848년에는 하층 중간 계급이 부르주아 계급에 가담하여 노동자들을 압제하는 데 협조했다면, 코뮌 통치기간에는 이들이 부르주아 계급에 반대하고 노동자들에게 가담했다는 점"으로 지적되고 있다. 그러나 그는 그렇다고 해서 코뮌의 사회적 토대가 성숙된 노동자 계급의 것이라고 평가한 것은 아니었다.

그러나 근본적인 것은 그가 1848년 이후 오랜 망명생활을 하는 동안에도 라살레의 국가주의적 개혁이나 바쿠닌 등 과격파의 음모적 형태의 봉기 시도에 대해 지속적으로 반대했다는 점이다. 1874년에 마르크스는 바쿠닌이《국가사회주의와 무정부상태》나 《미래 사회질서를 위한 원리적 기초》 등에서 강력한 사회통제를 주장하는 데 대해 비판한다. 그는 바쿠닌이 무정부주의적 관점에서 국가폐지를 논의하고 있으면서도 국가의 폐기와 별개로 정치권력과 정치제도가 존속하여 모든 사회 분야를 통제하려 하며, 그 결과 바쿠닌의 무정부주의적 공산주의의 내용은 '병영 공산주의'로 유지될 것이라고 비판하고 있다(MEW 18: 601).

이미 그는 1844년《유태인 문제에 관하여》와 1845년《신성가족》에서 프랑스혁명을 통해 탄생한 공포정치, 즉 정치국가를 통한 정치혁명의 한계에 대해 분명히 지적했으며, 절대적이고 통제적인 권력의 사용에 대해 명백히 반대했었다. 그러한 맥락에서 마르크스는 1871년《프랑스 내전》의 초고인 〈Entwürfe zum Bürgerkrieg in Frankreich〉에서 파리코뮌의 의의를 '기존 국가에 대응하는 또 하나의 국가'라는 측면에서가 아니라 '자연스런 소산으로서 형성된 자유로운 지역 자치적 정치질서'에서 찾았던 것이다.

코뮌의 존재 자체는 자연스러운 소산으로서 지역 자치적 자유를 낳는 것이지, 그 지점에서 이미 과잉되었던 국가에 대응하는 힘으로서 낳는 것이 아니다. 코뮌이 승인했던 특정한 방도들은 오직 인민에 의한 인민의 통치를 지향하는 성격을 예견케 할 뿐이다(MEW 17: 598).

그러므로 비록 그가 아래로부터의 자발적인 사회결사체의 구체적 형태를 지속적으로 모색해나가지는 못했지만, 사회적 삶의 보편성과 관련되지 않은 일체의 정치적 통제에 대해 비판하고 있었다는 점은 일관되게 그의 근본적인 관점이었다고 할 수 있다.

마르크스는 사회를 통제하고 억압하는 '조직화된 힘Gewalt'으로서의 국가권력과 정치에 대해 명확히 비판하고, 이와 구분되는 정치의 형태를 위로부터의 국가권력 장악이 아니라 인민대중 자신의 사회적 힘Macht에 의해 조직화되는 정치 질서로 제시한다. 이미 1844년《유태인 문제에 대하여》에서 그는 인간해방의 정당한 근거가 정치적 혁명에 있는 것이 아니라 '인간 자신의 힘을 사회적 힘으로 조직화'하는 데 있다고 명확히 언급한다.

> 모든 해방은 인간의 세계, 그리고 인간이 인간 자신에 대해 가지는 관계를 회복하는 일이다. 정치적 해방은 다만 인간을 한편으로는 시민사회의 일원으로 즉 이기적이고 독립적인 개인으로, 또 다른 한편으로는 하나의 시민으로 즉 도덕적 인격으로 환원하는 것이다. …(중략)… 현실적인 개인은 추상적인 시민을 자기 자신으로 되찾아야 하며, 현실적인 생활 속에 있는, 개인적인 활동을 영위하는, 그리고 개인적인 관계 속에 있는 한 개인을 뜻하는 유적존재species-being로 되어야만 한다. 인간은 그 자신의 힘을 사회적인 힘으로 인식해야 하고, 이 힘을 조직함으로써 정치적인 힘의 형태로 사회적인 힘을 자기 자신으로부터 분리하는 일을 중지시켜야만 한다. 이러한 일이 성취될 때만이 인간적 해방은 완성될 수 있을 것이다(MEW 1: 354).

다시 말해, 정치권력의 획득만으로 나타나는 '정치적 해방'과 구별되는 인간의 해방이란 "인간이 자기 자신의 '고유한 힘'을 사회적 힘으로 인식하고 조직했을 때, 따라서 사회적 힘이 더 이상 정치적 힘의 형태로 분리되지 않을 때에(MEW 1: 356)" 가능한 것이다. 그는 1846년《독일 이데올로기》에서도 자본주의 사회에서 영위되는 '외적인 힘으로서의 권력'과 구분되는 사회적 권력을 '개인들 스스로의 고유하고 통일된 권력'으로 표현하고 있다.

> 사회적 권력social power, 즉 노동분업 내에서 규정된 다양한 개인의 협업에 의해 발생한 배가된 생산력은 협업이 자유의지에 의한 것이 아니라 자연발생적인 것이기 때문에, 이러한 개인들에게 그들의 고유하고 통일된 힘으로서가 아니라not as their own united power, Macht 그들 외부에 현존하는 외적인 권력Gewalt으로 드러나게 된다. 개인들로서는 이러한 권력이 어디서 와서 어디로 가는지 모르며 따라서 개인들이 더 이상 그것을 지배할 수 없다(1846 GI: 53).

이는 1871년《프랑스 내전》초고의 다음 구절에서도 잘 드러나 있다.

> 혁명정부-사회를 통제하고 억제하는 힘으로서가 아니라 그 자체의 생명력으로서의 사회에 의한 국가권력의 재흡수이자, 그들을 억압하는 조직화된 힘Gewalt이 아니라 그들 자신의 힘Macht을 형성하는 인민대중 자신들에 의한 국가권력의 재흡수-는 그들의 적들이 그들을

억압하기 위해 휘둘렀던 사회의 인위적인 힘이 아니라 그들의 해방을 위한 정치형태이다.

그러므로 마르크스에게서 국가 혹은 권력의 정당성은 모든 권력이 자발적인 사회적 결사체들에게 주어져 있을 때 비로소 가능한 것이며, 그러할 때 권력은 보편적 권력[39]이 된다. 또한 정당한 권력의 근거는 정치 영역과 사회 영역 사이의 분리 자체를 감소시키는 데 놓이게 된다. 그는 그러한 의미에서 '정치적 국가'가 지양된다고 이야기했던 것이다.

이러한 그의 정치 개념은 국가와 사회의 삶이 일치한 보편적 공동체를 의미하는 고대적 국가관의 연장선상에 있다. 다만 마르크스에게서 그것은 고대로의 회귀라는 추상적 방식이 아니라, 근대에 들어와 형성된 '보편적으로 생산하고 교류하는 개인'의 존재를 인정한 토대 위에서 그러한 '개인을 사회화'하고 사회적 결사를 보편적으로 형성함으로써 실현되는 것이라고 볼 수 있다.[40]

이러한 새로운 정치의 상은 이미 앞선 저술 속에서도 지속적으로 표현되는데, 1843년《헤겔 법철학 비판》에서 그것은 대의제

---

39 비록 마르크스가 명시적으로 권력 개념을 구분하지는 않았지만, 자유주의의 국가권력이 인위적인 도구이며 수단일 뿐이기에 인간에게 외적인 강제력이 된다고 비판했던 점으로 볼 때, 그리고 이와는 구분되는 자발적이고 연대적인 권력을 보편적인 권력으로 이해했다는 점에서, 그는 두 가지 의미로 권력을 구분하여 논의하고 있었다고 할 수 있다.

40 마르크스는 사회주의 사회가 실현되면 인간은 그러한 사회적 교류 안에서 자신의 개인성을 실현시킬 수 있다고 보았다. "자기실현이란 물질적 생활과 일치하는 바의 전인적 개인을 추구하는 개인들의 발전 및 모든 자연상태로부터의 탈피에 상응한다. 그리고 노동이 자기실현으로 변화하고 지금까지 제약받아왔던 교류들이 개인들 자신의 교류로 변화하는 것도 거기에 상응한다(1846 GI: MEW3: 68)".

에 의해서가 아니라 민주주의에 의해 '국가와 사회의 분리를 지양하는 것'으로 논의된다. 또한 1844년 《유태인 문제에 대하여》에서 그는 하나의 인위적 수단이나 도구적 정치권력과 구분되는 새로운 정치의 형태를 '정치공동체Gemmeinwesen'로 제시하고 있으며, 1847년 《철학의 빈곤》에서는 "프롤레타리아는 계급의 존재와 그 계급들 간의 갈등을 배제하는 하나의 연합체를 세우게 된다"고 제안된다. 1848년 《공산당선언》에서도 그는 '부르주아의 공동업무를 관리하는 위원회'로서의 국가와 구분하여, '각자의 자유로운 발전이 만인의 자유로운 발전의 조건이 되는 결사Assoziation'를 새로운 정치의 형태로 개념화하고 있다.

권력의 정당한 근거에 대한 그의 관점은 국가를 하나의 인위적인 권력의 실체로 파악하는 자유주의적 국가관에 대한 비판을 통해서 더욱 명확히 드러난다. 1846년 《독일 이데올로기》에서 그는 근대 자유주의의 정치관이 '정치'를 단지 인간의 권리를 보장하기 위해 인위적으로 고안한 하나의 수단이나 도구로 파악함으로써 인간의 외부에 부과된 힘으로 인간을 통제하는 조직화된 힘으로서의 정치, 통치권력이나 지배권력으로서의 정치로만 파악되고 있다고 비판하고, 새로운 사회에서의 권력의 특성을 '외적인 힘으로서의 권력Gewalt'이나 통제술과 구분되는 '인간들 간의 교류의 힘Macht'으로 표현하고 있다(Marx 1846 GI, 53).[41]

---

41 마르크스에게 나타나는 '도구적 권력'과 '보편적 권력'의 개념적 차이는 아렌트의 권력 개념 구분인 강권으로서의 권력Gewalt과 자발적이며 상호적인 힘으로서의 권력Macht의 구분과 그 의미에 있어서 유사한 것이라고 볼 수 있다. 흥미로운 것은 마르크스의 언급 속에

이는 '정치'의 본질이 자신과 타인의 교류를 형성해가는 인간 스스로의 행위에 있다고 보는 마르크스의 근본적 관점을 나타내준다. 자유주의 정치의 정당성이 단지 인간의 외부로부터 부과된 것이며 그 결과 정치가 인간에 대한 통제와 강제를 그 본성으로 하는 권력일 수밖에 없다는 데 마르크스의 비판이 놓여 있었다면, 마르크스에게서 '정치'란 새로운 질서를 형성할 수 있는 주체로서 '인간 스스로의 발전과 육성'을 의미하는 것이기 때문이다.

그러므로 마르크스에게서 '정치'란 자연스런 인간들 간의 교류와 결사를 의미하며, 이러한 인식에 근거해서 마르크스는 새로운 사회의 정치 개념을 'politics' 나 'state' 라는 용어 대신에 'Kommune' 혹은 'Gemeinwesen'으로 제시했던 것이다.[42] 그가 새로운 사회의 궁극적 정치의 상을 언급하는 부분에서 '정치'라는 용어 대신

서도 논의의 맥락에 따라 권력 개념이 Gewalt와 Macht로 상이하게 표현되고 있다는 점이다. 즉 자본주의 사회의 정치권력을 논의하는 부분에서 그것은 언제나 강권을 의미하는 Gewalt로 표기되며, 새로운 사회 혹은 공산주의 사회에서 그것은 '보편적 교류의 힘die Mächte des Verkehrs selbst hätten sich als uneverselle'으로 표현되고 있다(Marx 1846 GI, MEW 3, 35). 다만 아렌트가 그것을 명시적으로 구분하여 개념화했다면, 마르크스는 보편적 권력을 또 하나의 권력개념으로 개념화하기보다는 이를 '연대'나 '결사', 혹은 '질서' 라는 용어로 논의하고 있다. 두 사람 모두 정치공동체의 형성을 제안하고 있음에도 불구하고, 아렌트는 이를 '정치적인 것으로의 상승'으로 표현하고 마르크스는 이를 '정치적 국가의 지양'으로 표현했던 것은 이러한 차이에서 이해해볼 수 있을 것이다.

42 이는 필자의 2001년 박사학위 논문 5장과 결론장, 그리고 2001년 논문 4장의 주된 내용이다. 실제로 정치와 국가개념이 근대에 와서 'politics' 와 'state'의 개념으로 자리 잡아 가는 16세기 이후의 개념사적 변천은 본래 정치를 '공동선commonwealth'으로 인식했던 고대적 인식으로부터 하나의 '독립된 주권체'로 그 의미를 전환해갔던 과정이었다. 그러므로 마르크스가 지향해야 할 정치의 상을 언급할 때 'state' 나 'politics' 의 개념을 쓰지 않았던 것이나 '정치의 지양'을 언급했던 점은 바로 이러한 개념 안에 내포되어 있는 정치에 대한 근대적 인식 자체에 동의하지 않았기 때문으로 볼 수 있다.

에 일종의 '질서'나 '연대', 혹은 '결사체Assoziation'로 표현하고 있다는 사실은 그가 정치를 인간들 간의 정당한 교류관계 자체로 보고 있었다는 점을 드러내준다.

이렇게 볼 때 마르크스에게서 '정치'란 타인을 통제할 수 있는 강제력, 즉 권력의 문제가 아니라 인간 스스로 자신의 힘을 공동적인 것으로 발전시키고 육성시키는 문제가 된다. 그렇기에 마르크스에게서 정당한 정치질서를 이루기 위한 관건은 기존의 정치권력을 보다 이롭게 편성하는 기술적 문제가 아니라, 고립된 배타적 개인들로 이루어진 사회를 실질적인 공동체로 만들어가는 인간들 간의 교류와 연대에 놓이게 된다.

마르크스에게 정치의 정당성은 결코 '권력 사용의 감소'나 '권력의 합리화'에 있는 것이 아니라 스스로의 관계와 가치를 변화시켜 새로운 '결사체'로 만들어 나아가는 인간 행위의 자유와 실천에 있다는 이 글의 주장은 바로 이에 입각하여 이해할 수 있다. 또한 마르크스의 정치 개념이 인간에게 외적으로 분리된 강제력이나 통제술로서의 도구적 권력에 대한 비판에 바탕한 것이라면, 이러한 권력정치를 넘어 연대권력을 구성하고자 했던 마르크스의 고민은 정치의 보편적 준거를 저항의 자유와 연대의 보편성에서 찾고자 했다는 이 글의 해석과 깊이 연관되어 있다.

한 시대의 비판이나 저항을 단지 임금투쟁이라는 경제적 문제나 혹은 국가의 재분배정책을 통한 정치적 권리의 확대로만 바라보지 않고 인간의 행위와 욕구, 가치를 포함하는 사회의 교류관계를 자유롭고 협동적인 연대와 공동체로 재편하고자 했던 마르크스의 정치이념과 기획은 지금 우리가 목도하는 정치에 대한 관점, 즉 정치가 단지 권력을 획득하기 위한 도구이거나 정부의 통치술이라는 효용으로 전락한 지금의 현실에 다시금 깊은 울림을 던져준다.

Marx, Karl. 1958. *Marx Engels Werke*. Berlin: Dietz Verlag. Vol.1-44, Eb.1-2. 이 논문
은 MEGA 1판의 대중판인 MEW를 기본적인 텍스트로 삼았다.

Marx, Karl. 1987. *Marx Engels Collected Works*. Moscow: Progress Publishers.

Marx, Karl. 1975. *Karl Marx: Texts on Method*, Terrell Carver trans. & ed. Oxford: Basil
Blackwell.

Marx, Karl. 1967. *Basic Writings on Political and Philosophy*. Lewis Feuer ed. Garden
City: Doubleday.

박주원, 2006. 〈현대 사회생태론과 맑스주의-마르크스의 생산력 개념에 대한 재해석
을 중심으로〉,《21세기정치학회보》제16집 3호 (서울: 21세기정치학회)

박주원, 2005. 〈마르크스의 자연 개념에 대한 연구: 이중적 자연개념의 의미, 그리하
여 '비판적 자연관'의 정치사상에 대하여〉,《정치사상연구》제11집 2호 (서
울: 한국정치사상학회).

박주원, 2004. 〈한나 아렌트와 칼 마르크스의 대의제 민주주의 비판〉,《철학과 현실》
61호 (서울: 철학문화연구소).

박주원, 2001.〈마르크스의 사상에서 '생산'과 '정치' 개념-아렌트와 하버마스의 마르
크스 비판에 대한 검토를 중심으로〉,《한국정치학회보》35집 3호 (서울: 한
국정치학회).

박주원, 1997. 〈마르크스의 '공동체적' 인간관과 '윤리적' 정치이념-그의 박사학위 논
문 "데모크리토스와 에피쿠로스 자연철학의 차이(1840-41)"를 중심으로〉,
《정치비평》2호 (서울: 한국정치연구회).

안느 아미엘, 백영현 옮김, 2002. 〈아렌트, 마르크스 그리고 노동운동〉,《시민과 세계》
창간호 (서울: 당대)

양승태, 1991. 〈맥퍼슨에서 로크로, 그리고 로크를 넘어서- 자유주의적 소유권 이론의
비판적 극복을 위한 자연법적 접근 서설〉,《한국정치학회보》25집 1호.

양승태, 1993. 〈시민사회에 대한 시론: 무존재적 존재의 역설〉,《한국정치학회보》27집.

양승태, 1996. 〈마르크스의 인간본성론 재고-베너블 류와 제라스 류의 해석을 넘어

서 類的 存在 개념의 정치철학사적 규명을 위한 시론적 연구〉,《한국정치학회보》30집 4호.이

병천, 2006. 〈마르크스의 모순, 아렌트의 모순〉,《문학과 사회》19권 4호 no.76 (서울: 문학과지성사).

김진, 1990.《칼 마르크스와 희랍철학》서울: 한국신학연구소.

카를 뢰비트, 강학철 옮김, 1994.《헤겔에서 니체로》서울: 민음사.

페리 앤더슨, 장준오 옮김, 1989.《서구 마르크스주의 연구》서울: 이론과실천.

한나 아렌트, 서유경 옮김, 2005.《과거와 미래 사이》파주: 푸른숲.

한나 아렌트, 이진우 외 옮김, 1996.《인간의 조건》서울: 한길사.

Aristotle. 1982-4. *Metaphysica*. Hamburg: Meiner.

Ball, Terrence. 1984. "Marxian science and positivist politics". Terrence Ball & James Farr. *After Marx*. Cambridge Univ. Press.

Ball, Terrence. 1979. "Marx and Darwin: A Reconsideration". *Political Theory*. No.7.

Bender, F. L. 1983. "Marx, Materialism, and the Limits of Philosophy". *Studies in Soviet Thought*. Vol, 25, No. 2, Feburary.

Benton, Ted. 1989. "Marxism and Natural Limits: An Ecological Critique and Reconstruction". *New Left Review*. No. 178.

Berry, Christopher J. 1981. "Need and Egoism in Marx's Early Writings". *History of Political Thought*. Spring.

Bloch, Ernst. 1988. *The Principle of Hope*. Cambridge, Mass.: MIT Press.

Burnet, J. 1930. *Early Greek Philosophy*. London: A. and C. Black.

Carver, Terrell. 1988. "Communism for Critical Critics? The German Ideology and the problem of Technology". *Hitory of Political Thought*. 1988, Spring.

Cohen, Jean. 1996. "Rights, Citizenship and the Modern Form of the Social: Dilemmas of Arendtian Republicanism", *Constellations* 3(2).

Farr, James. 1983. "Marx No Empiricist". *Philosophy of the Social Sciences*. No. 13.

Farr, James. *Marx's Politics: Communists and Citizens* (New Brunswick, N.J.:Rutgers Univ.Press and Oxford: Martin Robertson,1981)

Farr, James. "Historical Theory and the Structure of Moral Argument in Marx." *Political Theory* 9 (1981) 173-205

Fenves, P. 1986. "Marx's Doctoral Thesis in Two Greek Atomists and the Post-Kantian Interpretation". *Journal of the History of Ideas*. Vol. 37.

Forbes, Ian. 1990. *Marx and new individualism*. London: Unwin Hyman.

Gilbert, Alan. 1984. 'Marx's moral realism: eudaimonism and moral progress'. *After Marx*. Cambridge Univ. Press.

Guthrie, W. K. C. 1950. *The Greek Philosophers: From Thales to Aristotle*. London: Methuen & company.

Habermas, J. 1968. *Erenntnis und Wissenschaft*. Frankfurt

Hunt, G. 1987. "The Development of the Concept of Civil Society in Marx" *History of Political Thought*, summer.

Jay, Martin. 1984. *Marxism and Totality: The Adventures of a concept from Lukacs to Habermas*. Oxford: Basil Blackwell.

Jay, Martin. 1978. 'Hannah Arendt: Opposing Views.' *Partisan Riview*. No.45-3.

Jessop, Bob. 1977. 'Recent Theories of the Capitalist State', *Cambridge Journal of Economics* 1, 4.

Kerferd, G. B. 1989. T*he Sophistic Movement*. Cambridge Univ. Press.

Löwith, Karl. 1982. *Max Weber and Karl Marx*. London: George Allen & Unwin.

McCarhty, George. 1986. 'Gernan Sicial Ethic and the Return to Greek Philosophy: Marx and Aristolte ' *Studies in Soviet Thought*, Vol, 31, No. 1, January.

Mandelbaum, M. 1971. *History, Man & Reason*. Johns Hopkins Univ. Press.

Mansfield, Harvey C.Jr, 1980. "Marx on Aristotle: Freedom, Politics and Money" *Review of Metaphysics* 34.

McCarthy, George E. ed. 1988. *Marx's critique of science and positivism :the methodological foundations of political economy*. Boston: Kluwer Academic.

Mins, H. F. 1948. "Marx's Doctoral Dissertation". *Science and Society*. Vol.12.

Seery, J. E. 1988. 'Deviations: on the Difference between Marx and Marxist Theories". *History of Political Thought*. Summer.

Thomas, Paul. 1988. "Nature and Artifice in Marx". *History of Political Thought*. winter.

Thomas, Paul. 1980. Thomas, *Paul, Karl Marx and the Anarchists*. London: Routledge & Kegan Paul.

Thomas, Paul. "Marx and Science" *Political Studies* 24 (1976) 1-23

Yassour, A. 1983 'Communism and Utopia: Marx, Engels and Fourier.' *Studies in Soviet Thought*. Vol.26, No.3.

III

쟁점과
현대 보편주의

사유와 판단의 보편성에 관하여
- 한나 아렌트의 정치사상을 중심으로

육혜원

1. 서론

아렌트가 사유thinking에 관심을 갖게 된 직접적인 계기는 예루살렘 법정에서 진행된 유대인 학살의 전범인 나치스 친위대 장교 아이히만 재판을 참관하면서였다. 아이히만은 아주 일상적이고 평범했으며 결코 우매하거나 사악하지 않았다. 아렌트는 아이히만에게서 단지 '무사유thoughtlessness'를 발견하게 된다.[1] 아렌트는 이 재판을 목도하면서 악인을 증명하는 데 결정적인 것으로서 규정할 수 있는 '사악함'이 악행의 필요조건일 수 있다는 우리의 일반적인 생각

---

[1] 《에루살렘의 아이히만》에서 아렌트는 아이히만에 관한 구체적인 분석으로 세 가지 의 무능성inability을 말한다. 즉 말하기의 무능성, 생각의 무능성, 타인의 입장에서 생각하기의 무능성이다. 이중에서 세 번째의 무능성인 타인의 입장에서 생각하기의 무능성이 곧 판단의 무능성을 의미한다(아렌트 2006: 106, 17-23).

과 커다란 차이점이 있음을 알게 되었다. 아이히만에게 '사악함'은 필요조건으로 보이지 않고 '악의 평범성the Banality of Evil'이 보였다. 이 때문에 아렌트는 '옳고 그름을 말하는 판단능력은 우리의 사유능력과 관련될 수 있을까?'에 대해 분석하기 시작했다. 그리고 분석의 결과 아렌트는 아이히만 재판의 원인이 된 전체주의가 '사유와 판단능력의 파멸'에 의해 야기되었다고 진단했다(Arendt, 1978: 4-6 ; 1994: 318).

본 연구에서는 '판단능력이 우리의 사유능력과 어떻게 관련될 수 있을까?'를 분석하는 데 있어서 아렌트가 의존한 소크라테스와 칸트의 사상을 함께 검토하고자 한다. 첫째는 아렌트가 사유의 개념을 소크라테스 사상에서 가져왔기 때문에 어떠한 의미에서 소크라테스 사상에서 사유의 개념을 가져왔는지 살펴볼 것이다. 두 번째는 아렌트가 소크라테스적 사유 개념과 칸트의 판단력 개념을 연결시켜서 인간의 사유의 능력과 판단능력의 관련성을 살펴보고 있기 때문에, 칸트의 판단력 개념에서 어떤 부분을 판단능력과 연관시키고 있는지를 검토한다. 정신의 영역에서 사유와 판단 의지라는 기본적인 정신 능력이 서로 독립적임에도 불구하고 어떻게 사유가 판단과 관련되는가이며 또한 이것이 현상세계에서는 행위자의 말과 행위에서 드러나기 때문에 이를 아렌트가 어떻게 논리적으로 설명하고 있는가를 검토하는 것이다. 이 연구 과정에서 특히 사유와 판단의 정신 능력에서 정치적 보편성의 문제를 조명한다. 아렌트는 소크라테스적 사유의 무모순성에 근거한 논리적인 보편성과 칸트의 판단 개념을 분석하면서 칸트의 판단개념이 갖는 특성의 대부분을 수용했다. 아렌트는 칸트의 취미판단 설명에서 나오는 판단의 보편성을 우리의 정치판단에 유추시켜 연결시킨다.

아렌트에 따르면 소크라테스에게서 최초로 유래한 사유 방법은 아리스토텔레스와 칸트에 의해 계승되었다. 칸트는 소크라테스적 사유 방법을 확장시켜서 이것을 그의 판단이론에 적용했다. 이러한 아렌트의 논의를 2장에서 검토할 것이다. 3장에서는 아렌트가 그의 저작에서 구체적으로 논의하지는 않았지만 아렌트의 판단이론을 이해하기 위해, 칸트의 취미판단 개념에서 가져온 중요한 몇 가지 이론적 근거들에 대한 아렌트의 분석을 단계별로 추적해 나가고 특히 아렌트가 판단능력 안에 있는 보편성을 설명하기 위해서 상세히 분석한 상상력 개념과 공통감각sensus communis 개념을 검토한다.

2. 소크라테스적 사유와 칸트의 확장된 심성

아렌트는 아이히만에게서 '사유의 부재함'을 발견했다. 악인을 증명하는 데 결정적인 것으로서 규정할 수 있는 사악함은 아이히만의 악행의 필요조건으로 보이지 않았고 '악의 평범성'으로 드러났다. 아렌트는 이로부터 '우리의 사유 능력이 어떻게 옳고 그름을 말하는 판단능력과 관련되는가'에 관해 고민했다. 아렌트는 '무사유와 악의 가능한 상호관련성'을 검토하면서 맨 먼저 소크라테스의 악에 대한 두 명제에 관심을 갖는다.

소크라테스의 첫 번째 명제는 "악행을 하느니 당하는 것이 훨씬 낫다"(《고르기아스》, 474b)이다. 두 번째 명제는 "하나의 모습으로 보이는 내가 나 자신과 조화를 이루지 못하고 모순된 말을 하는 것보다, 오히려 내가 연주하는 현금이나 지휘하는 합창단이 조화를 이루지 못해 불협화음을 낸다든지, 다수가 나와 견해를 달리하는 것이 나에게는 훨씬 편하다(《고르기아스》, 482b-c)"라는 것이다. 그런데 아렌트에 따르면, 이 두 번째 명제는 첫 번째 명제의 필수 요건이다. 두 번째 명제가 제시하는 것은 '소크라테스적 사유Socratic thinking'에 유일한 기준인 나와 자아와 일치하는 것이다. 반면 자신과 대립되는 것은 실제로 자신의 적이 된다는 것을 의미한다. 이러한 소크라테스의 주장은 아리스토텔레스 논리학의 '비모순율의 공리axiom of non-contradiction'와 동일한 것으로, 즉 "A는 동일한 시간과 조건하에서 B이면서 동시에 A가 될 수 없다"(《형이상학》, 1005b 23-1008a2)는 것과 일치한다(Arendt, 1978 : 181-6).

아렌트에 따르면, 소크라테스는 최초로 사유의 상호 작용을 발견한 사상가이다. 소크라테스는 《대히피아스》(304d)에서 '나와 자아와의 대화를 하는 사유'에 대한 묘사에 대해 '집에서 그를 항상 철저하게 분석하려는 아주 지독한 동료가 기다리고 있다'고 했다. 소크라테스가 집에 왔을 때, 소크라테스는 혼자 있지 않고 소크라테스를 반성케 하는 '그'가 자신의 옆에 있다. 소크라테스는 자기를 기다리는 '그'와 함께 어떠한 형태의 '합의agreement'에 도달해야 했다. 사유의 본질은 "나와 자아와의 소리 없는 대화language as the sound-

less dialogue between me and myself"(《테아이테토스》 189e ;《소피스트》, 263e)
이다. 사유과정에서 분리시켰던 '두 상대자'가 외부세계의 호명됨
으로써 사유를 중단시킬 때 다시 '하나'의 형태로 존재하게 된다.
소크라테스의 사유방법은 하나 속 둘two-in-one의 대화이다(Arendt,
1978: 185). 소크라테스는 처음으로 사유의 상호작용의 실천성과
중요성을 발견했다. 사유는 삶을 동반하며, 살아 있는 존재의 탈물
질화된dematerialized 본질 그 자체이다. 사유하지 않는 삶은 분명 가
능하지만 그러한 삶은 삶 자체의 본질을 발전시키지 못한다. 즉 사
유하지 않는 삶은 무의미할 뿐만 아니라 완전히 살아 있는 것이 아
니다(Arendt, 1978: 59, 191).

아렌트의 사유 이론이 의존하고 있는 소크라테스의 '하나 속
둘의 대화'라고 하는 사유 방법을 실존적으로 표현하면, 사유는 고
독하지만 고립되지 않는다. 자아 존재의 고독은 내가 나 자신을 동
료로 삼고 있는 그러한 인간적 상황이며, 자아상실의 고립은 내가
하나 속의 둘로 분리되지 않은 채 자신을 동료로 삼을 수 없음으로
써 나만이 외롭게 있을 때 나타난다. 따라서 인간은 본질적으로 다
원성으로 존재한다. 아렌트가 사유와 판단에서 강조하는 기본적인
특징은 다원싱이나. 내가 나 자신과 공존하는 이러한 이원성은 사
유를 진정한 활동으로 만든다. 소크라테스적 사유는 변증법적이고
비판적일 수 있다. 왜냐하면 사유는 이러한 문제제기와 답변의 과
정을 거치면서, 실제 대화를 통한 여행, 즉 변증법이란 대화를 하기
때문이다(Arendt, 1978: 185-186 ; 2005: 5-39).

소크라테스의 하나 속의 둘이란 이원성은 우리가 사유하기를

원할 경우 대화를 수행하는 두 사람이 상대자를 친구로 삼아야 한다는 전제를 갖는다. 이것은 '당신과 당신 자신의 합의의 중요성'을 의미하는 것이다. 누가 살인자의 친구가 되기를 원할 것이며, 누가 살인자와 함께 살아야 할 것인가? 살인자도 그렇게 하기를 원치 않는다. 살인자나 도둑은 '너는 살해해야 한다'와 '너는 도둑질해야 한다'를 일반법칙으로서 의지할 수 없다. 왜냐하면 그는 본성적으로 자신의 생명과 재산을 잃을까 두려워하기 때문이다. 우리가 우리 자신을 기만한다면, 우리는 우리 자신과 모순된다. 이를 칸트의 용어로 표현하자면 소크라테스의 "너 자신과 대립하지 말라"는 명령은 "너에 의해 의지될 행위의 준칙이 보편적 법, 즉 너 자신에게도 해당할 수 있는 법이 될 수 있도록 행동하라(《윤리형이상학 정초》, B17)"이다. 아렌트의 '정치사상의 전통에 관한 해석'에 따르면 소크라테스의 사유의 원칙은 칸트의 정언명령 명제에 기초가 되었다(Arendt, 1978 : 187-8).

아렌트에 따르면 칸트는 "항상 자기 자신과 일치하게 사유하라"는 소크라테스의 사유방법에서 한 걸음 더 나가 '모든 다른 사람의 입장에서 생각'할 수 있는 능력인 "확장된 심성enlarged mentality의 준칙(《판단력 비판》, §40 B 158)"으로 소크라테스의 사유 방법을 수용했다. 소크라테스적 사유의 방법이 무모순율에 공리에 의한 자아의 현전presence of the self에 달려 있다면 칸트가 '확장된 심성'이라고 부르는 판단은 그 타당성이 타인의 현전presence of others에 달려 있다. 칸트가 소크라테스의 사유 활동에서 주목한 것은 '나의 내면과 대화하는 사유과정' 뿐만 아니라 '사람들과의 대화 속에서 사유한 것을 공적public으로 만든 것'이다. 소크라테스는 이를 플루트 연주자가 연주회에서 공연하는 방식으로 시장에서 수행했고 플루트 연주자가 좋은 연주를 위해 어떤 규칙을 준수해야 하는 것처럼 사유를 지배하는 일관성의 규칙, 즉 무모순율의 규칙을 가지고 나와 자아와의 대화 속에서 사유한 것을 '사람들과의 대화 속에서' 공적으로 만들고자 했다. 사유가 '고독한 작업'이기는 하나 이것이 검증되거나 소통할 수 없다면 고독 가운데 작용했던 기능은 소멸해버린다.

판단할 때 우리의 사유과정은 내가 궁극적으로 어떤 합의에 도달해야 한다고 알고 있는 사람들과의 예상된 소통 속에 놓인 확장된 자신을 발견하게 된다. 판단은 보편적 소통가능성에서 얻어지기 때문에 '판단의 타당성'을 위해서 타인을 현전시키는 '확장된 심성'이다. 다시 말해서 아렌트는 칸트가 소크라테스적 사유 방법의 독특성에서 가져온, 또 다른 점을 정신의 사유 과정 안에 자신의 비판적 검토자 집단을 점차로 확장하려는 것으로 파악한다. 자신의 사유를 모든 면에서 공적으로 만드는 것이다. 판단할 때 사유는 '나와 나 자신의 대화'에만 머물지 않는다. 비록 혼자 일지라도 사유하는 자기 자신의 판단에 대하여 자기 자신을 다른 사람의 관점에 놓음으로써 결정할 수 있게 되는 보편적universal(또는 일반적general) 관점에서 반성한다면, 그 판단은 가상적 합의로부터 사유하는 자아의 '판단의 타당성'을 도출한다. 판단의 힘은 자신과 합의 상태를 만들도록 사유하는 자아의 합의 원칙에 기초할 뿐만 아니라 그것을 확장시켜 현전하는 타인과의 잠재적 동의에 근거한다. 그런데 판단의 타당성 요구는 결코 판단하는 사람이 자신의 고려에 집어넣은 타인의 범위 이상으로 확장될 수 없다.[2] 판단능력은 자기 자신의 관점뿐 아니라 그곳에 불가피하게 현전하게 된 사람들 모두의 시각으로 사물을 볼 수 있는 정치적인 능력이다(Arendt, 1982: 37-40 ; 1968: 217 ; 2005: 168-169).

취미판단에 대한 공적 특질이 갖는 적실성 때문에 취미판단이 논쟁의 대상이 될 수 있다. 그 이유는 우리가 다른 모든 사람들과 '합의'를 기대하기 때문이다. 아렌트는 칸트의 미적 판단aesthetic judgment이 '정치적인 판단'과 매우 유사하다는 점을 주목한다. 정치적 판단 못지않게 미적 판단의 경우에도 어떤 결정이 내려진다. 아렌트에 따르면 비록 이 판단의 결정이 언제나 특정한 주관성, 즉 각 개인이 세계를 바라보고 판단하는 자기만의 자리를 갖는다는 단순한 사실에 의해 이루어진다 해도 이 결정은 또한 '세계'라는 객관적인 사실, 즉 '모든 거주자에게 공통적이라는 사실'에 영향을 받으며 이 세계에서 판단하고 있는 사람은 궁극적으로 자신과의 의견일치에 도달하겠다는 희망에서 다른 모든 사람의 동의를 간청wooing하는 것이다(Arendt, 1968 : 218-9).

칸트는 소크라테스의 사유 방식인 내적 대화 방식을 다른 모든

---

2 칸트가《판단력 비판》에서 사용한 용어인 allgemein의 표준번역은 'universal(보편적)'이라고 번역되어야 한다. 그런데 아렌트가 이를 그의 저작에서는 'general(일반적)'으로 옮기고 있다. 이 이유에 대해선 아렌트가 그의 저서《과거와 미래사이》에서 설명한다. 즉 본문내용에서 밝힌 바와 같이 칸트의 판단의 타당성의 범위가 보편적인 것보다는 한정되어 있기 때문이라고 한다. 타인과의 합의를 확장할수록 판단의 타당성과 그에 따른 보편성이 확보되므로 필자는 본문에서 일반성 혹은 일반적인 이라는 개념을 보편성 혹은 보편적인 이라는 개념과 동일한 의미로 사용하겠다. (Arendt, 1982 : 71)

사람의 입장에서 생각할 수 있는 "심성의 확장된 방식enlarged mental-ity"으로 자신의 생각을 통해 타인의 생각을 고려할 수 있도록 확장함으로써 판단의 타당성과 그 능력에서 "정신의 확장enlargement of the mind"이 결정적인 역할을 하도록 한다. 정신의 확장은 "우리의 판단을 타인의 실제적 판단이 아닌 가상적 판단과 비교함으로써 그리고 우리 자신을 타인의 입장에 놓음으로써 이루어진다. 이러한 것을 가능하게 하는 기능을 '상상력'이라고 한다.

그런데 아렌트는 판단과 연관된 또 다른 개념인 공통감각 개념을 분석한다. 판단은 공통감각에 그 근거를 둔다. 판단의 근거인 공통감각을 통해서 우리는 우리의 사적이고 주관적인 오감과 그 감각자료를 공동으로 소유하고 있고 타인들과 공유하는 비주관적이고 객관적인 세계에 맞게 스스로를 조절할 수 있다는 사실을 알게 된다. 그러므로 판단은 '세계를 타인들과 공유함sharing the world with others'의 의미를 깨닫는 중요한 활동인데 이러한 판단의 활동을 칸트는 '취미라는 현상phenomenon of taste'에서 발견하게 되었다. 칸트가 놀란 것은 바로 '미의 공적 특질'로서 취미의 자의성과 주관성에도 불구하고 전적으로 통용될 수 있다는 점이었다. 취미의 특성은 공통감각에 호소하여 판단하면서 우리를 위한 유용성이나 관심사와는 무관하다는 것이다. 따라서 취미의 관심은 제3자적 성격인 불편부당성impartiality(또는 동일한 의미의 개념으로, 무관심성disinterested)으로 사적인 것에 있지 않고 '세계'에 있다(Arendt, 1968: 294-297).

아렌트에 따르면 사유, 의지, 판단이라는 세 가지 정신 능력은 마치 신체에 달린 손처럼 스스로 움직이는 정신 능력이다. 이들은 마치 정부의 삼권설과 같이 하나 속의 셋(three-in-one)으로 공존하면서 세 가지 정신능력이 견제와 균형을 유지하며 서로 독립적이다(Arendt, 1978a: 69; 1978b: 99; 영-브륄, 2007: 735-738 ; 홍원표, 2013: 28). 칸트의 도덕철학《실천이성비판》에서 '이것이 아름답고 이것은 추하다' 혹은 '이것은 옳고 이것은 그르다'라는 특수자에 대한 판단의 자리는 없다. 실천이성은 '나와 자아와의 소리 없는 대화'의 산물로서 단지 나에게 해야 할 것과 하지 말아야 할 것을 알려주고 법칙을 입안한다. 이러한 규제적 이념을 가진 이성은 더 확장된 다수의 대화자들과 나눈 대화인 판단에 조력자의 역할을 할 뿐이다(Arendt, 1982: 4).

의지가 미래의 목표를 의지하기에 앞서 실천이성은 목표의 바람직함을 파악하여 결국 의지를 불러들인다. 의지만이 유일하게 행위를 지시할 수 있기 때문이다. 하지만 불안과 걱정으로 분열되어 있는 의지는 실천이성의 설득으로 준법에 일치시키라고 명령하는 의지와 동시에 그러한 명령을 집행하지 않으려는 반대의지로 구성된다. 의지는 다수 가운데 선택하는 자유와 관련된다. 의지의 내면적 갈등이라는 특성 때문에 의지는 쿠데타와 같으며 새로운 시작에 원동력이 된다. 두 의지 사이의 투쟁의 결과는 행위에 좌우된다. 실제로 의지는 행위의 근원이다. 의지는 행위를 촉진시킨다(홍원표, 2013: 27, 75).

그런데 행위의 목표를 인식하는 것은 옳고 그름을 가능한 모든 관점에서 개관하는 판단의 기능이다(Arendt, 1968 : 150). 이러한 공평한 '판단'은 관찰자spectator의 태도에서 비롯된다. 관찰자는 사물에서 자신을 위한 무엇인가를 얻으려고 하지 않고 단순한 구경꾼으로서 사물에 접근한다. 예컨대 경기의 참가자는 월계관의 영예를 따내고자 하며 직접적인 이득에 관여하는 반면, 구경꾼은 제삼자로서 광경 자체에 매료되어 경기의 내용과 방법을 면밀히 주시하는 사람이다. 관찰자의 태도는 "관여하지 않는 공중의 만족감", "열정에 가까운 공감"을 기반으로 한다. 이 공감은 철학적 관조와는 구별되는 판단에서 비롯되는 "관조적 기쁨contemplative pleasure과 비활동적 기쁨inactive delight"이다. 철학적 관조는 현상의 세계로부터 벗어나는 것이기 때문에 세계를 위한 의미의 근원이 될 수 없다. 사유가 세계 안에 있는 개별자에 대해 반성하도록 현상세계로 되돌아가는 한 판단이 될 수 있다. '판단의 관조'는 '철학자의 관조'와 달리 현상세계를 떠나지 않지만 그 안으로 적극적으로 휩쓸려 들어가지도 않는다. 판단은 '현상'을 떠나지 않으면서 사유의 확장 안에서 전체를 관조하기 위해 '현상'으로부터 관람하는 구성원의 위치로 물러선다. 아렌트에 따르면 판단은 구체적인 정치 행위자의 입장에 있지 않다. 판단의 관조는 역사가나 이야기꾼의 회고적 판단의 성격을 갖는 일종의 관찰자의 입장에서 하는 판단 행위여야만 한다(Arendt, 1982 : 4, 15, 61-4 ; 1978 : 93-6).

따라서 판단은 행위하는 사람들이 정치적으로 확보한 공적영역이 본질상 나타나도록 아름답게 되는 것을 확보하는 자리이다. 판단의 재능은 '정치적인 능력'으로 즉 자기 자신의 관점뿐 아니라 그곳에 불가피하게 현전하게 된 사람들 모두의 시각으로, 즉 '보편적 관점으로 사물을 관조하는 능력'이다. 의지의 정신 능력은 의지하기 위해 자신만을 의지하는 특수성에 머문다면, 판단은 정신의 구성물인 보편성과 감각 경험에 의해 주어지는 특수성을 결합시키는 정신의 능력이다. 판단은 공통의 세계에 인간이 정치적 존재로서 가진 근본적인 능력이다. 판단능력은 그대로 두면 세계 속에서 아무런 자취도 남기지 않고 기억되지 않을 정치적 행위를 '비소멸성의 명시화manifestation of imperishability'로, '잠재적 불멸성potential immortality'으로 세계 속에 버티도록 한다(Arendt 1978, 69; 1968, 215).[3] 아렌트에 따르면 인간의 이 '뒤에 남길 수 있는 능력'에 의해 인간은 불멸적인 행위 업적과 사라지지 않을 자신의 불멸성을 획득한다. 이 불멸성의 특성은 영웅적(탁월한) 인간에 대한 그리스인의 이해에 기초한다. 우주를 넘어서는 초월적인 신의 영원성eternity과 구별된다. 영원한 것의 경험에 대해 관심을 가졌던 철학적 관조는 '말할 수 없는unspeakable' '말이 없는without word' '정지한 지금 시간the standing now, nunc stans'으로 개념화된다. 영원한 것의 경험은 불멸적인 것의 경험과 달리 어떤 상응하는 활동도 갖지 않고 어떤 활동으로도 변형될 수 없다. 왜냐하면 말을 수단으로 하여 자신의 내부에서 진행되는 자아와의 대화라는 사유 활동조차도 철학적 관조의 경험 자체를 방해하고 불가능하게 하기 때문에 부적합하다(Arendt, 1958 : 18-21).

---

3   베이너는 이와 같은 아렌트의 주장을 '우리가 세계와 우리 자신을 확인하는 것은 판단을 통해서 이며 공유된 판단을 스스로 선택하여 동반함으로써 그렇지 않았더라면 불분명하게 되었을 역사성을 확보하도록 한다'고 해석한다(Arendt, 1982 : 155).

3. 칸트의 '판단' 개념에 대한 아렌트의 고찰

아렌트는 정신 능력으로 사유, 의지, 판단이라는 세 기능으로 구분
했다. 아렌트는 이성이 의지를 움직일 수 없다는 사실과 사유가 과
거의 것을 이해하지만 그것을 발굴해서 과거의 기억을 제거하거
나 다시 회복시킬 수 없다는 사실에 대해 검토하면서 세 가지 정
신 기능의 독립적인 능력을 검토했다. 그런데 칸트에 따르면, 우리
의 인식 능력들 안에는 지성intellect[4]과 이성reason 사이에 중간 성원
이 하나 더 있는데 그것이 '판단력judgment'이다. 이 인식 능력들과
관련된 각각의 능력은 지성은 이론이성 인식 능력, 실천이성은 욕
구 능력, 판단력은 쾌의 감정으로 결합되어 있다(《판단력 비판》 서문
v179).

그리고 우리는 이 판단력에 의해서 자연의 합목적성을 생각할
수 있다. 칸트에 의하면 '판단력'이란 특수성을 보편성에 적용시키
는 능력이다. 판단력은 규정적 판단력과 반성적 판단력으로 나뉘
고 취미에 해당되는 것이 "반성적 판단력reflective judgments"이다. 규
정적 판단력은 규칙, 원리, 법칙으로 이미 보편이 주어져 있는 경우
에 특수를 보편 밑에 포섭하는 경우이고 법칙이 지시한 규정된 제
한된 범위 내에서 활동하기 때문에, 이러한 범주의 개념에서 요구

---

4 아렌트에 따르면 칸트의 지성intellect은 라틴어 intellectus에서 온 개념이기 때문에 이것
을 오성understanding으로 표현하는 것은 오역이다. 이는 칸트가 이성의 불명예를 발견한
후 이성과 지성이라는 두 가지의 정신능력을 분류한 것에서 비롯되었다. 말하자면 이성은
사유thinking와 의미meaning의 문제와 연관되며 지성은 확실하고 검증 가능한 경험에 근
거한 지식knowing과 인식cognition에 해당된다(Arendt, 1978: 13-14).

된 보편에 따라 그려낸 세계는 '합법칙적' 자연이다. 반면 반성적 판단력은 오직 사적 감각에 기초한 특수성만이 주어지고 이 특수성을 그 밑에 포섭하여야 할 보편성이 존재하지 않기 때문에 스스로 '자연의 합목적성purposiveness of nature'이라는 선천적인 원리를 가지고서 보편성을 발견해야만 할 경우 요구되는 판단력이다. 지성의 관점에서 경험의 합법칙성에 포섭할 수 없는 '우연을 통합할 수 있는 법칙 원리'를 반성적 판단력에서는 "합목적성의 원리principle of purposiveness"(《판단력 비판》 서문 v184)라고 한다. 반성적 판단력은 자연이 마치 합목적성을 가진 것처럼 자연 속에서 합목적성을 찾아낼 때 자신이 쾌의 감정을 얻게 되는 유용한 의도와 일치하게 된다. '반성적 판단력'은 '지성'이 '도식'의 생산 능력인 '상상력'을 보조하여 '예'를 발견하는 능력인데, 만약 상상력이 어떤 대상의 재현을 통해 무의도적으로 개념의 능력으로서의 지성과 일치하게 되어 '쾌'가 불러일으켜진다면, 그때 발견된 '예'로서 대상은 '반성적 판단력'에 대해 '합목적적'이다. 특수성(개별성)을 간직한 채 가능태 상태에 있는 기억의 저장고 속에서 상상력의 반성적 사유 대상을 제공하는 재현을 통해 기억은 현실태에서 쾌를 불러일으키는 예로 선택된다.

취미taste란 미적인(아름다운) 것을 판정하는 능력이다. 취미는 어원적으로 '맛보다'에서 온 것으로 '아름다운 것을 감상하고 이해하는 힘'이라고 번역된다. 어떤 것이 미적인 것인가 아닌가를 구별하기 위해서는, 즉 취미판단을 위해서 우리는 상상력을 주관의 쾌 pleasure, 또는 불쾌pain의 감정에 관련시킨다. 그러므로 취미판단은 인식판단이 아니라 미감적aesthetical이며 주관적subjective이다(《판단력비판》, B4). 말하자면 취미판단은 개별적이며 특수성에 속하는 것이다. 그럼에도 불구하고 칸트는 취미판단이 가진 보편성의 특성을 특히 판단의 성질, 분량, 관계, 양태 면에서 분석한다. 첫째, '성질' 면에서 취미는 대상 또는 표상 방식을 일체의 "불편부당성"에 의해 판정하는 능력이다. 이러한 취미판단은 대상에 관해 전혀 사적인 이해관심이 없는 것이며 이것이 관심을 불러일으킨다면 오로지 사회에서 취미를 갖는다는 것에서 관심을 끈다(《판단력 비판》, 1권 §2, §41-42).

둘째, '분량' 면에서 취미는 "주관적 보편성subjective universality"의 요구와 관련된 판단이다(《판단력 비판》, 1권 §6). 우리가 어떤 대상을 아름답다고 판단할 때, 우리는 이 판단의 승인을 요구하는 것이라고 생각한다. 이러한 취미판단이 요구하는 보편성은 개념을 기초로 하지 않으면서 보편성을 요구하는 것이기 때문에 '주관적 보편성'이라고 할 수 있다. 아름답다는 것은 개념 없이 보편적으로 쾌를 주는 것이다(《판단력 비판》, 1권 §9). 즉 어떤 대상의 형식이 대상에서 얻어질 개념을 의도힘 없이 오로지 반성된 지긱을 통해 대상의 표상과 연결되어 있는 것으로 인식되어야만 하는 그러한 객관의 표상에서 생기는 '쾌'는 이 형식을 포착한 주관에 대해서뿐만 아니라 모든 '판단 자 일반'에 대해서도 그때 그 대상은 '아름답다'고 일컬어진다. 이러한 '쾌'에 의해 '보편타당하게' 판단하는 능력을 "취미"라고 일컫는다(《판단력 비판》 서문 V190).

셋째, '관계' 면에서 취미판단은 "목적 없는 합목적성"을 기초로 하고 있다. 합목적성이란 직관의 다양을 종합하는 상상력의 작용과 지성의 작용이 자유롭게 작용하면서 조화를 이루는 것인데 여기에는 어떤 관심을 동반하는 목적은 없다. 아름다움이란 합목적성이 '목적의 표상 없이without any representation of purpose' 대상에서 지각되는 한에서의 대상의 합목적성의 형식이다(《판단력 비판》, 1권 §17). 그런데 아렌트가 칸트의 합목적성에서 주목하는 것은 바로 '무목적성'이다. 현실성의 근거를 자기 안에서 필요로 하고 또한 지니고 있는 특수자인 모든 대상은 목적을 가지고 있다. 그러나 '무목적성'은 아름다움, 즉 미적 대상에서 발견되고 다른 한편으로는 인간에서 발견된다. 인간에게 '당신은 어떤 목적을 위해 존재하는가'라는 질문을 제기할 수 없다. 왜냐하면 인간이 소용되는 목적이란 존재하지 않기 때문이다(Arendt, 1982: 76).

넷째, 양태 면에서 취미판단은 "주관적 필연성subjective necessity"을 가지고 있다(《판단력 비판》, 1권 §19). 취미판단은 모든 사람의 동의를 요구한다. 이것은 '아름다운 것은 나를 즐겁게 한다'라는, 즉 '쾌'는 필연적인 관계를 가지고 있음을 보여주는 것이다. 개별자의 판단에 대해서 모든 사람의 동의를 요구한다는 이른바 "예증적exemplary" 필연성이다(《판단력 비판》, 1권 §18). 주관적 필연성을 요구하는 취미판단은 개념들에 의해서가 아니라 단지 감정에 의해서, 그러면서도 '보편타당하게' 무엇이 즐거움을 주고 무엇이 불쾌함을 주는지를 규정하는 공통감각으로 볼 수 있다. 취미판단에서 생각되는 동의의 필연성은 주관적 필연성인데, 공통감각의 전제 아래에서는 객관적인 것으로 표상된다. 따라서 아름답다는 것은 개념

없이 필연적인 '쾌'의 대상으로서 인식되는 것이다(《판단력 비판》, 1권 §22). 이러한 칸트 취미판단의 보편성의 특성과 관련된 불편부당성, 주관적 보편성, 무목적성, 예증적 필연성, 공통감각 등의 개념들은 아렌트의 판단이론을 위해 사용되고 있다.

아렌트는 칸트의 취미판단 분석에서 나타나는 '상상력imagination'과 '반성작용operation of reflection'이라는 두 가지 개념에 대해 그의 저작에서 매우 상세히 분석적으로 검토한다. 상상력은 '존재하지 않는 것을 현존하게 하는 재현 능력'이다. 또한 상상력은 '객관적 감각 대상'을 감각된 대상으로 마치 그들이 '내적 감각의 대상'인 것처럼 변형시킨다. 상상력은 대상을 내가 직접 대면할 필요가 없는 어떤 것으로 변형시킨다. 어떤 의미에서 대상을 내면화시켜서 마치 대상이 비객관적 감각에 의해 주어진 것처럼 작용하는 상상력 때문에 내가 직접적으로 그 대상의 영향을 받게 된다.

아렌트는 상상력을 우리의 오감 중 특히 취미와 관련된 미각의 예로 설명한다. 우리가 가진 오감 중 시각과 청각, 촉각은 외부세계의 대상을 직접 만들어냄으로써, 예컨대 건물과 멜로디, 벨벳은 우리가 그 대상으로부터의 상상력으로 기억해낼 수 있다. 또한 이들 세 가지는 대상을 직접적이고 객관적인 감각을 통해 확인 가능하고 사람들과 소통이 가능하다. 반면 후각과 미각은 '사적이고 소통 가능하지 않은 내적 감각'이다. 후각과 미각으로 냄새 맡고 맛을 본 것인 경우, 특히 이 두 감각은 우리 안에 있고 대상성 자체가 없어지거나 또는 현존하지 않기 때문에 '주관적'이다. 취미감각은 미각의 경우처럼 '자기 자신을 감각하는 감각'이다. 이때 감각의 대상은 그것의 상상력을 통해 '재현 과정을 반성함'으로써만 쾌와 불쾌의 판단을 유발한다(Arendt, 1982: 64-68).

여기서 아렌트가 주목하는 것은 '어떻게 취미가 판단이라는 정신적 기능의 운반자가 되었는가'이다. 그것은 소통가능하지 않은 내적 감각, 혹은 주관적인 취미의 문제를 '소통 가능하도록' 하는 것은 '상상력과 반성 작용의 역할'에 의해 판단을 유발하기 때문이다. 아렌트는 이러한 미적 판단에서 유추되는 것으로 (칸트가 당시 경험한 프랑스혁명에 관한 관찰자적 경험과 동일한 의미로) 정치적 판단으로서 '프랑스혁명에 관한 관찰자의 판단'을 예로 든다. 이 논의에서 검토되듯이 아렌트가 주장하는 판단자는 프랑스혁명에는 실제로 참여하지 않으면서 프랑스혁명을 관찰하고 판단할 수 있는 가능한 모든 다양한 관점을 상상력으로 현존시켜 확장된 심성 가운데 자신의 주관적이고 사적인 조건들을 이겨내고 정신세계에서 자유롭게 이동하여 반성작용을 함으로써 프랑스혁명에 관해 판단하는 자이다(Arendt, 1982: 67-68). 혁명에 참여한 자들의 직접성의 이해(사적 복지의 추구)로는 그 의미를 상실하게 되고, 그대로 두면 세계 속에서 아무런 자취도 남기지 않고 기억되지 않을 수도 있을 정치적 행위를 '비소멸성의 명시화'로 만드는 것은 판단자의 몫이다.

여기서 상상력과 반성작용이라는 정신의 두 작용은 미적 판단뿐만 아니라 정치적 판단을 위한 가장 중요한 조건인 '불편부당성'의 조건을 형성한다. 이때 관찰자들은 판단할 때 발생하는 불편부당성에 의해 공통감각의 판단이 서게 된다. 즉 공통감각—외적 감각이 지각한 것을 내적 감각의 대상으로 만들면서—으로 주어진 다양성을 관조하는(마음의 눈으로 보는), 즉 기억의 개별성에 의미를 주는 전체를 보는 입장에 서게 된다. 정치적 판단자로서 관찰자들은 프랑스혁명과 같은 사건을 모든 관점에서 개관하고 판단자의 열광적인 지지의 소통적 공감을 통해 프랑스혁명을 세계사적 중요성을 가진 공적 사건으로 만든다(홍원표, 2013: 26 ; Arendt, 1982: 61, 68, 72).

아렌트는 칸트철학의 논리를 전제로 미적 판단력에서 발견된 불편부당성과 공통감각의 보편성을 유추하여 이것을 정치적 판단 기능의 보편성에 적용한다. 우리가 판단할 때 불편부당성에 의해서 우리의 이기주의는 극복된다. 즉 우리는 불편부당성에 의해 '사려 깊게considerate' 된다. 우리가 타인을 위해 특수한 주관적인 조건들을 극복해야 하는데, 앞서 상상력과 반성작용 속에서 나타난 '비객관적인 감각들 가운데 비주관적인 요소'를 아렌트는 '상호주관성intersubjectivity'[5]이라고 하는데 대상에 대한 비관여의 불편부당성은 바로 상호주관성에 의해 성립된다. 상호주관성의 타자지향성은 바로 절대적 개성 중심적 특수성에 가장 강력하게 대립하고 있는 '공통감각'과 연결된다(Arendt, 1982: 67).

아렌트의 정치적 판단 개념이 함축하고 있는 개괄적인 특징은 '불편부당성impartiality'이라는 개념인데, 그와 유사한 특성을 가진 다른 개념들이 불편부당성의 개괄적인 특성을 돕고 있다. 여기

---

5 아렌트의 상호주관성 개념은 동일한 대상이 상이한 사람들에 의해 지각되고 그들에게 공통적이라는 의미이며 언어에 의존하는 소통의 공통감각과 연결되어 있다(Arendt, 1978: 119).

서는 말하자면 공통감각과 상호주관성의 개념이 모두 보편성을 함축하고 있고 불편부당성를 위해 사용되고 있다. 이 보편성을 함축하는 개념은 아렌트의 해석에 따라서 보다 그 의미의 영역을 확대하는데, '불편부당성'은 다름 아니라 자신의 심성을 "확장"함으로써 타인의 생각을 고려할 수 있는 것을 의미한다. 즉 '정신의 확장enlargement of the mind'이다. 판단은 판단하는 자신 안에 타인의 실제적 판단이 아닌 가상적possible 판단과 비교하여 우리 자신을 타인들의 다양한 관점에 놓음으로서 이루어진다. 이러한 서로 다른 개인들이 함께할 수 있도록 가능하게 하는 기능이 '상상력'이다. 상상력의 힘에 의하여 우리는 타자들을 직접 대면할 필요가 없이 등장시킴으로써 잠재적 가능태로 공적potentially public인 관점에 있게 된다. 확장된 심성은 즉 판단은 주관적이고 사적인 요소들을, 즉 '자기이해'를 배제함으로써 성취되는 결과이다. 가상적 관점의 폭을 넓히면 넓힐수록 자신의 판단은 더 보편적으로 될 것이다.

취미판단에서 정치판단으로 아렌트가 유추하는 데 주목한 또 한 가지 중요한 특성은 '예증적 타당성'이다. 칸트에 따르면, 취미판단은 양태적인 면에서 '예증적 필연성'을 갖는다. 즉 '개별자의 판단에 대해서 모든 사람의 동의를 요구한다'는 의미이다. 판단의 필연성은 주관이 특정한 대상에 대한 경험으로 그때 이루어지는 자신의 감정 상태에 대한 필연성인데, 이것은 예증적 사례를 통해서 확인될 수 있다. 이 아름다운 것(사례)은 '나를 즐겁게 한다'라는 '쾌'와 필연적인 관계에 있음을 보여주는 것이다. 그런데 예증적 필연성은 '공통감각'의 전제하에 있으므로 객관적인 필연성의 표상이 된다. 예증적 필연성과 연결된 개념인 '공통감각'은 '무엇이 만족을 주고 무엇이 불만족을 주는가'를 단지 감정에 의해서 규정하면서도 보편타당하게 규정하는 주관적 원리에 기초한다. '공통감각'은 만족 간의 예증적 필연적인 관계를 규정하는 원리이다. 공통감각은 내가 나의 판단을 한 실례로 제시하고, 그 때문에 나는 나의 판단에 예증적 타당성exemplary validity을 부여하며, 이때 이 판단의 그 실례가 적절하게 선택되는 정도에 따라 예증적 타당성을 가진다(《판단력 비판》, 1권 §22).

아렌트는 칸트의 《순수이성비판》에 나오는 도식론의 설명 중에서 선험적 상상력에 관한 분석에 의존해서 예증적 타당성의 개념을 보다 정교하게 제시한다. 아렌트는 이 분석에서 상상력의 기능을 또다시 중요하게 다루고 있는데, '상상력'은 우리가 인식할 때 '도식'을 제공하는 기능을 한다. 상상력을 통해 도식의 이미지가 산출될 때 감각sensibility과 지성intellect은 함께 작용하며 이때 상상력은 지성을 보조한다. 감각과 지성은 상상력에 의해 서로 연결된다. 지성 속에 상상력이 존재하기 때문이다. 상상력은 지식의 요소들을 취합하여 그것들을 특정한 내용으로 연합한다. 이러한 상상력의 종합 작용은 이미지를 '개념'에 제공함으로써 이루어지며, 개념이 제공된 이미지를 '도식'이라고 부른다(Arendt, 1982: 80). 아렌트는 이 분석을 《판단력 비판》에서의 상상력의 기능과 연결시킨다. 《판단력 비판》에서 상상력은 우리가 판단해야 할 때 '예'들을 제공하는 기능을 하며 이때 상상력은 지성의 보조를 받는다. 인식에 도식을 제공하는 상상력은 판단에 있어서 예들을 제공하기 때문에 중요하다(Arendt, 1982 : 79-85).

그런데 상상력이 '부재하는 것을 현존하게 하는 재현의 기능'이라고 할 때, 아렌트에 따르면 상상력은 '더 이상 존재하지 않는 과거no longer'와 '아직 존재하지 않는 미래not yet'를 현재와 연합시키는 '시간적 연합temporal association'과는 관련이 없다. 특히 시간의 인과관계적 연합과는 관련이 없다. 상상력은 자신이 무엇을 선택하든지 '의지will'에 따라 그것을 현재화할 수 있다. 상상력 때문에 자유롭게 과거와 현재, 미래를 오간다. "우리는 부재하는 것을 노출시키는 상상력 때문에 '더 이상 존재하지 않는 것'을 말할 수 있고, 과거를 스스로 구성할 수 있으며, '아직은 존재하지 않는 것'을 말할 수 있으며 미래에 대비한다고 할 수 있다(Arendt, 1978 : 76)".

모든 개별적인 대상은 그에 일치되는 개념(지성에 의한)을 가지고 있다. 이것은 플라톤에게 이데아idea로 칸트에게는 '도식schema'이라고 할 수 있다. 즉 사람들은 개념으로 학습된 습관 기억으로부터 앞에 모든 탁자와 어떤 방식으로든 일치되는 '도식적인 또는 형식적 탁자의 형상'을 가지고 있다. 또는 자신이 살아오면서 보아온 기억 속에 수많은 탁자들에서 이차적 특질을 제거하면 남는 것은 모든 탁자에 공통적인 최소한의 속성만을 가진 '보편적 탁자', 즉 '추상적 탁자'가 된다. 탁자의 도식은 외적으로 비가시적인 한에서는 사고에 속하며, 이미지와 같은 것인 한에서는 감각에 속한다(Arendt, 1958 : 370-1).

그런데《판단력 비판》에서는 '예example'가 '도식'이 탁자를 탁자로 인식하도록 도와주는 것과 동일한 방식으로 기능한다. 말하자면 판단에 있어서 이 기능은 사람들이 자신이 인식 가능한 탁자의 '예'를 생각함에 있어 '탁자라면 어떻게 생겨야 한다'는 보편적 이미지의 '예'로서 '예증적 탁자'를 알아차리는 것과 같다. 이때 '예'는 개별성 속에서 정의 내릴 수 없는(개념 없는) 보편성을 드러낸다(Arendt, 1982: 77). 도식의 기억과 달리 예는 잠재적 기억들 속에서 결코 반복될 수 없는 사건과 같은 것이며 동시에 현재의 공통감각적인 판단의 적합함(예증적 필연성) 때문에 선택된다. 칸트에 의하면 '판단력'이란 특수성을 보편성 밑에 포섭하는 능력인데, 취미에 해당되는 것이 반성적 판단력이다. '반성적 판단력'은 '예'를 발견하는 능력이다. 만약 상상력이 어떤 대상의 재현으로 반성작용에 의해 '불편부당성의 쾌'가 불러일으켜진다면, 그때 그 대상은 예증적 타당성에 가장 적합하게 발견된 '예'로서, 그 대상은 '반성적 판단력'에 대해 '합목적적'이다. 요컨대 우리가 상상력과 반성작용의 도움으로 판단을 내릴 때 개별자로서의 '예'를 필요로 하고 그 '예'가 적절히 선택되는 정도에 따라 우리의 판단은 예증적 타당성을 갖는다. '우리는 어떤 행위가 용기 있는 행위라고 어떻게 판단할 수 있을까'라고 묻는다면, 사람들은 이와 같은 질문의 판단을 내릴 때 즉각적으로 '이 사람은 용기가 있다'라고 판단할 수 있는데, 이때 그가 그리스인이라면 그는 그의 마음 깊은 곳에 '아킬레우스'라는 사람의 '예'를 갖게 된다. 여기에서의 경우가 바로 상상력의 개입이라고 말할 수 있는데, 많은 사람들을 재현하는 가운데 상상력은 그리스인들에게 예증적 타당성의 가장 적합하게 발견된 예로서 '아킬레우스의 예'의 이미지를 그리스인들의 반성적 판단력에 제공함으로써 아킬레우스를 '용기 있는 사람'으로 판단하도록 한다(Arendt 1982, 84).

아렌트는 역사적 예증의 사례자로서 "불편부당성impartiality"을 가진 판단자이면서 관찰자를 호메로스와 헤로도토스로 보았다. 호메로스는 자신의 역사서술을 통해서 자기 동족의 영웅 아킬레스뿐만 아니라 적이자 패배자인 헥토르의 영광을 찬양했는데, 이러한 그의 '불편부당성의 판단'은 오늘날까지 "객관성objectivity"의 뿌리로 남아 있다. 불편부당성의 판단으로 서술한 호메로스의 역사서술은 헤로도토스에게 영향을 주었고, 헤로도토스는 그의 저술 《역사》 첫머리에서 '그리스인들과 야만인들의 위대하고 경이로운 행적을 그들이 마땅히 누려야 할 영광의 상실로부터 보호하기 위해 역사 저술을 시작했다'고 밝히고 있다. 말하자면 고대의 호메로스는 아렌트가 우리에게 요청하는 보편성을 지닌 판단을 자신의 저술에서 보여줌으로서 판단자의 예증적 타당성의 특수한 선례를 제시했다(Arendt, 1968 : 257-258).

아렌트는 특수성의 예를 통해 보편성을 확립하려는 판단의 정신 기능은 미래의 인류애를 확장하고 심화하는 데 기여할 수 있다고 본다. 칸트의 확장된 심성의 가능한 최대한은 '인류'에 관한 칸트의 숙고와 이어진다고 아렌트는 말한다. 칸트에게 있어서 '인간이 인간적일 수 있는 것'은 모든 개인 속에 현존하는 '인류'의 이념에 의해서이다. 칸트에 의하면 인간이 문명화되었다거나 인간적으로 되었다고 불릴 수 있는 것은 이 '인류의 이념idea of mankind', 혹은 '인간성의 이념'이 인류의 판단의 원리가 된 정도에 따른다. 아렌트는 이와 같은 주장을 받아들이면서 인간이 판단행위를 할 때 근본적인 숙고의 기준은 '인류의 이념'이어야 함을 제시한다(Arendt, 1982: 73-75).

앞서 언급했듯이 아렌트가 취미판단과 함께 주목하는 것은 '어떻게 취미가 인간의 판단이라는 정신적 기능의 운반자 역할을 하게 되었는가'이다. 즉 정치적 판단을 비롯해서 '인간의 판단기능은 어디에서 도출되었는가'이다. 이 기능은 소통 가능하지 않은 문제를 '소통 가능하도록' 돕는 '상상력과 반성 작용의 역할' 때문이었다. 뿐만 아니라 판단 기능을 하도록 하는 역할은 '공통감각' 때문이기도 하다. '상상력'은 객관적 감각대상을 감각된 대상으로 마치 그들이 내적 감각의 대상인 것처럼 변형시키는 기능이다. 판단의 대상은 내적 감각 속에서 대상에 대한 비관여의 불편부당성으로 변형되며 이러한 변형은 어떤 선택된 예에 대한 반성적 작용인 승인과 불승인을 위해 그리고 그것의 적절한 판단을 위한 필수조건이다. 대상에 대한 비관여의 불편부당성으로 변형된 '예'에 대해 반성작용으로서 승인과 불승인의 판단을 내릴 때 선택의 기준은 동일한 그 대상이 상이한 사람들에 의해 지각될 때 그들에게 공통적으로(상호주관적으로) 소통성communicability이 있는가, 혹은 공공성publicness이 있는가이다. 그리고 이러한 판단은 우리의 사적이고 주관적인 오감과 그 감각 자료를 공동으로 소유하고 있으면서도 타인들과 공유하는 비주관적이고 객관적인 세계에 맞게 스스로를 조절할 수 있다는 공통감각에 의해 가능하다(Arendt, 1982: 69). 칸트는 "공통감각"을 말하면서 '우리 안에 가장 사적이고 주관적인 감각인 것처럼 보이는 감각 속에서 주관적이지 않은 어떤 것이 존재하고 있음'[6]을 발견했다(Arendt, 1982: 64-67). 그런데 아렌트에 따르면 칸트는 "공통감각"을 특히 "공동체에 걸맞은 별개의 정신 능력"과 같은 것으로 사용함으로써 공통감각을 라틴어인 "sensus communis"[7]로 특별히 사용했다. 공통감각sensus communis은 일상어에서 상식common sense이라고 불리는 것과 분명히 구별된다. 여기서 우리는 말하는 취미는 바로 공동체 감각community sense인데 여기서 감각은 정신에 대한 반성의 결과를 의미한다. 이 반성은 마치 그것이 감각작용인 것처럼 나에게 영향을 준다. 취미는 주어진 재현작용 속에서 감각작용처럼 우리의 감정을 보편적으로 소통 가능하도록 판단하는 기능이다.

우리는 판단하는 데 있어서 상상력에 의해 재현작용 속에서 사적인 조건과 대상을 제거함으로써 자신의 판단의 보편적 관점인 불편부당성impartiality을 일차적으로 획득하게 되고 이것은 상상력을 통해 더욱 확장될 수 있다. 그런데 불편부당성으로 특징짓는 취미판단이 관심과 결합될 때는 오직 사회 안에서이다. 사회를 떠나 인간이 홀로 생활한다면, 취미는 아무런 의미가 없다. 취미판단이 사회적으로 관심을 일으킬 수 있으려면 그 쾌를 보편적으로 전달할 수 있다는 공통감각이 그 쾌의 타당성을 거의 무한히 확장시킴

---

6 아퀴나스도 '공통감각sensus communis'을 '외감의 공통된 뿌리이자 원리'로서 기능하는 '내감sensus interior'으로 규정했다(Arendt, 1978: 51).

7 아퀴나스 이래로 'common sense'는 'sensus communis'로 불리게 되었으며, 이는 공통감각이 사적인 지각을 다른 사람이 공유하는 공동세계와 조화시키는 감각지각이었기 때문이었다. 이 아퀴나스적 의미의 '공통감각'을 칸트가 받아들인 것이다(Arendt, 1978: 50).

으로써 가능하다는 조건을 갖는다(《판단력 비판》, 1권 §41-42).

공통감각은 사고 속에서 다른 모든 사람들을 재현하는 방식을 스스
로의 반성 가운데 고려하는 판단기능으로서 이 가운데 자신의 판단
을 인류의 총체적인 이성collective reason of humanity과 비교하게 된다.
이러한 것은 우리의 판단을 다른 사람들의 실제가 아닌 가능하다고
생각되는 판단과 비교함으로써, 그리고 우리를 다른 사람의 자리에
놓음으로써 우리 자신의 판단에 우연적으로 부여된 한계로부터 추상
화함으로써 이루어진다(《판단력 비판》, §40).

아렌트는 마찬가지로 칸트의 취미판단의 사회성을 우리의 정
치적 판단능력에 유추시켜 정치적 판단능력 또한 사회를 떠나서
는 아무런 의미가 없다고 주장한다. 그리고 사회적으로 관심을 일
으키는 조건으로 제시된 '공통감각'은 인간다움의 속성으로 인정
되는 '사교성' 개념과 결합된다(Arendt, 1982: 73). 정치적인 판단능력
이 사회성 안에서만 그 의미를 갖는다는 것을 주장하기 위해 아렌
트는 공통감각 개념의 특징을 보다 상세히 설명한다. 공통감각은
의사소통인 언어에 의존한다(Arendt, 1982: 69-70). 공통감각은 인
간적인 감각으로 의사소통, 언어에 의존하는 '인간다움'을 나타내
는 감각이다. 즉 공통감각은 '표현expression'하기 위해서 언어를 필요
로 하는 것이 아니라 '소통communication'하기 위해서 언어에 의존한
다. 아렌트는 공통감각과 관련해서 인간 자체와 관련된 모든 문제
에 대해 자신의 생각을 말하고 소통하는 것은 인류의 자연적 소명

이이라고 말한다(Arendt, 1982: 40). 공통감각은 인류에게 명령된 원초적 계약이다. 인간은 자신의 공동체 감각, 즉 공통감각에 이끌려 공동체의 일원으로서 판단을 내린다. 그런데 아렌트에 따르면 우리가 세계 공동체의 일원인 것은 우리가 인간이라고 하는 단순한 사실에 기인한다. 이것이 바로 인간의 "세계시민적 실존cosmopolitan existence"의 의미이다. 아렌트는 판단하고 정치적 문제 가운데 행위할 때 인간에게 자신이 '세계시민'이라는 따라서 자신이 '세계관찰자'라는 이념을 염두에 둘 것이 요구된다고 주장한다. 아렌트는 행위에 앞서는 판단력을 추구할 때, 판단력의 보편적 규칙으로서의 칸트의 '공통감각의 준칙the maxims of this sensus communis' 세 가지를 제시한다. 그것은 "첫째, 스스로 독립적으로 사유하라(계몽의 준칙the maxim of enlightenment). 둘째, 사유 속에서 자신을 다른 사람의 자리에 놓아라(확장된 심성의 준칙the maxim of the enlarged mentality). 셋째, 모순됨이 없이 자신과 일치되도록 사유하라(일관성의 준칙the maxim of consistency)"이다(《판단력 비판》, §40). 공통감각의 준칙은 말하자면 지금까지 우리가 논의해온 소크라테스적 사유의 보편성과 판단의 보편적 특성이 함께 명시된 판단의 준칙이다. 공통감각에 의해 규율되는 세상의 문제(의견의 문제)들에 관해서는 판단의 준칙이 자신의 사고의 방향turn of thought에 대해 증명한다(Arendt, 1982: 71, 76, 122).

아렌트는 '사교성sociability'이 인간의 기원이라고 하며 칸트의 사교성 개념을 강조했다. 인간이 이 세상의 존재인 한 사교성은 인간의 본질이다.

만일 사회에 대한 충동이 인간에게 자연스러운 것이라면 사회에 대한 인간의 적합성과 그에 대한 성향, 즉 사교성이 사회를 위해 운명 지워진 존재라고 할 정도로 인간에게 필수적인 것이라면, 그래서 그것을 인간적이고 인간됨being human and humaneness이라는 것에 속하는 속성으로 인정한다면, 우리는 취미를 우리의 감정을 모든 다른 사람들과 소통할 수 있는 판단의 기능으로 간주해야 한다(《판단력 비판》, §41).

그런데 사교성은 필요와 욕구를 위한 인간의 상호의존성과 구별된다. 아렌트에게 판단은 세계의 타인들과 공유함의 의미를 깨닫는 정신 기능이기 때문에 공통감각은 사교성에 의해 가능하다. 아렌트의 판단이론은 사교적이며 상호주관적인 이야깃거리가 될 수 있는 혼자가 아닌 서로의 관객이 되는 다원성으로서 인간 존재를 근거로 한다. 즉 일종의 '공적 형태'에 근거한다. 아렌트에 따르면 취미판단은 세계를 어떻게 보는가를 결정할 뿐 아니라 세계 안에서 누가 서로에게 속하는가를 결정한다. 취미판단은 '귀속의 원리'를 규정한다. 취미판단은 사람이 유지하는 동반관계에 대한 표현이다(Arendt, 1982: 106). 취미판단과 마찬가지로 정치적 판단은 예증적 필연성에 의해 모든 사람과 마침내 합의에 도달할 것이라는 희망으로 특징짓는다. 아렌트는 정치 영역의 다원성을 '소크라테스의 하나 속 둘의 대화'이라는 사유의 전통에서부터 도출한다. 인간은 사유하는 한 처음부터 다원성을 함축한다. 사람은 자기 자신과 대화의 관계를 맺으면서 '사유'한다. 소리 없는 대화를 하는 하나 안의 둘인 사유가 만일 의식 안에 주어진 우리의 정체성 identity[8] 내부의 차이를 현실화한다면, 판단은 사유를 실현하며 사유가 현상의 세계world of appearances[9]로 복귀할 때 드러난다(Arendt, 1978: 193). 공적이며 정치적인 성격의 정신 기능인 판단능력은 현실의 옳고 그름, 아름다움과 추함을 구별해야만 할 때 출현한다. 판단을 수반하는 행위업적은 수단과 목적의 범주 밖에 위치한다. 왜냐하면 인간의 행위업적—덕arete, 옳고 그름, 아름다움과 추함 등 인간성의 이념이 추구하는 것과 관련된 것—은 실현되거나 안 될 수 있는 성질이 아니라 그 자체가 현실태actuality 혹은 자기현현self-disclosure이기 때문이다(Arendt, 1958: 207).

4. 맺는 말

아렌트는 사유와 판단의 관련성에 관한 검토를 위해서 소크라테스와 칸트의 사상에 의존하고 있다. 소크라테스는 사유를 정신적 삶의 원형으로 삼았다. 소크라테스의 사유의 본질은 '나와 자아와의 대화'이다. 이와 같은 소크라테스의 사유는 '하나 속 둘의 대화'라

---

8   아렌트에 따르면 자기현현은 '말과 행위'를 통해서만이 가능하다. 즉 '자아 정체성이란 말과 행위를 통해 스스로를 들어내고 자신을 확인하는 것'이라고 한다. 이때 '말과 행위'는 수단과 목적을 추구하지 않으며 어떤 생산물도 남기지 않는 활동 자체를 말한다(Arendt, 1958: 206-208).

9   아렌트에 따르면 '현상의 세계'는 폴리스와 같이 '사람들이 함께 행위하고 말함으로써 발생하는 사람들의 현상의 공간'을 말한다. 그런데 정치적 공간인 현상적 공간에서 말과 행위는 현실태로 존재해야 한다(Arendt, 1958: 199).

는 표현으로 함축된다. 아렌트도 소크라테스와 마찬가지로 사유함을 나와 나 자신과의 대화로 보았다. 소크라테스적 사유는 하나 속 둘의 대화라는 '다원성'의 특징과 '자신과 모순을 일으키지 않는 자아'를 전제한다. 소크라테스적 사유의 다원성은 자신과의 대화뿐 아니라 타인의 다양한 관점을 사유 속의 대화에 등장시키는 칸트가 '판단력'이라 부르는 '확장된 심성'에 영향을 주었다. 즉 심성의 확장은 "우리의 판단을 타인의 실제적 판단이 아닌 가상적 판단과 비교함으로써, 그리고 우리 자신을 타인의 입장에 놓음으로써 이루어진다. 아렌트가 칸트의 취미판단에서 발견하고 유추하여 정치적 판단력으로 분석한 정신의 판단능력은 특히 공통감각의 도움에 의해서 가능해진다. 우리는 공통감각을 통해서 우리가 사적이고 주관적인 감각을 공동으로 소유하고 있고 타인들과 공유하는 객관적인 세계에 맞게 스스로를 조절할 수 있는 능력이 있음을 알게 된다. 판단은 정치적인 능력으로 자기 자신의 관점뿐 아니라 심성의 확장으로 현전하게 된 사람들 모두의 시각으로, 즉 보편적 관점으로 사물을 볼 수 있는 능력이다. 그런데 판단자가 등장시킨 확장된 범위에 한에서만 그 보편성을 갖는다는 점에서 판단의 성격은 '주관적인 보편성'의 성격을 갖는다.

여기서 아렌트는 공통감각에 호소하여 판단하면서 우리 자신을 위한 유용성이나 관심사와는 무관하게 세계에 관심을 갖고 판단하는 보편성을 제시한다. 판단이 갖고 있는 보편적 특성인 무목적성과 불편부당성은 인류의 이념을 근거로 삼아야 한다. 그 이유는 인류의 이념이 공동으로 소유하며 세대를 걸쳐 물려주는 이 세계에서 살고 죽는 '인간들의 인간다움'을 구성하는 근본 이념이기 때문이다. 아렌트는 근대의 의사적 신성pseudo-divinity으로 명명된 역사로부터 '인간적 권위'를 다시 찾기를 주장한다. 아렌트는 인간성의 이념과 더불어 인간 정신의 자율성을 주장한다. 아렌트에게 세계사의 주체는 '인류 자신'이다(Arendt, 1978: 216 ; Passerin d'Entrèves, 2000: 246).

아렌트에 따르면 인간의 세계적 실존은 내가 존재하지도 않았던 과거를 설명하도록 강요하며 더 이상 있지도 않을 미래에 대해 설명하도록 강요한다. 그래서 인간의 생존기간의 한계를 넘은 과거를 사유하고 판단하며, 미래를 사유하고 의지의 계획을 형성할 때마다, 정신의 삶은 정치적이 된다. 정치적 판단에서 요구되는 사유는 위기의 시대에 특별한 긴급 사태가 돌발하는 경우에 더욱 정치적 적실성을 지닌다. 역사에서, 위기의 시기에 특수자에 대한 보편자의 장악을 느슨하게 함으로써 판단기능의 정치적 역량을 드러낸다. 준비된 판단능력은 위기의 순간에 우리 자신을 파국으로부터 막아주며 그 역량을 나타낸다. 다수가 행위하는 것을 거부해야만 할 때, 사유는 은폐된 상태에서 벗어나게 된다. 검토되지 않은 의견의 의미를 부각시키고 이를 파괴하는 준비된 사유는 위기의 때에 명백히 정치적 능력을 지닌다. 모든 사람들과 달리 생각 없이 휩쓸려가지 않기 때문이다. 확장된 심성으로 자신의 삶 속에서 인류공동체에게 의견을 구할 준비가 되어 있는 자로서, 사유하는 나는 자신의 판단을 위기 상황에서 공동체에게 제시할 준비가 되어 있는 것이다.[10] 이런 점에서 아렌트는 판단이 인간의 정신능력 가운데 가장 정치적이라고 보았다. 판단은 공통의 세계에 인간이 정치적 존재로서 가진 근본적인 정신능력이다(Arendt, 1978: 192-193 ; 1968: 64 ; 1982: 109-112).

최종적으로 옳고 그름에 판단에 대한 우리의 결정들은 인류 공동체 안에서 우리가 함께 살기를 원하는 동반자들에 대한 우리의 선택에 의존한다. 그리고 이러한 동반자는 또다시 살아 있는, 또는 죽은 사람들의 '예' 가운데 있다. 우리의 동반자는 과거나 현재의 사건들 속에서 사유를 통한 판단 속에서 선택된다. 그런데 누군가는 '어떤 동반자도 좋다'라고 할 가능성이 있지만 이것은 가장 위험한 일이라고 아렌트는 우리에게 경고한다. 자신의 '동반자'를 선택하지 않으려 하거나 그렇게 할 수 없는 무능력 때문에, 그리고 판단을 통해 타인과 관계를 맺으려 하지 않거나 맺을 수 없는 무능력 때문에 문제가 생겨나게 된다. 이 문제들은 사람들 사이에서 '인간성'을 구성하는 동기에 의해서 발생한 것이 아니기 때문에 사람의 힘으로 제거할 수 없는 것이다. 판단의 무능력에 공포가 놓여 있으며, 동시에 악의 평범성이 놓여 있다. 즉 악의 평범성은 사유를 거부하며 판단을 회피하는 것이다(Arendt, 1982: 113-114).

---

10 20세기에 전례 없는 전체주의 공포가 '인간 본성 자체의 변형'을 목표로 하여 인간의 다원성을 제거하려고 시도했고 또한 그 공포 속에서 사유하고 판단할 수 있는 우리의 능력을 제거하려는 시도를 자행했을 지라도 아렌트는 '악의 평범성'에 대한 검토를 통해 사유 활동 자체, 즉 '검토하는 습관'이 인간으로 하여금 악한 행위를 자제하도록 만들고 저항하는 조건 중에 하나가 될 수 있지 않을까 라는 희망을 갖고자 했다(번스타인, 2009: 246-301).

번스타인, 리처드 J. 김선욱 역. 2009.《한나 아렌트와 유대인 문제》. 서울: 아모 르문디.

아리스토텔레스. 김진성 역. 2007.《형이상학》. 서울: 이제이북스.

엘리자베스 영-브릴. 홍원표 역. 2007.《한나 아렌트 전기. 세계 사랑을 위하여》. 고 양: 인간사랑

플라톤. 김인곤 역. 2011.《고르기아스》. 서울: 이제이북스.

칸트, 임마누엘. 백종현 역. 2009.《판단력 비판》. 서울: 아카넷.

한나 아렌트. 김선욱 역. 2006.《예루살렘의 아이히만》. 파주: 한길사

홍원표. 2013.《한나아렌트 정치철학, 행위, 정통, 인물》. 고양: 인간사랑.

홍원표. 2013.〈시간 개념에 대한 한나 아렌트의 성찰. 시간적 사유와 정치적 사유의 만남〉.《정치사상연구》19집 2호, 7-36.

Arendt, Hannah. 1982. *Lectures on Kant's Political Philosophy*. ed. with an interpretive essay by Ronald Beiner. Chicago: University of Chicago Press.

Arendt, H. 1968. *Between Past and Future: Eight Exercises in Political Thought*. New York: Viking Press.

Arendt, H. 1978. *The Life of Mind*. volume one, by Harcourt, Inc.

Arendt, H. 2005. *The Promise of Politics*. Edited and with an introduction by Jerome Kohn. Published in the United States by Schocken Books.

Arendt, H. 1994. *Essays in Understanding, 1930-1954*, ed. Jerome Kohn. New York: Harcourt, Brace & Co.

Arendt, H. 1958. *The Human Condition*. University of Chicago Press.

Beiner, R. 1994. "Judging in a World of Appearances". Lewis P. Hinchman & Sandra K. Hinchman, ed. *Hannah Arendt: Critical Essays*, 365-388. New York: State University of New York Press.

D'entreves, M. P. 2000. "Arendt's theory of judgment". Dana R. Villa, ed. *Political Philosophy, Terror: Essays on the Thought of Hannah Arendt*. 245-260. Princeton: Princeton University Press.

민심은 천심인가?
– 헌법제정권력의 보편성과 특수성[*]

김성호

Was vernünftig ist, das ist wirklich;
und was wirklich ist, das ist vernünftig.

— G. W. F. Hegel

1.

모든 헌법은 대내적으로 절대적 권위를 주장한다. 모든 국내법들
은 그 권한을 상위법 또 궁극적으로는 그 정점에 서 있는 헌법으로
부터 도출하기 때문에 상대적인 권위만을 갖는다. 바로 그렇기 때
문에 최종심급의 법규범으로서 헌법은 다른 법규범에 기대지 않는
절대적 권위를 창출해내야 할 논리적 필요성에 직면하게 된다. 문

---

[*] 본고에 담겨 있는 주장의 원형을 보기 위해서는 졸고, 〈헌법제정의 정치철학: 주권인민의
정체성과 인민주권의 정당성〉,《한국정치학회보》제42집 (2008) 참조. 그 확장된 형태는
졸저, *Making People: Constitutional Founding in Postwar Japan and South Korea* (Cambridge
University Press, 2015) 중 Chapter 2: The Unbearable Lightness of the People 참조.

제는 근대의 성문헌법은 헌법의 절대적 권위를 정초해줄 수 있는 초월적인 기반을 주장할 수 없다는 데 있다. 더 이상 신화적인 입법자legislator나 신탁에 기댈 수 없는 근대적 헌법은 최종심급의 법으로서 갖추어야 하는 절대적 권위와 인위적인 피조물로서의 역사적 현실 사이에서 방황할 수밖에 없다.

이와 같은 딜레마는 근대적 의미의 혁명이 피할 수 없는 숙명이었다. 왕권신수설을 거부하고 오랜 역사적 관습과 전통과의 단절을 통해 인위적인 수단으로 새로운 정체를 정초하고자 하는 근대의 혁명가들은 그런 방식으로 창조된 정체의 정당성과 안정성 역시 작위적으로 창조해낼 수밖에 없었던 것이다. 루소Jean-Jacques Rousseau의 표현을 빌면 모든 근대 정치공동체가 직면한 "처참한 부조화frightful dissension"의 숙명도 바로 시원적 정당성의 작위적 성격에서 기인한다(Rousseau 1755/1997, 181). 이런 관점에서 볼 때 헤겔 G. W. F. Hegel의 결정론적인 역사철학도 사실은 근대적인 혁명정권의 정당성을 작위의 차원을 초월해서 존재한다고 상정된 역사의 법칙성으로부터 도출해내고자 했던 일종의 세속화된 정치신학 political theology이었다고 볼 수 있다. 헤겔 역사철학의 정치적 함의가 혁명의 정당성은 이미 예정된 역사의 무오류적 발전 방향과 일치하는지에 따라 결정된다는 주장에 있다고 한다면, 결국 역사가 신의 섭리를 대체한 셈이기 때문이다.

정치적 제1동인prima causa으로서 신의 역할을 역사가 아니라 인민에게 넘기더라도 결과는 마찬가지다. 1789년 프랑스혁명의 지도적 이론가였던 시에예스Emmanuel J. Sieyès 역시 절대왕권과 신의 섭리providence를 인민의지로 대체하는 방식으로 혁명의 정당성을 설명하고자 했다는 측면에서 근대적인 정치신학자라고 할 수 있다. 사실 프랑스혁명이 직면했던 헌법이론적 문제는 혁명이라는 초법적인 정치수단을 통해 1791년 제정된 제1공화국 헌법이 갖는 정당성이었다. 시에예스는 이 문제를 민족nation 단위로 조직된 인민peuple의 선험적 의지를 상정함으로서 해결한다. 즉, 헌정질서란 어디까지나 '입헌권력'이며 그 정당성은 전적으로 '제헌권력', 즉 전체인민의 의지에 전치前置되어 있다.[1] 따라서 "민족(단위로 조직된 인민)은 모든 것에 선행한다. 모든 것의 근원이 된다. 그 의지는 항상 합법적일뿐 아니라 법 그 자체이다(Sieyès 1789/1963, 124)".

결국 인민의 제헌권력이란 무로부터 유를 창조하는, 그러나 그 피조물에 전적으로 복속되지는 않는 조물주demiurge의 세속화된 개념이라고 볼 수 있다. 시에예스의 표현에 따르면 "인민은 헌법에 복속되지 않는다기보다는 그럴 수도, 그래서도 안 되는 것이다(Sieyès 1789/1963, 126)". 따라서 제헌권력이란 역사적으로도 규범

---

1 본고에서 사용하는 '제헌권력制憲權力'과 '입헌권력立憲權力'은 각각 constituent power (pouvoir constituant)와 constituted power(pouvoir constitués)의 국역임을 밝혀둔다. 참고로 허영은 전자를 "헌법제정권력", "창조한 권력" 또는 "형성하는 권력"으로, 후자를 "창조된 권력" 또는 "형성된 권력"으로 번역하고 있다[허영 1988, 49]. '입헌'은 흔히 "헌법을 만든다"는 의미로 해석되고 있고 이는 legislation을 '입법'이라고 번역하는 한국과 일본의 일상적 용례에서도 유추될 수 있다. 그러나 '입헌주의 국가'나 '입헌군주제'에서 볼 수 있듯이 '입헌'은 "헌법에 입각한" (국가/군주제)의 의미로 사용되기도 한다. 또한 그 개념사적 기원을 살펴보더라도 1868년 일본의 카토 히로유키는 '입헌'을 "국헌을 제립制立하여 만사를 반드시 그 국헌에 따라 시행"하는 것이라고 정의하고 있다(加藤弘之 1868/1967, 18). 즉, "헌법을 만든다"라는 뜻과 "그에 입각하다"라는 뜻이 병용되고 있는 것이다. 본고에서 '입헌권력'은 '제헌권력'과 개념적 길항 관계를 이루는 한 입헌의 두 번째 의미를 살려, '이미 제헌된 헌법에 입각한 권력', 즉 '헌법에 의해 제정된 권력'의 뜻으로 사용된다.

적으로도 입헌권력에 선행하며, 헌법규범의 타당성과 절대성 역시 인민의지에 정초하고 있는 셈이 된다. 제헌이란 헌법이 다룰 수 없는 선先헌법적 전제pre-constitutional presupposition이며 헌법에 개헌규정은 있어도 제헌규정은 성문화할 수 없는 이유도 여기에서 기인한다. 이에 의하면 결국 제헌권력의 민주적 정당성은 합법적인 입헌권력에 우선할 수밖에 없다.

그러나 정당성이 합법성에 우선한다는 주장은 심각한 논리적 문제를 야기한다. 헌법이론의 차원에서는 우선 제헌권력의 주체인 주권인민의 정체성이 문제시된다. 주체(인민)와 객체(헌법)의 깔끔한 형식논리가 현실적으로 닥치는 문제는 헌법의 경우 객체가 존재하기 이전에 주체가 과연 선험적으로 존재할 수 있는가 하는 데 있다. 미국헌법 전문에 명문화된 "우리 합중국 인민WE THE PEOPLE of the United States"이라는 제헌권력 규정이 그 좋은 예이다. 미국 헌법의 논리적 오류는 헌법제정에 의해 구축된 정치적 통일체로서의 "합중국 인민"을 헌법제정에 선행하는 복수일인칭 주체인 "우리"로 상정한 데서 온다. 여기에서 제헌권력의 절대적인 주체로서 "우리"라는 대명사는 전문 속에서 "합중국 인민"이라는 고유명사의 수식을 통해 그 내용을 부여받고 있다. 그러나 "합중국 인민"이 헌법의 제정 이전에는 경험적 실체를 갖지 못한다고 할 때,[2] 그 실체는 헌법에 규정된 정치적 조직의 원리로부터 추론inference해낼 수밖에 없다. 그럼에도 불구하고 정치적 조직의 원리 그 자체가 "합중국 인민"의 피조물이라고 전문에서 주장한다면 미국 헌법은 동일 텍스트 내에서의 자기추론self-inference의 오류를 범하고 있다고 볼 수 있다.[3] 그래서 윌린은 "헌법은 권력과 권위의 구조만 제정하는 것이 아니라 (그 주체인) 인민을 창출해낸다"고 말한다(Wolin 1989, 9). 바꾸어 말하면 사실은 입헌권력의 합법성이 제헌권력의 정당성에 우선하고 있는 것이다.

2.

제헌권력과 입헌권력이 개념적으로 제기하는 자기추론적 환원성 circularity은 미국제헌이라는 특정한 역사적 국면에서만 발견되는 국지적인 문제가 아니었다. 이는 또한 근대적 의미의 인민주권론이

---

1 이는 마치 "신촌으로 가는 길은 이 표지판이 지시하는 길이다"라는 도로표지판이 범하고 있는 논리적 오류와 같은 종류의 것이다. 제헌에 있어서 자기추론의 오류에 대한 자세한 설명은 (Ross 1969)와 (Hoerster 1972)를 참조할 것. 이를 또한 현상학적 개념으로 환언하면 미국헌법의 텍스트는 기표(記標=signifiant: 인민)와 기의(記意=signifié: 합중국)를 구분하고 있지만, 실은 미국의 제헌권력인 "인민"은 헌법이 제정됨으로써 경험적 실체를 가지게 된다는 의미에서 진정한 기표는 오히려 입헌권력인 "합중국"이라고 표현할 수 있다 (Derrida 1986; Honig 1991).

2 사실 1787년 9월 8일 〈헌법집필위원회Committee of Style〉가 제출한 전문 초안은 "WE THE PEOPLE of the States of (각 13개 주 이름)"으로 제헌권력의 주체를 규정하고 있었다(Marcin 1993, 284). 미국인민이 헌법제정 이전에는 단일성과 통일성을 갖춘 '인민'으로 존재하지 않았음은 1787년에서 1790년에 걸친 비준과정에서 전국적인 국민투표가 아니라 13개 각 주별로 독립적인 투표절차를 통해 헌법을 비준했다는 사실에 의해 확인된다. 이는 또한 1776년 〈독립선언서〉의 주체도 "the thirteen united States of America"(소문자 u에 주목)라고 표현되어 있고, 1781년 최종비준된 〈연맹규약Articles of Confederation〉의 제정주체 역시 각각의 13개 주의회였다는 역사적 사실이 이를 뒷받침한다. 즉, 헌법제정 이전에는 각 주 단위의 인민만 존재했지, 고유명사로서의 "합중국 인민"은 정치적으로도 실정법상으로도 부재했던 것이다. 이는 헌정위기 또는 중단상황에서 "미합중국 인민"이 존재할 수 있는가하는 현실적인 질문으로 이어지며, 미국 헌정사에서 그에 대한 대답은 결국 법리가 아닌 (남북)전쟁을 통해 결정된다.

피해가기 어려웠던 본원적 딜레마이기도 했다. 홉스의 사회계약론이 그 좋은 방례가 된다.

힘과 앎의 어긋남에서 기인한 항시적 유혈투쟁으로 점철된 홉스의 자연상태는 두 가지 속성을 갖는다. 그 하나는 선험적 보편규범의 부재이고 또 하나는 선先정치적 공동체의 부재이다. 홉스가 주장하는 대로 선과 악이 각 개인의 자기보존 가능성을 증대하거나 감소하는 규준에 따라 판단되는 것이라면, 보편적으로 동의할 수 있는 규범은 부재한다. 물론 모든 사람이 동의해야만 하는 자연법적 규범을 홉스 역시 상론하고 있으나, 그 자연법이란 자기보존 욕구에 의해 추동되는 만민이 이성적이라면 추구할 수밖에 없는 탈규범화된 경험칙의 총합이라는 의미에서 선험적 규범성과는 거리가 있다. 선험적 보편규범의 부재라는 규범론적 주장은 선정치적 공동체의 부재라는 사회학적 추론으로 이어진다. 대면적 관계상황에 놓인 다중multitude들이 공유하는 보편적 규범이 존재할 수 없다면 공동체를 형성하는 데 있어 최소 필요조건인 사회적 신뢰를 구축할 수 없다. 공동체의 형성은 평화롭고 반복적인 상호관계와 그 결과 축적되는 상호신뢰에서 비롯하지만, 홉스가 상정하는 자연상태의 규범론적 특성은 바로 평화적인 상호관계의 반복을 본원적으로 불가능하게 만들기 때문이다. 주지하다시피 이러한 속성을 갖는 자연상태에 처한 개인들은 생존을 위해 사회계약을 맺어야 하고, 그를 통해 만민이 절대적으로 복종해야 할 정치적 권위를 창조한다. 홉스는 절대적 공포와 절대적 복종, 위험한 전쟁과 억압적 평화 사이에 양자택일을 강요하고 있는 것이다.

그러나 바로 이 지점에서 홉스의 사회계약론이 갖는 결정적인 논리적 결함이 노정된다. 왜냐하면 선정치적 공동체가 없다면 사회계약도 불가능하기 때문이다. 홉스의 사회계약은 엄밀히 따지자면 계약contract이라기보다는 신약covenant의 성격을 갖는다. 약속과 그 수행이 동시적으로 발생하는 전자에 비해 후자는 그 둘 사이의 시차를 염두에 둔 개념이다. 신약은 축적된 사회적 신뢰와 그를 뒷받침할 사회공동체의 존재를 전제해야 한다. 홉스의 사회계약 역시 신약인 한에 있어서 일정 수준의 사회적 상호신뢰가 전제되어야 하고 이를 위해서는 어느 정도의 통일성을 갖추고 안정적으로 유지되는 선정치적 공동체를 가정해야 하지만, 홉스의 자연상태는 그와 같은 공동체를 개념적으로 허용하기 어렵다. 홉스에게 있어 자연상태를 탈피하려는 절박한 개인 심리와 리바이어던을 창출하는 사회계약의 기제 사이에는 심각한 논리적 괴리가 존재하는 것이다. "인민이 있는 곳에 계약은 필요없고, 인민이 없다면 계약도 무용지물"이라는 슈미트의 날카로운 지적은 그런 의미에서 일정한 타당성을 갖는다(Schmitt 1923/1988, 13).

그렇다면 홉스의 사회계약론이 제헌이론으로서 갖는 함의는 다분히 중의적이라고 할 수 있다. 첫째, 홉스는 정치가 사회에 선행한다고 결론내리고 있다. 대표자(정치적 권위)의 형성이 그 권위를 위임authorization하는 피대표자(사회적 공동체) 형성의 전제조건이기 때문이다. "인간 다중multitude은 한 사람에 의해 대표될 때 비로소 한 인민one person이 된다. …(중략)… 이는 피대표자들의 통일성Unity이 아니라 대표자의 통일성이 인민을 하나One로 만들기 때문이다

(Hobbes 1651/1991, Ch. XVI, 114: 원저자 강조)." 만약 홉스의 사회계약이 정치공동체를 구축함으로써 비로소 사회공동체를 무로부터 창출하는 것이라면 헌법제정으로 창출되는 입헌권력이 주권인민의 제헌권력에 선행한다고 보는 것이 타당하다. 홉스의 관점에서 볼 때 미국 헌법전문의 "우리 인민"이 그들이 정치적으로 창출한 "합중국"에 의해서 정체성을 부여받는 것은 당연한 셈이다.

둘째, 하지만 위에 지적한 홉스 논리의 맹점이 노정하듯 선정치적 공동체가 부재하는 상황에서는 사회계약을 통한 정치적 권위의 창출이 논리적으로 불가능하다. 홉스가 상정하는 선정치적 상황에서는 극도로 원자화된 개인들의 '무리' 밖에 존재하지 않지만, 헌법제정은 최소한의 동질성과 정체성을 공유하는 '인민'을 정치적 주체로서 상정해야 한다. 즉, 헌법제정에 선행하는 사회공동체 없이는 헌법제정이 가능하지가 않은 것이다. 그렇다면 홉스 사회계약론을 비판적으로 해독할 때 부상하는 또 다른 함의는 헌법제정과정에 있어 실정성Positivität을 갖는 "우리 인민"이 "합중국"에 선행할 수밖에 없다는 데 있다. 루소식으로 환언하면 "집합의지"와는 범주적으로 구분되는 "일반의지"를 설명하지 못하는 한 헌법제정에 있어서 주권인민의 역할과 정체성은 모호함을 벗어나기 어렵다.

결국 집단적 자치를 목표로 하는 헌법제정은 단수일인칭 주체들의 사적 의지의 합산을 넘어서는 집합행동의 통일적 주체로서의 복수일인칭 주체 "우리"라는 규범적 정체성을 전제한다. 그러나 제헌권력("우리 인민")의 정체성은 그 결과 만들어지는 입헌권력("합중국")에 대한 분석 없이는 설명할 길이 없다. 그렇다면 홉스는 제헌권력을 보지한 주권인민의 상정을 통해 헌법제정을 설명했다는 점에서 분명 근대적 인민주권론의 시조 중 하나로 볼 수 있다. 그러나 그의 사회계약론은 헌법제정에 선행해야만 하는 주권인민의 실체를 규명하는 데 한계를 보이고 있으며, 주권인민의 정체성이 모호한 만큼 그의 인민주권론도 한계를 노정하고 있다고 평가할 수 있다.

그렇다면 홉스의 한계를 넘어 주권인민의 정체성을 규명하기 위해서는 홉스가 자연상태에서 부재하는 것으로 전제한 선험적 보편규범과 선정치적 공동체의 문제에 다시 주목해볼 필요가 있다. 바로 로크가 그랬다. 사회계약론자로서 로크의 업적이란 선험적이고 보편적인 자연법과 자연상태에서도 존재하는 공동체를 다시 개념적으로 포섭함으로써 헌법제정 이후에도 인민주권의 일정 부분을 정당한 저항권의 형태로 보지하고 있는 주권인민의 위상을 공고화한 데 있었다. 그러나 로크의 개념적 혁신은 홉스의 사회계약론이 봉착한 난관을 해결하는 동시에 제헌이론의 관점에서는 또 다른 문제점을 노정하게 된다.

잘 알려진 대로 로크는 자연상태에서도 타당성을 갖는 자연법적 규범과 정치적 권위체가 부재하는 상황에서도 어느 정도 안정적으로 유지되는 공동체를 상정한다. 자연법적 규범은 후일 루소와 칸트Immanuel Kant에 의해 '양심'의 형태로 탈주술화될 "신의 목소리"와 천부적인 인간 이성으로부터 그 정당성을 도출하며, 마찬가지로 자기보존self-preservation의 욕망과 종족보존species-preservation의 욕망이 본질적으로 갈등하지 않는다는 신학적 전제가 자연상태에서도 공동체가 안정적으로 유지될 수 있는 사회심리적 근거를 제공한다. 그 결과 제헌권력을 보지한 주권인민은 입헌권력이 작위적으로 창출되기 이전에도 이미 어느 정도의 집합적 자치능력을 가진 공동체 생활을 영위하고 있는 것으로 개념화된다.

상대적으로 안정적인 자연상태의 연장선상에서 로크는 사회계약의 절차적 기제를 두 단계로 나누어 설명한다. 이에 따르면 자연발생적 집합행동의 복수일인칭 주체인 '자연적 공동체'는 그 집합행동의 결정원리로서 만장일치제를 포기하고 대신 단순다수결제를 채택하는 데 대한 각 구성원 만장일치의 동의를 통해 스스로를 '사회적 공동체'로 탈태脫態시킨다. 이러한 내용의 첫 번째 사회계약을 통해 만들어진 소위 '시민사회civil society 또는 body politic'는 새로운 집합결정의 원칙인 다수결주의에 입각해 두 번째 사회계약을 체결함으로서 '정치사회political society 또는 government', 즉 국가를 구성한다. 소위 '두 단계 사회계약론'은 국가권력에 대한 시민저항을 정당화하는 데 그 직접적 목적이 있다. 정치적 권위체의 붕괴가 곧 모든 공동체적 삶의 몰락을 초래하는 것은 아니라는 주장을 통해 절대적 공포와 절대적 복종 사이를 오고가는 '홉스식 협박Hobbesian blackmail'을 해체하고자 한 것이다. 하지만 헌법제정 이론의 관점에서 볼 때 그 의미는 입헌권력의 성립 이전에 존재하는 주권인민의 존재감과 그 제헌권력의 정당성을 한껏 선명하게 부각시켜주는 데 있다. 결국 로크에 따르면 제헌권력인 "우리 인민"은 자연(상태)적으로도 (시민)사회적으로도 입헌권력인 "합중국"에 선행하고 있는 것이다.

그러나 선험적 규범과 선정치적 공동체를 불러들여 제헌권력과 입헌권력의 논리적 환원성 문제를 피해가는 로크의 해결책은 또 다른 종류의 개념적 의구심을 야기한다. 이는 로크가 전제한 선험적 보편규범과 선정치적 공동체의 집합의지 사이에 발행하는 논리적 긴장관계에서 비롯된다. 로크에게 있어 헌법제정의 목적은 '공포로부터의 소극적 도피'가 아니라 선정치적 공동체에서 발생하는 여러 가지 불편inconvenience의 감소, 즉, '행복의 적극적 추구'에 있다. 하지만 로크에게 있어 행복의 추구는 한계를 가질 수밖에 없는 바, 이는 선험적으로 타당성을 갖는 보편규범이 허용하는 범위 내에서만 가능하다. 예를 들어 천부인권의 성격을 갖는 사유재산의 축적은 소위 '부패단서spoilage proviso'로 표현되는 자연법적 규범의 한계 내에서만 보장된다. 마찬가지로 입헌권력의 존재이유인 공공복리public good의 추구 역시 입헌권력의 존재기반인 법치rule of law의 원칙과 같이 가는 한도 내에서 보장된다고 보는 것이 논리적으로 타당하다. 문제는 바로 공공복리를 추구하는 공동체의 의지와 형식적 법치가 전제하는 보편적 **규**범이 충돌하는 지점에서 발생한다.

로크에게 있어 의지와 규범의 충돌은 특히나 "대권prerogative power"과 "폭정despotic power 또는 tyranny"을 구분하여 정의하는 과정에서 선명하게 노정된다. 입헌권력의 집행적 측면을 논함에 있어, 대권과 폭정은 둘 다 엄정한 법치의 원칙을 위반한다는 공통점을 갖는다. 다만 차이점은 전자가 "편법적 내지는 불법적이긴 하지만 공익을 추구하는 권력"인데 반해(Ibid., §166, 378), 후자는 그 권력의 행사자가 사익을 위해 사용하는 편법적 권력이고, 따라서 전자는 그 불법성에도 불구하고 정당성을 갖는 반면 후자는 적극적 시민 저항의 대상이 된다는 데 있다. 그렇다면 대권과 폭정의 개념적 구분은 최종심급에서는 "권력행사의 공익성과 사익성은 어떤 분별근거causa differentia를 가지는가?"라는 질문에 봉착하게 된다. 하지만 이에 대해 로크는 시민들이 "보고 느끼는 것", 즉 다중의 양심과 이성에 근거한 경험적 판단(내지는 오판)이라는 이론적으로 매우 불성실한 대답을 내놓는다(Ibid., §225, 415). 의지가 규범과 충돌하는 상황에서 "민심(의지)이 천심(규범)"이라는 요지의 대답은 문제의 회피와 크게 다르지 않다.

제헌이론의 관점에서 볼 때 결국 로크에게 와서 새로이 부각되는 문제는 헌법제정에 있어 집합의지와 보편규범의 관계설정에 있다. 과연 시에예스가 주장하듯 제헌에 선행하는 주권인민의 통일적 집합의지는 무로부터 유를 창조하는 무소불위의 제헌권력인가. 홉스에게서 확인했듯이 만약 제헌권력의 의지를 구속할 수 있는 선험적 보편규범이 부재한다면, 그 제헌권력의 주체인 주권인민의 정체성은 어떤 형태로 개념화할 수 있는가. 역으로 로크식으로 선정치적 공동체로서의 주권인민을 상정하기 위해 선험적 보편규범을 전제한다면, 제헌권력이 과연 모든 규범으로부터 자유로운 무소불위의 권력일 수 있는가. 환언하면 '주권인민의 정체성'을 선명하게 부각하기 위해서는 헌법제정 과정에 있어 인민주권의 절대적 정당성을 재고해야 하고, '인민주권의 정당성'을 강력한 형태로 확보하기 위해서는 주권인민의 정체성이 모호해지는 위험을 감수해야 한다. 제헌권력과 입헌권력의 환원성이 제기하는 논리의 문제는 결국 주권인민의 정체성 문제를 매개로 궁극에는 인민주권의 정당성이라는 당위의 문제로 귀결한 것이다.

이 딜레마를 해소하기 위해 이제부터 고찰할 켈젠Hans Kelsen이 또 다른 보편규범의 관점에서 주권인민의 문제를 우회하고 인민주권의 규범적 한계를 확정하고자 했다면, 슈미트는 집합의지의 관점에서 주권인민의 실재적 정체성과 인민주권의 절대적 정당성을 재정립하고자 했다. 유명한 켈젠-슈미트 논쟁이란 바로 헌법제정을 이론화함에 있어서 이 두 관점 사이에 존재하는 피할 수 없는 갈등에 다름 아니었다.

3.

헌법제정을 둘러싼 켈젠-슈미트 논쟁의 주안점은 실정성을 갖는 주권인민의 존재와 그 함의로 표현할 수 있다. 켈젠이 주권인민의 통일성을 부인하고 대신 "근본규범"이라는 형식논리적 기정을 통해 헌법제정을 설명한다면, 이에 맞서 슈미트는 모든 규범을 배제하고 고도의 동질성을 갖춘 주권인민의 정치적 의지에 법규범의 시원적 타당성을 정초하고자 했다. 이러한 극단적 유명론nominalism 과 또 다른 극단의 본질적 실재론essentialism 사이의 논쟁을 통해 주권인민의 정체성 문제는 더욱 더 복잡한 논리의 미궁으로 빠져드는 한편 그 막다른 골목에서 탈출의 단초를 발견하게 된다.

홉스의 제헌이론이 위임과 대표의 개념으로 직조되어 있다면, 켈젠의 제헌이론을 구성하는 씨줄과 날줄은 귀인Zuschreibung과 대표Repräsentation의 개념이다. 단순화의 위험을 무릅쓰고 켈젠의 논증을 분석적으로 요약하면 이렇다. 입헌권력의 총합인 국가를 집합적 행위의 주체로 개념화하기 위해서는 "합법적 강제성을 수반하여 집행되는 국가 기능의 집행자가 국가를 대표한다는 사실이 입증되어야 하며, 이는 역으로 어떤 개인의 행위를 국가 기능으로 귀인할 수 있어야만(Kelsen 1960/70, 291)" 가능하다. 입헌권력의 개인적 행사를 집합적 국가기능으로 귀인하기 위해서는 그 권력행사에 합법성을 부여한 차상위의 법규범에 의한 회귀적 권능부여 empowerment가 필수적이다. 귀인은 개념의 속성상 회귀적인 특성을 갖지만 그렇다고 그 개념적 회귀가 영겁적인 것은 아니므로, 필연적으로 "시원적 헌법first constitution"을 전제하게 된다. 하트H.L.A. Hart의 개념으로 환언하면 모든 법률칙legal rule은 차상위의 법률칙에 의해 법규범으로 인증 받아야만 하고, 인증의 회귀는 "최종심급의 인증규준the ultimate rule of recognition"인 현행헌법에 다다르며, 그 종국점에는 개정을 통해 현행헌법에 권능을 부여한 시원적 헌법이 자리하고 있다고 표현할 수 있다. 역사적으로 볼 때 모든 여타 법규범과 달리 이 시원적 헌법은 그 이전의 규범질서를 전복한 혁명적 집합의지에 의해 정초된다는 의미에서 스스로에게 권능을 부여하고 있다. 그러나 순수법학은 모든 정치적 권능을 합법적 권력 내지는 입헌권력으로 개념화할 수밖에 없기 때문에 시원적 헌법 역시 그 권능을 피동적으로 부여받은 것이라는 사후적 해석을 피해갈 수 없게 된다(Bindreiter 2001). 그 유명한 "근본규범Grundnorm"이란 개념은 바로 시원적 헌법에 권능을 부여하기 위해 고안된 형식논리적 가정에 다름 아니다.

이렇게 보았을 때 켈젠의 헌법제정 이론은 제헌권력과 그 담지자인 "우리 인민"의 실체를 부정하는 결론으로 귀결된다. 켈젠의 인식론적인 논증은 차치하고 그의 민주주의 정치이론에만 비추어 보더라도 결론은 크게 달라지지 않는다. 만약 슈미트가 상정하는 대로 민주주의가 "지도층과 피지도층, 또는 통치의 주객이 일치하는 것"이라면 통치의 주체로서 인민의 통일성은 민주주의의 필수적인 전제조건이 된다. 하지만 현대 대중사회의 사회경제적 갈등과 가치 다원주의적 상황에서 동질적 인민이라는 정치적 주체는 현실적으로 확인하기 어렵다. 이는 단순한 경험적 실증의 문제일 뿐 아니라 근대성modernity을 추동하는 내재적 논리에 대한 철학적 성찰에 의해서도 인정되는 바이다. 따라서 그와 같은 정치적 주체의 통일성을 논하기 위해서는 사회학, 또는 역사학적 존재론이 아니라 오롯이 규범에만 입각한 순수법학을 동원해야 하지만, 순수법학이 입증할 수 있는 통일성이란 "인간행위를 규율하는 규범의 통일체로서의 국법질서(Kelsen 1927/2000, 90)"뿐이다. 만약 단일인민이라는 정치적 주체가 존재하지도 논증될 수도 없다면, 법적 귀인의 대상은 법규범 체계 그 자체가 된다. 그래서 구체적 개인이 집행하는 집합적 국가기능, 또는 입헌권력을 차상위법으로 귀인하는 것은 "국가기능을 정의하고 있는 법체계의 통일성에 그 기능을 귀탁하는 것과 다르지 아니하다(Kelsen 1960/70, 292)". 결론적으로 켈젠의 헌법제정 이론은 정치로부터 자율적인 법을 스스로 구동된 자기충족적 규범의 체계로 환원시키는 과정에서 단일하고도 동질적인 정치 주체의 실체를 부정하게 된다.

요컨대 켈젠 헌법제정 이론의 가장 큰 특징은 제헌권력의 증발에 있다. 켈젠이 제헌권력의 문제를 입헌권력의 문제로 치환하여 접근할 뿐 아니라 그 궁극적인 목표 역시 헌법의 시원성을 집합적 (제헌)의지가 아닌 선험적 (근본)규범에서 구하는 데 있기 때문이다. 그래서 켈젠은 "헌법의 제정행위는 실정법 규범의 객관적 타당성을 정초하기 위해 논리적으로 필수 불가결하다"고 인정하면서도 "그 의미는 실제적 의지의 행위가 아니라 사유의 행위에 있다"고 주장한다(Kelsen 1960/1970, 204). 결국 제헌권력의 권위란 입헌권력의 정당성과 헌법의 타당성을 확보하기 위해 사후적으로 창조된 "허구적 권위"에 가깝다(Ibid., 256). 제헌권력은 입헌권력으로 치환되고, 국가의 실정적 실존은 법규범 체계의 선험적 통일성이 대체하며, "우리 인민"의 정치적 의지는 "합중국"의 실정법적 질서에 의해서만 확인된다.

이에 반해 슈미트는 주권인민의 제헌권력이 헌법제정이론의 핵심이 될 수밖에 없다는 인식에서 출발한다. "헌법이 타당한 이유는 제헌권력에서 연유했기 때문이고 (그 의미는) 제헌권력의 *의지*에 의해서 실정되었다는 데 있다(Schmitt 1928/1989, 9)". 우선 슈미트는 순수법학적 헌법이론이 일관성을 갖추기 위해서는 헌법의 타당성을 필연적으로 실질적인substantive 규범의 체계, 즉 자연법으로부터 도출할 수밖에 없다고 주장한다. 그러나 만약 켈젠처럼 자연법 이론을 거부한다면, 순수법학적 헌법이론 역시 포기해야 하고, 대신 헌법의 실정성Positivität을 수용하여 헌법이 정치적 주체에 의해 의지적으로 설립되었음을 인정해야만 한다. 따라서 입헌권력을 귀인시켜 시원적 헌법과 더 나아가 근본규범으로 회귀해 올라가는 켈젠의 연역적 방법론과는 정반대로 슈미트는 제헌권력의 실정적 행위를 시원으로 정초하고 거꾸로 그로부터 입헌권력의 정당성을 귀납해내고자 한다.

이 귀납의 과정에서 제헌권력의 실정적 행위를 상정하기 위해서는 그에 선행하는 집합적 자치의 능력, 즉 사회계약론식으로 말하면 자연상태에서도 존재하는 선정치적 공동체를 전제해야 할 논리적 필요성이 생긴다. 헌법제정은 이미 실존하는 "정치적 통일체가 제헌권력을 통해 그 자신을 위해 그 자신에게 부여하는 자의식적인 결단"이기 때문이다(Ibid., 21). 하지만 그와 같은 민주적인 자치는 켈젠이 말하는 대표의 원칙과 양립하기 어렵다. 입헌권력이 인민을 간접적으로 대표represent하는 권력임에 반해 입헌권력을 창출하는 제헌권력은 인민이 아무런 매개의 과정을 거치지 않고 "그 스스로에게 정치적 통일체로 표상present"되는, 즉 상대적으로 직접 민주주의적 권력이어야 하기 때문이다(Ibid., 262). 더 나아가 여기에서 제헌권력이 전제하는 집합적 자치가 가능하기 위해서는 그 주체인 "우리 인민"이 통치의 주객이 미분화된 동질적인 상태로 존재해야 한다. 또한 그 동질성이란 단순한 권리, 의무, 천부인권과 같은 추상성이 아니라 한 집단구성원으로서 공유하는 세계관이나 특정한 자질과 같은 구체적이고도 실체적인 평등성Gleichartigkeit에 의해 확보되어야 한다. 민주주의가 "통치자와 피통치자 사이의 본질적 동일성"이라는 최소한의 정의가 타당성을 갖추기 위해서는, 그 시원에서부터 주권인민의 동질성을 상정할 수밖에 없다는 것이다.

요컨대 헌법이 합법성의 원칙을 통해 보호하고자 하는 것은 근본규범에서 시원한 법체계의 통일성이 아니라, 바로 제헌을 가능케 했던 집합적 자치의 원칙과 그를 뒷받침하는 공동체적 동질성과 민주적 평등성이라고 개념화되어야 한다. 그렇다면 합법성은 정당성의 원칙에 종속될 수밖에 없고, 정치적 (내지는 민주적) 헌법은 시계열적으로도 개념의 속성상으로도 법적 헌법에 선행한다고 보아야 한다. "통일성과 질서는 국가의 정치적 실존 속에 존재하며, 결코 법이나 규칙 또는 어떤 종류의 규범성 속에 존재하는 것이 아니다(Schmitt 1928/1989, 10)". 결국 헌법이 국가가 아니라 실존하는 국가가 헌법이고, 헌법의 타당성을 확보해 주는 것은 근본규범이 아니라 실존적seinmaßige 국가 더 나아가 실정적 정체성을 갖춘 "우리 인민"이 된다.

이렇게 볼 때 켈젠과 슈미트의 논쟁은 해결되기 어려운 질문을 던지고 있다. 만약 켈젠을 따라 근본규범의 실정적 형태로서의 입헌권력을 전면에 내세운다면 슈미트가 지적하듯이 제헌권력의 복수일인칭 주체인 '우리'를 포기해야 하고 그와 함께 인민주권의 이념이 흔들리는 대가도 지불해야 한다. 역으로 만약 슈미트를 따라 제헌권력의 주체인 '우리'의 정체성을 선정치적 공동체 구성원 사이의 실존적 동질성 속에서 확인하고자 한다면, '입헌권력이 구현하는 보편적 법규범 체계에 선행하는 공동체의 동질성이 과연 존재할 수 있는가'라는 켈젠의 다원주의적 비판에 직면하게 된다. 켈젠 식으로 순수 법규범을 통해 다원적 권리의 주체들을 보호하고자 한다면 민주적 자치의 이념이 퇴색하고, 슈미트 식으로 민주적 정당성의 일방적 우위를 주장한다면 그 민주주의가 일원적 전체주의나 폐쇄적 민족주의로 전락할 위험을 감수해야만 한다. 제헌권력과 입헌권력의 딜레마를 둘러싼 켈젠과 슈미트의 논쟁이 당도한 막다른 골목길에서는 일관된 민주적 제헌이론을 수립하기 어려우며, 그 어려움의 근저에는 주권인민의 정체성 문제가 도사리고 있는 것이다.

하지만 켈젠-슈미트 논쟁은 주권인민의 정체성이 제기하는 난제를 선명하게 노정하는 동시에, 그 어려움을 타개해 나갈 수 있는 단초를 제공해주기도 한다. 그 타개의 실마리는 바로 정반대되는 결론에도 불구하고 두 이론이 주권인민의 정체성에 대한 개념적 정의를 공유하고 있다는 사실에서 찾을 수 있다. 슈미트는 말할 것도 없고 켈젠 역시 주권인민의 정치적 통일성을 통치의 주객이 미분화된 상태, 또는 주객의 동일성sameness에서 찾아야 한다고 주장한다. 다만 차이는 전자기 그 같은 동일성이 존재한다고 상정하는 데 반해, 후자는 그것이 불가능하고 따라서 제헌권력을 개념화하기 어렵다고 주장하는 데 있다. 헌법제정의 전제가 되는 선정치적 공동체의 자치自治, self-rule의 가능성을 타진하는 데 있어, 둘 다 '자自, self'를 주객의 동일성이라고 해석하고 있는 것이다. 그렇다면 이 정체성의 개념 그 자체에 다시금 주목해볼 필요가 있다.

켈젠과 슈미트가 공유하고 있는 정체성 개념은 크게 보았을 때, 내적 일관성integrity에 정체성을 정초하는 이론의 변종이라고 할 수 있다. 여기서 말하는 일관성의 핵심은 내가 하는 객관적 행위와 그 결과가 나의 주관적 의도와 관계 맺는 방식에 있다. 의도와 행위의 동질성을 강조하는 의무론deontology이나 행위와 결과의 일치에 주목하는 결과론consequentialism 모두 그 행위주체agency의 정체성은 의도와 행위와 결과의 사이를 매개하는 내재적 일관성의 강도에 따라 확보된다고 전제한다. 객관적 행위와 그 결과를 통해 주관적 의도의 일원성을 규명하고자 한다는 의미에서 의무론도 결과론도 정체성에 대한 유사한 정의를 내리고 있는 것이다. 그러나 동일성이 정체성에 내포된 개념적 전체를 설명해주는 것은 아니다. 아우구스티누스Augustine로부터 헤겔, 하이데거Martin Heidegger에 이르기까지 정체성의 또 다른 본질은 객체와 관계 맺는 주체를 넘어서 주객의 관계 그 자체를 성찰하는 메타적 주체, 즉 반성적 자아reflexive self에 있다고 주장한 바 있다. 현대 언어철학의 개념으로 환언하면 전자가 직접적 욕망first-order desire에 대한 약한 평가weak evaluation에 기반하고 있다면, 후자는 간접적 욕망second-order desire에 대한 강한 평가strong evaluation를 그 특성으로 한다. 후자와 같은 반성적 자아는 동일적 주체가 타인과의 형질적 차이difference에 대조되는 데 반해 타자otherness와의 성찰적 차별을 통해 정초된다. 여기에서 타자와의 차별화는 남과는 다른 내재적 일관성에 대한 자의식을 넘어, 일관성(또는 그 결여)에 대한 반성적 성찰 그 자체를 매개로 확립된다. 둘 다 나만의 특질적 정체성을 추구하나, 전자가 변하지 않는 내재적 동질성에 대한 인지cognition와 인식recognition에 기반하고 있다면,

후자는 가변적인 내재적 이질성에 대한 성찰reflection에 기반하고 있다. 전자가 인식의 '결론'에서 도출된다면, 후자는 성찰의 '과정'을 통해 형성되는 것이다. 그래서 리쾨르Paul Ricoeur는 전자를 "동질적 정체성idem-identity" 그리고 후자를 "이질적 정체성ipse-identity"으로 개념화한다(Ricoeur 1992, 115-125).

리쾨르의 이상형ideal type을 원용하면 '동질적 집합정체성'은 "우리는 무엇인가?"라고 묻고 있다. 한 집단이 추구하고 욕망하는 그 '무엇'이 과연 공시적으로 동일한가, 또 공유하는 목적과 공통의 이해관계가 통시적으로는 얼마만큼 동일하게 유지되는가에 집합적 정체성이 달려있기 때문이다. 이러한 동일한 집합적 의도성collective intentionality을 매개로 형성되는 대표적인 집단이 오크숏Michael Oakeshott이 이상형의 형태로 제시한 '목적적 결사체universitas 또는 enterprise association'이다(Oakeshott 1975, 114-117). 목적적 결사체는 집단의 구성원들이 동일한 목적의식하에 상호 간의 관계를 일종의 동업자 관계로 인식할 때 유지될 수 있다. 따라서 공동체적 삶의 내용은 분업과 협업이며, 자치의 이상은 일종의 효율적 경영과 관리의 이념이 대체한다. 이러한 공동체는 목적의식의 이질성을 수용할 수 없으며, 그 목적을 성취하기 위한 집합적 행위의 방식 역시 수단합리성Zweckrationalität에 의해 선험적으로 결정된다. 효과적 수단에 대한 토론은 용납하지만, 목적 그 자체에 대한 근본적 성찰은 있을 수 없는 것이다. 이렇게 보았을 때 켈젠과 슈미트가 상정하는 주권인민은 둘 다 그 '무엇'에 대한 동일한 집합의도성을 공유하고, 그 '무엇'의 성취를 위해 통일된 집단행동을 취하는 '목적적 결사체'에 가깝다. 다만 차이는 켈젠은 동질적 집합정체성이 가능하지 않다는 의미에서 주권인민의 실체를 부정하는 데 반해, 슈미트는 주권인민의 실체를 상정하기 위해서는 동질적 집합정체성을 가정할 뿐더러 필요하다면 작위적으로라도 만들어내야 한다고 주장하는 데 있다.

이에 반해 '이질적 집합정체성'은 "우리는 누구인가?"라는 전혀 다른 종류의 질문을 던진다. '동질적 집합정체성'이 의도를 공유하고 행동을 통일할 것을 요구하는 반면, '누구'에 대한 질문은 '반성적 성찰'이라는 전혀 다른 종류의 자질에 전치前置되어 있다. 반성적 성찰은 기본적으로 회의와 불신에서 출발한다는 의미에서 구체적인 목적의식의 공유와 집단적인 행동통일에 대해 저항적일 수밖에 없다. 그래서 이질적 집합정체성은 목적과 행위 대신 회의와 불신이라는 사유와 성찰을 공유하는 과정에서 정체성을 찾는다. 오크숏이 제시한 또 다른 이상형 '시민적 결사체societas 또는 civil association' 역시 목적이 아닌 구성원 사이의 자유롭고 평등한 상호교류 과정에서 드러나는 성찰적 특질에서 그 집합적 정체성을 구한다는 점에서 공통점을 찾아볼 수 있다. 시민적 결사체가 안정적으로 유지되는 이유는 각 구성원의 행위목적이 이질적이더라도 한 공동체에 고유한 상호소통의 절차적 법칙을 수용하고 더 나아가 그 법칙에 따라 모두 같이 '우리'의 정체성을 성찰적으로 사유하고 고민하는 데 있기 때문이다. '우리가 누구인가' 하는 질문은 결국 '무엇'에 대한 '결론'의 공유가 아니라 '누구'를 둘러싼 반성적 성찰의 '절차'에 대한 참여로부터 그 대답을 찾고자 한다.

'이질적 정체성'의 관점에서 보았을 때 주권인민에 대한 켈젠과 슈미트의 입장은 각기 다른 문제점을 드러낸다. 켈젠은 한 집단 내부에 존재하는 다원성과 이질성, 내지는 갈등의 만연을 그 집단의 내부적 통일성을 지탱하는 정체성이 부재하는 증거라고 주장한다. 그러나 이는 '동질적 정체성'이 와해되었다는 방증이 될지언정, '이질적 정체성'의 부재까지도 필연적으로 증명하는 것은 아니다. 주권인민이라는 집단의 정체성을 후자의 관점으로 이해한다면, 집합의도와 집합행위의 통일성이 결여되었다고 하여 곧바로 주권인민의 존재를 부인할 수는 없는 것이다. 켈젠이 주권인민의 실재substance에 대한 회의로부터 그 존재existence의 부재를 연역해낸다면, 슈미트는 실재와 존재를 일방적으로 등치시키는 전혀 다른 종류의 오류를 범하고 있다. 민주적 자치의 이념이 구현되기 위해서는 통일성을 구비한 주권인민의 존재를 헌법제정에 선행하는 것으로 전제해야만 하지만, 그렇다고 슈미트가 주장하듯이 그 통일성을 고도의 동질성과 구체적인 평등성으로 환원할 필요는 없다. 주권인민의 통일적 정체성이란 구체적인 목적의식과 행동통일이 아닌 '우리'에 대한 다원적이고 심지어 갈등적인 수 있는 성찰과정의 공유에 기초할 수도 있다. 집합적 정체성의 필요에 대한 인식이 곧바로 일원적 동질성에 대한 강조로 이어지는 것은 논리의 비약인 것이다.

　그렇다면 규범이 대체할 수 없고 실재로 환원되지도 않는 '이질적 정체성'을 갖춘 주권인민이란 구체적으로 '누구'일까.

4.

주권인민의 정체성을 규명하는 데 있어 봉착하게 되는 딜레마는
오롯이 이론의 문제만은 아니었다. 예를 들어 1790년 프랑스인권
선언 제3조는 "모든 주권은 본질적으로 민족nation에게 귀속된다"
고 선언하고 있다. 프랑스혁명이 제헌권력의 주체를 민족이라고
규정한 것은 우연이 아니다. 물론 여기에서 말하는 민족이 좁은 의
미의 혈연 또는 역사적 공동체가 아니라 보편적 인간과 정치적 시
민을 모두 포괄하는 더 넓은 의미로 사용되고 있음은 인권선언의
명칭 "Déclaration des Droits de l'Homme et du Citoyen"에서도 확
연히 드러난다. 그러나 미국혁명의 선례에도 불구하고 인민people이
아니라 민족을 제헌의 주체로 선언한 데는 간과하기 어려운 의미
가 있다. 프랑스혁명의 여파로 19세기 유럽 대륙에 몰아닥친 일련
의 정치적 대변환이 '민족국가'의 수립과 '민주국가'로의 전환이라
는 양면적 모습으로 등장한 것이 그 좋은 예증이 된다. 역사적으로
볼 때 주권인민의 부상은 많은 경우 민족의식의 확산과 그 궤를 같
이 해왔다. 바로 '정치적 인민의 민족화'와 '문화적 민족의 인민화'
의 현상이 그에 다름 아니다.

　　정치적 인민과 문화적 민족의 호환성은 역사적 우연성을 넘어
개념적 친화력의 문제이기도 하다. 원래 전통적 의미의 인민주권
은 군주 일인이나 소수의 귀족이 아닌 다수의 통치를 의미해왔고,
그만큼 직접민주주의와 개념적 친화력을 갖고 있다. 그에 반해 근
대적 의미의 인민주권론은 권력의 문제를 권위의 문제로 치환함으

로써 간접민주주의를 지향한다. 즉, 누가 통치하느냐 하는 문제보다 통치의 정당성을 누가 결정하는지가 문제의 핵심이 되는 것이다. 새로운 인민주권론의 핵심은 일인이나 소수, 심지어 다수가 아니라 전체 인민이 정치적 권위의 근원이라는 주장에 있다.[3] 이와 같이 권위의 원천인 전체 인민으로 탈태한 근대적 주권인민의 개념은 "인민의 두 몸체people's two bodies"론으로 요약할 수 있다. 마치 실존하는 사인私人으로서의 군주와 개념적으로 상정되는 법인法人으로서의 군주가 상이하다는 중세의 "군주의 두 몸체king's two bodies" 이론과 마찬가지로, 근대의 주권인민 역시 다수결주의에 의해 통치되는 정치적 공동체에 실제로 참여하는 다수 국민 내지는 기층민중 그리고 그 이전에 존재하는 선정치적 공동체를 구성하는 전체 구성원으로서의 인민이라는 두 가지 상이한 의미를 갖게 된다.

민족이란 바로 무로부터 권위를 창출하는 전체 인민이라는 추상적 개념에 구체적인 내용성을 부여하는 역할을 할 때 비로소 근대의 인민주권론과 밀접한 연관을 맺게 된다. 마치 왕조적 혈통이 군주의 법인적 성격을 예증하듯이, 주권인민의 전체적 성격은 상상된 민족공동체 내부의 간間세대적 동질성이 뒷받침한다. 7 결과

---

3 그런 의미에서 흔히 혼용되는 바와 달리 근대적 인민주권론의 주체는 고대 정치사상에 자주 등장하는 데모스demos나 플레브plebs와는 상이한 개념적 속성을 갖는다. 우선 데모스가 통치에 직접 참여하는 "직접주권"을 보유한 다수대중이라는 정치적 함의를 갖는다면, 근대의 주권인민은 통치의 직접적 주체가 아니라, 그보다는 통치의 주체가 누구인지를 결정할 "간접주권"을 향유한다는 의미를 갖는다. 또한 플레브는 기본적으로 기득권층에 대비되는 기층민중이라는 계급적 함의를 갖는 데 반해 근대의 주권인민이 보지保持하는 간접주권은 어느 한 계급이 독점하는 것이 아니라, 인민 전체가 전체로서 향유하는 것으로 개념화될 때 비로소 정당성을 확보한다.

한 정치공동체의 정당성은 주권인민이 그러하듯 흔히 정치공동체에 선행하는 민족공동체에 의해 인증되고 또 때로는 부인되는 것으로 상상된다. 근대의 인민주권론이 민족주의와 동행하게 되는 개연성이 바로 여기에 있다. 인민주권의 확산은 주권인민의 통일된 정체성을 전제하지만, 그 정체성의 통일성은 개념적으로는 동질적인 민족이라는 형태로서 확인될 개연성이 높은 것이다. 제헌권력의 정체성을 고찰하는 데 있어 흔히 발생하는 '인민의 민족화'와 '민족의 인민화', 즉 정치적 인민과 문화적 민족의 등치는 단순한 역사적 우연을 넘어 인민주권 논리에 내장된 선택적 친화력에 기반하고 있는 것이 사실이다.

그러나 이와 같은 역사적, 개념적 친화력에도 불구하고 '정치적 인민'과 '문화적 민족'은 범주적으로 상이한 개념인 동시에 인민의 정체성은 민족의 정체성과는 상이한 방식으로 개념화된다. 오크숏에 따르면 정치적 자결을 요구하는 민족주의는 "정치적 합리주의"와 "정치적 낭만주의"를 교묘히 결합한 근대의 산물로서, 항상 과거지향적인 태도를 보이지만 실은 자결과 독립의 미명으로 가까운 과거를 전복하고 완전히 새로운 정치공동체를 무로부터 창출하려는 집합적 의도성을 공유하는 '목적적 결사체'를 지향한다 (Oakeshott 1947/1991; Kim 2002, 432-433). 또한 이러한 집합적 의도성이 민족집단 내부에 단일하고 차이가 없으며 영속적으로 존재한다고 이해되는 한 정치적 민족주의는 리쾨르가 말하는 '동질적 정체성'을 추구하고 있다. 그런 의미에서 '인민화된 민족'이란 본질적으로 '동질적 정체성'에 기반한 '목적적 결사체'의 일종이라고 해석될 수 있다. 이에 반해 정치적 인민을 구성하는 정체성은 이질적 성격을 갖는 것으로 개념화될 수 있다. '이질적 정체성'은 현재진행형의 서사구조narrative dimension를 가지며, 그만큼 가변적이다(Ricoeur 1992, 122). 주권인민의 정체성도 선험적으로 주어진 집합적 의도성이 아니라 그 형성을 위한 참여를 통해 절차적으로 결정되고 또 개정된다는 의미에서 정치적 인민은 일종의 '이질적 정체성'에 기반을 둔 '시민적 결사체'의 속성을 함유한다.

이를 하버마스의 개념적 틀로 다시 설명하면 주권인민의 정체성은 역사적 실정성을 갖는 실재substance가 아니라 정체성을 둘러싼 집합적 성찰의 절차procedure에 대한 평등한 참여로부터 도출된다. 소위 탈전통적post-traditional 또는 post-conventional 집합정체성은 "성찰적 형태로만 개념화될 수 있으며, 이는 곧 정체성의 형성이 소통적 절차에 대한 보편적이고 평등한 참여를 하고 있다는 의식에 기반하고 있고 따라서 결국 단속 없는 학습의 과정이라는 의미가 된다(Habermas 1976, 116)". 그 집합적 성찰을 유지하는 동력은 동의consensus의 형성이 아닌 소통communication의 유지에 있으며, 소위 소통적 행위communicative action란 다양하고 이질적인 의견들이 자유롭고 평등하게 교환될 수 있는 공적 영역을 필요로 한다. 오크숏 식으로 표현하면 법치에 의해 구동되는 호혜적 상호교류의 장인 '시민적 결사체'를 필요로 하는 것이다.

'시민적 결사체'의 법질서란 바로 이러한 공적 영역을 지탱하는 일련의 실정법 체계이며, 그 정점에는 실정법을 입법law-making 하는 준칙의 총합인 헌법이 자리 잡고 있다. 고차원의 입법higher law-making으로서 헌법의 제정은 사적 자율private autonomy, 즉 권리 그리고 공적 자율public autonomy, 즉 참여를 보장하는 정치공동체의 설립에 자발적으로 동의한 인민의 전체의지로부터 민주적 정당성을 도출한다. 그러나 제헌의 민주적 정당성을 확보하기 위해서는 통일적 인민의 전체의지 역시 소통적 행위의 장인 공적 영역에서 창출되어야 하는 바, 따라서 주권인민의 의지에 기반을 둔 헌법제정은 무제한의 성격을 갖지는 않는다. 이는 제헌의 공적 영역을 구동하는 일련의 절차적 규범이 입헌적 공적 영역으로 탈태된 이후에도 계승되는 것으로 상정되어야 하기 때문이다. 여기에서 "일련의 규범"이란 대칭성, 자율성, 평등성, 상호성, 포용성 등 제헌을 위한 소통적 행위가 가능하기 위해 필수적인 공적 영역의 구성적 원리들을 말한다. 이러한 과정을 통해 제정되는 헌법의 규범이 그 제정을 가능하게 했던 기본적인 작동원리를 위배하는 형태로 만들어지는 것은 논리적으로 불가능하다. 주권인민의 정체성이 성찰과 소통에 대한 참여를 통해서 구성된다면, 인민주권 역시 성찰과 소통을 가능하게 했던 기본원리를 위배하지 않는 범위 내에서만, 내지는 그 규범들을 실정법화하는 한도 내에서만 정당화될 수 있기 때문이다. 이를 하버마스는 "헌법제정 행위의 수행적 의미는 입헌민주주의의 전체 내용을 이미 결정화된 형태로in nuce 담지하고 있다(Habermas 1996, 453)"고 표현한다.

소위 "입헌주의와 민주주의의 동시기원론co-originality"이라고 요약되는 하버마스의 민주적 제헌이론이 갖는 장점은 헌법제정 과정에 있어서 주권인민의 집합의지가 갖는 존재감이 선명하게 부각되는 동시에 그 제헌권력의 규범적 한계가 이론적으로 확정될 수 있는 길을 제시해주는 데 있다. 이에 따르면 제헌권력을 보지한 주권인민의 전체의지가 모든 입헌권력이 갖는 민주적 정당성의 궁극적 원천임에는 틀림이 없다. 그러나 선정치적 공동체로서 주권인민의 정체성은 소통과 성찰을 통해 절차적으로 형성될 수밖에 없고, 그렇다면 주권인민의 제헌을 향한 전체의지는 헌법제정을 내재적으로 자기구동bootstrapping하는 일련의 구성적, 절차적 보편규범에 의해 구속되고 있다고 보아야 한다. 하지만 이러한 구속을 주권인민의 제헌권력 행사에 타율적으로 가해지는 외부로부터의 억압이라고 볼 수는 없다. 여기에서 말하는 일련의 규범들이 인민주권에 제한을 가할 뿐 아니라, 동시에 그 규범들이 구동하는 성찰과 참여의 절차 없이는 주권인민의 존립 그 자체가 불가능하기 때문이다. 하버마스에 따르면 이러한 구성적 규범은 민주적 헌법제정을 "구속한다기보다 그 실천을 표현한다(Habermas 2001, 778)". 달리 표현하면 이는 인민주권을 '구속'하는 동시에 주권인민을 '구성'하는 전체인민의 "자기구속self-binding"과 다르지 않다.

그러나 인민주권의 '절차적 정당성'과 주권인민의 '이질적 정체성'에 대한 강조만으로는 아직 제헌권력과 입헌권력의 논리적 환원성이 제기하는 문제로부터 전적으로 자유로울 수 없다. 예를 들어 하버마스가 주장하는 민주적 헌법제정이 절차적 타당성을 확보하기 위해서는 민주적 집합의사 결정과정이 헌법제정 이전에 이미 확립되어 있어야 하는 바, 그렇다면 그 헌법제정은 더 이상 시원적 헌법제정이 아니게 된다. "하버마스적인 타당성은 …(중략)…

근본적인 법fundamental laws에 의해 자유롭고 평등하게 구성된 개인들의 존재를 요구하지만, 그 같은 법의 내용은 그 개인들 자신에 의해서만 타당성을 부여받을 수 있다(Michelman 1996, 6)". 그래서 마이클만은 이를 논리적 영겁회귀infinite regress의 오류라고 비판한다.

이와 같은 논리적 환원성에서 벗어나기 위해서는 주권인민의 '이질적 정체성'에 대한 인식과 더불어 인민주권의 절차적 정당성을 "시차화temporalization" 내지는 "간⽫세대화"함으로서 보완할 필요가 있다. 시원적 헌법규범에 대한 해석은 헌법제정이 특수한 역사적 국면에서 벌어지기는 하지만 그럼에도 불구하고 불변하는 보편적 규범질서의 창출이라고 개념화되는 한 논리적 환원성 내지는 영겁회귀로부터 벗어나기 어렵다. 대신 헌정사란 시계열적인 자기수정과 집합적인 학습과정으로 인식되어야 하고, 그 과정에서 발생한 헌법변천에 대한 평가로부터 독립적으로 존재하는 시원적 헌법의 의미는 없다. 제헌규범의 의미란 시원적 헌법이 촉발한 헌정기획constitutional project의 사후적 관점에서 비로소 파악된다. 또한 제헌권력의 정당성은 헌법제정이 개인의 자유(사적 자율성)와 참여의 권리(공적 자율성)를 점진적으로 완성해온 입헌권력의 질서를 창출해내었다는 후대의 역사적 평가에 의해 사후적으로 확립된다. 그래서 민주적으로 제정된 헌법은 "특정한 역사적 시원점에서 발원한 전통형성의 기획tradition-building project"으로 이해되어야 한다(Habermas 2001, 774). 헌법규범의 내용은 시원점에서 입법된 제헌규범과 그 후 전개된 헌정사적 발전을 거치면서 각 시대상황에 걸맞은 형태로 재해석된 입헌규범의 총합으로 보아야 한다는 것이다.

이는 단순한 규범론적 주장만은 아니다. 미국 헌정사의 특성은 1787년이라는 특수한 역사적 환경의 산물인 연방헌법에 대한 끊임없는 사후적 성찰과 재해석과 법 개정을 통해 그 역사적 문서의 의미를 지속적으로 확장해온 데 있다. 미국 연방대법관 할란John Harlan이 〈*Poe vs. Ullman*〉(1961) 판례의 소수의견을 통해 제시한 "합리적 연속성rational continuum"이라는 헌법해석의 원칙이 그 좋은 예가 된다.[4] 할란의 원칙은 성문화된 헌법의 자구해석을 넘어 헌법정신의 관점에서 새롭게 발생하는 권리요구를 인정하고 보호할 것을 주장하며 그 근거로는 미국 헌정사에 대한 진보적 해석을 제시한다. 이에 따르면 미국 헌정질서의 발달은 건국헌법에 모호한 형태로 규정된 제 권리들을 각 역사발전 단계에 맞게 창의적으로 해석하여 그 적용의 범위를 중단없이 확장해온 역사적 연속성 상에서 파악되어야 한다. 법원은 "이 나라가 시원한 (헌법규범적) 전통 못지않게 그 전통이 어떻게 변천해왔는지에 대한 역사적 교훈"을 항상 판결기준에 포함시켜야 한다는 것이다(367 U.S. at 542; Griffin 1996,

---

4 *Poe vs. Ullman*(1961)은 피임기구의 사용을 금지하는 코네티컷 주법의 존재가 위헌적으로 개인의 자유를 침해하고 있음을 확인하라는 청구에 대해 그 법이 오랫동안 집행되지 않아 왔고, 원고들에 대해 집행될 것인지 역시 확실치 않은 상태이기 때문에 충분한 소송의 이익이 없다는 사유로 각하한 판례다. 이 판례가 나올 때까지만 하더라도 낙태나 피임을 privacy의 문제로 보지 않았고, privacy를 어떤 헌법조항으로부터 이끌어낼 것인지도 불투명한 상태였는데, 할란은 헌법이 명시적으로 선언하고 있지 않은 이 권리를 수정 14조의 적법절차의 개념에 포함된 것으로 해석할 것을 주장했다. 할란이 속한 당시 워렌법원(Warren Court: 1953-1969)이 당면했던 가장 심각한 문제는 헌법에 명문화된 권리가 아닌 (예를 들면 낙태권과 같은) 새롭게 등장한 권리요구rights-claims를 헌법적으로 보호해줄 의무가 있는지에 있었고, 법리적으로는 수정헌법 14조의 소위 "적법절차 조항due process clause"을 적용하는 데 있어 그 범위를 어디까지로 한정해야 하는가가 가장 첨예한 문제였다.

170에서 재인용). 헌법규범의 전통과 변천에 대한 반성적 성찰은 헌법재판 과정에서 가장 극적인 형태로 부상하기는 하지만, 그 성찰은 법원과 법관을 넘어 미국이라는 나라의 모든 구성원들이 국가의 규범적 정체성과 그 역사적 발전에 대해 내리는 반성적 평가의 총합을 반영하고 있다. 따라서 어느 한 시점에 존재하고 있는 미국헌법이란 건국 당시에 성문화된 규범과 그 규범의 역사적 발전경로, 그리고 현시점의 시대상황을 종합적으로 성찰할 때 비로소 이해될 수 있다. 헌법규범의 총체는 미국 건국헌법의 현재적 의미에 대한 반성적 성찰과 공적인 토론, 즉, 제헌세대와 현세대 사이의 간세대적 대화를 통해서만 그 전모를 드러내는 것이다.

그런 의미에서 매 세대는 끊임없이 각 세대에 걸맞은 헌법규범을 제정 내지 개정하는 인민주권을 간접적으로나마 행사하고 있다고 할 수 있다. 마찬가지로 제헌권력을 보지한 주권인민 역시 특정한 역사적 실존성을 갖기보다는 간세대적으로 지속되어온 정체성을 통해 개념화될 필요가 있다. 그 간세대성이 동일한 혈통이나 유구한 습속에 의해 확인될 개연성이 높다는 사실은 이미 상술한 바와 같다. 그러나 주권인민의 간세대적 정체성은 형질적 동질성이나 동일한 목적의식이 아닌 시원적 헌법규범과 그 변천 및 발전에 대한 집합적 성찰을 공유하는 과정을 통해 확보될 수 있다. '탈민족화된 인민'이란 결국 오랜 시간에 걸쳐 자치의 기본원칙을 모두 같이 고민하고 수정해왔다는 간세대적이고도 성찰적인 정체성을 공유하는 집단이라고 요약할 수 있다. 이런 의미에서의 주권인민이란 본질적으로 현재진행적 성격과 불완전성을 갖는다. 어느 한 시점에서 만들어진 헌정질서는 고정적인 것이 아니라 지속적인 성찰을 통한 수정의 가능성을 전제하고 있기 때문이다. 또한 그와 같은 성찰적인 헌법변천이 가능할 때 비로소 과거 시점에 제정된 헌법이 현세대에게 가하고 있는 정치적, 규범적 구속도 더 이상 "과거의 독재"가 아닌 "현재의 자기구속"이라는 의미에서 민주적 정당성을 확보하게 된다(김성호 2007, 442-444).

요약하면 '인민의 민족화'와 '민족의 인민화'가 역사적 우연성과 개념적 친화력을 넘어서는 논리적 필연성과 규범적 정당성을 주장할 근거는 박약하다. 인민과 민족은 범주적으로 상이한 개념일뿐더러, 그 둘의 일방적 등치가 결과한 부정적 유산은 역사와 현실에서도 어렵지 않게 확인되는 바이다. 인민의 개념적 탈민족화를 위해서는 민족의 '동질적 정체성'과는 상이한 '이질적 정체성'을 통해 인민의 개념을 재정립할 필요가 있다. 이를 하버마스의 개념을 원용하여 설명하면 주권인민의 정체성과 인민주권의 정당성은 절차적 그리고 간세대적 성격을 갖는다. 그 정체성은 경험적 본질로서 소여되는 것이 아니라 정체성 그 자체에 대한 집합적인 반성과 성찰 그리고 자유롭고 평등한 소통의 절차에 참여한다는 인지적 행위에서 도출된다. 또한 이러한 상호소통은 공시적일 뿐 아니라 통시적 성격을 갖는다. 현시점에 존재하는 헌법규범의 의미는 현재와 과거와의 간세대적 대화를 통해서만 파악될 수 있으며, 이는 역으로 시원적 헌법규범을 해석하는 데 있어서도 해당된다. 또한 이러한 공시적, 통시적 대화를 통해 형성되고 끊임없이 변천하는 '이질적 정체성'은 인민주권의 정당성을 강화시켜준다. 통시적으로는 동의한 바 없는 시원적 헌법에 의해 구속당하고 있는 현세대는 동시에 그 의미를 재구성해냄으로서 끊임없이 헌법의 제·개정 과정에 참여하고 있고, 공시적으로는 헌법이 다수의지에 가하고 있는 구속 역시 전체인민의 '자기구속'으로 개념화되어야 하기 때문이다. 결국 '이질적 정체성'에 기반한 개념적 재구성을 통해 주권인민의 정체성이 명쾌해지는 동시에 인민주권의 정당성이 확인되는 것이다.

5.

근대성을 추동한 탈주술화脫呪術化, Entzauberung의 물결은 모든 공동체가 작위적으로 창조되었다는 새로운 정치인식으로 등장했다. 그만큼 정초定礎를 초월적이 아닌 내재적 방식으로 개념화할 필요성 역시 근대 정치사상과 법철학에 이르러 비로소 핵심적인 의제로 대두했다. 정치공동체의 내재적 정초를 이론화하기 위한 근대적 시도의 일환으로 고안된 것이 '제헌권력'이라는 개념이다. 즉, 신이나 신탁, 또는 역사와 전통의 카리스마에 의한 설명을 거부하고 정치공동체의 시원성을 어떤 구체적이고도 작위적인 집합행위로 회귀하는 사유의 종착점에 제헌권력의 개념이 서 있는 것이다. 또한 인민주권popular sovereignty이란 바로 이와 같은 작위적인 제헌권력을 인민 전체가 보지保持한다는 이론에 다름 아니다. 즉, 군주나 제후, 또는 특정 계급이나 집단이 아닌 한 영토 안에 사는 모든 사람이 주권인민sovereign people을 구성하며, 그들이 평등에 기초한 자발적 동의를 통해 집합적 자치를 가능케 해주는 헌정질서를 창출했다는 믿음이 인민주권론의 핵심인 것이다.

하지만 무로부터 유를 창조하는ex nihilo 제헌권력은 두 가지의 이론적 문제에 봉착하게 된다. 그 하나는 '주권인민의 정체성'이고 또 하나는 '인민주권의 정당성'이다. 제헌권력을 개념화하기 위해서는 제헌에 선행하는 어느 정도의 정치적 통일성을 갖춘 집합행위를 상정하여야 하지만, 그러한 선先헌법적 공동체는 보편적 규범의 매개 없이는 안정적으로 유지되기 어렵다. 만약 역으로 그와 같은 규범의 존재를 인정한다면 제헌권력이 창출하는 시원적 헌법규범은 무소불위일 수 없고 그 만큼 인민주권의 정당성도 최종심급의 절대적 권위를 상실하게 된다. 주권인민의 정체성과 인민주권의 정당성은 논리적으로 길항관계를 맺고 있다. 그래서 제헌권력을 이론화하는 데 있어 궁극의 문제는 주권인민의 정체성과 인민주권의 정당성을 재확인하면서도, 그 제헌권력의 규범적 한계를 민주적 개념으로 다시 확정하는 데 있다.

이를 위해 이 글에서는 주권인민의 정체성을 개념화하는 방식으로 동질적인 목적의식과 통일된 집합행동보다는 이질성과 다원성을 전제로 한 반성적 성찰과 상호소통 과정에 대한 자유롭고 평등한 참여를 제시했다. 그와 같은 참여는 일련의 내재적인 규범에 의해 구동되는 바, 그 결과 창출되는 새로운 헌법규범 역시 제헌과정을 절차적으로 구성했던 규범들로부터 자유로울 수 없다. 그래서 제헌권력으로서 인민주권이 갖는 정당성은 절대적인 동시에 제한적이다. 하지만 인민주권에 가해지는 규범적 구속은 동시에 그에 선행하는 주권인민의 구성을 가능케 하는 필수조건이 된다는 점에서 타율성의 소산이라고 볼 수는 없다. 결국 제헌권력에 부과되는 한계는 인민의 자기구속이 되는 셈이고, 바로 여기에서 헌법제정의 민주적 정당성이 도출되는 것이다.

그렇다면 민심民心은 천심天心인가? 일견 대답은 부정적일 수밖에 없다. 인민의 목소리vox populi는 분명 신의 목소리vos Dei와 다를 수 있다. 바로 그렇기에 전후 독일은 기본법Grundgesetz을 제정하며 보편적 규범을 담고 있는 기본권 조항(제1-20조)을 헌법개정불가 조문(제79조3항)을 통해 국민의 특수한 주권적 의지로 바꿀 수 없다고 못 박은 바 있다. 그러나 달리 보면 민주적 헌법제정에 있어 천심에 어긋나는 민심은 논리적으로 존재할 수 없다. 천심이야말로 민심의 주체인 민을 헌법제정자라는 단일한 집합적 행위자로 만들어주는 필수 전제조건이기 때문이다. 모든 실재wirklich하는 민심은 이성적인vernünftig 천심이다.

김성호. 2006. 〈헌법개정의 정치이론: 미국 연방헌법 제5조를 중심으로.〉
《한국정치학회보》제40권 3호.

김성호. 2007. 〈입헌주의와 민주주의: 그 '모순적 정합성'에 관한 소고.〉 헌법재판소
(편),《헌법실무연구》제8권.

허영. 1988.《헌법이론과 헌법》(上). 서울: 박영사.

加藤弘之. 1869/1967.「立憲政体略」『明治文化全集−第3券 · 政治篇』第3版. 日本評論社.

Amar, Akhil Reed. 2005. *America's Constitution: A Biography*. Random House.

Anderson, Benedict. 1983. *Imagined Communities: Reflections on the Origin and Spread of Nationalism*. Verso.

Arendt, Hannah. 1986. *On Revolution*. Penguin.

Bellamy, Richard. 2007. *Political Constitutionalism: A Republican Defence of the Constitutionality of Democracy*. Cambridge University Press.

Bindreiter, Uta. 2001. "Presupposing the Basic Norm." *Ratio Juris* 14. no.2.

Böckenförde, Ernst-Wolfgang. 1991. *Staat, Verfassung, Demokratie: Studien zur Verfassungstheorie und zum Verfassungsrecht*. Suhrkamp Verlag.

Bratman, Michael. 1999. *Faces of Intention*. Cambridge University Press.

Copp, David. 1997. "Democracy and Communal Self-Determination" in R. McKim and J. McMahan (eds.), T*he Morality of Nationalism*. Oxford University Press.

Cronin, Ciaran. 2006. "On the Possibility of a Democratic Constitutional Founding: Habermas and Michelman in Dialogue." *Ratio Juris* 19. no.3.

Derrida, Jacques. 1986. "Declarations of Independence." *New Political Science* 7. no.1.

Elster, Jon. 1993. "Constitutional Bootstrapping in Philadelphia and Paris." *Cardozo Law Review* 14.

Frankfurter, Harry. 1971. "Freedom of the Will and the Concept of a Person." *Journal of Philosophy* 68. no.1.

Freeman, Samuel. 1990–1991. "Constitutional Democracy and the Legitimacy of Judicial Review." *Law and Philosophy* 9. no.4.

Greenfeld, Liah. 1992. *Nationalism: Five Roads to Modernity*. Harvard University Press.

Griffin, Stephen M. 1996. *American Constitutionalism: From Theory to Politics*. Princeton University Press.

Habermas, Jürgen. 1976. "Können komplexe Gesellschaften eine vernünftige Identität ausbilden?" in *Zur Rekostruktion des Historischen Materlialismus*. Suhrkamp Verlag.

Habermas, Jürgen. 1996. *Between Facts and Norms: Contributions to a Discourse Theory of Law and Democracy*. MIT Press.

Habermas, Jürgen. 2001. "Constitutional Democracy: A Paradoxical Union of Contradictory Principles?" *Political Theory* 29. no.6.

Hamh, Chaihark and Kim, Sung Ho. 2015. *Making We the People: Democratic Constitutional Founding in Postwar Japan and South Korea*. Cambridge University Press.

Hampton, Jean. 1986. *Hobbes and the Social Contract Tradition*. Cambridge University Press.

Hobbes, Thomas. 1651/1991. *Leviathan*. Cambridge University Press.

Hoerster, Norbert. 1972. "On Alf Ross's Alleged Puzzle in Constitutional Law." *Mind* 81. no.323.

Holmes, Stephen. 1995. "Precommitment and the Paradox of Democracy" in *Passions and Interests: On the Theory of Liberal Democracy*. University of Chicago Press.

Honig, Bonnie. 1991. "Declarations of Independence: Arendt and Derrida on the Problem of Founding a Republic." *American Political Science Review* 85.

Hont, Istvan. 1994. "The Permanent Crisis of a Divided Mankind: Contemporary Crisis of the Nation–State in Historical Perspective." *Political Studies* 42. no.1.

Jaume, Lucien. 2007. "Constituent Power in France: The Revolution and Its Consequences" in M. Loughlin and N. Walker (eds.), *The Paradox of Constitutionalism: Constituent Power and Constitutional Form*. Oxford University Press.

Kalyvas, Andreas. 2004. "Popular Sovereignty, Democracy, and the Constituent Power."

Constellations 12.

Kantorowicz, Ernst H. 1957. *The King's Two Bodies: A Study in Medieval Political Theology*. Princeton University Press.

Kelsen, Hans. 1927/2000. "On the Essence and Value of Democracy" in A. Jacobson and B. Schlink (eds.), Weimar: *A Jurisprudence of Crisis*. University of California Press.

Kelsen, Hans. 1960/1970. The Pure Theory of Law. University of California Press.

Kim, Sung Ho. 2002. "Max Weber's Liberal Nationalism." History of Political Thought 23.

Kim, Sung Ho. 2007a. *Max Weber's Politics of Civil Society*. Cambridge University Press.

Kim, Sung Ho. 2007b. "A Constitutional Politics of the Extraordinary: Carl Schmitt, Hans Kelsen, and the 1932 Crisis of the Weimar Constitutional Order."*Korean Political Science Review* 41.

Lindahl, Hans. 2007. "Constituent Power and Reflexive Identity: Towards an Ontology of Collective Selfhood" in *The Paradox of Constitutionalism*.

Locke, John. 1698/1989. *Two Treatises of Government*. Cambridge University Press.

MacCormick, Neil. 1999. *Questioning Sovereignty: Law, State and Nation in the European Commonwealth*. Oxford University Press.

Marcin, Raymond B. 1993. "'Posterity' in the Preamble and a Positivist Pro-Life Position." *American Journal of Jurisprudence* [38 Am. J. Juris. 273].

Michelman, Frank. 1996. "Review of Jürgen Habermas, Between Facts and Norms." *Journal of Philosophy* 93. no.6.

Möllers, Christoph. 2007. "We are (afraid of) the People: Constituent Power in German Constitutionalism" in *The Paradox of Constitutionalism*.

Morgan, Edmund. 1988. *Inventing the People*. New York: Norton.

Oakeshott, Michael. 1947/1991. "Political Rationalism" in *Rationalism in Politics and Other Essays*. Liberty Press.

Oakeshott, Michael. 1975. *On Human Conduct*. Oxford University Press.

Preuss, Urlich. 1995. *Constitutional Revolution*. Humanities Press.

Ricoeur, Paul. 1992. *Oneself as Another*. University of Chicago Press.

Ritter, Joachim. 1982. *Hegel and the French Revolution*. MIT Press.

Roermund, B. van. 2003. "First-person Plural Legislature: Political Reflexivity and Representation." *Philosophical Explorations* 6. no.3.

Ross, Alf. 1969. "On Self-reference and a Puzzle in Constitutional Law." *Mind* 78. no.309.

Rousseau, Jean-Jacques. 1755/1997. *The Discourses and Other Early Political Writings*. Cambridge University Press.

Schmitt, Carl. 1919/1986. *Political Romanticism*. MIT Press.

Schmitt, Carl. 1923/1988. *The Crisis of Parliamentary Democracy*. MIT Press.

Schmitt, Carl. 1928/1989. *Verfassungslehre*. Berlin: Duncker & Humblot.

Sieyès. Emmanuel-Joseph. 1789/1963. *What Is the Third Estate?* Pall Mall.

Stone, Geoffrey. Seidman, Louis. Sunstein, Cass. Tushnet, Mark. 1986. *Constitutional Law* Little, Brown and Company.

Tamir, Yael. 1993. *Liberal Nationalism*. Princeton University Press.

Taylor, Charles. 1989. *Sources of the Self: The Making of the Modern Identity*. Harvard University Press.

Wolin, Sheldon S. 1989. T*he Presence of the Past: Essays on the State and the Constitution*. The Johns Hopkins University Press.

Yack, Bernard. 2001. "Popular Sovereignty and Nationalism." *Political Theory* 29. no. 4.

보편적 인권, 문화 상대주의, 그리고 연민*

김남국·김동헌

1. 서론: 보편적 인권과 문화 상대주의의 도전

인권에 대한 개념은 고대 그리스, 로마 때부터 등장했지만, 이를 이론적으로 정당화하려는 본격적인 시도는 토마스 아퀴나스에 의해 시작되었다. 아퀴나스는 천부 자연법에 근거하여 인권을 정당화했고, 이는 후기 중세까지 인권의 모태가 된 자연권의 근본적인 토대로 인식되었다. 그러니 17, 18세기 계몽주의의 시대에 이르러, 이성이 자연법을 물리치고 새로운 인권의 토대로 등장했고, 그 결과 인종, 민족, 국적, 성, 언어, 종교와 같은 생물학적 특징이나 사회적 지위와 관계없이, 모든 인간이 단지 인간이라는 이유만으로 권리를 갖는다는 근대적 의미의 인권 개념이 탄생했다. 그리고 이때 탄

---

* 이 장은《평화연구》22권 1호(2014)에 영문으로 실린 논문을 수정 및 번역하여 게재한 것이다.

생한 근대적 인권 개념은 현대까지 본질적인 차이 없이 그대로 이어지고 있다.

그러나 근대의 보편적 인권 개념은 역사적으로 여러 비판을 받아왔다. 18세기에 프랑스인권선언문이 발표되었을 때, 벤담(Bentham, 2002)은 이를 가리켜 "죽마 위의 난센스nonsense upon stilts'라 조롱했고, 그로부터 수세기가 흘러 유엔총회를 통해 세계인권선언문이 채택되었지만 매킨타이어(McIntyre, 1984: 69)는 인권에 대한 믿음이 마녀와 유니콘에 대한 믿음과 다를 바 없다고 여전히 힐난했다. 하지만 사실 이들이 인권이라는 아이디어 그 자체를 비판했다고 보기는 힘들다. 그들의 비판은 인권 그 자체보다 인권의 보편성에 대한 주장을 향한 것이었다. 서구나 비서구 사회가 각자 가진 문화에 따른 서로 다른 인권이 존재할 수는 있지만, 시공간을 초월하여 모든 인간에게 동일하게 적용되는 하나의 인권이 존재한다는 주장을 그들은 비판한 것이다.

지난 세기 동안 인권의 보편성에 대한 가장 강력한 비판은 문화상대주의로부터 왔다. 문화인류학과 비교문화연구는 가치가 문화에 따라 상이하다는 사실을 경험적으로 보여주는데, 많은 상대주의자들은 이것이 도덕적 가치의 상대성을 경험적으로 뒷받침하는 것으로 생각해왔다. 그러나 상대성과 다양성은 구분되어야 한다. 위의 경험적 증거가 보여주는 것은 도덕 상대주의가 아닌 가치 다원주의이다. 도덕 상대주의는 모든 문화에 동일하게 적용되는 보편적 윤리 원칙이란 존재하지 않기에, 개인에 대한 윤리적 판단은 그가 속한 문화적 맥락에 따라서만 이루어져야 한다고 말한다.

반면, 가치 다원주의는 가치의 폭넓은 다양성을 인정하면서도, 그 다양성의 범주에 분명한 한계를 둔다. 다시 말해, 가치 다원주의는 가치의 문화적 다원성을 존중하지만, 각 사회에서 인정되는 모든 가치를 무차별적으로 존중하지는 않는다. 가치 다원주의는 분명한 객관적 기준을 설정하고, 이에서 벗어나는 가치들은 정도에 따라 비판과 비난, 부정, 심지어 억압이 정당하게 허용된다고 본다. 이러한 이유로 가치의 객관적 한계를 인정하지 않는 구성주의적 인권 이론은 인권에 대한 정당화의 근거로서 한계를 갖는다(Kim, 2010).

오늘날 인권을 정당화하기 위해서는 인권의 보편성뿐만 아니라 다양성을 함께 정당화할 수 있는 도덕적 근거가 필요하다. 이 도덕적 근거는 객관적인 기준을 인정한다는 점에서 본질적essentialist이지만, 이러한 객관적 기준이 사회, 문화적 영향에 따라 일정한 한계 내에서 변형될 수 있음을 수용한다는 측면에서 맥락적contextual이다. 즉 이 도덕적 근거는 무한히 가변적이지 않으며 오직 충분히 유연하다. 이러한 조건을 고려할 때, 문화적 영향에 지나치게 둔감한 이성은 문화 상대주의가 드러내는 가치 다원성을 수용하기에는 부족한 것이다.

이성에 대한 인권의 대안적 근거는 도덕감정, 특히 동정심sympathy[6]에서 찾을 수 있다. 도덕판단에서 감정의 중요성을 강조해온

---

6 이 글에서는 연민compassion or pity, 공감empathy, 동정심sympathy을 서로 구분하여 사용한다. 연민은 인간에게 보편적으로 존재하는 타인의 고통에 대한 생물학적 직관으로, 공감은 상상을 통해 타인의 입장에 서는 일종의 심리학적 메커니즘으로, 그리고 동정심은 이 둘을 포괄하는 의미로 사용한다.

대표적인 학자는 흄Hume과 스미스Smith, 로티Rorty 그리고 너스바움
Nussbaum을 들 수 있다. 특히 로티는 최근 동정심을 이성을 대신할
수 있는 새로운 인권의 원천으로 제시했다. 로티의 동정심에 기반
한 인권 이론은 기존의 이성에 기반한 인권 이론과 달리 가치의 문
화적 다양성을 성공적으로 포용해낸다. 하지만 그의 이론은 동정
심의 주관적인 측면만을 지나치게 강조한 나머지 인권의 보편성을
정당화하는 데 실패한다. 우리는 이러한 실패를 로티가 동정심으
로부터 연민compassion을 구분해내지 못한 결과라 주장하고자 한다.

　너스바움은 로티의 이론과 같이 도덕 감정의 객관성을 완전히
부정하는 인권의 정당화 이론들이 갖는 한계를 정확히 지적해낸
다. 그녀는 인간의 공통성을 부정하는 비본질주의적 동정심 이론
은 인권의 보편성을 정당화할 수 없다고 주장하면서, 이러한 한계
를 연민이라는 개념의 도입을 통해 보완하려 시도한다. 그렇지만
너스바움의 이론 역시 도덕 판단에 있어 연민의 관련성을 인정하
면서도, 연민의 역할을 이성의 보조적 역할로 한계 짓는다. 이는 그
녀가 사회적 계급 그리고 두려움이나, 질투, 수치심, 혐오감과 같은
여러 병리학적 감정들이 연민의 정상적인 작동을 가로막는다고 보
기 때문이다. 연민에 대한 이러한 너스바움의 분석은 연민을 상상
력의 결과물로 이해한 결과이다. 하지만 연민을 상상력이 불필요
한 어떤 직관으로 이해한다면, 이러한 너스바움의 비판은 큰 설득
력을 갖지 못한다. 우리는 연민을 생물학적 직관으로 이해함으로
써 연민이 여전히 인류 보편적인 직관으로써 도덕 판단의 독립적
인 역할을 수행할 수 있다고 주장한다.

이 글은 로티와 너스바움의 인권, 도덕 이론을 먼저 살펴보고, 이어 도덕 감정에 대한 흄의 이론과 '공정한 관찰자'에 대한 스미스의 이론을 차례대로 분석한다. 흄과 스미스의 이론에 대한 분석을 통해 주장하고자 하는 핵심은 흄의 도덕감정론에 나타나는 동정심 개념에는 연민이라는 요소가 포함되어 있는 반면, 스미스의 동정심 이론은 연민을 포함시키고 있지 않기 때문에, 흄은 한 사회의 도덕적 몰락 속에서도 지속적으로 동정심에 호소할 수 있는 반면, 스미스는 동정심을 버리고 대신 이성에 의존할 수밖에 없다는 것이다. 흄이 자신의 동정심 개념이 연민을 포함하고 있다고 명시적으로 주장하지는 않지만, 동정심과 연민에 대한 그의 이론은 그렇게 해석될 수 있는 여지를 충분히 내포하고 있다.

2. 연민을 통한 인권의 정당화: 로티와 너스바움

보편적 인권을 도덕적 차원의 권리로 인정하는 사람들도 있지만 이러한 이해를 부정하는 사람들도 적지 않다.[7] 그들은 인권이 순진한 이상가들에 의해 만들어진 유토피아적 망상이라 생각하거

---

7   로라 발렌티니(2012)는 인권에 대한 현대의 접근 방식은 도덕적·철학적 접근과 법적·정치적 접근으로 나뉜다고 말한다. 필자들이 이 글에서 인권이 보편적이라 말할 때는 도덕적·철학적 의미로 쓰고 있는 것이다. 이는 앨런 거워스(1982, 1)가 "인권은 도덕적 권리의 한 종류이다"라고 말하는 것과 상통한다. 도덕적 권리는 헨리 슈(1980, 13)의 정의를 따라 "어떤 물질을 실제적으로 누리기 위해서는 전형적인 위험에 대해 사회적으로 보장되어야 한다는 정당화된 욕구를 위한 합리적인 기반"을 제공하는 권리를 의미한다.

나, 심지어 인권이 서구 열강의 국익을 위해 만들어진 사상적 도구에 불과하다고 믿는다(Evans, 2005). 그들은 주어진 문화적 맥락 속에서 도덕적이라 이해되는 행동은 그것이 외부적 맥락에서 얼마나 비도덕적이라고 해석되는지에 관계없이 도덕적으로 정당화된다고 주장한다. 이러한 주장은 도덕을 "가치의 우연들contingencies"로 환원시킨다. 그들은 이러한 주장이 인류학적 증거에 의해 경험적으로 뒷받침된다고 여기는 경향이 있다.

하지만 틸리(Tilley, 2002: 508)는 "도덕적 상대주의가 문화 인류학의 공리axiom라는 주장은 잘못되었거나 50년 전에 이미 폐기되었다"고 주장한다. 인권선언문에 대한 변화된 미국문화인류학회의 입장은 이를 잘 대변한다. 미국문화인류학회는 한때 인권선언문 채택을 강력하게 반대했지만 현재는 인권선언문을 지지하고 있다(American Anthropological Association, 1947, 1999).[1] 해치가 선언한 바와 같이, "도덕 상대주의는 최근 문화인류학에 의해 거의 보편적으로 거부된 것처럼 보인다(Hatch, 1983, 103)". 대신 문화 인류학의 증거들은 도덕 상대주의가 아닌 가치 다원주의라 보는 것이 더 타당하다. 가치의 문화적 상대성을 무한히 인정하는 도덕 상대주의와

---

1 1947년에 미국인류학학회는 인권과 관련해 다음과 같은 성명을 낸다. "기준이나 가치는 문화마다 상대적이기 때문에 어떤 한 문화의 믿음이나 도덕률에 근거한 명제를 이론화하려는 시도는 바로 그 만큼 세계인권선언문의 인류 전체에의 적용을 불가능하게 만든다". 하지만 1999년에 미국인류학회는 세계인권선언문의 역할을 긍정적으로 재인식하는 다음과 같은 선언을 발표한다. "(미국인류학회의 인권보호 활동은) 세계인권선언문과 그와 관련된 국제적 입법의 수행을 기본으로 하지만, 또한 인권의 범위를 기존 국제법에 의해 정의된 범위 밖으로 확장하는 것을 포함한다. 여기에는 개인적 권리뿐만 아니라 집단적 권리, 문화적, 사회적, 경제적 발달과 깨끗하고 안전한 환경 등이 포함된다".

달리, 가치 다원주의는 가치의 문화적 다양성을 폭넓게 포용하면서도 다양성의 정도에 분명한 한계를 둔다. 그렇기 때문에 보편적 인권은 가치 다원주의와 양립가능하다.

이제까지 많은 정치 이론가들은 자유, 자기결정권, 책임감, 그리고 인간의 존엄성 등의 개념을 통해 인권을 정당화해왔는데, 이러한 가치들은 결국 모두 이성에 근거한다. 인간의 보편적 도덕성을 이성에서 발견한 사상가는 칸트이다. 그의 정언명령은 개인들이 "모든 개인에 의해 보편적 법칙으로 받아들여질 수 있는 원칙에 따라서만 행동해야" 함을 규정하는데(Kant, 1998), 이는 곧 도덕 원칙을 인간의 보편적 능력이라 할 수 있는 이성적 사고의 산물로 보는 것이라 할 수 있다.

이성을 통한 정당화는 본질주의적이다. 본질주의적 정당화는 공리적 가정을 근본에 두고 이로부터 결론을 이끌어내는데, 공리적 가정의 진리가 담보되는 한 그로부터 이끌어져 나온 결론은 반드시 참이다. 이러한 명료성과 엄밀성으로 인해 많은 철학자와 사상가들이 본질주의적 방식을 통해 자신들의 이론을 정당화해왔다. 이성뿐만 아니라 신과 인간의 존엄성, 인간의 본질을 이용하는 정당화 이론은 모두 본질주의적 정당화 전략을 이용한 것이라 할 수 있다.

그러나 이성은 가치 다원주의를 수용하는 보편적 인권을 정당화기에 너무나 본질주의적이다. 로티(Rorty, 1993, 116)는 이러한 맥락에서 "인간의 합리성에 기반한 인권에 대한 본질주의적 정당화는 구시대적이다"라고 주장한다. 그는 이성을 이용해 도덕을 정당화하려는 시도가 "인간, 어른, 남성"과 "동물, 아이, 여성"의 임의적 구별만을 만들어낼 뿐이라고 본다(Rorty, 1993: 112-116). 그리고 스스로를 이성적인 존재로 만드는 데 성공한 이들은 이성적으로 저열하다고 분류되는 이들을 억압하고 지배한다. 로티는 이러한 인간에 대한 임의적인 구분이 "왜 우리는 나와 피를 나누지 않은 구역질나는 습관을 가진 낯선 이들에 대해서 왜 신경을 써야하는가?"라는 질문을 무시하고, "우리가 가짜 인간이라 생각하는 이들의 고통에 무관심해왔기" 때문에 발생한다고 주장한다(Rorty, 1993: 133, 124).

그렇다면 우리는 어떻게 우월한 '우리'와 저열한 '그들'이라는 망상주의적 차별을 없앨 수 있을까? 로티는 이를 위해 무엇보다도 인간과 동물이 "우리는 알 수 있고 그들은 단지 느낄 수만 있다"라는 기준이 아닌 "우리는 그들보다 훨씬 더 서로를 느낄 수 있다"라는 기준을 통해 구분된다는 것을 인정해야 한다고 말한다(Rorty, 1993: 122). 여기서 그는 도덕 감정을, 더 정확히는 동정심을 인권의 원천으로 제안하고 있는 것이다.[2] 로티가 감정을 인권의 대안적 원천으로 선택한 핵심적인 이유는 그가 공감을 "문화적으로 형성된 직관"으로 이해하기 때문이다(Rorty, 1993: 117). 즉 그는 동정심이

---

2   너스바움(2001, 301)에 따르면, 많은 18세기 영국 도덕 이론가들은 동정심과 연민을 동일한 의미로 사용했다. 스미스는 연민과 동정심을 분명하게 구분하면서, 전자를 "타인의 고통에 대해 느끼는 동류의식fellow-feeling"으로 후자를 "감정의 종류에 상관없이 느끼는 동류의식"이라 정의한다(Smith,1790, 6). 몇몇 도덕 이론가나 심리학자들은 여전히 이 둘을 혼동하여 사용한다. 예를 들어, 슬로우트(2010, 15)은 동정심을 우리가 흔히 연민이라 지칭하는 감정, 즉, "고통을 느끼는 이에 대해 느끼는 감정"이라고 정의한다.

"직관의 본질을 형성하기보다는 사회문화적 영향 아래서 다양한 도덕적 판단의 경험에 따라 직관을 형성시키기 때문에," 동정심이 도덕의 문화적 다양성을 더 잘 반영한다고 보는 것이다(Rorty, 1993: 117).[3]

우리는 도덕감정이 문화적으로 형성된 직관이며, 그렇기 때문에 이성에 비해 도덕의 문화적 다양성을 더 잘 반영할 수 있다는 로티의 주장에는 동의하지만, 도덕감정이 오로지 사회적·문화적·역사적 맥락의 총체라는 주장에는 반대한다. 도덕감정에 대한 이러한 이해는 인간을 "역사적 인공물"로 축소시킨다(Rorty, 1993: 116). 물론 현대적 인권 개념은 가치의 문화적 다양성을 폭넓게 인정해야 하지만, 그렇다고 해서 이것이 인간의 객관성을 완전히 포기해야 함을 의미하는 것은 아니다. 하지만 로티는 인간의 생물학적 본성을 완전히 부정하기 때문에 그의 동정심 이론은 오히려 모든 인류를 포괄하는 전 인류적인 감정으로 진화하지 못하고 "유럽 중심주의적" 감정으로 머문다(Perry, 2007: 26). 로티의 동정심 개념은 차이의 정당화 기반만을 제공할 뿐 공통성의 기반을 제공하지

---

3 로티가 동정심 개념을 도덕 객관주의가 아닌 도덕 주관주의적으로 해석하는 것은 그의 실용주의적 입장에 영향을 받았기 때문으로 보인다. 그는 실용주의를 역사주의, 낭만주의, 비트겐슈타인의 '언어적 전환'과 연관시킨다. 실용주의의 기본 주장은 '문화적 정치가' 존재론에 앞선다는 것이다. 다시 말해, 객관적인 진리나 현실은 그 자체로 존재하지 않으며 그렇다고 여겨지는 것들은 모두 특정한 의도에 의해 사회적 관습을 통해 만들어진 간주 관적 결과물이라는 것이다(Rorty, 2007: 7). 그렇기 때문에, 이러한 관점에 따르면 인권은 "객관적으로 분명히 존재하지만 그 본질은 알 수 없는 존재에 대한 이름"이 아닌 "여러 천재들이 사용한 결과로 좀 더 커다랗고 좀 더 나은 관습을 낳는 소음과 낙서"에 불과하다. 이는 곧 "도덕의 진보"가 "선험적인 목표에 도달하는 것"이라기보다는 "좀 더 나은 미래 건설을 위해 과거를 극복하는 것"으로 이해하는 것이다(Rorty 2007: 108, 118).

는 못하는 것이다. 로티는 도덕감정을 인류에 대한 임의적 구분을 극복할 해결책으로 제시하지만 인간의 객관적 본성을 완전히 부정하는 한 그의 이론은 이성과 또 다른 방식으로 인간 사이의 차별을 낳는다.

그렇다면 로티는 왜 이러한 오류에 빠지는가? 왜 그는 동정심을 완벽히 주관주의적인 감정으로 보는가? 그 이유는 그가 동정심과 연민을 구분하지 못하기 때문이다. 그는 동정심을 "아테네인들이 아이스킬로스의 《페르시안들》을 본 이후, 미국의 백인들이 《톰 아저씨의 오두막》을 읽은 후, 우리가 보스니아의 학살에 대한 텔레비전 프로그램을 시청한 이후에 더 갖게 되는 종류의 반응"이라고 정의한다(Rorty, 1993: 128). 그렇다면 이러한 "종류의 반응"이란 무엇을 말하는가? 로티는 이에 대한 두 가지 단서를 제공한다.

우선, 로티는 동정심이 안정감security과 비례함을 지적한다. 왜냐하면 인간은 불안정할수록, "낯선 사람들이 어떠할지를 생각해볼 수 있는 시간과 노력을 내기 힘들기 때문이다(Rorty, 1993: 128)". 이는 곧 로티가 동정심을 상상력에서 오는 감정으로 이해하고 있음을 보여준다. 이어 그는 '감정적 진보sentimental progress'는 교육을 통해 달성 가능하다고 주장한다. 감정이 교육을 통해 수정될 수 있다고 보는 이러한 시각은 로티가 동정심을 감정의 직관적인 측면보다는 문화적 영향에 의해 형성되는 것으로 보고 있음을 보여준다. 결국 위의 두 단서는 모두 로티가 도덕감정을 상상력의 산물로보고 있음을 보여준다. 로티의 도덕감정에 대한 이론은 사실 많은부분 흄의 도덕감정에 대한 이론을 차용한다. 그렇다면 로티는 흄

의 이론을 정확히 해석했다고 할 수 있을까? 흄이 동정심에 있어
상상력의 역할을 강조한 것은 사실이지만, 그는 동정심이 갖는 본
성적인 측면을 완전히 부정하지는 않았다. 이러한 사실은 로티와
는 다른 흄의 교육에 대한 관점에서 드러난다.

흄은 고대와 근대의 회의주의자들이 "모든 도덕적 구분이 교
육에서 기원하며, 정치인들의 기술에 의해 처음 만들어지고 이후
권장되어 왔다"라고 믿는 경향이 있다고 지적하면서, 교육이 도덕
형성에 "강력한 영향"을 미치며, 간혹 그 영향력은 "매우 강력"해서
"어떠한 자연적 원칙이 없이도 새로운 감정을 만들어낼 수 있을 정
도"라 인정한다(Hume, 1998, 34). 그러나 흄은 모든 도덕이 오직 교
육에 의해 형성된다는 주장을 거부한다. 그는 오히려 "만일 자연
이 인간의 마음을 기준으로 도덕을 구분 짓지 않았다면, 많은 도덕
적 덕목이 나타나지 않았을 것"이라 주장한다(Hume, 1998: 34). 이
는 곧 흄이 도덕감정을 문화에 의해 형성됨을 인정하면서도 여전
히 생물학적 특성을 반영하는 것으로 이해하고 있음을 보여준다.
이는 로티의 동정심 이론은 흄의 이론에 대한 잘못된 해석에 기반
을 두고 있음을 암시하며, 또 그렇기 때문에 로티는 동정심의 개념
을 이용해 인권의 보편성을 정당화하는 데 실패했다고 볼 수 있다.[4]

---

4 흄의 전통적으로 주관주의적 이론가로 해석되어 왔다. 흄을 주관주의적 이론가로 이해하
   는 이들은 그가 이성이 아닌 감정을 도덕의 원천으로 이해하는 사실이 그를 주관주의적
   이론가로 해석하는 데 충분한 근거가 된다고 믿는다. 그들은 감정은 본질적으로 주관적인
   느낌이고, 만약 도덕 판단이 이러한 느낌에 근거한다면, 어떠한 도덕 판단도 주관주의적
   일 수밖에 없다고 말한다. 그러나 흄을 객관주의적 이론가로 해석하는 학자도 존재한다.
   노튼은 흄이 도덕감정을 인간의 본성에 굳게 근거시키기 때문에, 그 만큼 흄의 이론은 객
   관주의적으로 해석될 수 있다고 말한다(Norton, 1975). 결국 흄의 도덕이론은 주관주의

결국, 로티의 이론과 같이 도덕 감정을 상대주의적인 방식으로 이론화하는 것은 "완전히 일관적일 수 없고" 그 결과로 이를 시도하는 이들은 종종 몰래 "일반적인 차원에서 본질주의적이 되는 방식"으로 속임수를 쓸 수밖에 없다는 너스바움의 지적은 정확해 보인다. 로티는 "인간은 무엇인가?"라는 칸트의 주장을 "다음 세대의 아이들을 위해 우리가 무엇을 할 수 있을까"라는 주장으로 대체해야 한다고 요구한다(Rorty, 1993: 122). 하지만 애초에 아이들에게 무엇이 좋고 나쁜지를 알지 못하면서 어떻게 그들을 위한 세상을 만들 수 있을 것인가? 만일 우리가 그 무엇도 객관적으로 선이고 악인지 구분할 수 없다면, 단순히 "우리 민족" 그리고 "우리와 같은 사람들"의 범주를 확대하는 것만으로는 그들을 위한 세상을 만들 수 없다(Rorty, 1993: 123). 우리 모두가 서로를 우리로 받아들인다는 이유로, 나치가 전 인류를 지배하는 세상이 우리 아이들을 위해 더 좋은 세상이라고 말할 수 있는가? 아마 누구도 그럴 수 없을 것이다. 주관주의적 가치는 오직 과거를 반영할 뿐 결코 미래를 위한 비전을 제시해줄 수 없다.

그렇기 때문에 인간의 어떠한 객관성에 기반을 두지 않는 완벽히 주관주의적인 동정심 이론은 "이기적인 감정과 타인의 상황에 대해 단절되고 호기심어린 태도만을 허용한다"는 너스바움 주장은 다시 한 번 옳다(Nussbaum, 1992: 240). 우리가 어떤 인류 보편적인 감정 없이 오직 상상만을 통해 공감을 할 수 있다면, 우리는 공간적

___

적 해석과 객관주의적 해석의 가능성을 모두 열어놓고 있다고 말할 수 있다.

으로 멀리 떨어져 어떠한 경험도 공유하지 못하는 낯선 사람들의 고통을 느낄 수 없을 것이다. 우리는 그들에게 너스바움이 "관광객의 감정"이라 일컫는 "놀라움, 호기심, 흥미"의 감정만을 느낄 수 있을 뿐, "슬픔, 실재적인 결단, 그리고 연민"을 느끼지 못할 것이다(Nussbaum, 1992: 240).

너스바움은 이와 같이 어떠한 객관성도 가정하는 않는 주관주의적인 감정이론이 갖는 한계를 정확히 지적해낸다. 너스바움은 이 주관주의적 감정이론이 갖는 한계를 연민을 통해 보완하지만, 연민에 독립적인 도덕의 기준의 지위를 부여하지 않는다. 그녀는 연민이 기본적으로 "오류 가능성이 크고 불완전한 동기"라고 믿기 때문이다(Nussbaum, 2001: 401).

이러한 견해에는 두 가지 이유가 있다. 첫째, 개개인마다 태생적 특징이나 계급, 민족, 종교, 성에 따른 사회적 특성이 다르기 때문에 모두가 "고통에 대한 공통된 취약성"을 갖기는 힘들다. 서로 다른 생물학적, 사회적 차이를 가진 개인들이 동일한 고통에 대해서 똑같이 공감하기는 쉽지 않으며, 그들은 서로의 고통에 대해서 오직 "고상한 무관심과 지적 호기심"으로 반응하기 쉽다(Nussbaum, 2001: 391, 317). 둘째로, "수치심이나, 질투, 역겨움"과 같은 병리학적 감정들이 동정심의 핵심적인 작동 메커니즘인 공감의 정상적인 작동을 가로막기 때문이다(Nussbaum, 2001: 342). 이러한 부정적 감정들은 우리의 도덕적 판단을 왜곡하고 불확실하게 만들기 때문에 연민은 도덕적 기준으로 "매우 불안정"하다(Nussbaum, 2001, 350).

위의 두 가지 이유로 너스바움은 연민을 이성에 종속시킨다.

그녀의 이론에서 연민은 "이성의 한계 내"에서 "합리적인 정치적 심리"라는 이름으로 역할을 수행할 뿐이다(Nussbaum, 2001: 402, 414). 너스바움은 도덕 판단에 있어 연민의 관련성을 강조함으로써 도덕 감정 이론의 한계를 극복하지만, 연민의 역할과 영향력을 지나치게 과소평가한다. 너스바움은 이러한 "이성적 연민"이 "사람들에게 기회와 능력을 우선 제공하고, 이후 이들이 그들의 기회를 이용할지 말지를 선택할 수 있는 충분한 여유를 줌으로써" 다원주의를 수용하는, 인권 이론에 대한 적절한 정당성의 기반을 제공한다고 주장한다(Nussbaum, 2001: 425).

너스바움의 이론은 인간의 객관성을 가정하는 것에는 아무런 문제가 없지만 객관적 인간 본성이 자유주의적 가치에 의존한다는 데 문제가 있다(Gould, 2004: 57). 너스바움은 자신의 이론이 자유주의적 가치에 기반 해 있음을 명시적으로 인정한다: "나는 기본 능력에 대한 이론을 발전시키면서 자유라는 언어를 점점 더 사용했다(Nussbaum, 1997: 277)". 이러한 이유로, 그녀는 표현의 자유나, 결사의 자유, 정치적 발언의 자유와 같은 자유들을 기본적인 인간의 능력을 위한 필수 조건으로 포함시킨다. 이러한 방식을 통해 그녀는 인권에 대한 그녀의 이론을 "자유주의적" 이론으로 만든다(Nussbaum, 1997: 292). 다시 말해, 너스바움은 동정심에 객관적인 측면이 있음을 인정하고, 그것을 연민에서 발견해내지만 도덕을 연민이 아닌 이성에 근거시킴으로써 자유주의로 기울어진 인권 이론을 내놓는다. 이는 곧 너스바움이 인간의 보편적 특성보다는 자유주의라는 하나의 특정 가치로 인권의 보편성을 정당화하고 있음을 보여준다. 하지만 이러한 이론은 인권에 보편성을 갖다 주기에 한계를 갖는다.

우리는 이러한 문제가 연민과 이성의 역할을 맞바꿀 때 해결 가능하다고 본다. 다시 말해, 연민이 본질적인 기준이 되고 이성은 보조적 역할을 수행할 때 인권 개념은 보편성을 획득할 수 있다. 이 논의를 위해 다음 절에서는 흄을 검토하기로 한다. 흄의 동정심 이론은 본질주의적 특성과 맥락주의적 특성을 동시에 갖고 있다. 흄 스스로가 동정심으로부터 연민을 명시적으로 구분하여 연민을 도덕의 근본적인 기반으로 두지는 않지만, 동정심에 대한 그의 이야기는 이러한 해석의 여지를 충분히 포함하고 있다. 우리는 이를 보여줌으로써 흄의 동정심 이론을 인권의 기반으로 삼아 가치 다원성을 인정하면서도 보편성이 인정되는 인권 개념을 정당화할 수 있다고 주장하고자 한다.

3. 흄의 동정심 개념에 나타난 본질주의와 맥락주의

흄의 동정심 개념은 객관적 개념일까 아니면 맥락적 개념일까? 앞에서 간단히 살펴본 것처럼, 로티는 흄의 동정심 개념을 순전히 맥락적으로 해석한다. 그러나 동정심에 대한 흄의 이론은 맥락주의적인 동시에 본질주의적이라고 보는 게 맞을 것이다. 우리는 흄을 맥락주의적으로 해석하는 이론을 반박함으로써 이 주장을 지지하고자 한다. 정치학자들 사이에서 흄은 흔히 주관주의적 이론가로 분류된다. 헤르조그(Herzog, 1988) 역시 흄을 주관주의적 이론가로 규정한다. 그는 흄을 "본질주의적인 주장을 하지 않는, 사회적 맥락에 근거한 강력한 정당화 이론을 발전시킨" 주관주의적 이론가로 묘사한다(Herzog, 1988: 161). 하지만 그는 그러면서도 흄의 저작에서 "본질주의와의 급진적인 단절과 같은 극적인 모습"을 발견하는 것이 불가능함을 고백한다(Herzog, 1988: 161). 예를 들어 그는 흄이 "사람들이 모두 다르지만, 그들은 규칙적인 원칙에 따라 다르다(Herzog, 1988: 160)", 또는 "그러므로 도덕에서의 모든 차이는 단 하나의 일반적인 근본으로 환원될 수 있다(Herzog, 1988: 174)"라고 적는다는 점을 근거로, "시간을 초월한 입법을 시도하는 그의 주장이 본질주의적 주장을 떠올리게 한다(Herzog, 1988: 179)"고 고백한다. 여기서 헤르조그에 대한 흄의 해석은 일관적이지 않다. 그렇다면 그 이유는 무엇일까? 그 이유는 애초에 흄이 도덕감정을 본질적인 동시에 맥락적으로 이해하고 있기 때문이다.

흄이 자신의 책에서 사회적 맥락이 인간의 다양성을 유발하는 것으로 보고 있음은 분명한 사실이다. 그렇기 때문에 그는 실제로 도덕과 정치를 설명하는 데 있어 "사회적 관점에 더 가까운" 입장을 취하는 모습을 자주 보인다(Herzog, 1988: 175). 그러나 도덕에 대한 그의 이론에는 본질주의적 측면도 동시에 드러난다. "도덕 원칙의 일반적 본질"의 탐구에 대한 그의 의지는 이를 대표적으로 드러낸다(Hume, 1988: 3). 그렇다면 흄이 생각하는 도덕의 본질은 무엇인가? 그는 도덕의 본질을 도덕감정, 즉, "자연이 모든 종에 보편적으로 갖게 한 내적 감각이나 느낌"으로 이해한다(Hume, 1988: 5). 프랑스 시인 오비드의 말로 달리 표현하자면, 도덕감정은 "인간은 동족의 행복이나 불행에 대하여 완전히 무관심 할 수 없다는 것을 선험적으로 결론 내리도록" 해주는 도덕의 "씨앗이자 첫 번째 원칙"이다(Hume, 1988: 40, 45).

이와 같이 흄은 맥락적인 동시에 본질적인 특성을 가진 도덕감정이 도덕의 본질을 형성하고 있다고 본다. 그렇다면 흄은 왜 도덕감정에 대해 이와 같이 모순되는 관점을 취하는가? 그 이유는 흄이 인간의 본질 자체를 매우 복잡하게 판단하는 데서 찾을 수 있다. 헤르조그의 표현을 빌리자면, 흄의 본질 개념은 "혼란을 부르는 다층적인 동음이의어"라 말할 수 있을 정도로 복잡하다(Herzog, 1985: 168).

흄 역시 스스로 인간의 본질이 복잡함을 뚜렷하게 인정한다(Hume, 2007: 304). 흄은 인간의 본성 개념이 그 단어를 어떻게 정의하는가에 따라 달라질 수 있다고 말하면서 구체적으로 이를 "기적"과 대비할 때, "드문 빈도"와 대비할 때, 또는 "인공적인 것"과 대비할 때에 따라 본질에 대한 서로 다른 답변이 가능하다고 말한다(Hume, 2007: 304). 여기서 도덕과 관련하여 우리가 가장 관심을 갖는 정의는 인공적인 것과 대비되는 것으로서의 본질이다. 도덕은 자연적으로 존재하는 것인가, 아니면 인공적으로 인간에 의해 만들어진 것인가? 흄은 "지금 이 질문에 대한 대답은 당장은 할 수 없다"고 말하면서 일단은 명확한 답변을 피한다(Hume, 2007: 305).

우리는 흄의 이러한 대답을 어떻게 이해해야 할까? 이것은 최소한 자연적인 인간의 본질이란 존재하지 않는다는 의미일까? 아니면 인간의 본질은 너무 복잡하기 때문에 흄 역시 알 수 없다는 고백을 하는 것으로 이해해야 할까? 이에 대한 올바른 해석은 인간의 본질에 근거한 도덕 원칙들이 존재하지만, 이와 동시에 인간들에 의해 인공적으로 만들어진 원칙 또한 존재한다고 보는 것이다. 이러한 해석은 흄의 위의 답변 바로 뒤에 이어지는 "다음의 논의 속에서 우리가 가진 몇 가지 덕목virtue에 대한 감각은 자연적이며, 몇 가지는 인공적인 것으로 드러날 것이다"라는 그의 말과도 일치한다(Hume, 2007: 305). 그렇다면 자연히 우리는 어떤 덕목이 본질적이고 또 어떤 덕목이 인공적인 것인지에 대한 질문을 할 수밖에 없다. 흄은 이에 대한 정확한 답변이 각각의 덕목을 하나하나 검토한 이후에야 가능하다고 말한다. 그렇다면 그는 동정심과 관련해서 어떤 결론을 내놓는가? 흄은 동정심이 인간의 본질에 근거한 매우 강력한 원칙임을 반복적으로 인정하면서도 문화적 영향에 매우 민감하다고 결론 내린다(Hume, 2007: 394).

이러한 흄의 진술은 어떻게 이해하는 것이 옳을까? 아마도 이는 흄이 연민과 동정심이라는 서로 다른 두 개의 개념을 동정심이라는 하나의 개념으로 이해한 결과라 해석할 수 있다. 흄은 연민을 동정심이라는 원초적 감정original affection에서 발현된 부차적 감정secondary affection으로 분류한다(Hume, 2007: 238). 그는 이에 대해 두 가지 근거를 제시한다. 첫째, 모든 종류의 공감적 감정들이 모두 동일한 방식으로 발현되는데, 오직 연민만이 "독창적인 특질"로부터 발현된다고 보는 것은 "비합리적"이라는 것이다. 둘째로, 연민의 발현은 "대상과 얼마나 가까이 존재하는가, 심지어는 직접 눈으로 볼 수 있는가"에 많은 부분이 달려 있는데, 흄은 이를 연민이 "상상으로부터 발현"되는 증거로 해석한다(Hume, 2007: 238-239). 흄은 결국 연민도 상상력에 의해 발현되기 때문에 연민도 공감에 포함되는 하위 감정으로 봐야 한다고 주장하는 것이다. 그러나 흄은 여기서 너스바움이 "공감"이라 부르는 심리학적 메커니즘과 연민을 혼동하고 있는 것이다(Nussbaum, 2001: 302). 연민은 단순히 공감에 포함되는 여러 감정 중 하나가 아니다. 연민은 공감과 독립적으로 존재하는 생물학적 직관이다. 공감 그 자체는 이타적인 감정이 아니며, 감정의 의사소통을 가능케 하는 심리학적 메커니즘을 가리킨다.

사실 흄은 "고통과 슬픔"의 공감적 감정, 즉, 연민은 다른 종류의 공감적 감정과 비교해 우리에게 더 생생한 방식으로 발현되기 때문에 연민은 "기쁨이나 쾌락"과 같은 감정들보다 더 강렬하고 영속적이라는 사실을 인정하는 부분에서, 연민이 다른 종류의 공감적 감정과 구별되는 특징을 가지고 있음을 인정한다(Hume, 2007: 238). 흄은 바로 연민이 이러한 특성을 갖기 때문에, 연민은 "어떠한 우정도 나누지 않은 타인들"에게까지 뻗을 수 있다고 말한다(Hume, 2007: 238). 여기서 연민은 인류 보편적인 공감을 가능케 해주는 것으로 이해되고 있다. 즉, 모든 인간은 사회화 과정 이전에 존재하는 어떤 동일한 이타적 감정을 가지고 있기 때문에, 그들이 어떠한 경험도 공유하지 않는 완전 낯선 사람들에게도 연민을 느낄 수 있는 것이다. 그들이 갖는 감정은 근본적으로 동일하기 때문에, 그들은 마치 타인의 고통이 마치 "스스로에게 스며드는 것 같은 느낌을 받는 것이다(Hume, 2007: 238)". 다시 말해, 오직 연민만이 가족, 친지, 친구의 범위를 벗어나 완전히 낯선 이들과도 함께 공유할 수 있는 감정이다. 만일 연민이 상상만을 통해 발현되는 것이라면, 우리는 어떻게 경험을 공유하지 않아 상상 자체가 불가능한 타인에게 연민을 느끼는지 설명할 수 없다.

연민과 동정심이 구분되는 감정이라는 사실은 너스바움을 통해 명확히 드러난다. 너스바움은 동정심, 혹은 더 정확히 표현하자면 공감으로부터 연민을 분리한다. 공감은 하나의 감정이라기보다 "직접적인 경험 없이도 타인의 경험을 상상을 통해 재구성하도록 해주는" 일종의 심리학적 메커니즘이다. 너스바움은 "이 공감이라는 심리학적 매커니즘은 연민의 감정과는 구분되며, 연민의 발현을 위한 필요조건일지 모르지만, 충분조건은 아니다"라고 지적한다(Nussbaum, 2001: 302). 즉, 여기서 너스바움은 연민이 단순히 동정심의 하위 감정이 아닌, 모든 인간에게 공통적으로 존재하는 일종의 생물학적 직관이라 보고 있는 것이다.

그렇다면, 정말 너스바움의 주장처럼 연민은 동정심과 독립적으로 존재하는 생물학적인 직관이라고 볼 수 있을까? 이에 대해 자연과학 분야의 최근 연구들은 연민이 생물학적 직관에 가깝다는 사실을 보여준다. 도덕 심리학의 직관 이론은 우리의 도덕 판단이 직관의 결과이며 도덕적 추론은 주로 직관적 판단 이후에 발생한다고 주장한다(Haidt, 2003: 12). 진화 심리학의 연구는 공감이 자연선택의 과정에서 인간의 보편적인 생물학적 특징으로 진화해왔다는 사실을 보여주고(Goetz et al, 2010: 354-355), 미러 뉴런mirror neuron

의 존재는 이에 대한 구체적인 증거로 제시된다.[5] 또한, 최근의 뇌과학 연구는 개인이 고통을 겪는 과정에서 생성된 신경 메커니즘은 타인의 육체적, 사회적 고통에 대한 연민 발달에 관여한다는 사실을 보고한다(Immodrdino-Yang et al, 2009: 8024). 이러한 과학적 증거에 더해, 문화비교연구는 연민이 시공간을 초월하여 "중국부터 미국까지, 또 고대부터 근대까지" 보통 "불교나 기독교, 이슬람이나 유대교와 같은 거대 종교"의 형태로 인류 보편적으로 발견된다는 사실을 보여준다. 이러한 자연과학적·문화인류학적 증거들은 연민이 모든 인류가 공유하는 보편적 감정임을 부분적으로나마 증명하고 있다.

요약하자면, 흄은 연민과 동정심이라는 서로 다른 감정 또는 심리학적 메커니즘을 동정심이라는 하나의 개념으로 뭉뚱그려 이해한다. 그가 동정심을 때로는 본질주의적인 도덕의 기반으로, 때로는 맥락주의적으로 묘사하는 것은 바로 이러한 이유 때문이다. 그리고 이처럼 연민과 동정심을 개념적으로 분명하게 구분해내지는 못했지만, 흄의 동정심 개념에는 연민의 감정이 섞여있기 때문

---

5 미러 뉴런mirror neuron은 어떤 대상이 자기 스스로 특정 행동을 할 때와 타인이 비슷한 행동을 하는 것을 목격할 때 동일하게 작동하는 신경 뉴런이다. 신경학자들은 미러 뉴런의 활동을 공감이나, 행동 학습, 언어 학습과 같은 다양한 기능과 연결시킨다. 하지만 미러 뉴런을 연민의 존재 유무와 직접적으로 연관시킬 수 있는지는 아직 알려지지 않았다. 미러 뉴런과 관련된 연구는 주로 원숭이와 새의 관찰을 통해 발견되었다. 그렇지만 인간에게도 미러 뉴런이 동일하게 존재한다는 많은 연구결과가 나와 있다. 이탈리아 파르마대학의 신경학자인 Giacomo Rizzolatti와 그의 연구팀은 미러 뉴런의 존재를 원숭이에서 처음 발견하여, "Action Recognition in the premotor Cortex"라는 제목으로 저널《Brain》에 게재했다 (119[2]: 593-609). 미러 "뉴런에 대한 더 자세한 설명은 다음을 참조하기 바란다: Christian Keysers, 2010. Mirror Neurons", Current Biology. 19(21): pp.971-973.

에, 다음 장에서 우리가 살펴보게 될 것처럼 그의 동정심 개념은 한 사회의 도덕적 위기에서도 그대로 도덕의 근본 기반으로서의 지위를 유지할 수 있게 된다. 이는 도덕 위기에 대한 스미스의 태도와 분명한 차이를 보여준다. 스미스의 동정심 개념은 이러한 객관적인 도덕감정, 즉 연민을 포함하고 있지 않기 때문에 도덕 위기 앞에서 동정심이 아닌 이성을 택한다.

4. 스미스의 공정한 관찰자가 느끼는 연민

스미스의 공정한 관찰자impartial spectator 개념은 동정심에 대한 서로 다른 이해가 어떻게 도덕에 대한 서로 다른 두 가지 관점을 낳을 수 있는지 보여준다. 스미스는 동정심을 우리가 '이성적 상상' 부르는 것에 의해 순전히 발현되는 사회적 감정으로 보고 인류 보편적인 연민의 존재를 인정하지 않는다. 다시 말해, 그는 흄과 달리 동정심 안에 본질적, 또는 생물학적으로 존재하는 어떤 객관적인 차원을 인정하지 않는다. 그리고 바로 그렇기 때문에 그는 한 사회의 도덕적 위기를 극복하기 위한 최후의 순간에 동정심이 아닌 이성에 호소할 수밖에 없다는 결론에 이른다.

스미스의 '공정한 관찰자'는 동정심 개념과 밀접하게 연결되어 있다. 왜냐하면 스미스에게 있어, "관찰자는 그 누구보다도 동정을 하는 존재"이기 때문이다(Brodie, 2006: 158). 스미스는 동정심이 "고통에 시달리는 자와 상상을 통해 입장을 바꿈으로써" 발생한다고 이해하는데(Smith, 1790: 5) 이는 흄이 동정심을 고통으로 일그러진 타인의 표정을 읽은 결과로 이해하는 것과 차이를 보인다. 여기서 우리는 스미스가 흄에 비해 동정심의 발현에 있어 상상력 측면을 더 강조하고 있음을 추론할 수 있다. 스미스는 우리가 마치 아무런 물리적 상호 작용이 없이도 죽은 사람과 공감을 할 수 있는 것과 마찬가지로 "우리가 전혀 느낄 수 없는 강렬한 감정을 다른 사람을 대신해서" 종종 느끼는 것은 우리가 그들의 입장을 상상하기 때문에 가능하다고 말한다(Smith, 1998: 7).

공감이 상상을 통해 이루어지는 것이라면, 고통을 겪는 자와 관찰자 사이의 거리는 매우 중요하다. 왜냐하면 우리가 머릿속에 그리는 상상의 생동감은 거리에 비례하기 때문이다. 그러나 여기서 중요한 점은 그 거리가 단순히 물리적 거리만을 가리키는 것이 아니라 사회문화적 거리를 포함한다는 점이다. 흄과 스미스는 거리에 대한 관념에서도 조금 차이를 보인다. 즉, 동정적 상상력 발현에 있어 흄은 물리적 거리에 더 초점을 맞추는 반면, 스미스는 문화적 거리에 더 중요성을 부여한다. 이러한 차이는 스미스로 하여금 동정심을 개인들이 일상적인 상호 작용을 통해 스스로의 도덕을 타인과 일치시킬 수 있는 "사회적 존재"로 만들어주는 하나의 "사회적 관습"으로 이해하도록 만든다(Forman-Barzilai, 2010: 12-13).[6]

---

6 흄이 "타인에 대한 동정심은 우리 스스로에 대한 관심보다 더 흐릿하고, 가까이 있는 타인에 대한 동정심보다 멀리 떨어져 있는 타인에 대한 동정심이 훨씬 더 흐릿하다"라고 말할 때, 그가 거리를 물리적 의미로 이해하고 있음을 알 수 있다(Hume, 1998: 49). 그가 거리를 이처럼 물리적 의미로 파악하는 이유는 흄이 "사물의 시야"를 중시하기 때문이다(Hume, 2007: 239). 이러한 공간 중심의 거리 관념은 동정심에 대한 이해에 그대로 적용

이처럼 스미스의 관찰자는 동정을 메커니즘으로 하여 그가 속한 사회의 도덕적 관습을 학습하는 관찰자이다. 즉, 스미스의 관찰자는 "사회라는 거울"을 통해 자기 스스로와 사회 내 다른 구성원들을 끊임없이 비교 관찰하고, 그들과 공감을 하는 과정에서 그들의 가치와 도덕 원칙을 학습한다. 이는 곧 관찰자가 그를 둘러싼 개인들과의 반복된 공감의 경험을 통해 "그를 둘러싼 사회적 맥락"을 반영하는 사회적 양심을 내면화함을 의미한다(Smith, 1790: 100).

이렇게 동정심을 통해 도덕을 모두 학습하는 스미스의 관찰자는 근본적으로 도덕 상대주의자이다. 왜냐하면 그는 오직 그가 속한 사회에서 인정되는 도덕 원칙만을 받아들일 뿐, 그가 속한 사회를 초월하여 존재하는 어떤 객관적인 도덕 기준을 알지 못하기 때문이다. 그렇다면 이러한 윤리 상대주의적 관찰자는 자신이 속한 사회의 타락을 어떻게 극복 할 수 있을까? 예를 들어, 이 사회가 영아 살해와 유기를 하나의 관습으로 받아들인다면, 공감만을 통해 도덕적 관점을 키운 이 스미스의 관찰자가 어떻게 이 관습을 수정, 또는 폐기할 수 있을까? 아마 그들은 애초에 영아 살해나 유기와 같은 관습이 도덕적으로 타락했다는 사실을 인정하려 들지 않을 것이다. 그들에게 중요한 것은 오직 그들이 공유하는 도덕 기준이기 때문에 관습으로 굳어진 이러한 행위를 그들 스스로 비도덕적

된다. 그 결과 그는 "멀리 떨어진 덕목은 고정된 별과 같다"라고 말하며 또한 "이 덕목을 좀 더 가까이 가져오면, 우리의 마음은 즉시 사로잡히고, 동정심은 발휘될 것이다"라고 말한다(Hume, 1998: 45). 이러한 거리에 대한 공간 중심의 이해는 흄으로 하여금 동정심은 오직 관찰자가 감정의 "원인"과 "결과"를 직접적으로 인식할 때만 발생한다고 생각하도록 만든다(Hume, 2007: 368).

이라 받아들이지 않을 것이다.

여기서 만약 스미스가 애초에 자신의 관찰자를 도덕적 상대주의자로 개념화했다면 이는 논리적으로 아무런 문제가 되지 않는다. 하지만 스미스는 그의 관찰자를 도덕적 상대주의로 그리지 않는다. 스미스는 그의 관찰자가 당연히 위의 행위들을 도덕적으로 타락한 행위로 판단할 것이라고 여긴다. 그렇다면 문제는 그가 개념화한 동정하는 관찰자가 오직 사회라는 거울을 통해서만 도덕을 학습할 수 있다고 할 때, 이 관찰자는 이러한 행위들에 대해서 어떻게 비판을 할 수 있는가? 다시 말해, 이 관찰자는 어떻게 자신의 문화적 맥락에서 벗어나 객관적인 판단을 내릴 수 있는가?

스미스의 해결책은 그의 관찰자를 단순히 동정하는 관찰자를 넘어서 이성적 사고가 가능한 공정한impartial 관찰자로 변화시키는 것이다. 이에 대해 스미스는 다음과 같이 진술한다: "가장 강력한 자기애(이기심)의 충동을 물리칠 수 있는 것은 인류의 부드러운 힘이 아니며 이는 자연이 인간의 마음에 불붙인 연약한 박애의 불꽃도 아니다. 그것은 이성이고 원칙이며, 양심이고 가슴 속에 존재하는 어떤 이이며, 우리 안의 어떤 사람, 우리의 행위의 위대한 심판자이며 중재자이다. 옳지 못한 방식으로 구현된 자기애는 오직 공정한 관찰자의 눈을 통해서만 수정될 수 있다(Smith, 1790: 120)".

스미스는 이와 같이 객관적인 도덕 판단이 요구되는 순간 동정하는 관찰자를 "어느 정도의 성찰, 그리고 심지어는 철학"을 하는 "제3의 눈을" 갖는 공정한 관찰자로 변신시킨다(Smith, 1790: 119). 이러한 변신을 통해 스미스의 관찰자는 주관적인 관찰자에서 갑자기 객관적인 관찰자로 변화한다. 이러한 맥락에서 너스바움은 스미스의 공정한 관찰자가 "오직 세상에 대한 합리적인 생각과, 견해, 공상들만을 갖도록 함으로써 합리적인 도덕 관점을 본뜨도록 고안되었다"고 평가한다(Nussbaum, 1997: 73). 센(2009, xx)은 공정한 관찰자가 그를 둘러싼 사회적 맥락으로부터 거리를 두는 만큼 이 관찰자는 도덕 판단을 내리는 데 있어 동정보다 이성을 선호한다고 말한다. 스미스는 동정적 상상이 연민과 같은 객관적인 관점이 개입되지 않은 본질적으로 사회적 성격을 갖는다고 말한다. 그는 그렇기 때문에 사회의 타락을 동정심을 통해서는 수정할 수 없다고 판단하다. 왜냐하면 동정심은 그 사회적 타락의 결과물이거나 최소한 그 타락을 반영할 수밖에 없기 때문이다. 위의 예를 다시 인용하자면, 동정심만을 갖은 관찰자는 영아 유기나 살해와 같은 관습을 도덕적으로 용인하거나 최소한 잘못되지는 않았다고 판단할 수밖에 없다. 그렇기 때문에 스미스는 객관적 판단이 필요한 순간 동정을 버리고 이성에 기댈 수밖에 없는 것이다.

하지만 스미스의 관찰자는 동정하는 관찰자에서 어떻게 객관적인 도덕 판단이 가능한 공정한 관찰자로 스스로를 변화시킬 수 있을까? 그리스월드(Griswold, 2006: 26)는 그 대답을 스미스의 동정심 개념에서 찾는다. 그는 스미스에게 동정하는 관찰자는 기본적으로 동정적 상상을 통해 타인의 입장에서 봄으로써 타인을 이해하는 자가 맞지만 스미스가 개념화한 동정적 상상은 단순히 대상을 "있는 그대로 대표하거나 재생산하지 않는다". 스미스의 동정적 상상은 "상대의 상황으로 흘러들어가 이를 채우려는, 그리고 이 과정 속에서 발견한 것들을 하나의 응집성 있는 이야기로 엮어내는 어떤 내러티브narrative"에 가깝다. 스미스의 관찰자는 이러한 능동적인 상상을 통해" 상대방의 특성에 대한, 아니, 이를 넘어 그의 이야기에 접근할 수 있게 되고," 그리고 그 결과로 공정한 관점을 획득할 수 있게 된다(Griswold, 2006: 27).

하지만 그리스월드의 설명에도 불구하고 여전히 애초에 사회화를 통해서만 도덕을 학습할 수 있다고 개념화된 관찰자가 어떻게 이러한 제3의 관점을 갖게 됐는가에 대한 의문이 남는다. 포만-바질라이 역시 이러한 문제를 지적한다(Forman-Barzilai, 2010: 163). 그는 스미스 스스로가 그의 관찰자가 "고독 속에서 혼자 성장한 개인은 스스로의 얼굴이 아름다운지 아니면 추한지에 대해 알 수 없는 것처럼, 스스로의 성격, 그가 가진 도덕 감정과 행위의 특성이나 문제점, 그의 마음의 아름다움이나 타락에 대해서 알 수 없다고" 진술할 때, 그의 관찰자가 도대체 어떻게 도덕 판단을 가능케 하는 객관적 관점을 획득할 수 있는가에 의문을 제기한다.

이것은 스미스의 공정한 관찰자를 객관적인 관찰자로 해석하는 이들에게 분명 강력한 도전이 되는 질문이다. 매라주이저인 관찰자가 갑자기 객관적인 관찰자로 변신하는 지점에서 스미스의 이론이 일관성이 없거나 심지어 모순적이라 생각될 수 있는 여지가 충분히 있다. 여기서 한 가지 주목해야 할 사실은 스미스가 이성이라는 단어를 사용하지만 그 스스로 그가 말하는 이성이 객관적이라고 말하고 있지는 않다는 점이다. 위의 인용문에서 볼 수 있듯이, 스미스는 이성을 오직 "원칙이고, 양심이며, 가슴 속에 존재하는

어떤 이이며, 우리 안의 어떤 사람, 우리의 행위의 위대한 심판자이
며 중재자"로 정의할 뿐이다. 이러한 발견은 스미스가 공정한 관찰
자를 말할 때, 그가 이를 통해 어떤 객관적인 관찰자를 의도한 것이
아닐 수 있음을 암시한다. 다시 말해, 그가 "제3자의 눈"을 통해 의
도한 것은 어떤 초월적인 객관적 시각이 아닌 단순히 (반드시 객관
적이라고 할 수 없는) 외부의 시각 그 이상도 그 이하도 아닐 수 있다
는 것이다.

센(Sen, 2009: 125)은 바로 이러한 이해에서 '열린 공정성'이라
는 개념을 제시한다. 열린 공정성은 객관성으로서의 공정성이 아
닌 열림openness으로서의 공정성을 의미하는데, 이는 곧 외부 사회
로부터의 사심 없는disinterested 사람들에 의해 내려지는 판단을 가
리킨다. 이 열린 공정성은 자기문화중심주의에서 벗어나 좀 더 객
관적인 도덕 원리를 찾을 수 있도록 해주지만, 이때 이는 초월적인
객관적 관점이 아닌 "다른 곳으로부터의 다른 관점"과의 비교를 통
해 끊임없는 자기 성찰을 하도록 하는 "진지한 검토"를 통해서 이
루어진다(Sen, 2009: 130).

센은 열린 공정성의 개념을 이용해 공정성을 초월적 의미의 객
관성이 아닌 외부 관점과의 비교 검토를 통해 도출되는 열린 객관
성으로 재정의함으로써, 스미스의 관찰자 개념이 빠질 수 있는 모
순을 효과적으로 극복한다. 공정성은 더 이상 시공간을 초월하는
객관성이 아닌 자신이 속한 사회와 외부의 비교를 통해 달성될 수
있는 것이기 때문에, 스미스의 공정한 관찰자는 더 이상 주관성에
서 객관성을 도출해내는 데 아무런 모순을 겪지 않게 된다. 하지만

만약 이렇게 공정성을 열림으로 재정의하게 될 때 이성의 역할을 어떻게 생각해야 하는지에 대한 의문이 남는다. 왜냐하면 센의 열린 공정성은 이성을 도덕판단의 기준 그 자체라기보다는 특정한 도덕감정에 근거하여 장점과 단점을 구분하고 이에 따라 기존의 도덕감정을 수정하는 수단으로 개념화되기 때문이다. 만일 그렇다면 센의 열린 공정성 개념은 스미스의 공정한 관찰자 개념보다 도덕감정과 이성에 대한 흄의 관점과 더 유사하게 된다.

다시 흄으로 돌아가 보자. 흄은 일반적으로 이성보다 도덕감정을 우선시한 사상가로 여겨지지만, 사실 흄은 도덕 판단에 있어 이성이 매우 중요한 역할을 수행한다는 점을 인정한다. 심지어 그는 이성은 우리의 도덕적 욕망을 이해하는데 필수적인 도구이기 때문에, 종종 "우리의 강렬한 (도덕)감정이 아무런 저항 없이 이성에 굴복"할 수도 있음을 인정하기까지 한다(Hume, 2007: 435).[7] 다시 말해, 흄은 비록 이성이 도구적 수단이긴 하지만, 도덕 판단에 있어 그 중요성을 무시할 수 없다는 점을 인정하고 있는 것이다. 하지만

---

7   흄이 이성보다 감정을 도덕 판단의 근거로 보는 것이 사실이지만 그가 이성의 역할을 완전히 무시하는 것은 아니다. 흄은 사실 도덕 판단에 있어 이성이 매우 중요하다고 보는데, 그래서 노턴은 "흄은 우리의 모든 사고되지 않은 반사적인 판단은 이성의 돌봄을 받아야 한다고 주장하거나, 또는 오직 반성적이고, 편향되지 않은 태도를 가질 때만 도덕적 판단이 가능하다고 주장하는 것으로 이해될 수 있다"고 말한다(Norton 1982: 12). 프레이저 또한 흄의 도덕감정론이 "단순히 이성을 감정의 노예로 놓는다"고 이해하기보다는 "반성적인 도덕감정"을 이야기하는, 다시 말해, "이성을 포함한 모든 능력이 조화롭게 하나의 정신을 형성"하는 것으로 이해되어야 한다고 주장한다. 흄에 대한 노턴의 더 자세한 설명은 David Fate Norton. 1982. *David Hume: Common-Sense Moralist, Sceptical Metaphysician*. Princeton, New Jersey: Princeton University Press: pp.127-133; Fraser에 대한 논의는: Michael J Fraser, 2010. *The Enlightenment of Sympathy: Justice and the Moral Sentiments in the Eighteenth Century and Today*. New York: Oxford University Press: pp.3-14, pp.40-64.

"이성은 감정의 노예이고, 노예이어만 하며, 감정에 봉사하고 복종하는 것 이외에 아무런 역할도 할 수 없다"는 그의 주장은 흄이 여전히 이성이 아닌 도덕감정을 더 본질적인 도덕 판단의 기준으로 인식하고 있음을 보여준다(Hume, 2007: 266). 그렇다면 도덕감정을 도덕 판단의 근본 기준으로 삼는 흄은 어떻게 도덕 상대주의를 극복하는가?

스미스에서와 마찬가지로 흄에게 있어서도, 동정은 관찰자가 도덕을 형성하는 핵심적 메커니즘이다. 하지만 동정에 대한 흄의 아이디어는 스미스의 것과는 뚜렷한 차이를 보인다. 가장 핵심적인 차이는 스미스는 동정을 상상의 결과물, 너스바움의 분류를 이용하자면, 단순히 공감과 일치시키는 반면, 흄은 동정을 공감에 더해 생물학적으로 모든 인간에게 보편적으로 존재하는 연민을 포함하는 개념으로 이해하고 있다는 점이다.[8] 이러한 차이로 인해, 흄은 스미스의 주장과는 구분되는 "공통감각의 도덕common sense morality" 체계를 완성한다. 노튼의 해석에 따르면, 이 공통감각의 도덕은 흄에게 있어 도덕 판단의 세 가지 핵심적인 역할을 수행한다. 우선 "공통감각의 도덕은 스스로의 협애한 이익에서 벗어나도록 해준

---

8 이처럼 연민compassion을 인간의 객관적인 천성으로 보는 것은 많은 부분에서 루소의 연민pity 개념과 유사하다. 루소는 인간이 두 가지 천성을 갖는다고 보았다. 하나는 "우리로 하여금 스스로의 안위와 자기보존에 관심을 갖도록 해주는" 자기이익이고, 다른 하나는 "감정을 가진 동물, 특히 인간이 고통을 겪거나 죽는 모습에 대해 자연적인 반감을 불러일으키는" 연민이라고 보았다. 그는 이러한 두 감정이 모든 인간에게 자연적으로 내재해 있고, 이 둘의 조합이 "모든 자연권의 원천"이며, 특히 연민이 도덕의 기반을 이룬다고 보았다(Rousseau, 1994: 17). 그는 "인간이 연민의 내적 충동에 저항하지 않는 한, 자신의 목숨이 위협받는 경우를 제외하고는, 다른 인간들 심지어는 감정을 가진 동물들에게 악행을 행하지 않을 것"이라 주장한다(Rousseau, 1994: 18).

다." 두 번째로, "공통감각의 도덕은 우리가 타인과 판단, 의견, 감정을 공유하고 있다는 사실을 알 수 있도록 해준다." 세 번째로, "공통감각의 도덕은 옳고 그름에 대한 일반적이고 간주간적인 도덕 기준을 만들도록 해준다(Norton, 1975: 541-542)".

공통감각의 도덕의 첫 두 기능은 도덕을 사회적 영향력에 민감하도록 만드는 기능을 하는데, 이는 스미스의 공감 기능과 유사하다. 하지만 마지막 기능은 흄의 공감 개념만이 갖는 독특한 기능이다. 옳고 그름에 대한 일반적이고 간주간적인 기준은 단순히 주관적이지 않다. 이는 흄의 말에 따르면 "어떤 성격과 행동 방식을 승인하거나 불허하도록 하는 일반적으로 불변의 기준"에 해당한다(Norton, 1975: 542). 그렇다면 여기서 스미스의 공정한 관찰자에서와 같은 동일한 의문이 제기된다. 이 도덕에 대한 "불변하는 기준"은 도대체 어디서 오는가? 우리는 이미 스미스의 공정한 관찰자를 검토하면서, 단순히 사회화만을 통해서는 이러한 객관적인 관점을 획득하기 불가능하다는 사실을 알고 있다. 그렇기 때문에 스미스는 객관적 판단이 필요한 순간 동정을 버리고 이성을 택했다는 것 또한 알고 있다. 여기서 흄은 이 객관적인 판단의 기준을 바로 연민으로부터 얻는다. 그리고 이 연민은 그의 동정심의 개념에 포함되어 있기 때문에 그는 객관적 도덕 판단이 필요한 순간 스미스처럼 공감을 버리고 이성을 택할 필요가 없이 동정이라는 도덕 감정에 의존할 수 있는 것이다.

5. 결론: 보편적 인권을 규정하는 이성과 연민

지금까지 살펴본 도덕 판단의 기준으로서 연민은 몇 가지 약점을 갖는다. 연민의 인식론적 구조에 대한 너스바움의 분석은 그 약점을 이해하는 데 좋은 출발점이 될 수 있다. 그녀는 연민이 발현되기 위해서는 세 가지의 인식론적 조건이 충족되어야 한다고 말한다. 우선, 상대방의 고통이 충분히 심각해야 한다. 둘째로, 그 고통이 스스로가 아닌 타인에 의해 유발된 것이어야 한다. 그리고 마지막으로, 관찰자가 그 고통을 겪고 있는 사람이 나의 삶이나 목적에 영향을 미칠 수 있는 중요성을 지닌다고 생각해야 한다. 여기서 '비슷한 가능성에 대한 판단'은 관찰자가 자신의 친구가 아닌, 경험을 공유하지 않는 타인들에게까지 관심을 갖도록 해주는 역할을 한다. 흄과 스미스에서 공감적 상상은 관찰자가 상상을 통해 고통을 받는 자의 입장에 설 수 있도록 함으로써 이러한 '비슷한 가능성에 대한 판단'을 가능하게 해준다(Nussbaum, 2001: 297-341).

그러나 너스바움은 연민이 항상 긍정적인 방식으로 발현되지는 않는다고 말하면서 이는 개인 간의 사회 계급이 연민의 발현을 위해 필요한 공감과 '비슷한 가능성에 대한 판단'을 종종 가로막기 때문이라고 지적한다. 다시 말해, 마치 고대의 귀족이 노예의 고통을 공감하지 못했던 것처럼 어떤 부류의 사람들은 자신의 삶의 가능성이 타인과 질적으로 다르다고 여기기 때문에 타인의 고통에 공감하지 못한다는 것이다. 너스바움은 세 개의 병리학적 감정이 이러한 차별적 믿음을 유발한다고 분석한다. 우선, 수치심shame은 관찰자를 "병리학적으로 나르시시즘"에 빠지게 만들어 그가 자기 자신의 밖으로 나오지 못하게 만든다. 둘째로, 질투envy는 타인의 성취에 대해 비관용적으로 만듦으로써 관찰자가 타인의 상실과 슬픔에 무감각하게 만든다. 마지막으로, 혐오감disgust은 관찰자로 하여금 '우리'와 '그들'을 임의적으로 갈라 '그들을' 무조건적으로 증오하도록 만든다(Nussbaum, 2001: 342-450).

그렇다면 어떻게 연민을 이러한 장애로부터 보호할 수 있을까? 너스바움은 그 해결책으로서 이성을 제시한다. 그녀는 이성에 의해 만들어진 규칙과 제도가 연민을 올바른 방향으로 발현되도록 하는 데 필수적 요소라고 말한다. 연민이 사회적 지위나 병리학적 감정으로 인해 발현되지 않거나 왜곡되기 쉽다는 그녀의 분석을 고려할 때 이는 충분히 합리적인 제안이라 할 수 있다. 그러나 연민에 대한 그녀의 분석은 연민이 가진 힘을 지나치게 과소평가하고 있다. 너스바움은 연민의 작용에 있어 상상력의 메커니즘에 큰 비중을 두기 때문에 연민의 왜곡 가능성을 너무 크게 판단한 것이다. 그렇지만 연민의 발현이 이러한 상상력 없이도 가능하다면 연민의 실패에 대한 너스바움의 지적은 설득력을 잃게 될 수 있다.

물론 너스바움은 이러한 비판을 받아들이려 하지 않을 것이다. 왜냐하면 그녀 스스로가 공감이 "연민의 발현에 반드시 필요한 것은 아니며, 단지 연민이 발현되는 두드러진 방식일 뿐"이라고 인정하고 있기 때문이다(Nussbuam, 2003: 332). 이는 너스바움의 입장에서 자신의 이론을 일관되게 만들기 위해 인정해야만 하는 부분이다. 왜냐하면 만일 스미스의 동정심 개념과 마찬가지로 연민이 단순히 상상력의 결과물이라면, 연민은 본질적인 도덕적 원천으로서의 객관적 성격을 잃기 때문이다. 그러나 그녀는 이 부분에 대한 주장에서 일관되지 못하다. 너스바움은 이후의 저작에서, "연민을 성공적으로 발현시키려는 목적의 모든 대화는 상상력의 작용을 필요로 한다"라고 진술함으로써, 연민의 발현에 있어 상상력이 필요불가결한 역할을 하는 것으로 입장을 바꾼다(Nussbaum, 2003: 24). 여기에서 연민은 공감과 거의 동일시되고, 이는 그녀의 이론을 그녀 스스로 공격했던 주관주의적 동정심 이론처럼 비판에 취약하게 만든다.

공감은 분명 연민을 일깨울 수 있는 하나의 중요한 매개체적 역할을 수행한다. 그러나 공감은, 그녀가 애초에 지적한 것처럼, 연민의 발현을 위한 하나의 메커니즘이 아니며 또한 필수적이지도 않다. 연민은 타인에 대한 상상 없이도 즉각적으로 발현될 수 있다. 예를 들어, 어떤 한 사람이 큰 소리를 지르며 매우 고통스러워하고 있다고 가정해보자. 우리는 정말 그의 입장에 서서 생각해볼 시간이 필요할까? 그가 느끼는 고통이 충분히 크고 이 상황을 내가 즉각적으로 알 수 있다면 내가 그에게 연민을 느끼는 데 너스바움이 말한 것과 같이 나의 목표에 얼마나 도움이 되는 존재인지에 대한 판단 등은 거의 불필요하다. 그것은 연민의 감정이 동물의 고통에 대한 직관적인 반응이기 때문이다. 여러 병리학적인 감정들이 공감적 상상을 방해한다는 너스바움의 분석은 분명 일리가 있다. 하지만 만일 공감이 애초에 연민에 필수적인 메커니즘이 아니며 본능적으로 발동되는 것이라면, 우리는 더 이상 그러한 부정적 감정들이 연민의 발현에 큰 방해가 될 수 없다는 사실을 받아들일 필요가 있다.

도덕은 공정함에서 오는 것이 아니다. 어떤 관찰자가 완벽히 공정하다 하더라도 그가 동정의 마음을 가지고 있지 않다면 그는 고통에 빠진 사람을 발견한다 하더라도 아무런 조치를 하지 않을 것이다. 왜냐하면 그는 공정할 뿐 연민의 마음이 없어서 타인을 위해 행동할 동기를 갖지 않기 때문이다. 반면 어떤 사람이 불공정하지만 연민의 마음을 갖고 있다면, 그 또한 아무것도 하려하지 않을 것이다. 그의 이기심이 스스로 손해를 보면서 남을 돕는 행위를 막을 것이기 때문이다. 그렇지만 그가 이성의 도움을 받아 스스로를 공정하게 만들게 되면 그는 이제 고통에 빠진 사람을 위해 그가 할 수 있는 모든 것을 하려 할 것이다. 이 설명은 한 개인이 도덕적인 인간이 되기 위해 이성과 동정심이 모두 필요하지만 동정심은 도덕적 원천으로서, 그리고 이성은 도구로서 작용한다는 사실을 말해준다. 스미스의 관찰자는 공정한 관찰자처럼 보이지만 사실 자세히 들여다보면 연민을 느끼는 관찰자인 것이다.

이성은 오랫동안 보편적 인권의 도덕적 기반으로 여겨져 왔다. 그러나 문화적 다양성이 점점 더 널리 나타나는 현대 사회에서 이에 둔감한 이성은 더 이상 인권의 기반으로 여겨지기 힘들게 되었다. 이제 우리는 보편적이면서도 동시에 가치의 다양성에 민감하게 반응하는 새로운 원천이 필요하다. 우리는 이 글에서 도덕감정을 인권을 위한 새로운 원천으로 제시했다. 우리는 공감하는 존재이기에 사회적, 그리고 문화적으로 변형 가능한 존재이다. 또한 우리는 타인과 공감하기 때문에 우리가 보고 경험하는 것에 맞추어 우리의 관점을 변화시킬 수 있다. 우리는 연민을 느끼는 동시에 공감하는 존재이다. 그리고 바로 그렇기 때문에 우리에게는 보편적 인권이 가능하다.

다시 말하자면, 우리는 생각하는 존재이기 때문이 아니라 감정을 느끼는 존재이기 때문에 인권을 필요로 한다. 우리가 명예살인이나, 고문, 강간, 노예와 같은 끔찍한 행위를 목격하거나 그 상황에 대해 전해들었을 때 우리와 그들이 일상적인 경험을 공유하지 않음에도 불구하고 마음의 괴로움을 느끼는데, 이는 무엇보다도 우리 스스로가 생물학적으로 연민을 느끼는 존재이기 때문이다. 그리고 바로 그렇기 때문에 이러한 비도덕적은 행위들이 한 공동체 안에서 협의를 통해 지지되고 용인된다 하여도 우리는 이를 비도덕적으로 비판하고 거부할 수 있는 것이다. 이러한 행위들이 한 문화권 내에서 정당화되고 행해진다는 그 사실이 결코 이러한 행위를 도덕적으로 정당화 할 수는 없다. 인권은 단지 세상에 존재하는 인간들이 가져야할 권리일 뿐이며 인권은 이것이 갖는 도덕적 무게에 비례하는 정당화 기반을 요구한다. 그렇기 때문에 인권은 어떠한 초월적인 기반을 요구하지 않으며 인권을 정당화하기 위해 필요한 것은 단지 인류를 진정으로 대표할 수 있는 인간의 보편적 감정이면 충분하다. 우리는 이 인간의 감정이 연민이라 믿으며 바로 이 연민이 인권의 보편성을 지지한다고 믿는다.

American Anthropological Association. 1947. Statement on Human Rights. American Anthropologist 49: 539-43.

American Anthropological Association. 1999. Declaration on Anthropology and Human Rights. Drawn from: http://www.aaanet.org/about/Policies/statements/Declaration-on-Anthropology-and-Human-Rights.cfm

Baier, Annette. 1991. *A Progress of Sentiment*. Cambridge, MA: Harvard University Press.

Bentham, Jeremy. 2002. "Nonsense upon Stilts," in *Rights, Representation, and Reform: Nonsense Uponstilts and Other Writings on the French Revolution*, ed. Philip Schofield, Catherine Pease Watkin, and Cyprian Blamires. Oxford: Oxford University Press.

Brodie, Alexander. 2006. "Sympathy and the Impartial Spectator." In *The Cambridge Companion* to Adam Smith, ed. Knud Haakonssen. New York: Cambridge University Press.

Brogan, A.P. 1931. "Objective Pluralism in the Theory of Value." *International Journal of Ethics*. 41(3): 287-295.

Donnelly, Jack. 1982. "Human Rights and Human Dignity: An Analytic Critique of Non-Western Conceptions of Human Rights." *American Political Science Review*. 76(2): 303-316.

Donnelly, Jack. 2003. *Universal Human Rights in Theory & Practice. Ithaca*: Cornell University Press.

Donnelly, Jack. 2007. "The Relative Universality of Human Rights." *Human Rights Quarterly*. 29: 281-306.

Evans, Tonay. 2005. *The Politics of Human Rights: Global Perspective*. Ann Arbor: Pluto Press.

Forman-Barzilai, Fonna. 2010. *Adam Smith and the Circles of Sympathy: Cosmopolitanism and Moral Theory*. New York: Cambridge University Press.

Fraser, Michael L. 2010. *The Enlightenment of Sympathy: Justice and the Moral Sentiments in the Eighteenth Century and Today*. New York: Oxford University Press.

Gewirth, Allan. 1982. *Human Rights: Essays on Justification and Application*. Chicago: University of Chicago Press.

Goetz, Jennifer L, Dacher Keltner, and Emiliana Simon-Thomas. 2010. "Compassion: An Evolutionary Analysis and Empirical Review." *Psychological Bulletins*. 136(3): 351-74.

Gould, Carol G. 2004. *Globalizing Democracy & Human Rights*. Cambridge: Cambridge University Press.

Griswold, Charles, L. 2006. "Imagination: Morals, Science, and Arts." In *The Cambridge Companion to Adam Smith*, ed. Knud Haakonssen. New York: Cambridge University Press.

Haidt, Jonathan. 2003. "Moral Emotion." In *Handbook of Affective Sciences*, R.J. Davidson, K. R. Scherer, & H. H. Goldsmith ed. Oxford: Oxford University Press.

Hatch, Elvin. 1983. *Cultural and Morality: The Relativity of Values in Anthropology*. New York: Columbia University Press.

Herzog, Don. 1985. *Without Foundation: Justification in Political Theory*. Ithaca: Cornell University Press.

Hume, David. 2007 [1739]. *A Treatise on Human Nature*. New York: Oxford University Press.

Hume, David. 1998 [1751]. *An Enquiry Concerning the Principles of Morals: A Critical Edition*, ed. Tom L. Beauchamp. Oxford: Clarendon Press.

Immordino-Yang, Mary Helen, Andrea McColl, Hanna Damasio, and Antonio Damasio. 2009. "Neural Correlates of Admiration and Compassion." *Proceedings of the National Academy of Sciences*. 106(19): 8021-8026.

Kant, Immanuel. 1998. *The Groundwork of the Metaphysics of Morals*. Cambridge and New York: Cambridge University Press.

Kim, Nam-Kook. 2010. "Cultural Rights as Universal Human Rights?" *Korean Journal of International Studies*. 50(1): 261-264.

Lampert, Khen. 2005. *Traditions of Compassion: From Religious Duty to Social Activism.* Houndmills: Palgrave Macmillan.

MacIntyre, Alasdair. 1984[1981]. *After Virtue.* Indiana: University of Notre Dame Press.

Morsink, Johannes. 2009. *Inherent Human Rights: Philosophical Roots of the Universal Declaration.* Philadelphia: University of Pennsylvania Press.

Mutua, Maku. *Human Rights: A Political & Cultural Critique.* Philadelphia: University of Pennsylvania Press.

Norton, David Fate. 1975. "Hume's Common Sense Morality." *Canadian Journal of Philosophy.* 5(4): 523–543.

Norton, David Fate. 1982. *David Hume: Common-Sense Moralist, Sceptical Metaphysician.* Princeton, New Jersey: Princeton University Press

Nussbaum. Martha C. 1992. "Human Functioning and Social Justice: In Defense of Aristotelian Essentialism." *Political Theory.* 20(2): 202–46.

Nussbaum. Martha C. 1997. "Capabilities and Human Rights." *Fordham Review.* 66(2): 273–300.

Nussbaum. Martha C. 1997. *Poetic Justice.* Boston: Beacon Press.

Nussbaum. Martha C. 2001. *Upheavals of Thought: The Intelligence of Emotions.* New York: Cambridge University Press.

Nussbaum. Martha C. 2003. "Compassion & Terror." *Daedalus.* 132(1): 10–26

Perry, Michael J. 1998. *The Idea of Human Rights: Four Inquiries.* Oxford: Oxford University Press.

Perry, Michael J. 2007. *Toward a Theory of Human Rights: Religion, Law, Courts.* New York: Cambridge University Press.

Pres, Ann-Belinda S. 1996. "Human Rights as Cultural Practice: An Anthropological Critique." *Human Rights Quarterly.* 18: 286–315.

Renteln, Alison Dundes. 1985. "The Unanswered Challenge of Relativism and the Consequences for Human Rights." *Human Rights Quarterly.* 7(4):514–540.

Rorty, Richard. 1993. "Human Rights, Rationality, and Sentimentality." In *On Human*

Rights, ed. Stephen Shute & Susan Hurley. New York: Basic Books.

Rorty, Richard. 2007. *Philosophy as Cultural Politics: Philosophical Papers*, Volume 4. New York: Cambridge University Press.

Rousseau, Jean-Jacques. 1994 (1755). *Discourse on Inequality*. New York: Oxford University Press.

Scanlon, Thomas. 2003. *The Difficulty of Tolerance. Essays in Political Philosophy*. Cambridge, New York: Cambridge University Press.

Sen, Amartya. 2004. "Elements of a Theory of Human Rights." *Philosophy & Public Affairs* 32(4): 315-356.

Sen, Amartya. 2009. *The Idea of Justice*. Cambridge, MA: The Belknap Press of Harvard University Press. (Kindle version)

Sen, Amartya. 2010. "Introduction." *In The Theory or Moral Sentiments*. New York: Penguin Books.

Slote, Michael. 2010. *Moral Sentimentalism*. New York: Oxford University Press.

Smith, Adam. 1790. *The Theory of Moral Sentiments*. Drawn from http://www.ibiblio.org/ml/libri/s/SmithA_MoralSentiments_p.pdf

Smith, Barbara Herrnstein. 1988. *Contingencies of Value: Alternative Perspectives for Critical Theories*. Cambridge, MA: Harvard University Press.

Shue, Henry. 1980. *Basic Rights: Subsistence, Affluence and U.S. Foreign Policy*. Princeton: Princeton University Press.

Tilley, John J. 2000. "Cultural Relativism," *Human Rights Quarterly*. 22: 501-547.

Valentini, Laura. 2012. "In What Sense Are Human Rights Political?" *Political Studies*. 60: 180-94.

Young. Iris M. 1990. *Justice and the Politics of Difference*. Princeton: Princeton University Press.

Zizek, Slavoj. 2005. "Against Human Rights." *New Left Review*. 34: 115-131.

찾아보기

저자정보

양승태

현재 이화여자대학교 명예교수. 미국 노스웨스턴대학교에서 밀John Stuart Mill 연구로 정치학 박사 학위를 받았으며, 한국정치사상학회 초대 회장과 이화여자대학교 사회과학대학 학장을 역임한 바 있다. 저서로는《앎과 잘 남: 희랍지성사와 교육과 정치의 변증법》,《이상과 우상 사이에서: 민주화시 대의 이데올로기들에 대한 비판적 성찰》,《대한민국이란 무엇인가: 국가정 체성 문제에 대한 정치철학적 성찰》,《소크라테스의 앎과 잘남》등이 있으 며, 동서양 및 한국 정치사상사에서 인성론의 문제가 주요 연구 주제이다.

최상용

서울대학교 문리과대학 외교학과를 졸업하고, 일본 도쿄대학교에서 정치 학 석사 및 박사 학위를 받았다. 고려대학교 정치외교학과 교수 및 동 대학 평화연구소장, 하버드대학교와 옌칭연구소 객원교수, 프랑스고등사회과학 원 초빙교수, 호세이대학교 교수, 세이케이대학교 법학부 교수, 아세아문제 연구소장, 한국정치학회장, 한국평화학회창립회장, 주일본 특명전권대사 를 역임했다. 주요 저서로는《미군정과 한국 민족주의》,《평화의 정치사상》, 《중용의 정치사상》3부작이 있으며,《중용의 삶》,《중용의 정치》등이 있다. 이외에도 30여 권의 저서와 50여 편의 논문이 있다.

박성우

서울대학교 외교학과를 졸업하고, 미국 시카고대학교에서 박사 학위를 받 았다. 중앙대학교 정치국제학과 교수를 거쳐 현재 서울대학교 정치외교학 부에 재직 중이다. 저서로는《영혼돌봄의 정치: 플라톤 정치사상의 기원과 전개》가 있고 투키디데스, 아리스토텔레스를 중심으로 고전정치철학과 국 제정치사상에 관한 논문들이 있다.

장현근

대만의 중국문화대학교에서 《상군서商君書》 연구로 석사 학위를, 《순자荀子》 연구로 박사 학위를 받았다. 현재 용인대학교 중국학과 교수이자 중국 길림대학교 겸임교수다. 저서로는 《맹자: 바른 정치가 인간을 바로 세운다》, 《맹자: 이익에 반대한 경세가》, 《성왕: 동양리더십의 원형》이 있으며, 다수의 역서와 논문들이 있다.

윤 비

서울대학교 외교학과를 졸업하고, 독일 훔볼트대학교에서 13세기로부터 마키아벨리에 이르는 정치사상의 변동에 대한 연구로 정치학 박사 학위를 받았다. 훔볼트대학교 정치학과와 역사학과에서 고중세 및 르네상스기 정치사상을 강의했고, 2010년부터 성균관대학교 정치외교학과에 교수로 재직하고 있다. 도상학과 문학을 포괄하는 정치사상연구에 관심이 있다.

이화용

이화여자대학교 정치외교학과 학사 및 석사과정을 졸업하고, 영국 케임브리지대학교에서 정치학 석사와 박사학위를 받았다. 현재 경희대학교 공공대학원 교수이며, 한국정치학회 편집이사, 한국정치사상학회 이사와 편집위원장, 한국서양중세사학회 이사 등을 역임했다. 저서로 《*Political Representation in the Later Middle Ages: Marsilius in Context*》 등이 있다.

안외순

이화여자대학교 정치외교학과에서 학사, 석사, 박사학위를 받았고 현재 한서대학교 국제관계학과 교수이다. 동양고전학회 회장을 역임하였고, 지금 한서대학교 동양고전연구소 소장 및 인문도시사업단 단장도 맡고 있다. 저역서로 《유교리더십과 한국정치》, 《민주주의의 한국적 수용》(공저), 《정치이론과 현대국가》, 《동호문답》 등과 수십 편의 논문이 있다.

김용민

서울대학교 정치학과에서 학사, 석사학위를 취득하고, 미국 시카고대학교 정치학과에서 석사, 박사학위를 취득했다. 현재 한국외국어대학교 정치외교학과 교수 및 사회과학대학 학장으로 재임하고 있으며, 한국정치사상학회 등의 회장을 역임했다. 주요 저서로는 《루소의 정치철학》이 있고, 공저로 《좋은 삶의 정치사상》,《서양근대 정치사상사》 등이 있다.

임금희

이화여자대학교 정치외교학과에서 학사, 석사를 받고〈피히테의 모국어 관념에 관한 연구〉로 정치학 박사학위도 받았다. 이화여대, 연세대, 한양대, 한서대 등에서 강의했고. 논문으로는 〈피히테의 '인정'으로서의 권리개념에 대한 고찰〉, 〈루소의 정치사회에서 언어의 역할〉, 〈미학과 정치: 독일 초기 낭만주의에 대한 사상사적 고찰〉 등이 있다.

박주원

이화여대 정치외교학과에서 학사, 석사, 박사학위를 받았다. 이화여대, 서강대 연구교수를 거쳐 현재 영남대학교 정치외교학과 교수로 재직 중이다. 공저로는 《맑스, 왜 희망인가》,《근대 계몽기 지식개념의 수용과 그 변용》,《이상국가론》,《현대 민주주의론》 등과 주요 논문으로 〈마르크스 사상에서 감성의 정치 혹은 문화정치의 가능성〉 등이 있다.

육혜원

이화여자대학교 정치외교학과를 졸업하였다. 독일 베를린자유대학교에서 정치학 석사, 박사학위를 받았으며, 현재 아주대학교, 경희사이버대학교 등에 출강하고 있다. 저서로《아비투어철학논술-플라톤, 소크라테스, 아리스토텔레스》,《레오스트라우스가 들려주는 정치 이야기》 등과 역서로《영웅본색. 세계사의 흐름을 바꾼 14인의 두 얼굴》,《미래전쟁》 등이 있다.

김성호

연세대학교에서 정치학 학사, 시카고대학교에서 석사 및 박사 학위를 취득했다. 미국정치학회가 수여하는 정치철학 부문 최우수 논문상인 레오 스트라우스상을 받았다. 윌리엄스대학 정치학과 조교수를 거쳐 현재 연세대학교 정치외교학과에 재직중이다. 대표 저서로는《*Max Weber's Politics of Civil Society*》와《*Making We the People*》등이 있다.

김남국

서울대학교 정치학과를 졸업하고 옥스포드대학교를 거쳐 시카고대학교에서 정치학 박사학위를 받았다. 한국정치학회보 편집위원장, 파리고등사회과학원과 프랑스 인간과학재단의 초빙교수를 역임했고, 한국정치학회 학술상을 수상하였으며, 유럽연합이 수여하는 장 모네 석좌교수에 선정되었고 2014년 마퀴스 후스후 세계인명사전에 등재되었다.《*Multicultural Challenges and Sustainable Democracy in Europe and East Asia*》등의 저서가 있다.

김동헌

고려대학교 정치외교학과를 졸업하고 동 대학원에서〈Saving Human Rights from Cultural Relativism〉으로 정치학 석사학위를 받았다.

보편주의

새로운 세계를 위한 정치사상사적 성찰

펴낸날 초판 1쇄 2016년 2월 10일

지은이 양승태 최상용 박성우 장현근 윤비 이화용 안외순 김용민
임금희 박주원 육혜원 김성호 김남국 김동헌
펴낸이 김직승

펴낸곳 책세상
주소 서울시 종로구 경희궁길 33 내자빌딩 3층(03176)
전화 02-704-1251(영업부), 02-3273-1333(편집부)
팩스 02-719-1258
이메일 bkworld11@gmail.com
홈페이지 www.bkworld.co.kr
등록 1975. 5. 21. 제1-517호

ISBN 979-11-5931-048-5 93340

* 잘못된 책은 바꾸어드립니다.
* 책값은 뒤표지에 있습니다.

이 도서의 국립중앙도서관 출판시도서목록(CIP)은 서지정보유통지원시스템 홈페이지
(http://seoji.nl.go.kr)와 국가자료공동목록시스템(http://www.nl.go.kr/kolisnet)에서
이용하실 수 있습니다.(CIP제어번호 : CIP2016001643)